KB068936

제2판

행정학
개론

성영태

박영사

제2판 머리말

　『행정학개론』 초판이 출간된 지 벌써 2년이 지났다. 먼저 많은 호응을 해준 독자들에게 감사를 드린다. 독자 여러분의 성원에 힘입어 개정판을 내게 되었다. 초판 작업 때도 마찬가지였지만 개정 작업을 하면서 집필 방향과 범위 등을 놓고 많은 고심을 하였다. 이번 개정판에서는 자료의 업데이트는 물론 문맥의 뉘앙스가 현 시점에 맞지 않는 부분들까지 고치려고 노력하였다.

　급변하는 정치·행정환경의 변화에 따라 정부정책의 기조와 제도도 많이 변하였고 이에 따른 행정학 이론의 수정과 보완 작업의 필요성은 탈고 순간부터 압박감으로 다가왔다. 행정환경의 변화, 행정학의 모든 이론과 행정 수요를 망라하여 논술한다는 것은 어려운 일이 아닐 수 없다.

　개정판에서 변경·보완된 부문은 다음과 같다.

　첫째, 행정학을 재미있고, 쉽고, 살아있는 애기를 하고, 무슨 말인지 분명하게 이해할 수 있게 책을 재미있게 꾸몄다. 재미가 있어야 공부를 하고 싶은 마음이 생기기 때문이다. 행정학은 더 그렇다. 따라서 행정학이 재미있도록 시각 효과를 극대화 하려고 하였다. 그래서 많은 그림과 사진을 넣고 딱딱한 이론을 표로 정리하여 행정학을 설명하려고 하였다.

　둘째, 최근에 제기된 인사행정, 재무행정, 지방자치의 변경 사항을 최대한 수록하였고, 최신의 정보를 전달하기 위해 노력하였다. 또한 논자에 따라 논란이 있을 수 있는 내용들은 가능한 객관적 시각에서 보려고 하였다. 아울러 개론서에 포함하는 것이 바람직하다고 판단되는 내용들을 추가하였다.

　셋째, 개론서에 담기에 너무 구체적인 내용은 축소하였다. 특히 시간의 경과에 따라 변경된 통계 내용을 수정하였다.

　이 밖에도 미처 발견하지 못한 오·탈자를 바로잡았다.

개정 작업을 한다고 하였으나 집필자의 능력 부족으로 아직도 미진한 부분이 많을 것으로 생각된다. 그동안 변화하는 환경에 맞지 않은 과거의 통계자료나 내용으로 공부한 학생들에게 미안한 마음을 가지고 있었는데 이번 개정을 통해 마음의 짐을 조금이나 덜 수 있게 되어 기쁘게 생각한다. 아직도 미흡한 부분이 많이 있지만 이 책을 접한 학생들이 행정학을 이해하고 공직임용을 준비하는데 조금이나마 보탬이 될 수 있도록 지속적으로 본서의 완성도를 높이도록 노력할 것이다.

제2판이 나오기까지 많은 격려를 보내주신 동료 교수님들에게 감사를 표하며, 촉박한 일정에도 좋은 편집을 위해 노력해주신 편집부의 한두희 선생님, 개정판 작업의 큰 힘이 되어준 영업팀 장규식 선생님 및 표지 디자인을 담당해주신 권효진 선생님께 감사의 뜻을 전한다. 아울러 어려운 개정판을 선뜻 맡아 주신 박영사의 안종만 사장님께도 깊은 감사를 드린다.

2018년 2월
성 영 태 씀

머 리 말

저자가 대학에서 10년 넘게 행정학을 가르치면서 느낀 점은 행정학은 공부할수록 재미있는 학문이라는 것이다. 이러한 생각을 가진 이유는 국내·외 행정의 주요환경과 대상들이 매우 역동적으로 변화하고 있으며, 정부는 소용돌이처럼 급변하는 환경변화의 흐름에 적응하고자 새로운 정책들을 형성하고 집행한다. 이러한 과정에서 행정학의 주요이론들이 실제 행정현상에서 어떻게 적용되고 우리의 실생활에 어떠한 영향을 미치고 있는가를 파악할 수 있기 때문이다.

이와 더불어 행정학은 공직진출을 위한 수단으로서의 현실적 목적 이외에 문제해결 능력을 배양시킬 수 있다. 그 이유는 행정학에서 다루고 있는 대부분의 공공문제들은 문제의 성격이 매우 복잡한 것이므로 이러한 문제를 풀어보는 과정을 통해 다른 사람들에 비해 더 많은 문제해결 능력을 키울 수 있기 때문이다. 이렇듯 행정학은 매우 재미있고 실용적인 학문이다.

그러나 행정학을 처음 접하는 학생들은 행정학이 다소 어렵고 힘든 학문이라는 말들을 하곤 한다. 이런 이유로 저자는 행정학을 처음 접하는 학생들에게 다양한 이론과 사례들을 보다 이해하기 쉽게 가르칠 수 있고, 풍부한 내용을 담고 있는 교과서가 필요하다는 생각을 가지게 되어 이 책을 집필하였다.

시중에는 여러 좋은 행정학개론서들이 많이 출간되어 있지만 서술된 수준과 내용이 다양해 학생들에게 적절하게 읽힐 수 있는 교재를 찾기란 쉽지 않다. 이에 저자는 행정학과 학생들과 공무원을 준비하는 수험생들이 행정학을 보다 쉽게 공부할 수 있도록 새로운 행정학개론서의 발간을 계획하게 되었고, 집필방향에 대한 고심 끝에 6개월간의 자료 준비와 집필방향에 대한 지속적 검토를 거쳐 1년간 행정학의 주요이론에 대한 내용을 정리하고 최근 사례들을 조사하여 교재를 집필하였다.

본서는 많은 내용을 담기보다 핵심내용을 중심으로 다양한 학문적 입장과 시각을 바탕으로 집필하였기 때문에 이 책을 통해 학생들은 여러 관점에서 행정현상을 이해하고 분석할 수 있는 행정학적 사고능력을 배양할 수 있을 것이다. 또한 본서에서는 행정이론을 쉽게 설명하면서 우리나라 행정현실을 최신 자료를 중심으로 서술하고자 하였다. 이를 통해 대학의 행정학과 학생뿐만 아니라 행정학을 처음 접하는 학생들이 행정학의 필요성을 체감하도록 하고, 행정학의 전반적 내용을 보다 흥미 있게 접할 수 있도록 집필하였다.

본서는 총 3편으로 구성되어 있다. 제1편에서는 행정학의 이해, 행정환경, 행정학의 발달과정과 주요이론, 행정가치와 행정통제 및 행정개혁들을 소개한다. 제2편에서는 행정조직관리, 인적자원관리, 정부재정관리를 소개한다. 행정조직관리는 조직이론의 전개, 조직구조, 조직행태, 리더십 등에 상술하였고, 인적자원관리는 인사행정의 제도적 기반을 설명하고 인적자원의 충원, 교육훈련, 사기 앙양 등을 살펴본 뒤 공무원의 신분보장과 공무원의 행동규범에 대해서서 설명하고 있다. 정부재정관리에서는 예산제도와 예산과정을 자세히 언급한 뒤 예산 및 회계제도를 개혁할 수 있는 예산제도와 발생주의, 복식부기 등을 다루고 있다. 제3편에서는 정책이론, 지방자치론, 정보체계론 등을 소개한다. 정책이론에서는 먼저 정책유형과 정책과정에 대한 설명, 정책결정모형, 정책집행, 정책평가 등을 설명하고 있다. 지방자치론에서는 지방자치의 본질 및 자치권을 살펴보고, 지방자치단체의 종류와 지방재정 등을 설명하고 있다. 마지막으로 정보체계론에서는 지식정보사회의 이해와 전자정부에 대해서 설명하고 있다.

끝으로 이 책을 쓰는 데 도움을 주신 많은 분들에게 감사의 뜻을 전하고 싶다. 책이 완성되기까지 많은 격려와 도움을 아끼지 않은 은사님들과 동료교수님들께 감사를 드린다. 또한 이 책의 출판을 제안하고 오랜 기간 묵묵히 기다려주신 박영사의 안종만 회장님과 박세기 차장님께 특별히 감사드리며, 출판과정에서 세심하게 원고를 숙독하고 좋은 편집을 위해 많은 수고를 아끼지 않았던 편집부의 배우리 대리님과 예쁜 표지 디자인을 해주신 권효진 씨 및 다른 편집진

들께도 깊은 감사의 인사를 드린다. 이 자리를 빌려 도움을 주신 모든 분들께 감사를 드리며, 본서가 행정학을 전공하는 학생들과 공무원 시험을 준비하는 학생들에게 도움이 되기를 기원한다.

2016년 2월
성영태 씀

차   례

제 1 편   행정학 이론

제 3 장　＞＞＞　행정학의 발달과정과 주요이론

제 4 장 ⟫⟫⟫ 행정가치 · 통제 · 개혁

제 2 편 행정의 관리

제 5 장 》》》 행정조직관리

제 6 장 》》》 인적자원관리

제 7 장 　>>>　 정부재정관리

제 3 편　행정의 실제

제 8 장　≫≫ 정책이론

제 9 장 >>> 지방자치론

제10장 >>> 정보체계계론

PART
01

행정학 이론

Public
Administration

제1절 행정의 본질

1. 행정의 개념

현재 우리가 당면한 사회는 창의력과 전문지식이 강조되는 지식정보화 사회를 넘어 4차 산업혁명[1] 시대에 들어섰으며 사회세력 간의 권력이동 현상이 일어나고 있다. 또한 세계화(Globalization)의 진행으로 인해 국가 간 경쟁이 심화되며 국가 간의 양극화가 진행되고 있으며, 한편 시민사회의 성장으로 비정부기구(Non Governmental Organization)의 영향력이 증대되어 정부에 대한 시민의 권리를 신장시키는 역할을 하고 있다. 이러한 시대적 변화의 흐름 속에서 정부와 행정의 성격도 달라질 수밖에 없으며, 정부의 조직과 기능, 정책과정, 정부와 시장 간의 관계, 정부와 시민 간의 관계 등도 달라진다. 이렇듯 행정은 시대와 환경의 변화에 따라서 모습이 변하게 된다. 따라서 아래에서는 이러한 행정의 개념을

---

1 인공지능, 로봇기술, 생명과학이 주도하는 차세대 산업혁명을 말한다. 1784년 영국에서 시작된 증기기관과 기계화로 대표되는 1차 산업혁명, 1870년 전기를 이용한 대량생산이 본격화된 2차 산업혁명, 1969년 인터넷이 이끈 컴퓨터와 자동화 생산시스템이 주도한 3차 산업혁명에 이어 로봇이나 인공지능(AI)을 통해 실재와 가상이 통합되어 사물을 지능적으로 제어할 수 있는 가상 물리시스템의 구축이 기대되는 산업상의 변화를 일컫는다.

간명하게 정리하고, 관련 사회현상과의 관계를 규명한 뒤 그것이 추구하는 기본 가치가 무엇인가를 밝힘으로써 행정의 본질을 파악해 보기로 한다.

행정의 개념이 다의적이고 가변적이어서 개념규정 자체도 강조하는 측면에 따라 여러 가지가 있을 수 있다. 즉 행정의 개념은 시대와 공간에 따라 유동성 및 다양성을 띠고 있어 한마디로 정확하게 규명하거나 단일의 개념을 도출하기 란 어렵다. 왈도(Waldo)는 "행정에 대해 한 문장으로 정의하는 것은 지적인 자극 이나 각성보다는 지적인 마비라는 즉각적인 효과만 있을 뿐이다"라고 지적했다. 또한 포스트포(Forsthoff)는 "행정은 정의할 수 없고 기술(記述)할 수 있을 뿐이다" 라고 하였다.

일반적으로 행정은 개념의 다양성으로 인해 넓은 의미의 행정과 좁은 의미 의 행정, 최근에 등장한 거버넌스(Governance)로서의 행정으로 나눌 수 있다. 넓은 의미의 행정은 포괄적 성격을 띠며 '고도의 합리성을 수반한 협동적 인간노력의 형태'를 의미하며 이에는 정부에 의한 공(公)행정(public administration)과 기업에 의 한 사(私)행정(business administration)이 포함된다. 좁은 의미의 행정은 정부관료제를 중심으로 한 활동으로 '행정부의 구조와 공무원의 활동'으로 정의되며, 공(公)행 정만을 의미한다.

최근의 행정 개념은 공익을 달성하기 위한 공공문제의 해결과 이를 위한 정부 외의 공·사조직들 간의 연결 네트워크를 강조하는 활동으로서 이러한 행 정의 개념은 '거버넌스(Governance)로서의 행정'을 의미한다. 거버넌스 개념에서는 정부의 일과 민간의 일이 엄격하게 구분되는 것으로 보지 않고, 공공(public)이라 는 개념을 통해 양자 모두를 포함하려고 한다.

일반적으로 행정의 개념은 "공익목적을 달성하기 위한 공공문제의 해결 및 공공서비스의 생산·분배와 관련된 정부의 제반활동과 상호작용" 또는 "정치권 력을 바탕으로 한 공공정책의 형성 및 구체화"로 정의된다.

이러한 행정의 개념적 특성은 다음과 같다. 첫째, 행정은 규범적으로 공공 성과 공익성을 지향해야 한다. 둘째, 행정은 공공서비스의 생산·공급·분배와 관련된 모든 활동을 의미한다. 셋째, 행정은 공공서비스의 생산 및 공급을 정부 가 독점하지 않는다. 넷째, 행정은 정치과정과 밀접하게 연관되어 있다. 다섯째,

행정은 합리성과 기술성, 보편성과 특수성을 가지고 있다.

2. 행정학적 행정개념

행정의 개념은 법적·제도적 측면 보다는 동태적인 사회현상 내지 행정의 기능적 측면에서 파악하려는 경향이 높아지고 있다. 행정의 기능에 관한 범위를 어떻게 잡고 어떠한 측면을 강조하느냐에 따라 개념의 규정이 달라지고 있는 것들을 정리하면 행정관리설, 통치기능설, 행정행태설, 발전기능설, 정책화기능설, 국정관리설(신공공관리, (뉴)거버넌스, 신공공서비스)의 여섯 가지로 대별할 수 있다.

1) 행정관리설(1880년대~1930년대)

엽관주의(spoils system)의 폐단을 극복하기 위하여 제정된 Pendleton법(국가공무원법) 제정 직후 등장한 행정학 성립시기의 개념으로 가장 고전적인 행정의 관점이다. 이것은 전통적·기술적 행정학이나 정치·행정이원론의 입장에서 행정을 파악한 개념으로 행정을 공공사무의 관리라는 사회·기술적 과정 내지 그 기술체계로 파악하고 "수립된 법령이나 이미 결정된 정책을 합리적으로 관리·집행하는 것"으로 본다. 그 결과 행정을 정치와 분리하여 경영과 동일시하였다. 이 학설은 윌슨(W. Wilson),[2] 화이트(L. D. White) 등이 주장하고 취한 입장이며, 행정학 발달 초기에 주장된 이론이었다.

---

[2] 미국의 제28대 대통령인 우드로 윌슨(Woodrow Wilson, 1856~1924)은 대학졸업 후 변호사, 교수, 대학총장, 주지사 등의 다양한 직업을 거친 것으로도 유명하다. 1887년 「The Study of Public Administration」이라는 논문을 통해 행정학의 대부(founding father)로 알려진 그는 논문에서 행정은 정치와 구분되고 경영과 같은 것이라는 정치·행정이원론을 주장했다. 이로부터 행정은 정치와 구분되고 독자적인 학문으로 발전되어 왔다.

현대행정학 창시자, 우드로 윌슨

▲ 윌슨(1856~1924)

토머스 우드로 윌슨은 1856년 12월 28일에 버지니아 주의 스턴튼에서 태어났다. 아버지는 장로교회 목사이고 어머니는 목사의 딸이었는데, 토머스라는 이름보다 어머니의 성에서 따온 우드로(Woodrow)라는 중간이름을 더 즐겨 썼다. 경건하고 학구적인 분위기에서 자란 그는 착실한 모범생이었으며, 데이비드슨 컬리지를 거쳐 프린스턴 대학교를 졸업했다.

다시 버지니아대학교의 로스쿨을 나온 그는 변호사 생활을 시작했지만 학문 연구가 더 적성에 맞다고 생각해서 존스홉킨스 대학교의 박사과정에 들어갔다. 박사학위 논문으로 1885년에 펴낸 「의회정부론」은 입법부와 행정부를 분리한 미국 정부의 특징을 잘 짚어내었고, 1887년의 「행정의 연구」에서는 행정 영역을 정치에서 독립시켜 정치적으로 중립인 공무원이 실적에 따라 임용, 승진하도록 한다는 계획을 제시했다. 이는 미국 최초로 현대적인 행정이론을 선보인 것이었으며, 윌슨은 이로써 '행정학의 시조'로 평가받게 되었다.

이런 혁혁한 학문적 업적을 바탕으로, 그는 여러 대학의 교수를 거쳐 프린스턴 대학교에 정착, 존경받는 교육자이자 학자가 되었다. 1902년에서 1910년까지는 프린스턴 대학교 총장을 지냈는데 입시제도에서부터 대학운영 방식, 심지어 대학 캠퍼스 구조까지 전면적인 개혁을 시도했으나 학내 세력들의 반발로 뜻을 이루지는 못했다.

그는 현대 사회에서 정부와 대기업이 휘두르는 권력을 경계하고, 사회와 경제에서 개인적 자유를 극대화하기를 바랐다. 그리고 그런 이상을 책과 강의실에서만이 아니라 현실에서 실현하기를 꿈꾸었다. 그 기회는 1910년, 뉴저지 지사 선거에서 '참신한 새 인물'을 찾고 있던 민주당이 그에게 영입 제의를 하면서 찾아왔다.

주지사에 당선된 윌슨은 공화당의 개혁그룹과도 초당적인 연대를 하며 여러 개혁정책을 추진했다. 특히 주 선거에 주민이 직접 투표하는 예비선거를 도입함으로써 주의 민주당 간부들의 영향력을 없앤 일은 돋보이는 민주적 개혁이었다. 학자로서의 명성에 개혁정치인의 명성까지 갖추게 된 윌슨은 마침내 민주당 대선후보가 되고, 1913년에 백악관에 입성했다.

우드로 윌슨은 'The Study of Administration(1887)'이라는 논문에서 "알아야 할 필요성이 없으면 어떠한 실용학문도 존재하지 않는다. 그러므로 실무적 행정학은 명백히 미국에서 알아야 할 필요성이 높기 때문에 대학교육과정에도 포함시켜야하는 실용적 이유가 있다"라고 시작하면서 "행정학은 2,200년 전에 시작된 정치학 연구 분야 중 가장 최근 학문이다. 그것은 바로 금세기 우리 세대에서 시작되는 학문이다. 행정은 정부의 업무이고, 조작적이고, 정부의 가장 가시적인 측면이며, 정부의 역사만 큼 길다. 따라서 행정학은 별도의 학문으로 발전시킬 필요가 있다고 역설하였다.

2) 통치기능설(1930년대~1940년대)

1930년대 세계경제공황을 계기로 등장한 행정국가시절의 행정개념으로 행정은 사회문제를 처방하기 위한 적극적 가치판단 기능을 가져야 한다는 기능적 행정학의 관점이다. 행정관리설에 반대하여 제기된 것으로써 행정은 정책의 집행과 정책결정·형성 및 준입법적 기능을 수행해야 한다는 정치·행정일원론의 입장이다. 행정의 가치지향성과 처방성을 중시하며 행정의 본질을 행정과 정치의 밀접한 상호관계에서 찾고 있다. 이 학설은 1930년대 후반부터 디목(M. E. Dimock), 애플비(P. H. Appleby) 등이 주장하기 시작한 이론으로 행정과 경영의 차이(공·사행정이원론)를 강조한다.3

3) 행정행태설(1950년대~1960년대)

행정인의 행정행태를 중시하는 사회심리학적 행정개념으로써 "행정을 인간의 집단적 협동행위" 또는 "행정은 합리적인 의사결정행태"로 본다. 행정 속에 정치기능이 내포되어 있음을 인정하면서 행정의 과학적 연구를 위해서는 그 연구의 대상에서 가치판단적인 것은 배제하고 사실판단적인 것만을 중심으로 해야 한다는 것이다. 행정학의 과학적 연구를 주장하면서 자연과학적 방법인 논리실증주의와 사회심리학적 접근을 사용하여 경험적 검증에 의한 행정연구를 강

---

3 디목(Dimock)은 「현대정치와 행정(1937)」에서 '통치는 정책형성과 정책집행으로 구성되며 이들은 상호배타적이 아닌 협조적 연속적 관계'라고 주장하고 있다. 또한 애플비(Appleby)는 「정책과 행정(1949)」에서 '행정은 정책형성'이라고 주장하고 있다.

조하였다. 이 학설은 1940년대 중반 사이몬(H. A. Simon)에 의해 제기된 것으로 새 정치·행정이원론(새공·사행정일원론)라고 한다.[4]

STUDY@TIP   20세기 행정학의 거장, Simon

▲ 사이먼(1916~2001)

사이먼(Herbert Alexander Simon)은 독일계 미국인으로 제한된 상황에서의 의사결정 모델에 관한 이론으로 1978년 노벨 경제학상을 수상한 미국의 행정학자 겸 경제학자이며, 위스콘신주 밀와키 출생이다. 1936년 시카고 대학 정치학과를 졸업하고 모교에서 철학박사 학위 취득, 1942년까지 캘리포니아 대학에서 행정연구소 연구원을, 1942~49년에는 일리노이대학 교수를 지냈으며 1967년 이후에는 컴퓨터학 및 심리학 교수를 지냈다. 그의 명저 「행정행태론」(*Administrative Behavior*, 1947)은 행태론적 접근법으로 행정학을 확립시키는 데 큰 공헌을 하였다.

사이먼은, 특히 1946년의 「행정의 격언」(*The Proverbs of Administration*)이라는 논문과 저서 「행정행태론」을 통해 귤릭(L. Gulick)과 어윅(L. Urwick)이 주장한 명령통일, 통솔범위, 부서편성 등의 원리를 지적하여 그것은 원리가 아니라 '격언'에 불과하다고 비판하고 행정학 연구에 있어서는 논리적 실증성이 있어야 한다고 강조하고 있다. 뿐만 아니라 그는 행정현상을 의사결정의 과정으로 파악하고 있는데 특징이 있다. 그 뒤 마치(J. G. March)와의 공저 「조직론」(*Organizations*, 1958)은 조직의 체제적 이론화를 지향하여 의사결정자의 이론모형을 전개하고 있다.

그는 수많은 연구 중에서 특히 인공지능(AI: Artificial Intelligence)에서는 선구적 업적을 남겼으며, 「Administrative Behavior」, 「Models of Bounded Rationality」, 「The Science of Artificial」 등은 후세 행정학자들이 필독서로 읽고 있는 대표작들이다.

---

4 행정행태론은 인간의 협동적 행동과 과학적 연구를 중시했다는 점에서 행정관리설과 구분되며, 행정의 과학화를 위해 가치판단을 연구의 대상에서 제외해 가치중립적(사실중심) 연구를 하였지만 행정에서 가치판단의 요소(정치적 요소인 정책결정)를 인정하였다는 점에 주의해야 한다.

4) 발전기능설(1960년대)

1960~70년대 개발도상국의 행정주도적인 고도성장을 뒷받침하기 위한 발전행전론에서 강조된 입장으로 행정의 기능을 보다 적극적으로 파악하려는 입장이다. 발전기능설은 행정을 "정치사회의 발전목표설정에 적극 참여하고 발전정책 및 발전계획의 형태 및 집행을 주도해 나가는 것"으로 보고 있다. 또한 공무원을 사회변동의 주체(social change agent)로 파악하고, 행정의 사회변동대응능력 향상에 초점을 두며 쇄신적 가치의 추구, 행정의 효과성 등을 중시한다. 와이드너(E. Weidner), 에스만(M. Esman) 등에 의해 주장되었으며 새정치·행정일원론의 입장을 취한다.

이 학설은 정치사회가 당면하는 각종문제나 갈등·도전 등에 대처 이를 해결해 나갈 뿐만 아니라 한걸음 더 나아가 더욱 적극적으로 발전정책을 추진하려 한다는 점과 행정의 변동대응능력을 강조한다는 점에서 전술한 통치기능설과는 차이가 있다.

5) 정책화기능설(1970년대)

1960년대말 격동기의 미국을 배경으로 등장한 이론으로 행정의 핵심을 '사회문제 해결을 위한 공공정책의 형성 및 집행과정'으로 보고 행정의 정책지향성 및 가치지향성을 강조하는 이론이다. 1960년대까지 미국행정학의 패러다임(paradigm)인 행정행태론에 대한 저항으로 등장한 후기행태주의나 정책과학, 신행정론의 입장을 나타내고 있다. 대표적인 학자들로는 이스턴(D. Easton), 샤칸스키(I. Sharkansky) 등이 있다.

6) 신공공관리, (뉴)거버넌스, 신공공서비스(1980년대 이후)

1970년대 말 오일쇼크 이후 행정국가는 정부실패(government failure)[5]를 경험하

---

5 정부실패란 정부의 시장개입이 의도한 결과를 나타내지 못하거나 기존의 상태를 오히려 악화시키는 경

면서 정부의 한계를 드러내었다. 따라서 정부의 독점적 통치를 거부하면서 정부 실패를 해결하기 위한 다양한 대안들이 제시되었다. 대표적 이론으로 신공공관리론, 뉴거버넌스, 신공공서비스론 등이 있다.

(1) 신공공관리(New Public Management)

신공공관리론은 1980년대 이후 영·미 국가를 중심으로 등장한 이론으로 시장주의와 신관리주의를 결합한 이론이다. 행정의 경영화와 시장화를 중시하며, 전통적인 관료제 패러다임의 한계를 극복하기 위해 규제완화, 복지축소, 민영화 등을 통해 작은정부를 구현하려는 이론이다. 행정을 시장원리에 입각한 새로운 공공관리, 시장적 거버넌스로 파악하고 행정부문에 시장기법의 도입에 초점을 두고 있다.

(2) (뉴)거버넌스(New Governance)와 신공공서비스(New Public Service)

정부의 공공서비스 전달에서 공급과 생산 기능이 구분되고, 신공공관리론을 기초로 정부개혁이 진행됨에 따라 공공서비스 전달과정에 민간부분과 비영리부문의 참여가 확대되었다. 따라서 1990년대 들어서는 '다양한 사회구성주체 간의 신뢰와 협조를 근간으로 하는 네트워크 공동체에 의한 행정'이 등장하게 되었다. 즉 정부·준정부·비정부·비영리·자원봉사조직 등 다양한 사회세력에 의한 참여적, 협력적 공공활동, 공공생산으로 정의되는 행정개념이 나타나게 되었다.

신공공서비스는 행정에서 정치적 요소가 중요인자라고 보고, 시민에게 적극 봉사하는 정부 역할을 강조하고, 시티즌십·사회공동체에 의한 공공담론·타자성 등 포스트모더니티의 행정가치를 강조하고 있다.

우를 의미한다. 일반적으로 정부실패를 야기하는 요인으로는 사적 목표의 설정, X비효율성·비용체증, 예측하지 못한 파생적 외부효과, 권력의 편재 등이 제시되고 있다. 정부실패에 대한 내용은 이하 2장 행정환경을 참조하기 바란다.

| 표 1-1 | 행정학적 행정개념 정리 |

학설	행정관리	통치기능	행정행태	발전기능	신공공관리	뉴거버넌스
행정 역할	정책집행	정책결정 + 정책집행	집행 (사실판단)	목표결정· 집행을 주도	방향잡기	방향잡기
학파	기술적 행정학	기능적 행정학	행정행태설	발전행정론	신공공 관리론	신공공 서비스론
시기	1880년대	1930~ 40년대	1950년대	1960년대	1980년대	1990년대~
정치 행정	정치·행정 이원론	정치·행정 일원론	새이원론	새일원론	새이원론	새일원론
학자	Wilson, White	Dimock, Appleby	Simon, Barnard	Esman, Weidner	Hood, Peters	Rhodes
특징	엽관주의 폐단극복, 행정학성립	경제공황 극복, 행정국가 대두	합리적인 의사결정 행태	국가발전 유도	작지만 강한정부 (시장주의)	신뢰·협력 네트워크

3. 공공재로서의 행정

1) 재화의 구분 기준

재화나 서비스는 소비의 두 가지 성격, 경합성과 배제성에 의하여 몇 가지 형태로 구분되어지며, 구분기준은 경합성(rivalry)과 배제성(exclusiveness)이다. 먼저 경합성은 특정인의 소비가 다른 사람의 소비를 감소시키거나 당해 재화의 효용

| 표 1-2 | 소비의 특성에 따른 재화의 구분 |

	비경합성(비분할성)	경합성(분할성)
비배제성	공공재(집합재)	공유재(공동재)
배제성	요금재(유료재)	민간재(사적재)

과 가치를 감소시키는 현상을 말하며, 배제성은 비용부담을 하지 않을 경우 재화를 이용할 수 없도록 하는 현상을 말한다.

2) 재화의 유형

(1) 민간재(private goods)

민간재는 개별적 소비(경합성)와 배제가 가능하기 때문에(배제성) 시장메커니즘에 의하여 수요·공급의 법칙이나 개인의 선호에 따라 공급 또는 이용할 수 있는 사적재를 의미하며, 가치재[6]도 민간재에 해당한다.

(2) 요금재(toll goods)

요금재는 공동으로 소비하지만(비경합성), 요금을 지불하지 않으면 이용의 배제가 가능하기 때문에(배제성) 정부나 공기업 등이 주로 공급하는 재화를 의미한다(교통, 전기, 수도, 가스 등).

(3) 공유재(common pool resource)

공유재는 공공재 가운데 경합성은 있으나 배제가 불가능한 재화를 말한다. 즉 소비는 경쟁적이지만(경합성) 배제에 따른 비용 부담이 과중해(비배제성) 배제의 원칙이 적용되기 어려운 재화로, 이러한 공유재에는 천연자원이나 희귀 동·식물 그리고 녹지, 국립공원, 하천, 기타 공공시설이 속한다. 공유재의 비배제성 때문에 공유재에는 자원의 고갈상태(공유지의 비극)[7]를 초래할 수 있으므로 시장에

---

6 가치재(Merit Goods)란 개인들의 자발적인 선택에 의해서는 일정 이상의 바람직한 수준까지 소비되지 않는 재화·서비스를 의미한다. 가치재의 예로는 의료, 교육, 주택, 교통 등 최소한 일정 수준 이상 소비하는 것이 바람직한 재화나 서비스를 의미한다.

7 공유지의 비극은 공공재를 계속 과소비할 경우 종국에는 자원의 고갈로 그 공공재의 공급이 중단되고 만다는 논리를 말한다. 미국의 생물학자 하딘(Garrett Hardin)이 환경문제의 심각성을 강조하기 위해 1968년에 내놓은 논문의 제목이기도 하다. 그 논문의 요지는 개방된 초원에서 가축을 방목하는 사람은 사료비가 들지 않아 이익이 되므로 최대한 많은 가축을 방목하려 한다. 다른 목축가들도 같은 생각으로 모두가 방목할 경우, 초목은 고갈되고 초지는 황폐해져 끝내는 한 마리의 가축도 방목할 수 없는 비극이 초래된다는 것이다. 이러한 논리는 비단 초원의 초목에 국한되는 것이 아니라 지하자원, 호수 등에 서식하는 물고기와 같이 공공자원(→ 공공재)에 모두 적용된다.

맡기기 곤란하고 정부가 직접 공급할 수도 없다. 따라서 정부의 규제나 구성원 간의 일정한 합의(신제도론)가 필요하다.

집단행동의 딜레마 이론

1. 공유지의 비극(tragedy of common-pool resources): 개인적 합리성과 집단적 합리성 간의 갈등으로, 공유지에서 농민이 양들을 많이 사육할수록 개인의 이익은 늘어나지만 과중한 방목으로 목초지가 모두 황폐화되어 모두에게 손해가 된다는 의미이다(G. Hardin).
2. 죄수의 딜레마(prisoner's dilemma): 두 사람의 공범자들이 조사과정에서 서로를 믿지 못하고 결국 두 사람 모두 자백하게 되어 전체적으로 중형을 받게 된다는 모형으로 배반에 대한 처벌 규정이 있어야 함을 시사한다(Rapaport).
3. 구명보트의 윤리배반 모형: 정원에 육박한 보트에 사람을 더 태우면 모두가 공멸하게 되므로 보트에 탄 사람들이라도 살기 위해서는 아무도 태우지 말아야 함을 의미한다. 이는 위급한 상황에서는 윤리보다는 위기환경에 따라 행동할 수밖에 없음을 일컫는 말이다(G. Hardin).

---

(4) 공공재(public goods)

공공재란 비경합성(non-rivality)과 비배제성(non-exclusiveness)이 있어 대가를 지불하지 않아도 모든 사람이 함께 소비할 수 있는 재화나 서비스를 의미한다. 국방서비스, 도로, 항만, 등대 등이 대표적 예다.

가치재(worth goods)

가치재란 의료, 교육, 주택, 교통 등 최소한 일정 수준 이상 소비하는 것이 바람직한 재화나 서비스를 의미한다. 국가가 기본적인 수준에 대해서는 시혜를 베풀어야 하므로 온정적 간섭주의의 성격을 가진다. 따라서 구성원의 자유로운 선택에 맡겨야 한다는 시장의 소비자주권주의와 상충되는 측면이 있다. 가치재는 공공재가 아니며 국가가 일부(최소 수준)를 공급하는 경우가 있지만 원칙적으로 민간이 공급하는 민간재이다.

---

3) 공공재의 특징

(1) 소비측면의 특성

① 비경합성(non-rivality)

공공재가 생산된 후 다른 경제 주체가 사용하여도 이미 소비하고 있는 경제주체들의 소비가능성이 감소하지 않는 것을 말한다. 공공재는 등량소비성,[8] 비분할성[9]으로 인하여 소비하는 사람이 추가적으로 늘어난다 하더라도 재화를 생산하는 비용이 늘어나는 것이 아니기 때문에 가격을 매기는 것이 바람직하지 않다.

② 비배제성(non-exclusiveness)

공공재 사용에 있어 비용을 지불하지 않는 사람이라 할지라도 소비에서 배제할 수 없음을 말한다. 이러한 이유로 사람들은 공공재 생산에 드는 비용은 부담하지 않으면서 소비에는 참여하는 무임승차자(free-rider)의 문제가 발생한다. 따라서 공공재의 공급을 시장기능에만 맡기면 사회적으로 적절한 수준으로 생산되기 어렵기 때문에 공공재는 주로 정부가 직접 생산, 공급하게 된다. 국방서비스 또는 방위산업처럼 국가 안보상 중요한 사항은 정부가 담당하지만 한국철도공사, 한국가스공사, 한국도로공사 등의 공기업을 설립해 공공재의 생산, 공급, 관리를 대행시키기도 한다.

③ 내생적 선호

시장에서처럼 개인의 선호에 따라 서비스를 자유롭게 선택할 수 없어 자신의 선호표출이 제한되는 것을 의미한다. 선호의 표출과 반영이 제약되는 내생적 선호로 인하여 소비자선호이론이 적용될 수 없다.[10]

---

8 등량소비성은 많은 사람들이 동일한 재화를 동시에 소비하여 동일한 이익을 얻을 수 있는 것을 의미한다.

9 비분할성은 공공재는 사유재에 대해 상대적으로 분할가능성이 적다. 대표적 공공재인 국방, 치안, 도로 등은 분할하여 사용하기 어렵다.

10 외생적 선호는 시장에서처럼 자신의 선호가 제한 없이 형성·표출·반영되는 것을 의미한다.

(2) 공급측면의 특성

① 비시장성(정부공급)

비시장성은 공공재는 성질상 시장기구 통해 공급하기 어려우며, 이윤을 추구하지도 않으며 성과를 화폐로 표현하기도 곤란한 성격을 가진다.

② 무형성

공공재는 활동의 성과가 가시적이지 않아 계량화가 곤란한 성격을 가진다.

③ 비경쟁성

공공재는 특성상 정부의 한 부처가 단독으로 공급하는 독점적 성격을 가진다.

④ 비축적성

공공재는 생산과 소비가 동시에 이루어져 서비스의 축적이 불가능한 성격을 가진다. 대표적 예로 국방이 있다.

4. 행정기능

1) 소극적 기능과 적극적 기능

소극적 기능(전통적인 사회안정화기능)은 "최소의 행정이 최선의 행정"이라는 이념이 강조되는 야경국가 시대의 기능으로 국방·치안·질서유지 등 19세기의 전통적 소극적 행정시절의 기능이다. 적극적 기능(현대적인 사회변동관리기능)사회변동을 적극 유도·관리·촉진시키는 현대행정국가에서의 기능이다.

2) 시대별 기능

시대별로 볼 때는 19세기 자유주의 국가에서는 국방, 외교, 치안 등 보완기능이 강조되었고 19세기 후반에는 기업, 통화, 이민, 출입국 등에 대한 통제 등

경제규제정책이 강조되었으며, 20세기에는 개인과 집단의 생계지원 등 재분배
정책의 원호기능과 교육, 공원, 교통, 보건 등 분배정책의 직접봉사기능이 강조
되었다.

3) 성질별 기능

성질별 기능은 첫째, 규제행정기능으로 인·허가 등 민간부문에 대한 제한·금
지기능(진입규제, 독과점규제) 등이 있다. 둘째, 조장·지원행정기능으로 서비스 제공
과 급부기능(사회간접자본시설 등)이 있다. 셋째, 중재·조정행정기능으로 이해관계
나 갈등에 대한 중립적 조정기능이 있다. 넷째, 기업행정기능으로 정부기업 등
수익사업기능(조달, 우편, 양곡관리)이 있다.

4) 국가발전단계에 따른 기능

국가발전단계에 따른 기능은 여러 연구자들에 의해 구분되고 있으나 케이든
(G. Caiden)은 ① 전통적 기능, ② 국민형성기능, ③ 경제관리기능, ④ 사회복지기
능, ⑤ 환경통제기능으로 구분하고 있으며, 알몬드(Almond) & 포웰(Powell)과 박동
서 교수는 ① 국가형성단계(state building), ② 국민형성단계(nation building), ③ 경제
발전단계(economic development), ④ 참여의 단계(participation), ⑤ 분배단계(distribution)
로 구분하고 있으며 파이(Pye)의 정치단계별 위기에 따른 정부기능은 ① 정체성
의 위기(identity crisis), ② 정통성의 위기(legitimacy crisis), ③ 침투의 위기(penetration
crisis), ④ 참여의 위기(participation crisis), ⑤ 통합의 위기(integration crisis), ⑥ 분배의
위기(distribution crisis)로 구분된다.

5. 행정과정

1) 의　의

　　행정과정은 행정체제의 활동을 나타내며, 행정체제는 이러한 행정과정을 통하여 목표달성을 위한 합리성과 생산성을 확보해 나가는 것이다. 행정과정의 각 단계와 그 속에서 작용하는 각종 변수들은 상호 밀접히 관련되어 있고 불가분의 관계를 맺고 있기 때문에 특히 현실과 관련 행정의 순환적·연속적 과정을 일정한 단계로 엄격히 구분한다는 것은 용이한 일이 아닌 것이다.

2) 전통적 행정과정

　　전통적 행정이론인 행정관리론(정치·행정이원론)에서는 행정을 이미 수립된 법령이나 정책을 집행하는 것으로 보았다. 그리하여 행정과 환경과의 관계는 물론 행정의 정책결정기능 역시 등한시 취급되었다. 그 결과 행정을 환경과 무관한 폐쇄체제로 취급함으로써 행정기능 역시 정태적인 것으로 보았다. 이러한 입장에서 귤릭(L. Gullick)은 행정을 POSDCoRB로 보고 최고관리층의 기능으로 기획(planning), 조직(organizing), 인사(staffing), 지시(directing), 조정(coordinating), 보고(reporting), 예산(budgeting) 등의 일곱 가지를 제시했다.

　　뿐만 아니라 전통적 행정이론에서는 인간적·퍼스넬리티적 요인이나 행정의 공익성 등을 전혀 고려하지 않음으로써 그 과정도 계획(plan), 실시(do), 평가(see)의 간략한 과정으로 인식했던 것이다. 그러나 현대와 같이 발전행정체제를 중심으로 하는 행정과정은 국가발전목표의 달성을 위한 적극적인 정책 및 계획의 수립과정이며 환경과의 관련 하에서 행정을 파악하는 개방체제로서 인식하고 있다.

3) 현대적 행정과정(과정론적 관점)

현대적 행정과정은 행정국가 이후의 통치기능설(정치·행정일원론)이나 발전행정론 등의 관점에서 행정을 파악한 것으로, 현대적 행정과정의 단계는 다음과 같다.

(1) 목표설정(goal setting)

목표란 행정이 궁극적으로 달성하고자 하는 미래의 소망스런 상태인 행정의 기본방향 설정이며 행정자체의 성립 근원인 것이다. 뿐만 아니라 행정의 목표는 정책결정과 계획수립의 근거가 된다. 경제발전·국민형성·복지증진 등이 그 예이며, 하위목표와의 관계에서 목표-수단의 연쇄관계로 구성된다.

(2) 정책결정(policy making)

정책결정이란 행정목표를 구체화하는 과정으로써 정부활동의 방향과 지침을 정립하는 것이다. 정책결정의 과정은 중요한 가치를 배분하고, 공익을 추구하려는 복잡하고 동태적인 과정으로 최선의 방법으로 신중하게 결정되어야 한다. 행정의 사회변동기능이 중시되는 현대행정에서 특히 중요시되는 과정이며 발전도상국에서의 그 중요성은 매우 크다.

(3) 기획(planning)

기획과정은 목표를 보다 구체화 내지 실현해 나가는데 요구되는 합리적 수단을 선택해 나가는 과정이다. 종래의 정치·행정이원론에서 주장된 POSDCoRB는 정태적 상황을 전제로 한데 반하여 오늘날 발전행정에서는 동태적 변동을 유도하고 양적 성장과 질적 변화를 동시에 이루기 위해 미래를 예측하는 발전적 기획기술이 중시된다.

(4) 조직화(organizing)

발전목표가 설정되고 정책이 결정되며, 그것에 따라 계획안의 작성이 완료

되면 이를 집행해 나가기 위한 횡적·종적 분업체제를 조직하고, 인적·물적 자원을 동원하고 배분해 나가는 과정이다. 따라서 종래 전통적 행정학의 조직·인사·재무 분야가 대부분 여기에 속하게 된다.

(5) 동기부여(motivating)

조직이 의도하고 계획한 바를 잘 달성해 나가기 위해 조직구성원에 대해 각종 유인 및 자극을 통하여 동기를 부여해 나가는 과정이다. 동기부여의 주요 관심 영역으로는 리더십, 인간관계, 의사전달 등 주로 인간적 측면과 결부된 행정영역이다.

(6) 평가(evaluation)

계획이 집행된 이후 그 실적 및 성과를 기준과 비교하여 심사·분석·평가하는 것이다. 오늘날 특히 행정의 생산성 문제가 중시됨에 따라 행정사업이나 행정활동에 대한 평가문제가 큰 관심을 끌고 있다.

(7) 환류(feedback)

평가의 결과를 차기 행정계획이나 정책결정에 반영하도록 환류시켜 나가는 과정이다. 즉, 발전을 위해서는 꼭 같은 일, 꼭 같은 잘못을 반복해서는 안 되며, 이를 위해서는 평가되고 시정조치된 내용을 차기 행정에 자료로 활용할 수 있도록 함으로써 행정능력향상이나 생산성 제고에 기여할 수 있는 것이다.

6. 행정과 경영: 행정의 경영화, 기업형 행정

1) 의 의

행정이란 국가 또는 공공기관이 공익 또는 특수목적을 달성하기 위해 행하는 활동을 말하며, 경영이란 기업 또는 민간단체가 조직의 목표를 달성하기 위하여 행하는 활동인데, 양자를 구별하여 전자를 공공행정, 후자를 사행정 또는 사기업 경영으로 부르고 있다.

2) 양자의 관계에 대한 이론의 변천

행정과 경영의 관계에 대해서는 양자간의 유사성을 강조하는 입장과 차이성을 강조하는 입장이 대립되고 있다. 행정과 경영의 관계에 대한 이론변천은 정치와 행정 간의 관계변천과 밀접히 연관되어 변화되어 왔으나, 현재로서는 양자의 차이를 인정하는 이론이 일반적이다.

표 1-3 **행정과 경영의 관계 변천**

행정·경영관계	정치·행정관계	관련 이론
공·사행정일원론	정치·행정이원론	행정관리설(기술적 행정학)
공·사행정이원론	정치·행정일원론	통치기능설(기능적 행정학)
공·사행정새일원론	정치·행정새이원론	행정행태설(집단적 행동행위)
공·사행정새이원론	정치·행정새일원론	발전행정론(행정발전주도)
공·사행정새일원론	탈정치화	신공공관리론(행정의 경영화)

3) 행정과 경영의 유사점과 차이점

(1) 유사점

① 협동적 행위

행정과 경영은 모두 인간의 협동적 행위에 의하여 이루어진다. 즉 협동행위라는 인간적 요인을 공통으로 가지고 있으며 그 결과 행정이나 경영은 인간 또는 집단을 다루는 문제를 떠나서 생각하기란 어렵다.

② 목표달성수단

행정과 경영 간의 목표에는 분명한 차이가 있으나, 그 목표를 달성하는 수단은 유사하다. 즉 양자는 언제나 그들이 추구하는 목표를 중심으로 구조나 운영방침을 생각하는 것이 바람직한 것으로 생각하고 있다는 것이다.

③ 관리기술

행정과 경영이 지닌 각각의 목적과 가치를 떠나 그 조직을 운영해 나가는 관리기술면에서 유사성을 찾아볼 수 있다. 즉 기획·조직·예산·권한의 위임·통제방법 등의 관리기술이 그러하다.

④ 의사결정방법

행정이나 경영은 합리적인 의사결정방법을 취하고 있으며, 합리적이고 능률적인 기준에 따라 가능한 많은 대안 중 최선의 대안을 선택·결정하게 된다는 공통점을 가지고 있다.

⑤ 관료제적 성격

행정과 경영은 계층구조, 전문화와 분권화, 비정의적 성격 등의 특징들을 갖는 관료제적 성격을 띠고 있다는 점에서 유사성을 지니고 있다. 따라서 이들 양자는 관료제가 지니고 있는 합리적 측면은 물론 역기능적 측면인 비합리적 측면도 함께 지니고 있는 것이다.

(2) 차이점

① 목적의 차이

행정은 공익실현을 최고의 가치기준으로 삼고, 질서유지·공공봉사·공공복지 등의 다원적 목적을 추구하고 있으나 경영은 이윤을 추구하는 일원적 목적을 가지고 있다.

② 법적 규제의 차이

행정은 경영보다 더욱 엄격한 법적 규제를 받는다. 즉 공무원의 권리·의무, 책임 및 임면 등의 모든 조치는 법에 근거를 두고 있다. 경영에서도 정관이나 규정에 의해 사무를 처리하지만 행정에서와 같은 직접적인 엄격한 통제를 받지 않는다.

③ 권력적 수단

행정과 경영은 권력적 유무에 차이가 있다. 행정은 그 집행방법에 있어 강제력과 권력적 수단을 가지고 있으나, 경영은 그렇지 않다.

④ 정치적 성격

행정과 경영은 정치적 성격의 여부에 의해서도 차이가 난다. 행정은 정치적 성격을 내포하고 있으므로, 국민·국회·정당·이익단체 등의 통제·감독·비판을 받게 되는데 반하여, 경영은 그 사업이 정부의 규제대상인 경우를 제외하면 직접 비판·감독을 받지 않는다.

⑤ 평등성

행정은 이념상 고도의 합법성을 요청하며 이는 또한 "법 앞에 평등"을 요구하고 있다. 그러나 경영의 경우는 모든 고객을 동일하게 취급하지는 않는다. 그러나 행정의 경우도 언제나 평등의 원칙이 100% 적용될 수는 없으며, 특히 민주화나 정치·행정의 발전정도가 낮은 곳에서는 불평등성이 존재한다.

⑥ 독점성과 능률성

행정은 성격상 독점성을 지니고 있어, 경쟁력이 극히 제한되어 있고 행정에 대한 통제가 약한 국가에서는 비능률적이며 서비스의 질이 저하되기 쉬우나 경영은 대부분의 경우 경쟁성이 높으며 따라서 능률적이고 서비스의 질이 높다.

⑦ 활동의 규모·범위 및 영향력

행정은 기능면에서 광범위하고 관할구역에 있어서도 포괄적이며 그 영향력도 보편적(일반적)인 반면 경영은 그 기능이 일정 상품의 생산 및 판매 등에 한정되어 있으므로 영향력도 한정적이다.

⑧ 자율성과 획일성

경영은 행정에 비하여 고도의 자율성과 행동의 자유를 가지고 있으나 행정은 상하관계 및 획일성·일관성을 확보하기 위한 일정한 규칙을 준수하도록 강요하고 있다.

⑨ 공개성의 유무

행정은 원칙, 그 활동을 국민이 알 수 있도록 국민에게 공개되어야 하지만, 경영은 상대적으로 비밀리에 수행하는 업무나 활동이 많으며 그것에 대한 제약이 있다.

표 1-4 **행정과 경영의 차이점**

기 준	행 정	경 영
주체	국가, 지방자치단체 등 공적주체	개인, 기업 및 사적주체
목적	공익	사익
법적규제	엄격함, 기속행위가 많음	간접적, 재량행위가 많음
정치적성격	정치로부터 분리될 수 없음	정치로부터 분리
권력성격	공권력 있음(강제적, 일방적)	공권력 없음
평등원칙	평등원칙 적용	차등 인정 자율적
업무성격	공익실현	이윤추구
평가기준	합법성, 능률성, 민주성, 효과성 등	능률성이란 단일적 기준
영향력	전국토 전국민 영향력 광범	특정 이해관계자 소비자
독점성	독점성, 비경쟁성	독점성 약하고 경쟁성 강함
공개성	공개행정이 원칙	비공개 경영

제 2 절 정부와 행정

1. 정부의 개념

일반적으로 정부란 국가의 통치권을 행사하는 기관이다. 현대 국가에 있어서 정부는 불가결한 부분이지만 정부의 개념은 일정하지 않다. 넓은 의미의 정부(government)는 입법부, 행정부, 사법부로 구성된 국가의 통치기구 전체를 의미하지만 좁은 의미의 정부(the executive)는 행정부만을 가리키며, 정부를 행정부의 조직·작용의 형태로 본다.

넓은 의미의 정부 형태는 입법부, 사법부, 행정부의 삼권분립 구조를 이룬다. 이러한 권력분립의 원리가 헌법의 권력구조에 어떻게 작용되느냐에 따라 여러 가지 정부 형태로 나눌 수 있다. 일반적으로 권력집중형 전제주의와 권력분립형 입헌주의로 나눌 수 있으며, 입헌주의 정부 형태는 다시 대통령제와 의원내각제 등으로 구분할 수 있다.

좁은 의미의 정부 형태는 입법부와 사법부에 대한 행정부를 의미한다. 행정이 이루어지는 중심 소재지가 정부관료제이기 때문이다. 우리나라 헌법에는 "행정권은 대통령을 수반으로 하는 정부에 속한다"(제66조 제4항)고 되어 있다. 따라서 정부는 행정권의 주체이다.

2. 정부의 형태

모든 국가는 그 정치이념이나 체제의 유형에 불문하고 자신을 관리·운영하는 기구를 가지고 있는데 이를 정부라고 한다. 정부란 국가의 통치구조를 총칭한다. 즉 입법, 행정, 사법에 관한 모든 조직 및 기관을 말하며 정치권력이 뒷받침되어 있다. 이처럼 국가의 통치 내지 경영을 담당하는 통치기구를 정부라고 하며, 중앙정부와 지방정부 혹은 연방정부, 주정부, 지방정부 등으로 구별된다. 현대국가의 정부는 국가형태나 이념 및 체제유형에 따라 다양한 정부구조를 가지고 있으나 대부분은 입법부, 행정부, 사법부의 3권 분립구조를 취하고 있다. 다시 말해 정부는 연방제국가인가 단일국가인가 등에 따라서 그 형태와 구조가 다르다. 물론 대통령중심제를 채택하고 있는가 아니면 내각책임제 또는 기타의 제도를 채택하고 있느냐에 따라서도 정부의 구조는 같지 아니하다. 예컨대 연방제 국가의 경우, 국가전체의 통치를 담당하는 연방정부(Federal Government)와 소국가적 준주권적 지위를 지니는 주정부(State Government), 그리고 지역사회의 통치를 담당하고 있는 지방정부(Local Government)로 구성되어 있다. 그러나 단일국가의 경우 보통은 국가전체의 통치를 담당하는 중앙정부(Central Government)와 지방사회의 통치를 담당하는 지방정부(Local Government)로 구성된다.

1) 넓은 의미의 정부

정부란 말은 배의 조타수를 의미하는 희랍어의 Kybernetes에서 유래되었으며, 아리스토텔레스(Aristoteles)는 시민사회를 배로, 국민을 배에 탄 승객으로 비유하였다. 일반적으로 말해 정부란 국가의 통치구조를 의미하며, 입법부, 사법부, 행정부의 삼권분립 구조를 이룬다. 우리나라의 입법부는 국회이며 단원제 형태이다. 국회에는 상임위원회와 특별위원회가 있고 국회사무처, 국회도서관, 국회예산정책처, 국회입법조사처 등이 있다. 행정부는 18부 5처 17청(2017년 11월 기준)의 정부기구가 있다. 사법부인 법원에는 대법원, 고등법원, 지방법원, 특허법원, 가정법원, 행정법원이 있다.[11] 그리고 헌법기관으로 헌법재판소와 선거관리위원회가 있다.

2) 좁은 의미의 정부(중앙행정기관)

우리나라의 「정부조직법」은 중앙행정조직의 대강을 정하여 통일적이고 체계적인 국가행정사무를 수행할 목적으로 정부의 조직을 규정한 법률이다. 따라서 정부조직법에서 의미하는 정부의 개념은 입법부와 사법부를 제외한 협의의 정부, 즉 행정부만을 의미하고 있다. 행정부의 조직구조는 헌법기관과 비헌법기관으로 나눌 수 있다. 헌법기관은 헌법의 규정에 따라 설치된 국가의 기관을 말하며, 헌법에 그 기관의 설치가 규정되어 있으므로 법률이나 정부가 임의로 폐지할 수 없다. 이에 비해 비헌법기관은 정부조직법 또는 개별법에 규정되어 있으며, 기구개편이 용이하다.

현행 헌법상 헌법기관은 국회(국회의원), 정부(대통령, 국무총리, 국무회의, 행정부),

---

11 헌법은 제101조 제2항에서 "법원은 최고법원인 대법원과 각급 법원으로 조직된다"고 규정하는 한편, 제102조 제3항에서 "대법원과 각급 법원의 조직은 법률로 정한다"고 규정함으로써 대법원과 각급법원의 조직에 관하여 상세한 것은 법률에 위임하고 있다.

법원(대법원과 각급법원), 감사원, 헌법재판소, 중앙선거관리위원회, 국가안전보장회의, 민주평화통일자문회의 등이 있다. 비헌법기관은 정부조직법 또는 개별법에서 규정되는데, 대통령 직속기관으로 대통령비서실, 방송통신위원회, 국가정보원 등이 있고, 국무총리 직속기관으로 국무총리비서실, 국무조종실, 4개의 위원회, 그리고 5처가 있다.

중앙행정기관은 정부조직법과 다른 법률에 특별한 규정이 있는 경우를 제외하고는 부(部)·처(處)·청(廳)으로 구성된다. 2023년 2월 현재 중앙정부는 18부 6처 18청으로 조직되어 있다. 18부에는 기획재정부, 교육부, 과학기술정보통신부, 외교부, 통일부, 법무부, 국방부, 행정안전부, 문화체육관광부, 농림축산식품부, 산업통상자원부, 보건복지부, 환경부, 고용노동부, 여성가족부, 국토교통부, 해양수산부, 중소벤처기업부가 있다. 6처에는 국가보훈처, 인사혁신처, 법제처, 식품의약품안전처, 대통령경호처, 고위공직자범죄수사처가 있다. 그리고 부 산하에 18청이 있다. 또한 행정 각부의 장은 국무위원이어야 하며, 국무총리의 제청으로 대통령이 임명한다. 행정 각부의 장은 소관 사무의 결정 및 집행권을 가지며, 부령을 제정·공포하는 권한을 가진다.

3) 지방정부(지방행정조직)

우리나라는 1991년 지방의회가 구성되고 1995년 지방자치단체의 장을 주민이 직접 선출함으로써 중단되었던 지방자치제가 부활되었다. 지방정부는 지방자치단체의 기관으로서 국가로부터 자치권을 부여받은 일정한 지역의 주민들이 선출하고 구성하게 된다. 지방정부는 지방자치단체의 의결기관(지방의회)과 집행기관(지방자치단체의 장)으로 구성되고 이들 양 기관은 주민들의 선거에 의해 직접 선출된 지역주민의 대표로 구성된다.

우리나라 지방자치단체의 계층은 광역 계층과 기초 계층으로 통일적 2층제로 되어있다. 광역자치단체에는 특별시·광역시·세종특별자치시·도·제주특별자치도가 있으며, 기초자치단체에는 시·군·구(자치구)[12]가 있다.

---

12 지방자치법상 시(市)가 되기 위해서는 일반적으로 대부분이 도시 형태를 갖추고 인구 5만 이상이 되어

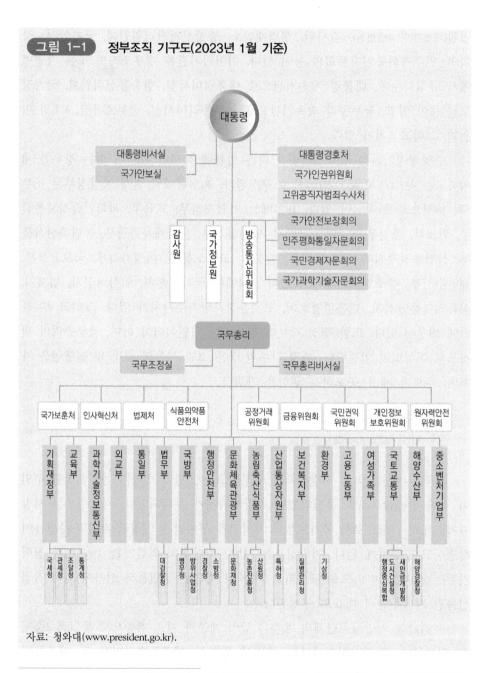

그림 1-1 정부조직 기구도(2023년 1월 기준)

자료: 청와대(www.president.go.kr).

야 한다. 군(郡)은 광역시나 도에 있는 농촌 중심 지역의 자치 및 행정단위이며, 읍·면·리를 하부 행정
단위로 가지고 있다. 구(區)는 대도시의 구역 안에 존재하며, 구 중에서는 자치구역인 구가 있고, 행정
구역으로서의 구가 있다.

[제 3 절] 공무원의 종류

1. 국가공무원과 지방공무원

공무원을 분류하는 기준은 임용주체, 소속, 경비부담, 실적, 신분 보장 등을 들 수 있으나 각 국가의 사정에 따라 여러 기준이 복합적으로 적용되어 분류된다. 지방자치제를 실시하는 모든 국가는 공직을 1차적으로 임용 주체나 소속에 따라 국가공무원과 지방공무원으로 분류하고, 다시 실적의 적용이나 신분 보장 여부에 따라 공직을 분류한다(강성철 외, 2012: 135).

국가공무원과 지방공무원을 명확하게 구분하는 기준은 없다. 대개의 경우 임용 주체에 의하여 중앙정부(국가)가 임용하는 공무원을 국가공무원이라 하고, 지방자치단체에 의해 임용되는 공무원을 지방공무원으로 구분하기도 한다. 또한 행정주체를 기준으로 중앙정부의 국가사무를 담당하는 공무원을 국가공무원, 지방자치단체의 자치사무를 담당하는 공무원을 지방공무원으로 구분하기도 한다. 또한 보수 기타 경비의 부담 주체를 구분 기준으로 하여 국가에서 경비를 부담하는 공무원을 국가공무원, 지방자치단체가 경비를 부담하는 공무원을 지방공무원으로 구분하기도 한다.[13]

2022년 우리나라 전체 공무원정원은 1,156,326명이며 국가공무원은 756,519명, 지방공무원은 373,026명, 입법부 4,801명, 사법부 18,429명, 헌법재판소 362명, 중앙선거관리위원회 3,189명이다. 행정부 여성 국가공무원 비율은 48.2%이다. 국가공무원 직종별 현원을 살펴보면 정무직 136명, 일반직 178,199명, 특정직 577,620명(외무 2,125명, 경찰 140,835명, 소방 61,051명, 검사 2,217명, 교육 371,392명), 별정직 564명이다.

---

13 한국 지방공무원법 제1조에서는 지방공무원을 "지방자치단체의 경비로써 부담하는 공무원을 말한다"고 규정하고 있다.

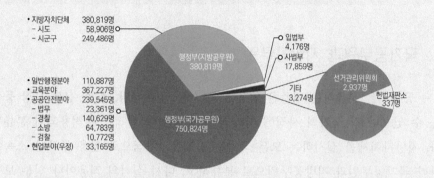

그림 1-2 공무원정원 현황(2023년 1월 기준)

구분	공무원 정원(명)	비율(%)	구분	공무원 정원(명)	비율(%)
공무원 총정원	1,156,952	100.0	행정부(지방)	380,819	32.9
행정부(국가)	750,824	64.9	시도	58,906	5.1
일반행정분야	110,887	9.6	시군구	249,486	21.6
교육분야	367,227	31.7	지방교육행정기관	72,427	6.2
공공안전분야	239,545	20.7	입법부	4,176	0.4
법무	23,361	2.0	사법부	17,859	1.5
경찰	140,629	12.2	헌법재판소	337	0.03
소방	64,783	5.6	선거관리위원회	2,397	0.3
검찰	10,772	0.9	–	–	–
현업분야(우정)	33,165	2.9			

자료: 행정안전부(http://www.moi.go.kr).

파킨슨의 법칙(Parkinson's Law)

원래는 "공무원의 수(數)는 해야 할 일의 경중(輕重), 때로는 일의 유무와 관계없이 상급공무원으로 출세하기 위하여 부하의 수를 늘릴 필요가 있다는 사실 때문에, 일정한 비율로 증가한다"는 사실을 수학적 법칙으로써 지적하고, 그것은 장기에 걸친 조사결과라고 한 데서 비롯되었다.

제1공리: 부하배증의 법칙
'공무원의 수는 해야 할 일의 경중이나 일의 유무에 관계없이 상급 공무원으로 출세하기 위해 부하의 수를 늘릴 필요가 있기 때문에 일정한 비율로 증가한다'는 것이다.

제2공리: 업무배증의 법칙

'지출은 수입만큼 증가한다'는 법칙은 세금을 올릴 수 있는 한 공무원의 숫자는 무한정 늘어날 것이라는 인식하에 나온 것이다. 즉 일자리가 늘어나면 지시·보고·감독 등의 파생적 업무가 창조되어 본질적 업무가 증가되지 않는 경우에도 업무량이 늘어난다. 이는 다시 일자리를 늘리는 순환과정을 가져오고 결국 본질적 업무량과 관계없이 지속적으로 공무원의 수의 증가가 이루어진다.

2. 경력직 공무원과 특수경력직 공무원

경력직 공무원은 실적에 의하여 임용되고 신분이 보장되며 특별한 사유가 없는 한 정년에 이르기까지 근무할 수 있는 공무원을 말한다. 특수경력직 공무원은 실적이 적용되는 경우와 되지 않는 경우로 구분되나, 신분이 보장되지 않아 정년까지 계속 근무하는 것을 전제로 하지 않는 공무원을 말한다.

경력직 공무원은 실적주의와 신분보장이 동시에 적용되는 공무원으로 그 종류는 일반직 공무원, 특정직 공무원으로 구분된다. 일반직 공무원은 기술·연구 또는 행정 일반에 대한 업무를 담당하며 직군과 직렬별로 분류되는 공무원이다. 특정직 공무원은 법관, 검사, 외무공무원, 경찰공무원, 소방공무원, 교육공무원, 군인, 군무원, 헌법재판소 헌법연구관 및 국가정보원의 직원과 특수 분야의 업무를 담당하는 공무원으로 다른 법률에서 특정직 공무원으로 지정하는 공무원을 말한다. 특정직 공무원은 담당 업무가 특수하여 거기에 필요한 자격·복무규율·정년·보수체계·신분 보장 등에서 특수성을 인정할 필요가 있어 일반직 공무원과 별도로 분류한 것이다.

특수경력직 공무원은 경력직 이외의 공무원으로 실적제와 직업공무원제의 적용을 받지 않는 공무원을 말한다. 따라서 특수경력직 공무원은 정치적이거나 특수한 직무를 수행하기 위하여 임용되는 공무원이다. 특수경력직 공무원은 정무직 공무원과 별정직 공무원으로 구분된다. 정무직 공무원은 담당 업무의 성격이 정치적 판단이나 정책결정을 필요로 하는 고위공무원으로, 선거에 의해 취임하거나 임명할 때 국회의 동의가 필요한 공무원이다. 별정직 공무원은 보좌 업무 및 특정업무를 담당하기 위해 별도의 자격 기준에 따라 임용되는 공무원이다.

[제1절] 행정의 환경

1. 정치적 환경

　　행정의 본질을 제대로 이해하기 위해서는 정치와의 관련성을 명백하게 규명하는 것이 매우 중요하다. 그 이유는 현실의 행정은 정치적 환경하에서 이루어지고 정치적 영향을 받으며, 정치적 지지를 얻어야 하고 정치적 기능도 수행하고 있기 때문이다.

　　이러한 행정과 정치의 상호관련성은 행정의 개념 자체를 어떻게 규정하고 그 영역을 어떻게 설정하느냐에 따라 달라진다. 이분법적 시각에서 본다면 정치는 입법부를 무대로 한 가치지향적인 목표설정 및 정책결정 활동이며, 가치, 당위(Sollen), 투입기능 등이 강조되는 과정이며, 행정이념으로는 민주성, 대응성, 책임성 등이 강조된다. 그에 반해 행정은 행정부를 중심으로 사실관계적 활동인 정책집행, 존재(Sein), 산출기능 등이 강조되는 과정이며, 행정이념으로는 능률성, 효과성, 효율성, 전문성 등이 강조된다.

　　지금까지 정치와 관련하여 행정의 개념과 영역을 규정해보면 크게 여섯 가지로 구분해볼 수 있다. 첫째, 행정학 태동기의 기술적 행정학의 관점으로서 행정을 순수한 관리·기술현상으로 파악하고, 행정을 전문행정가가 수행해야 한다고 하는 정치·행정이원론, 둘째, 1930년대 경제대공황과 New Deal(1933~1945)정책에 따른 행정기능의 확대로 등장한 관점으로 행정의 정치적 성격을 인정하여 행정은 정책결정 등 가치판단 기능을 적극 수행해야 한다고 보는 정치·행정일원론, 셋째, 1940년대 이후 사이몬(Simon)을 중심으로 한 행정행태론의 입장에서 행정의 가치판단적 요소를 인정하면서도 행정연구의 과학화를 위해 연구대상을 '사실판단'에 국한한 새정치·행정이원론, 넷째, 1960년대 신생국의 국가발전을 위해 행정이 주도적으로 국가발전목표의 설정·집행하고 적극적 사회변동 유도하는 행정우위론적 관점의 새정치·행정일원론, 다섯째, 1980년대 공공부문의 민간화와 행정의 시장화를 강조하는 신공공관리론적(시장적 거버넌스) 관점의 새정치·행정이

표 2-1 행정과 정치의 변천과정

시 기	이 론	특 징	관련 이론	대표 학자
14~18c		정치와 행정의 미분화	절대군주국가	
19c초	정치우위론	미분화, 행정은 정치의 시녀	입법국가, 엽관주의	Jackson
1880	정치행정이원론	행정의 정책결정 부인 정치와 행정 분리 엽관주의 폐단 극복	행정관리설 기술적 행정학	W. Wilson L. D. White Gulick
1930	정치행정일원론	행정의 정책결정기능 중시 정치 행정의 연속성 강조 경제공황 극복	행정국가 통치기능설 기능적 행정학	Dimock Appleby
1940	정치행정 새이원론	행정연구대상 사실에 국한 가치판단배제(논리실증주의) 행정의 과학화	행정행태설	Simon Barnard
1960~70	정치행정 새일원론	국가발전위한 정책결정기능 행정은 사회변동 관리자	발전행정론	Esman Weidner
		사회문제 처방위한 행정가치주의	신행정론	Frederickson
1980	새이원론	행정의 경영화 시장화 강조	신공공관리론	Hood
1990~	새일원론	시민의 정치적 참여 중시	뉴거버넌스	Rhodes

원론, 여섯째, 1990년대 이후 강조되고 있는 시민의 정치적 참여와 행정의 정치성을 다시 강조하고 있는 뉴거버넌스 관점의 새정치·행정일원론이 있다.

정치적 환경은 공식적·비공식적 정치제도와 가치로 구성되어 있다. 대통령제인지 내각책임제인지, 대통령과 입법부, 사법부와의 견제와 균형이 어느 정도인지, 양당제인지 다당제인지, 중앙정부와 지방정부 간의 권한 배분 등이 행정의 중요한 정치적 환경을 형성하고 있다. 이와 더불어 정책의 정책형성 및 투입기능, 언론의 감시기능, 시민단체의 감시 및 정책형성기능 및 행정에 대한 국민의 관심과 여론 등도 중요한 정치적 환경이다.

한국의 정치환경 변화는 김대중 정부에서 시작되었다. 김대중 정부는 이전 정부와 차별적인 통일정책과 경제정책을 가지고 국정을 운영하기 시작했다. 대북관계에서의 햇볕정책이나 복지부문의 생산적 복지 개념의 도입 등으로 행정환경은 이전과 크게 변화가 시작했다.

정치환경이 가장 크게 변화되고 복잡성과 불확실성이 나타나기 시작한 시기는 노무현 정부이다. 노무현 대통령은 시민사회단체와 네티즌이라는 새롭고 강력한 정치세력을 등장시켰다. 진부하고 부패한 구세력과 도덕적이고 청렴한 신세대의 전선을 형성하면서 정치권의 세대교체를 주장하였다. 이러한 급격한 변화는 이해의 재배분을 초래하며 결국 대립되는 세력들 간의 갈등을 심화시킨 결과를 가져오게 하였다.

이명박 정부와 박근혜 정부는 이전 10년 간의 진보정부 이념과 다르게 다시 보수주의의 이념을 표명하면서 정부주도의 경제성장(경제살리기, 창조경제 등) 및 국민통합을 강조하였다. 박근혜 정부는 대통령의 비선 실세 개입으로 게이트가 비화되면서 박근혜 대통령에 대한 탄핵 소추 등의 정부 붕괴로 이어졌다. 이와 같은 행정을 둘러싼 정치 환경의 급격한 변화로 인해 행정은 다른 어느 시기보다 새로운 정치적 환경의 도전에 직면하고 있다.

2. 법적 환경

행정은 법의 테두리 내에서 이루어진다. 이 말은 법(헌법, 법률, 명령 등)이 각종 행정작용에 대한 정당성의 근거가 되는 동시에 이러한 행정활동을 제한하는 한계기준으로도 작용한다는 것을 의미한다. 입헌주의 원리는 행정에 대한 법의 의미와 역할을 강조하는 것으로서 정부행동을 제약하는 원리로 이해되는 경우가 많다. 그러나 법은 행정에 대한 제약요인인 동시에 정부부처와 공무원에게 권한을 부여하고 활동의 근거를 제공하는 촉진요인으로 작용하기도 한다.

첫째, 법은 행정작용에 대한 정당성의 근거가 된다. 헌법은 행정의 법적 정당성을 제공하는 최고의 원천으로, 행정조직과 행정작용에 관한 헌법규정은 행정의 존립근거와 수권의 기초를 제공하고 있다. 또한 법률 역시 행정과 정책의 공식적 형식이자 집행수단이 되기도 하며, 그러한 과정을 통해 행정활동을 정당화하는 기능을 수행한다. 베버(Weber)가 제시한 바와 같이 헌법, 법률, 규칙 등의 각종 법규는 행정에 합리적·법적 권위를 부여하는 원천이다.

둘째, 법은 행정활동을 제한하는 기준이 되기도 한다. 즉 입헌주의 원리 혹은 법치행정 원리의 핵심원칙이라고 할 수 있는 법률우위의 원칙[1] 및 법률유보의 원칙,[2] 그리고 이를 뒷받침하는 사법심사 제도를 통해 행정은 법의 근거가 있는 범위 내에서만 공적 활동을 전개할 수 있다.

행정과 법의 관계는 입법부와 행정부의 관계를 통해서도 나타나지만 사법부와 행정부의 관계를 통해서 구현된다. 통상 사법부는 행정처분에 대한 행정재판권, 명령·규칙에 대한 위헌명령심사권을 갖고 있고, 행정부는 사법부의 예산편성권, 사면권 등을 갖고 있어 상호 견제와 균형을 유지하게 된다. 행정부와 사법부의 상호관계는 첫째, 사법심사제도를 통한 사법부의 국민의 권리구제와 행

---

1 법률우위의 원칙이란 국회에서 제정한 법률이 다른 기관에서 제정한 법규(행정명령)보다 우월한 효력을 갖는다는 원칙을 말한다. 국회가 제정한 법률은 다른 기관(행정권 또는 사법권)의 의사보다 우위에 있으며 이에 저촉되는 법률은 효력이 없다는 것을 의미한다. 우리나라 헌법은 이러한 법률우위성을 제도적으로 보장하고 있다(헌법 제107조 제2항 참조).

2 법률유보의 원칙이란 법률에 근거가 있어야 행정권을 발동할 수 있는 것을 말한다. 법률유보의 원칙은 개인의 권리·자유를 행정권의 자의에 의한 침해로부터 보장하는 뜻을 가지는 반면 법률에 의하는 한 개인의 권리·자유에 대하여 필요한 경우 제한을 하거나 침해를 할 수 있다고 해석되기도 하였다.

정에 대한 법적 통제 기능을 통하거나 둘째, 사법심사 및 판례를 통해 실질적으로 수행되는 사법부의 정책형성과 집행과정에서의 영향력을 행사하는 역할을 통해 구체화된다. 또한 실질적으로 사법기능을 수행하지만, 사법부와는 제도적으로 분리되어 있는 헌법재판소의 위헌법률심판, 헌법소원, 권한쟁의심판 등도 행정부에 영향을 미친다.

3. 경제적 환경

행정을 둘러싼 환경 중 경제적 맥락 역시 중요하다. 행정의 기본적 기능은 국민들이 필요로 하는 공공서비스를 생산·공급하는 것이다. 이를 위해 정부는 재정이라는 경로를 통해 경제체제로부터 재원을 조달받고, 이를 활용해 경제체제가 필요로 하는 각종 공공서비스를 직·간접적으로 공급한다. 또한 정부가 경제체제로부터 재원을 지속적으로 확보하기 위해서는 기본적 시장질서가 유지되어야 하는데, 이 과정에서 행정과 경제의 상호작용이 이루어진다.

자본주의 경제체제하에서 자원을 배분하고, 조정·통제하는 제도적 장치는 대체적으로 정부와 시장으로 대별할 수 있고 최근에는 네트워크적 생산양식이 문제 해결을 위한 제도 선택을 놓고 정부, 시장 및 네트워크 간의 관계를 어떻게 설정하느냐에 따라 행정의 역할과 범위가 달라질 수 있다. 그런데 최근 네트워크적 자원배분이 강조되면서 정부와 시장의 관계는 매우 복잡한 양태를 보이면서 발전하고 있다.

먼저 경제가 행정에 미치는 영향을 보면 행정학의 발달 자체가 경제적 요인의 영향이라고 할 정도로 매우 중요하였다. 19세기 입법국가 시대에 행정기능은 입법부에서 제정한 법률의 기계적이고 충실한 집행만 강조되고 행정부의 자유재량은 크게 제한되었다. 그러나 산업화의 진전과 과학기술의 진보 등으로 자본주의 병리현상이 만연함에 따라 정부의 역할 확대에 대한 요구도 함께 증가하였다. 이에 따라 정부는 민간부문의 경제활동영역에 적극 개입하게 되었다.

또한 경제체제가 어떠한 특성을 갖느냐에 따라 행정의 역할도 달라질 수 있다. 중앙계획경제하에서는 모든 부문이 국가의 독점 상태에 있었기 때문에 행정이 국가 내의 모든 부문을 직접 통제했다. 따라서 행정의 기능과 규모도 자본주의적 시장경제 체제하에서보다 훨씬 방대하였다. 이에 비해 자본주의적 시장경제 체제하에서는 20세기 중반 이후 경제영역에 대한 행정의 개입이 증대되었다고 할지라도 기본적으로 행정은 시장질서의 부작용을 해소하는 사후적이고 소극적인 질서유지와 혹은 조정자의 역할이 강조되어 왔다.

4. 사회적 환경

1) 시민사회의 의의

정부는 시민사회와 분리되어 존재할 수 없다. 사회는 공식적인 국가기구들인 행정부, 입법부, 사법부로부터 독립되어 있으며 자율성을 지닌 독자적인 영역이다. 시민사회는 시민들이 공동으로 추구하는 공공선을 실현하기 위해 국가기구에 영향력을 행사하는 역할을 담당하기 때문에 민주주의의 실현을 위해 필수적인 요소라고 할 수 있다. 그럼에도 불구하고 행정수요의 양적 증대와 그에 따른 정부의 거대화로 인해 행정에 대한 시민사회의 영향력은 상당 기간 배제되어 왔다. 그러나 1970년대 말부터 시민사회가 부활하면서 학문적으로도 시민사회에 대한 관심이 크게 증가하였다.

20세기 들어서 행정에 영향을 미치는 사회적 환경 중 가장 중요한 것은 시민사회이다. 이러한 시민사회는 시민과 국가의 관계를 매개하는 집단들의 집합체를 의미한다. 참여 민주주의의 확산과 신자유주의 등장으로 시민사회의 역할은 점점 강화되고 있다. 이러한 시민사회의 활성화는 공공서비스의 생산, 민주주의적 가치의 재생산, 인간소외의 극복 등의 문제들과 밀접하게 관련되어 있어 각종 사회문제에 대한 진단과 해결 대안을 제시하는 데 없어서는 안 될 사회의 주된 구성 요소로 등장했다.

일반적으로 정부와 시민사회의 관계는 대체적 관계, 보완적 관계, 대립적 관계, 의존적 관계, 동반자 관계로 유형화 할 수 있다. 대체적 관계란 국가가 다양한 정치적·기술적 한계로 인해 공공재의 공급 역할을 비영리조직이 담당하면서 서비스 공급의 효율성을 제고하는 차원에서 형성된다. 보완적 관계는 양자가 상호 긴밀한 협조관계를 갖는 경우로서 비정부조직이 생산하는 공공재의 생산비용을 정부가 지원하는 경우가 대표적이다. 대립적 관계는 국가와 비정부조직 간에 공공재의 성격이나 공급에 대해 시각 차이를 보여 긴장 상태에 놓이는 경우를 말한다. 의존적 관계는 사회가 다원화되지 못한 개도국에서 정부가 비정부조직의 성장을 육성하고 유도하는 관계이다. 동반자 관계는 독립된 파트너로서 서로의 존재를 인정하고 협력하는 관계로서 최근의 가장 일반적이고 바람직한 모형이다.

2) 시민사회의 주요 특성

첫째, 시민사회는 사회적 집단의 집합체이다. 사회적 집단에는 시민운동단체, 이익집단, 압력단체, 비영리조직, 비정부조직 등이 포함된다.

둘째, 시민사회는 구성원들 자발적 참여에 의해 구성된 자발적 집단이다.

셋째, 시민사회는 국가와 시민의 교호작용을 매개하는 집단이다.

넷째, 시민사회는 국가와 시민과의 관계에 있어서 어느 한쪽에 완전히 소속되는 것이 아니라 상대적 독자성을 가진다.

다섯째, 시민사회는 언론·결사의 자유가 보장된 자유국가에서만 활동이 가능하다.

3) 현대시민사회의 주역으로서 NGO

NGO(Non Governmental Organization)는 현대시민사회의 주역으로서 NGO의 개념적 속성은 제3영역의 조직, 자발적 조직, 비영리적 조직, 자치적 조직, 지속적, 공식적 조직, 비종교적 조직, 비정치적 조직이라는 점이다. 한 마디로 '사적 영역에서 공익적 기능을 수행하는 조직'이라고 할 수 있다.

첫째, NGO는 사적(private) 영역의 사적 조직이다.

둘째, NGO는 공식적(지속적) 조직이다.

셋째, NGO는 비영리조직이다.

넷째, NGO는 자기통치성을 가진 자발적 조직이다.

다섯째, NGO는 공익을 추구하는 조직이다.

여섯째, 제3섹터의 조직이다.

사회적 자본(social capital)

1. 의 의

사회적 자본이란 사회 구성원들이 힘을 합쳐 공동 목표를 효율적으로 추구할 수 있게 하는 자본을 이르는 말이며, 사람과 사람 사이의 협력과 사회적 거래를 촉진시키는 일체의 신뢰, 규범, 네트워크 등의 사회적 기구로부터 구성된다.

사회적 자본이라는 개념이 본격적으로 등장한 것은 1990년대 이지만 그 중요성에 대해 부각되기 시작한 것은 비교적 최근의 흐름이다. 사회적 자본은 보이지 않는 자본으로서 사용하면 할수록 그 가치를 더해가는 사회발전의 원동력이다. 또한 사회적 자본은 인간과의 관계 즉 인간 간의 신뢰성, 믿음 등과 같은 것에 바탕을 둔 자본으로 사회적 자본의 증대는 사회발전의 원동력을 제공할 수 있게 한다. 더불어 사회적 자본은 협동적인 공동체 문화와 사회적 신뢰형성을 통해 민주주의 발전과 제도적 성과를 제고하는 데 크게 기여하고 있다.

2. 주요 속성

첫째, 사회적 자본은 자발적이며 협력적·수평적 네트워크의 성격을 가진다.

둘째, 사회적 자본은 친사회적 행태(봉사)인 호혜주의적 특성을 지닌다.

셋째, 사회적 자본은 구성원들 간의 상호 신뢰와 협력을 바탕으로 한다.

넷째, 사회적 자본은 비공식적이지만 사회적 통제력을 지닌 사회규범이다.

다섯째, 공동체주의: 공동체가 핵심적 위치를 차지한다.

여섯째, 정치·경제발전의 윤리적 기반으로 정치·경제 발전을 지지한다.

일곱째, 국력과 국가경쟁력의 실체로 사회적 자본이 인적·물적 자원보다 중요하다.

3. 사회자본의 주체와 적용대상

사회자본의 중요 주체는 비정부조직이며, 비정부조직의 사회자본 창출은 구성원 간의 커뮤니케이션에 의해 좌우된다고 주장된다.

사회자본의 적용대상은 사회복지분야, 지역사회개발, 사회전체 등이다.

4. 사회자본의 순기능과 역기능

사회자본의 순기능은 개인행동 촉진, 거래비용 감소로 행동의 능률성 증진, 창의성과 학습 촉진, 혁신적 조직의 발전, 조직시민행태 고양, 조직성과 제고 등이 있다. 역기능은 형성과정이 불투명·불확실하고 거래개념 자체가 불분명하며 측정의 어려움 등이 있다.

5. 한국의 사회적 자본 측정
국제경영개발원에서 매년 국가별 국가경쟁력 보고서를 발행하는데 여기서 사회적 자본과 관련된 지표들에서 우리나라는 하위권에 속해 있다. 2014년 지표들 몇 가지를 살펴보면 다음과 같다.
정치인에 대한 공공의 신뢰: 97위, 노사 간 협력: 132위, 여성 경제활동 참가율: 91위
기업의 직원에 대한 권한 이양 정도: 64위

5. 제3섹터와 NGO

1) 제3섹터

(1) 제3섹터의 개념

제3섹터란 개념은 제1섹터로서의 공공부문(public sector)과 제2섹터로서의 민간부문(private sector)이 아닌 제3의 영역을 일컫는 개념으로 등장하였다. 이러한 제3의 영역에서 생성된 조직체들이 사회에서 중요한 역할을 수행하였고 또한 수행할 수 있다는 점에서 이들에 대한 관심이 증대하고 있다.

그런데 제3섹터의 개념의 등장과 용례를 보면 미국과 일본에서 약간의 성격상의 차이를 보이고 있다. 제3섹터의 용어는 미국에서 처음 등장하였는데 그 시기는 1970년대 이후부터이다. 미국에서의 제3섹터란 제1섹터(연방정부, 주정부)도 아니고 제2섹터(민간)도 아닌 독립 섹터의 의미를 갖는다. 여기서 독립 섹터란 재단, 교회, 봉사클럽, 회의소, 소비자단체, 노동조합 등의 비영리단체를 말한다. 제3섹터에 대한 이슈를 학문적으로 처음 설명한 학자인 에치오니(Etzioni, 1973)는 제3섹터에 속하는 조직으로서 세 가지 유형을 들고 있다. 즉 정부적 요소와 민간적 요소를 동시에 가지고 있는 것(예: 의료보험, 학자금대부제도, 우편제도, NASA의 Apollo프로젝트개발, 대학, 병원 등), 자발적인 연합형태를 띠고 있는 것(예: 적십자 혹은 여성 유권자 연맹), 비영리적 기업형태를 띠고 있는 것(예: 포드재단)이 있다. 이렇게 볼 때 미국에서의 제3섹터의 개념은 자발성에 근거한 민간의 비영리목적의 단

체를 의미한다고 볼 수 있다. 이것은 제1섹터와 제2섹터와는 독립적인 새로운 섹터의 성격을 갖고 있다.

이에 반해 일본에서의 제3섹터는 공공부문과 민간부문의 혼합방식의 조직을 지칭하고 있다. 일본에서 제3섹터라는 용어가 공식적으로 처음 사용된 것은 1973년 2월 경제사회기본계획이다.[3] 그러나 제3섹터 방식의 민관공동출자사업에 의한 사업주체는 그 이전부터 존재하였다. 특히 1969년 선진국총합개발계획에서는 민관공동출자사업의 도입을 적극적으로 천명하고 있으며, 1980년대에는 관계 부처의 지원하에 설립이 본격화되었다. 그런데 일본에서는 더 세분하여 자치단체와 기업 간의 혼합부문을 제3섹터, 자치단체와 주민 간의 혼합부문을 제4섹터, 주민과 기업 간의 혼합부문을 제5섹터, 자치단체와 기업, 주민 간의 혼합부문을 제6섹터라고 분류하고 있다. 그러나 이런 식의 세 분류는 오히려 개념상의 혼란을 가져올 가능성이 있기 때문에 총칭하여 제3섹터라고 부르는 것이 타당하다고 생각한다.

현재 우리나라에서의 제3섹터 방식의 사업은 두 가지 용어로 사용되고 있는 것 같다. 하나는 민관공동출자사업이고 다른 하나는 공사혼합기업이다. 각 용어의 성격을 검토해 보면 민관공동출자사업은 공동출자에 초점을 맞추면서 기업 외에 재단 및 사단법인체까지 포괄하는 의미를 갖고 있는 반면에, 공사혼합기업은 기업체만을 지칭하지만 출자 외에 경영 등의 다른 차원의 혼합방식을 포괄하는 개념이라고 볼 수 있다.[4] 아직 어느 용어가 더 적합한지에 대해서 단언할 수는 없지만 현재 민관공동출자사업이 더 자주 사용되고 있는 것 같다.

(2) 섹터의 구분

사회섹터는 활동목적의 영리성과 활동주체의 공공성 관점에서 제1부문인 정부부문(공공과 비영리공공기관), 제2부문인 민간부문(시장과 영리민간기관), 제3부문인 영리공공부문(공기업과 준정부기관), 비영리민간부문(준비정부기관과 비정부기관)으로 구분된다.

---

3 이 용어가 일본에서 처음 사용된 것은 당시의 경제기획청 총합개발국(현 국토청)의 한 조사관이 미국에서 체류한 후에 귀국하여 작성한 '제3섹터의 부활'이라는 내부보고서에서 비롯되었다고 한다.
4 여기서는 두 용어를 포괄하는 의미로서 제3섹터의 용어를 사용하기로 한다.

표 2-2 **섹터의 구분**

	공공기관(공적영역)		민간기관(사적영역)	
비영리	비영리공공기관(I)		비영리민간기관(Ⅲb)	
			③ 준비정부기관	④ 비정부기관(NGO)
영리	영리공공기관(Ⅲa)		영리민간기관(II)	
	① 공기업	② 준정부기관(QUAGO)		

제1부문(정부조직): 공공기관 비영리활동 수행(I)
제2부문(민간조직): 민간부문 영리활동 수행(II)
제3부문(중간조직): 공공기관 영리활동＋민간부문 비영리활동 수행(Ⅲa＋Ⅲb)
＊ 공기업: 공적기업, 정부출자지분 5할 이상인 법인
＊ 준정부조직(quasi-governmental organization: QUAGO): 준공기업(민간공동출자)
＊ 준비정부조직(quasi-non-governmental organization: QUANGO): 민간단체 비영리활동을 수행하는
 영역, 정부로부터 재정지원 받는 관변단체가 해당
＊ 비정부기구(NGO): 시민단체

(3) 중간조직의 형성배경

첫째, 공공재이론이다. 시장에서 공급되지 못한 공공성이 강한 재화는 주로 행정기구가 공급하여야 하지만 이를 NGO가 대신 공급할 수도 있다.

둘째, 계약실패이론이다. 서비스의 성격상 영리기업의 서비스 양과 질을 정확히 파악하지 못할 때 비영리성을 띤 준정부조직의 서비스를 더 신뢰하게 되어 중간조직이 형성되었다는 이론이다.

셋째, 소비자통제이론이다. 소비자인 시민이 국가권력을 감시하고 통제하기 위한 수단으로 중간조직이 발생했다는 이론이다.

넷째, 시장실패, 정부실패모형이다. 시장실패와 정부실패가 동시에 발생하는 현대행정의 해결책으로 중간조직이 등장했다는 모형이다.

다섯째, 관청형성모형이다. 관료들은 예산극대화를 추구하기보다는 집행위주의 계선조직을 정책위주의 참모조직으로 개편하려는 의도가 작용하여 준정부조직 등이 형성하게 된다는 모형이다.

(4) 준정부조직(QUAGO)

준정부조직이란(quasi-governmental organization: QUAGO)이란 법적으로 민간조직의 형태를 띠면서 공공부문에 해당하는 공적인 기능을 수행하는 기관이다. 계약국가, 그림자국가, 감추어진 공공영역, 공유된 정부라고도 한다.

이는 정부의 역할 수행이 직접행정에서 간접행정으로 변화된 것을 보여준다. 또 공공성과 민간성이 연속선상에 있음을 보여주는 개념으로 공공부문과 민간부문이 합작하여 공익성과 기업성을 조화시키면서 제도적인 이익을 극대화하는 새로운 행정운영방식이다.

우리나라는 '공공기관의 운영에 관한 법률'상 공공기관 중 공기업을 제외한 준정부기관이나 기타공공기관이 이에 해당되며, 구체적으로는 공사, 공단, 기금, 재단, 관변연구단체 등이 있다. 지방자치단체에서는 제3섹터에 해당되는 민관공동출자사업이 이에 해당되며, '자치단체가 자본금 또는 재산의 1/2 미만을 출자 또는 출연하여 자치단체외의 자와 공동으로 상법에 의한 주식회사 또는 민법에 의한 재단법인을 설립하는 경우'를 의미한다.

이러한 준정부조직은 관료제의 경직성을 극복하고 조직의 자율성과 신축성을 유지할 수 있는 장점 등이 있으나 관료들의 퇴직 후 자리보장을 위한 수단이 되기도 하고, 행정활동의 가시성을 낮춤으로써 정부팽창의 은폐수단이나 정부책임 회피수단이 되기도 한다. 또한 책임소재가 불분명하여 경영이 부실할 경우 그 원인을 정부 또는 민간에게 전가함으로써 경영의 책임성을 구현하기 어려운 문제점도 가지고 있다.

2) 비정부조직(NGO)

(1) NGO(Non Governmental Organization)의 개념정의

NGO는 용어는 1945년 UN에 의해서 공식적으로 사용되었으며, 1950년과 1968년의 개정을 통해 UN헌장 제71조에 의하여 UN하의 경제사회이사회에 협의적 지위를 갖게 되었다. 이후 NGO는 유엔이 인정하는 민간기구 뿐만 아니라 국제협력 사업에 참여하는 민간단체, 즉 유엔과 협의적 지위를 갖는 정부와 관련되지 않은 공식적으로 인정되는 조직을 총칭하는 의미를 갖게 되었다.

현대사회의 주역인 NGO는 준정부조직보다 민간부문에 더 가까우며, 구성원의 이익에 관심을 두는 이익집단과도 다르고, 정치적 활동을 하는 정당과도 구별되는 순수시민단체를 말한다.

(2) NGO의 개념의 기본 원리

첫째, 비당파성(non-partism)이다. NGO는 정치적 입장에 있어서 보다 중립적인 특징을 가진다.

둘째, 비종교성(non-religious)이다. 특정 종교와 직접적인 관련을 갖고 있지 않는 것을 의미하며, 종교적 기반 위에서 활동하는 것 자체를 부정하는 것이 아니라, 그 단체의 활동이 특정 종교의 종교적 이해를 반영하는 것이 아니어야 한다는 것이다.

셋째, 공익성(for public good)이다. NGO는 정부기구는 아니지만, 사적 이익(기업)이나 친목만을 도모하는 집단이 아닌, 이른바 '공공선'을 위해 일하는 단체이다.

넷째, 자발성(voluntary)이다. NGO는 법이나 제도에 의해 만들어지고 활동하는 것이 아니라 오직 스스로 필요를 느껴 자발적으로 조직하고 활동하고 또는 해산한다.

다섯째, 자율성(self-governing)이다. 자체적인 행동강령이나 규칙 이외에는 다른 간섭을 받지 않는다는 것이며, 물론 공공영역의 법과 제도를 지키는 수준에서 가능한 것이다.

(3) 용어의 다양성

① NGO(Non Governmental Organization)

UN에서 처음 사용한 용어로 1945년 창립총회에서 민간협력기구로서 초청한 단체들을 NGO라 칭하여 가장 일반적으로 사용된다. 정부기구가 아닌 비정부성에 초점을 둔 개념이다. UN의 공식적 사용개념이며, 유럽이나 제3세계 국가에서 보편적으로 사용된다.

② NPO(Non Profit Organization)

영리를 추구하지 않는 비영리성을 강조한 용어로서 미국과 일본에서는 이 것이 더 많이 사용하고 있으며, 미국에서는 NPO를 자선단체, 자원단체, 제3섹터 등 다양하게 부른다.

③ CSO(Civil Society Organization)

시민사회단체라는 개념을 분명히 하고 있는 개념으로서 시민사회단체 내부 에서 사용이 권장되고 있는 용어이며, 국가권력을 견제하며 국민권리를 옹호하 는 성격을 지닌 민간단체로 정의된다.

④ 제3섹터(the third sector)

정부영역을 1섹터, 기업영역을 2섹터라고 보았을 때, 시민사회의 영역은 세 번째 영역이라는 주장을 담고 있는 용어이다. 즉 제3섹터는 제1부문과 제2부문 이 혼합된 민관혼합부문을 의미한다.

(4) NGO의 성장요인

① 경제적 관점

수요론적 관점은 정부실패와 시장실패를 동시에 극복하기 위한 대안으로써 정부와 시장이 대응하지 못하는 초과수요나 다양한 수요에 대해서 정부와 시장 기능을 보완하기 위해 NGO가 성장한다는 관점이다. 따라서 사회의 이질성이 높 을수록 다양한 서비스의 수요로 인하여 더 많은 비영리조직이 생겨나는 반면, 동질적인 사회일수록 성장요인은 감소된다는 것이다. 이에 반해 공급론적 관점 은 비영리부문을 적극적으로 창설하거나 지원하는 주체의 주도적인 역할로 인 하여 성장한다는 것이다.

② 정치·사회적 관점

정치·사회적 관점은 유럽과 개발도상국의 사회운동 조직의 성장 과정에 토 대를 둔 입장이다. 잘못된 정치·사회적 구조로 발생한 다양한 소외계층의 이익 을 대변하려는 집합적 행동으로서 사회운동의 강화가 비정부조직의 성장을 촉진한다는 것이다.

(5) NGO의 역할

첫째, 정책감시자 역할이다. 잘못된 정책이나 행정일탈에 대한 경고자 또는 정책에 대한 지속적 감시자 역할을 수행한다.

둘째, 정책의 제언자 역할이다. 정책 문제의 발굴 및 문제에 대한 관심의 환기, 국민 여론형성, 정책 대안을 제시하는 역할을 수행한다.

셋째, 정책파트너의 역할이다. 정보의 수집제공 및 정책에 대한 압력행사, 집행된 정책에 대한 오류수정의 역할을 수행한다.

넷째, 공공서비스의 공급주체이다. 재해구조, 사회봉사 등 공공서비스를 직접 공급함으로써 정부조직의 확대 없이 복지서비스 등 공공서비스의 공급총량을 증대시킨다.

(6) NGO의 한계

첫째, 이상주의에 치우쳐 결과에 무책임할 수 있으며, 안정성, 구속력이 미흡하다.

둘째, 사업 분야가 인권, 환경 등 비정치 분야에 국한되고 운영자금이나 사업규모가 미흡하다.

셋째, 재정적으로 자율성이 부족할 경우 관변단체화할 우려가 발생한다.

넷째, NGO는 국가역할 보완할 수는 있지만 대신할 수 없다.

다섯째, 정부에 대한 감시 기능을 넘어 국가시스템의 기능을 압도하려 한다.

여섯째, 비정치성을 뛰어넘어 특정 정당이나 정파를 위한 로비에 치중하는 NGO들도 많아졌다.

[제2절] 행정의 변천

1. 국가의 변천

1) 절대군주국가(18세기)

절대군주 국가는 군주가 절대적 권한을 행사하던 절대왕정기의 경찰국가로서 왕권신수설에 기초하여 국가가 일방적으로 지시·명령·통제하는 권력형 국가의 행정이다. 정치·경제·사회·문화의 모든 면에서 국가 권력이 전제적(專制的)으로 행사되고, 국민의 자유와 권리가 법적 보장을 받지 못한 17~18세기 유럽에서의 국가를 말한다. 당초에는 공공의 복지를 위한 국가작용 전체가 경찰로 간주되어, 공공의 복지를 추구한 절대주의 국가를 경찰국가라 불렀으나, 이후 권력이 남용되는 타락한 상태를 지칭하는 것으로 의미가 변질되었다.

2) 근대입법국가(19세기)

근대입법국가는 야경국가, 소극국가, 자유국가, 방임국가로서 정치는 의회에, 경제는 시장에, 국가는 국방·치안·외교 등 최소한의 기능을 담당하는 국가이다. 국가의 임무를 대외적인 국방과 대내적인 치안 유지의 확보 및 최소한도의 공공사업에 국한하고, 경제활동 등 나머지는 개인의 자유에 맡기는 것이 바람직하다는 근대의 자유주의적 국가관을 말한다. 즉 국가 그 자체를 강탈과 도범 방지를 주 임무로 하는 야경(夜警)에 불과한 것으로 보는, 극단적인 개인주의 및 자유방임주의에 입각한 국가관을 말한다.

3) 현대행정국가(1930~1970)

현대행정국가는 입법 및 사법기능에 비해 행정기능이 특별히 우월한 국가를 말한다. 20세기 들어 국가의 복지기능이 강조되면서 행정이 사회안정자(stabilizer)로서의 역할뿐만 아니라 사회변동의 촉진자(fertilizer of social change) 역할까지 수행하는 행정국가화 현상은 선·후진국을 막론하고 보편적인 현상으로 나타나고 있다. 현대 국가에서 행정부가 준입법적·준사법적 기능까지 수행함으로써 입법부와 사법부의 기능이 상대적으로 약화되고, 행정기능이 양적·질적으로 확대되고 있다.

4) 신행정국가(1970년대 이후)

정부실패를 해결하기 위하여 정부의 독점적인 통치를 거부하고 정부의 역할을 적극적인 지원에서 소극적인 규제에 국한시키는 입법주의형 국가로서 이 시기에는 신공공관리론과 뉴거버넌스가 중시되었다.

신공공관리론은 신보주주의 및 신자유주의의 산물로서 시장주의에 입각하여 정부는 전략적인 정책기능에 국한하고 집행기능은 시장성테스트를 통해 폐지, 민영화, 위탁, 공기업화, 책임운영기관 등을 추구한다.

뉴거버넌스론은 신공공관리론에 대한 반발로 국가와 시장, 시민사회의 참여와 협력을 통해 정책을 결정하고 공공서비스를 공동으로 생산해야 한다는 입장이다.

2. 행정국가와 현대행정의 특징

1) 의 의

행정국가란 행정기능의 확대·강화에 따라 본래 정책집행기능을 수행하던 행정부가 정책결정기능까지 담당하게 된 국가를 말한다. 현대행정이란 일반적으로 19세기 의회우위시대의 입법국가에 대응하여 20세기 행정의 기능과 권한이 크게 확대·강화된 행정부 우위의 현대행정국가(1930~1970년대)하에서 수행되는 행정을 의미한다.

2) 근대입법국가의 특징과 한계

19세기 자유방임주의적 법치국가에서 행정은 필요악으로서 소극적 기능만을 담당해야 한다는 인식을 가지고 있었다. 따라서 행정은 국방·외교·치안 등 불가피한 영역만을 담당하고, '최소한의 행정이 최선의 행정'이라는 '값싼 정부'의 인식이 지배적이었다. 사회란 국가의 개입 없이도 자동으로 조화가 이루어지도록 예정되어 있다는 아담 스미스(A. Smith)의 '보이지 않는 손'에 의한 '예정조화설'이 사상적 기초로 작용하였고, 경제는 시장만능주의, 정치는 의회만능주의를 강조하였다.

3) 행정국가의 등장

첫째, 경제·사회적 측면(시장실패)이다. 산업혁명 이후 경제대공황에 이르기까지 급격한 경제발전과 과학기술·교통통신을 발달로 실업자의 발생, 빈부격차, 독점자본의 형성, 노·사 간의 대립, 국제적 긴장과 전쟁(세계 1·2차 대전) 등의 심각한 사회문제를 노출하게 되자 이러한 시장실패를 치유하기 위해 정부개입이 불가피하게 되었다.

둘째, 정치적 측면(의회실패)이다. 19세기 의회주의는 국민의 이익을 국정에 제대로 반영하지 못한 채 다수결의 원리로 전락하였고, 유권자와 의원 간에 존재한다고 믿었던 '자동성의 원리'가 무너져 의회민주주의의 위기를 가져왔다.

셋째, 행정적 측면(행정기능의 팽창과 전문화)이다. 행정기능의 전문화·기술화는 입법부나 사법부로부터의 권한 흡수인 준입법권, 준사법권과 자유재량권의 증대를 가져왔고 행정기능은 양적으로 팽창되고 질적으로 전문화되었다.

넷째, 사회구조적 측면(국가와 사회의 동일화)이다. 국가기능이 확대·강화됨에 따라 국가와 사회의 동일화의 길로 나아가게 되고, 입법·사법·행정 간의 엄격한 권력분립은 수정되어 행정권이 더 많은 권력을 가지게 되었다.

4) 현대행정의 특징

(1) 구조적 양적 특징

① 행정기능의 확대 및 강화

자본주의 발달로 나타난 각종 사회문제를 치료하기 위한 산업사회의 지도통제, 사회보장, 도시문제, 교통문제, 환경문제 등으로 행정권이 전반적으로 확대되고 강화되었다.

② 행정기구의 확대

행정기능과 업무량의 증가로 인해 행정기구(참모조직, 위원회, 공기업 등)의 수가 확대되었다.

③ 공무원 수의 증가

행정기능 및 행정기구의 확대와 더불어 공무원 수가 지속적으로 증가하였으며, 공무원 수는 업무량의 증가와 관계없이 일정 비율로 증가한다는 파킨슨의 법칙이 있다.

④ 재정규모의 팽창

ⓐ 국가경비팽창의 법칙: 도시화와 소득증대에 의해 국가경비는 팽창한다.

ⓑ 전위효과: 전쟁 등 위기 상황하에서 국민들의 조세부담 허용수준이 높아진다.

ⓒ 대체효과: 지출요인(위기)이 사라진 뒤에도 지출이 감소하지 않는다.

ⓓ 관료예산극대화가설: 관료가 필요 이상으로 자기 부서의 예산을 많이 확보하려는 경향으로 인하여 과잉생산에 의한 정부실패가 발생한다.

(2) 기능적·질적 특징

① 행정의 전문화·기술화

사회적 변동의 복잡성과 기능의 분화, 국민의 욕구가 점점 다양해지면서 행정의 전문화와 기술화가 요청되었다.

② 정책결정·기획의 중시

행정이 적극적으로 사회문제를 치료하고 사회변동을 유도해가기 위해 목표를 설정하고 이를 정책결정과 기획을 통하여 구체화시키는 적극적인 행정기능이 중시되었다.

③ 신중앙집권화

교통·통신의 발달 및 생활권의 확대로 인해 중앙정부의 자치단체에 대한 중앙통제의 강화가 나타난 현상을 의미한다. 신중앙집권화는 중앙과 지방의 새로운 협력관계 모색을 통해 행정의 능률화와 민주화의 조화를 모색하려는 것이다.

④ 행정조직의 동태화

계층제 위주의 관료제적 행동조직이 가지고 있는 문제점을 극복하기 위해 문제해결 위주의 신축적인 조직을 확립하였다. 테스크포스, 프로젝트 팀, 매트릭스조직 등 동태적이고 유기적인 조직들을 적극 활용하였다.

⑤ 예산제도의 현대화

통제위주의 예산제도를 탈피하고 예산의 신축성과 합리성을 제고하기 위해 관리중심의 성과주의예산(PBS), 계획예산(PPBS), 영기준예산(ZBB) 등이 도입되었다.

표 2-3 근대입법국가와 현대행정국가의 차이

근대입법국가(~1920)	현대행정국가(1930~1970)
A. Smith(국부론)	Keynes(화폐·이자·고용에 관한 일반이론)
최소의 행정이 최선의 행정(작은 정부)	최대 행정이 최선의 행정(큰 정부, 규제강화)
자유방임사상	수정자본주의(계획경제요소 가미 혼합경제)
공급이 수요를 창출(L. Say의 법칙)	수요가 공급을 창출(정부 유효수요 창출)
소극적 기능(치안, 외교, 국방, 조세징수)	적극적 기능(복지)
소극국가, 야경국가, 싸구려 정부	적극국가, 복지국가, 경제국가
국가와 사회의 이원적 대립	국가와 사회의 일원적 동일화
보이지 않는 손에 의한 조화(예정조화설)	정부의 적극 개입에 의한 시장실패 치료 *뉴딜정책, TVA사업, 자본예산 도입
시장실패(경제공황) → 정부개입(행정국가)	정부실패 → 민영화(신자유주의)

자료: 김준규(2012).

3. 신행정국가와 행정의 특징

1) 의 의

신행정국가는 전통적 행정국가에 신자유주의·거버넌스 요소가 가미된 20세기 말 이후의 탈행정국가 의미하며, 작은 정부를 지향하면서 강력한 행정적 리더십 강조한다. 신행정국가는 국가의 개입 근거를 시장의 효율성과 형평성 확보라는 두 가지 차원으로 볼 때 국가의 기능을 전자에만 국한시키는 국가이다. 즉 적극적인 복지혜택 제공자에서 시장형성자로의 소극적 지위로 권력이동을 하는 것이다.

2) 신행정국가의 특성

(1) 국가의 역할과 권한

행정국가가 적극적인 복지국가를 지향하였다면, 신행정국가는 규제국가를 지향한다. 규제국가는 국가가 정책결정만을 담당하고, 정책집행을 준정부부문이

표 2-4 행정국가와 신행정국가

	행정국가	신행정국가
정치적 책임	직접적	간접적
주요기능	거시경제 안정화, 재분배	시장실패의 시정에 국한
핵심행위자	정당, 공무원, 조합집단	규제자, 전문가, 판사
정치적 갈등 영역	예산분배	규칙제정에 대한 심의 및 통제
도구	세입 및 세출	규칙 제정
특징적 제도	의회, 행정부처, 공기업 등	의회위원회, 독립규제기관, 심판소
정책유형	재량적	규칙가속적, 법률적
정책문화	코프라티즘(조합주의)[5]	다원주의
행정기능	적극적(큰 정부)	소극적(작은 정부)
복지정책	복지국가	복지위기론(복지역할분담론)
직업관료제	옹호	비판(노동시장 유연화, 탈관료제)
중앙과 지방과의 관계	신중앙집권[6]	신지방분권[7]
공기업	증가	축소(공기업의 민영화, NGO)

---

5 국가 기구의 적극적 중재가 이루어지는 가운데, 사회 집단들의 독점적, 기능적 이해관계 대변 조직들이 이해관계 대변과 국가 정책 집행을 연결하는 고리로서 노·사·정 3자의 정치적 교환에 참여하는 사회 정치적 과정이다. 이는 국가가 방관자적 입장에서 노동조합과 자본가의 관계를 바라보는 것이 아니라, 직접적인 참관자로서 대단위 노조와 자본가의 합의가 가능하도록 적극 개입하거나 사법적 제재를 가하는 것을 의미한다.

6 영·미 등 지방자치의 기반을 갖춘 나라에서, 지방분권화가 이루어졌다가 다시 중앙집권화되는 현상. 20세기 들어 교통통신이 발달하고 중앙정부의 기능이 확대·강화됨에 따라 지방의 중앙정부에의 의존이 오히려 심화되고 있는 현상을 의미한다. 신중앙집권화의 양상은 지방기능의 중앙기관에의 이관, 중앙통제의 강화, 중앙재정에의 의존 심화 등이 있다.

7 신중앙집권의 불가피성을 인정하면서도 그에 내재하는 문제점에 대처하기 위한 새로운 관점의 지방분권, 프랑스 등에서 정보화, 국제화, 도시화, 지역 불균형화 등으로 나타난다. 국가와 자치단체를 협력·공존하는 병립적 체계로 파악하여, 중앙집권과 지방분권이 갖고 있는 이점을 동시에 충족하려는 보다 적극적인 지방자치이다.

나 민간부문에 계약의 형태로 대행시키되, 그 성과를 감독하고 책임을 강제하는 시장지향 국가 및 계약국가를 의미한다. 또한 국가전체의 기능 및 규모의 감축을 중시하나 국가권위와 능력은 계속 유지되는 특징을 가지고 있다.

(2) 국정운영방식의 변화

첫째, 정책네트워크와 정부 간 관계의 변화이다. 정책공동체에서부터 느슨하게 통합된 이슈네트워크까지 여러 가지 유형의 네트워크가 형성된다.

둘째, 공동화 국가이다. 국가기능이 국제기구, 책임운영기관, 지방정부, NGO 등으로 분산되어 네트워크화 된다.

셋째, 핵심행정부이다. 중앙정부의 정책을 통합하고 협조하도록 하거나, 정부기관들의 갈등에 대한 행정부 내부의 최종 조종자로서의 역할을 수행한다.

넷째, 신국정관리이다. 뉴거버넌스는 조직들 사이에 상호의존적 특성을 지닌 자기조직적, 조직 간 연결망을 중시한다.

제3절 시장실패와 정부규제

1. 시장실패

1) 의 의

시장실패(market failure)는 시장기구(mechanism)가 그 기능을 제대로 발휘하지 못하여 자원이 효율적으로 배분되지 못하는 상태를 말하며, 정부실패와 대응되는 개념이다. 자유경제체제는 개인이 자유롭게 경제활동을 할 수 있도록 시장기능에 맡기는 것을 원리로 한다. 그러나 모든 경제부문을 시장기능에만 맡겨 정부가 관여하지 않을 경우 자원배분이나 소득분배에 있어 형평성과 공정성을 잃게 되는 결과가 초래될 수 있는데, 이러한 부정적 현상을 시장실패라 한다.

시장실패는 경제행위를 개인의 자유로운 선택에만 맡길 경우 개인의 이익과 관련된 부분사회에 대하여는 유익한 결과를 가질 경우도 있겠으나 사회 전체의 관점에서는 오히려 나쁜 선택·결과를 가져다주는 것을 뜻한다. 이 때문에 시장실패는 정부개입 및 정부규제의 근거가 되며 '큰 정부론'의 입장을 뒷받침해 주는 논거가 된다.

2) 시장만능조건으로서의 효율성과 형평성

첫째, 효율성으로 자원배분이 최적으로 실현되어 파레토 최적이 달성되고 이로써 사회총편익(총효용)이 극대화된 상태를 말하는 것으로 이러한 자원배분의 효율성은 완전경쟁시장[8]하에서만 이루어질 수 있다.

둘째, 형평성으로 개인 또는 부문 간에 소득분배가 공평하게 배분된 상태로서 시장에서 완전경쟁이 이루어져 자원배분이 효율적으로 이루어진 경우에도 약자나 패자에 대한 배려가 없는 시장에서는 형평성이 보장되지 못할 수 있다.

3) 시장실패의 원인

(1) 공공재의 존재

공공재는 비경합성, 비배제성(국방, 치안 등 시장을 통해 공급되기 어려운 재화를 의미)으로 인해 자신의 선호를 표출하지 않고(내생적 선호), 무임승차(free ride: 공공재를 무료로 이용하는 현상)하게 되어 시장에서 공급되기 어려운 관계로 시장을 통하지 않고 정부가 직접 공급하게 된다. 즉 공공재의 존재나 부족은 시장실패를 의미

---

8 어느 공급자와 수요자도 공급 및 구매량의 조절을 통해 시장가격에 영향을 줄 수 없을 정도로 시장에 많은 수의 공급자와 수요자가 있는, 가격의 파라미터 기능이 완전히 작용하는 시장 상태를 말한다. 완전경쟁시장에서는 자원의 완전한 이동성이 보장되어야 하며, 진입·퇴출이 자유로워야 하고, 공급자와 수요자 모두 의사결정에 필요한 경제적·기술적 정보를 완전하게 갖추고 있어야 한다. 완전경쟁시장의 조건은 해당 재화가 사유재이고 외부효과가 없어야 하며, 재화에 대해 수요자와 공급자 양자가 충분한 정보를 가지고, 해당 재화의 거래에서 독점현상이 발생하지 말아야 한다. 이러한 완전경쟁의 조건은 현실이 아닌 이상적 상태를 의미하며, 현실의 시장기구는 자원의 최적배분에 도달하는 과정에서 시장기구의 기능을 저해하는 여러 가지 저해요인이 존재하므로 파레토 최적상태의 유지는 불가능하다. 따라서 시장실패 현상이 발생하며 정부개입의 정당성 근거를 제공한다.

하는 것이다.

(2) 불완전경쟁(독과점 및 자연독점)

다수의 공급자와 다수의 수요자의 존재를 전제로 하는 완전경쟁시장이 소수 또는 하나의 경쟁체제에 의한 독과점체제로 변모하거나(불완전경쟁, 일반독점), 기술적인 이유로 인한 자연적 독점[9](전화, 전력 등)의 경우 시장가격을 소수의 또는 하나의 기업이 좌우할 수 있게 되는데(가격담합 등), 경제주체가 가격결정자로 기능하게 되면 독점기업은 이윤극대화에 치우쳐 과소생산하게 되어 사회후생의 손실을 초래(독과점금지정책 등)하게 된다.

(3) 과도한 규모의 경제

규모의 경제가 크게 나타나는 산업(전력, 수도 등)의 경우 대규모 기업은 대량생산체제에 의해 평균비용이 감소되고 평균수익은 과도하게 늘게 되어 결국 경쟁력이 없는 소규모 회사는 도산하게 되고 자연적 독점현상이 발생하게 된다. 따라서 이러한 산업은 정부가 직접 경영(공기업)하거나 가격규제를 하게 된다.[10]

(4) 외부효과(외부성)

외부효과는 어떤 경제활동이 당사자가 아닌 제3자에게 끼치는 영향을 의미한다. 경제활동 중에는 경제주체가 시장의 가격기구를 통하지 않고 대가의 교환 없이 무상으로 다른 경제주체에 이득(예: 사회간접자본인 도로건설 등)이나 손해(예: 수질오염 등의 공해발생 등)를 가져다주는 것들이 있다. 이러한 것은 시장의 가격기구 밖에서 이루어지는 영향이라 하여 외부효과(external effect) 또는 외부성이라 부른다.

---

9 자연독점은 규모의 경제로 발생하는 시장 진입장벽이 매우 높을 때 발생, 전기·전화·수도사업과 같은 공공 서비스 산업은 그 생산 및 전달 체계를 구축하는 데 막대한 초기 투자비용을 필요로 한다. 이러한 투자를 통해 기업의 산출량은 크게 늘어나고 그만큼 생산단가는 낮아지게 된다. 이와 같은 규모의 경제 효과는 산출량이 상당히 높은 수준에 이를 때까지 지속되며, 이 점이 신규 사업자에게는 진입장벽으로 작용한다. 시장의 독점적 사업자가 아닌 이상, 신규기업은 기존 독점기업 이상의 초기 투자비용을 투입하더라도 규모의 경제 효과를 통해 이윤을 창출하리라는 보장이 없기 때문이다.

10 규모가 작은 회사는 큰 회사와 경쟁이 안 되며 궁극적으로 가장 큰 회사만 시장에 존재하여 독점적 지위를 확보하게 되고 이러한 독점은 소비자에게 비싼 가격을 요구하게 된다.

외부효과가 발생하는 경제활동은 시장으로 하여금 자원을 효과적으로 배분하는 기능을 둔화시키게 되고 이는 시장실패의 요인이 되므로 정부가 개입하여 직접 생산하거나 규제하게 된다.

외부효과는 외부경제와 외부불경제로 구분된다.

먼저 외부경제(긍정적 외부효과)는 제3자에게 편익을 가져다주는 현상을 의미한다. 대표적 예로 고속도로 건설, 과수원, 교육, 대중교통 등이 있다. 외부경제는 정부의 개입이 없을 경우 과소공급 되며, 정부의 보조금 지급 또는 기술개발 지원을 통해 과소공급을 막아야 한다.

외부불경제(부정적 외부효과)는 제3자에게 비용을 발생시키는 현상을 의미한다. 대표적 예로 대기오염, 담배연기, 강 오염, 소음 등이 있다. 외부불경제는 정부의 개입이 없으면 과다공급 되므로, 정부가 부담금이나 세금[11]을 부과하여 비용부담자가 비용을 스스로 부담하도록 함으로써 사회적 비용을 내부화하기 위한 공적 규제를 해야 한다.

(5) 정보의 비대칭성(정보의 편재)

소비자는 공급자보다 늘 정보획득에 불리하며, 공급자는 소비자의 무지를 이용해 이윤을 창출하려 한다. 수요자와 공급자, 주인과 대리인 간에 정보의 비대칭성(정보격차)이 있게 되는 경우 정보의 편재로 인한 불확실한 상황에 놓이게 되고 그렇게 되면 역선택(부적격자를 대리인으로 잘못 선임)과 도덕적 해이(대리인이 자신의 이익을 추구하거나 게으름을 피우는 현상)가 발생하게 되어 시장이 효율적으로 작동할 수 없다.[12]

(6) 소득분배의 불공정성

자유경쟁시장은 빈부의 격차가 심해지며, 시장메커니즘은 능률성만을 추구하므로 공평한 소득분배를 보장하기 어려운 시스템이다. 즉 시장에서는 약자, 패자에 대한 배려가 없다. 따라서 정부가 경제·사회적 약자를 위해 일정한 사회

---

11 피구세(Pigou Tax)란 외부불경제를 유발할 경우 정부가 조세로서 비용을 부담시키는 것을 의미한다.

12 완전경쟁시장에서 파레토 최적상태가 되기 위해서는 완전한 정보를 갖고 있어야 하나 현실적으로 불가능하다. 예: 허가제도, 위생 등급 표시, 담배의 위해 표시 등.

보장 및 사회복지정책을 시행해야 한다.

⑺ 경기 불안정(물가불안 및 고용불안)

시장경제는 인플레이션과 디플레이션 등으로 물가불안, 고용불안이 야기된다. 개별 경제주체의 독립된 행위의 결과로 발생하는 이러한 경기 불안정을 조절하는 거시적 차원의 정부기능이 필요하다.

4) 시장실패와 정부대응방식

시장실패 원인별 정부의 대응방식은 크게 세 가지로 구분된다. 먼저 공적 공급은 정부가 조직을 만들어 직접 공급하는 것으로 행정조직을 시장개입의 직접적인 수단으로 활용하는 것이다. 공적 유도는 보조금, 조세감면 등 경제적 유인을 시장개입수단으로 활용한다. 마지막으로 공적 규제는 법적 권위나 규제를 시장개입수단으로 활용한다.

표 2-5 시장실패의 정부대응방식

	공적 공급(조직)	공적 유도(보조금)	공적 규제(권위)
공공재	0	–	–
외부효과	–	0	0
자연독점	0	–	0
불완전경쟁	–	–	0
정보비대칭성	–	0	0

2. 정부규제

1) 정부규제의 개념

정부규제(government regulation)란 바람직한 사회·경제 질서를 구현하기 위해 정부가 기업이나 개인·조직 등의 특정 활동이나 행위를 제한·금지·지시하거나 지도·보호·지원하는 것을 의미한다. 즉 정부규제란 규제주체인 정부가 기업과 개인의 자유로운 의사결정과 행동을 제약·통제하는 것이다.

이러한 정부규제의 목적은 효율성과 형평성을 달성하는 것이며, 정부규제의 정당성은 시장실패, 독점·외부효과 등에 의한 자원배분의 비효율성 극복 및 소득분배의 불공평성 문제를 해결하는 데 있다. 정부규제가 필요한가에 대해서는 규제를 반대하는 소비자 주권론과 규제를 찬성하는 소비자 보호론 두 가지 관점이 대립된다.[13]

2) 규제의 유형

(1) 경제적 규제

경제적 규제란 전통적 규제에 해당하는 것으로 기업 등 민간경제주체의 경제활동에 정부가 직접 개입하여 사회적으로 바람직한 방향에 부합되도록 하는 인위적 제한이다. 경제적 규제에는 독과점 금지 및 불공정거래 규제, 가격규제(최고·최저가격, 요금승인), 진입규제, 품질규제, 직업면허, 수입규제 등이 있다.

경제적 규제는 경쟁범위를 적정화하기 위한 것으로 경쟁을 촉진시키기 위한 규제(독과점규제)와 과열경쟁을 막기 위한 규제(진입규제)가 있다. 이 중에서 경쟁을 제한하는 진입규제가 협의의 경제적 규제에 해당하는 것으로 경제규제 완화의 본질적 대상이다.

경제적 규제는 재량과 차별이 허용되고 그 효과가 개별기업에 국한될 수

---

13 소비자주권론은 합리적 경제인의 전제와 개인의 소비와 자유를 존중하지만, 소비자보호론은 합리적 경제인을 부정하고 개인적 소비의 자유를 존중하지 않는다.

있기 때문에 특정 기업으로부터 포획현상이나 지대추구 현상이 발생해 규제의 본래 목적을 달성하지 못하는 규제실패의 원인이 된다.

포획(capture theory)은 스티글러(G, J. Stigler)가 1971년 '규제의 경제이론'이란 논문에서 제시한 이론으로 규제를 받는 대상(이익집단)이 자신들의 이익을 위해 정부를 이용하려 한다는 점에 주목하고 있다. 즉 포획이란 말은 정부가 특정 집단에 사로잡힌다는 것을 의미하며, 극단적인 경우 정부 정책이나 규제를 특정한 집단의 이익을 보호해주기 위한 것으로 간주하기도 한다.

지대추구(rent seeking)는 털럭(G. Tullock)의 논문(1967년)에서 비롯된 용어로 경제 주체들이 자신의 이익을 위해 비생산적인 활동에 경쟁적으로 자원을 낭비하는 현상을 말한다. 정부가 시장에 개입하여 경쟁을 제한하거나 독점적 상황을 만들게 되면 이로 인해 시장에서는 독점지대가 발생하게 되고 이익집단들은 독점적 지위를 유지하기 위해 기술개발 등에 투자하였을 자금을 정부에의 로비 등 비생산적인 용도로 사용하게 되어 자원의 낭비와 사회적 손실이 발생한다는 것이다.

(2) 사회적 규제

사회적 규제(social regulation)는 시장메커니즘에 의해 적절하게 다루어지지 않는 가치와 집단을 보호하고 사회적으로 바람직하지 않은 결과를 초래할 수 있는 기업의 행동을 통제하여 기업의 사회적 책임을 강제하기 위한 규제이다. 사회적 규제의 유형에는 소비자 보호규제, 환경규제, 산업안전규제, 사회적 차별규제, 장애인에 대한 고용차별 등이 있다.

사회적 규제의 목적은 국민의 삶의 질을 확보하고 인간의 기본적 권리 신장 및 경제적 약자보호 및 사회적 형평성을 확립하기 위한 것이다.

3) 규제의 폐단: 규제실패

첫째, 경제적 불평등과 기회의 불평등을 야기한다. 진입장벽 등 정부의 인위적인 개입은 소비자의 선택을 제약하고 사업에 참여할 기회를 박탈함으로써 경제주체 간 불평등이 야기되고 이권개입을 초래한다.

둘째, 관료부패의 가능성을 증가시킨다. 인·허가 등 정부규제를 둘러싸고 포획이나 지대추구로 인한 관료들의 부패가 발생하게 되고 이는 규제실패로 이어진다.

셋째, 경쟁의 결여, 기술개혁을 소홀히 하게 된다. 기업들은 새로운 제품을 개발하고 소비자의 선호에 부응하기보다는 이익집단을 형성하고 기득권 유지에 노력한다.

넷째, 규제의 악순환이 나타난다. 정부규제는 한번 생기면 쉽게 사라지지 않고 '규제가 규제를 낳는다'는 규제의 조임새 및 끈끈이 인형효과가 나타난다.

4) 규제정치모형

윌슨(J. Q. Wilson)은 규제는 공익을 위한 것이라는 규제의 공익이론과 사익을 위한 것이라는 사익이론 모두를 비판하며, 규제의 비용과 편익의 분포를 기준으로 규제정치의 유형을 다음의 네 가지로 구분하였다.

표 2-6 Wilson의 규제정치모형

		규제편익	
		집 중	분 산
규제 비용	집중	이익집단정치	운동가의 정치(기업가적 정치)
	분산	고객의 정치	다수의 정치

자료: Wilson(1986: 430).

(1) 고객의 정치

규제의 비용은 불특정 다수에게 부담되나 편익은 동질적인 소수에게 귀속되는 모형이다. 규제기관은 조직화된 소수의 피규제산업에 의하여 포획되고, 다수의 비용부담 집단에 집단행동의 딜레마가 일어나 가장 쉽고 은밀하게 규제가 이루어진다. 조직화된 소수가 다수를 이용하는 미시적 절연이 발생하며 수입규제, 직업면허, 택시사업 인가 등 대부분의 협의의 경제규제가 해당된다.

(2) 이익집단정치

비용과 편익이 모두 소수의 동질적 집단에 국한되는 모형이며, 쌍방이 모두 막강한 조직력과 힘을 바탕으로 첨예하게 대립하는 경우로서, 규제기관이 한쪽에 장악될 가능성이 약하다. 노사규제, 의약분업 규제, 중소기업 간 영역규제 등이 있다.

(3) 기업가적 정치

비용은 소수의 동질적 집단에 집중되어 있으나 편익은 불특정 다수에게 확산된 경우의 모형이다. 의제 채택이 가장 어려우며 극적인 사건이나 재난, 위기 발생이나 운동가의 활동에 의해서 규제가 채택된다. 환영오염규제, 안전규제, 약자보호규제 등이 있다.

(4) 대중적 정치(다수의 정치)

규제비용과 편익이 모두 이질적인 불특정 다수에게 귀속되며, 쌍방 모두 집단행동의 딜레마에 빠지게 되어 규제의 필요성이 공익단체에 의해 먼저 제기되는 유형이다. 독과점 규제, 낙태규제, 신문이나 방송 규제 등이 해당된다.

제4절 정부실패와 공공재의 공급규모

1. 정부실패

1) 의 의

정부실패(government failure)란 정부가 정책을 수립하여 집행한 결과 당초에 내세운 정책의 목표와 그 성과 간에 큰 차이(미흡)를 보이거나 오히려 나쁜 결과를 초래하게 된 상태를 말한다. 다시 말해서 정부실패란 정부가 민간 부문에 적극 개입하여 경제발전과 복지사회를 달성하려는 과정에서 정부부문이 지닌 정책과정의 내부적인 장애요인으로 인해 정책이 결과적으로 당초의 기대목표에 크게 못 미치게 되었거나 오히려 전보다 나쁘게 된 상태를 말한다.

정부실패란 말은 1970년대 말경에 등장한 개념이다. 당시 두 차례의 석유파동을 겪은 후 사회는 경기침체에 빠지게 되었고 정부는 재정적자에 허덕여야만 했다. 그 결과 정부주도형 성장전략에 한계를 느끼고 그 극복의 대안을 모색하는 과정에서 '정부실패'라는 개념이 제기되었던 것이다.

2) 정부실패의 원인

(1) 정부개입의 수요측면

첫째, 행정수요의 팽창이다. 정치사회의 민주화와 민권의 신장, 정부에 대한 의존성 심화 등으로 공공정책에 대한 수요가 지속적으로 팽창되어 왔다.

둘째, 왜곡된 정치적 보상체계이다. 정치인이나 관료들은 경제적·사회적 문제가 있을 때 사회문제 해결의 당위성만을 강조함으로써 얻을 수 있는 정치적 보상 때문에 무책임하게 정부활동을 확대하는 경향이 있다.

셋째, 정치인들의 높은 시간적 할인율이다. 정치인은 장기적 이익과 손해의 현재가치를 낮게 평가하고 단기적 이익과 손해를 더 높게 평가한다.

(2) 정부개입의 공급측면

첫째, 정부성과의 무형성이다. 정부의 산출물이나 성과는 측정이 곤란한 것이 많다.

둘째, 독점적 생산구조로 인한 문제이다. 경쟁의 부재, 무사안일에 의한 X비효율성 및 소비자의 선호가 반영되지 않는다.

셋째, 최소수준과 정책종결 기제의 결여이다. 활동이 부진하고 효과성이 없는 정부기관을 중지·해체시킬 수 있는 종결 기제가 없다.

넷째, 관료들의 예산극대화 동기이다. 관료들은 자기 자신이나 부서 이익의 극대화에만 치중한다.

3) 정부실패의 일반적 원인

(1) 비용과 수익의 절연

정부업무에 대한 소요자원을 제공하는 측과 그 결과를 공급받는 측이 직접 연결되어 있지 않다는 의미이다. 따라서 공공서비스 산출의 양과 질은 생산비용과 괴리되고 생산비용의 적정성 판단이 어려워지면서 비용에 대해 둔감해지는 현상이 발생한다. 정부는 생산 자체의 총량을 늘리는 것에만 관심을 두고, 공급자(공무원)는 원가 개념이 없어서 과잉생산하고 소비자(국민)는 비용에 대한 인식이 없어 과잉소비하는 현상이 발생한다.

표 2-7 미시적 절연과 거시적 절연

	미시적 절연	거시적 절연
초점	조직화된 소수가 다수이용	소수가 다수를 이용하지 못하는 현상
연관정책	규제정책 중 고객정치모형	재분배정책
수단	포획	투표나 선거
이유	경제적 이유	정치·경제적 이유

(2) 내부목표와 사회목표 괴리(사적 목표 설정)

공익보다 관료 개인의 사적 목표의 설정 혹은 소속 기관의 이익을 우선적으로 고려함으로써 사회전체의 목표와 조직내부 목표와의 괴리가 발생하는데 이를 행정의 내부성이라고 한다. 예산극대화, 고객의 이익보다는 관료이익의 추구, 비용을 무시한 최신기술에의 집착, 법규나 절차 등 수단에의 집착 등을 들 수 있다.

(3) X의 비효율성

행정조직은 시장의 경쟁압력에 노출되는 기회가 적기 때문에 한계비용이 한계편익을 상회하여도 총비용과 총편익이 일치할 때까지 서비스의 생산이 계속되어 최적자원배분에 실패할 가능성이 있다는 것을 의미한다. 즉 행정조직은 경쟁 압력이 없는 독점기업의 성격이 강하기 때문에 관료들은 경쟁 압력과 인센티브의 부족으로 자원배분의 효율화 노력을 게을리 함으로써 발생하는 원가 상승 및 생산성 저하가 나타난다는 것이다.

(4) 파생적 외부효과

시장실패를 수정하기 위한 정부의 개입으로부터 야기되는 잠재적·비의도적 확산효과나 부작용을 의미한다. 그러나 파생될 효과에 대한 정확한 예측은 거의 불가능하여 그 발생 요인을 미리 통제할 수는 없는 일이다. 이러한 효과를 파생적 외부효과 또는 파생적 외부성이라 한다. 파생적 외부효과는 단기적이라기보다 상당한 기간이 경과된 후에야 나타난다는 특징을 가지며, 긍정적인 것도 있으나 부정적인 역효과일 경우도 있다. 부정적인 효과가 파생될 경우에는 정부실패의 원인이 될 수 있다.

(5) 권력의 편재에 따른 분배적 불공평

시장에서와 마찬가지로 정부정책에 의해서도 분배적 불평등이 발생할 수 있다. 이러한 분배적 불평등은 권력과 특혜의 남용에 의해 발생하는 것이며, 분배의 정의를 실현하기 위해서는 각종 보조금이나 세제상의 우대조치, 특정 산업의 보호·육성 등 정부개입이 포획 등 권력의 편재로 분배의 불공평 초래할 수도 있다.

4) 정부실패의 대응방식

정부실패는 1980년대 들어 작은정부를 지향하는 신자유주의와 신공공관리론을 이론적 기초로 시장에 대한 정부개입의 축소를 요구하는 근거가 되었고, '작고 효율적인 정부'를 구현하기 위한 규제완화, 감축관리, 보조금 삭감, 민간화(민영화) 등으로 이어져 왔다. 정부실패의 원인별 대응방식은 아래 표와 같다.

표 2-8	정부실패와 정부의 대응방식

	민영화	정부보조금 삭감	규제완화
사적 목표의 설정	O	–	–
X비효율·비용체증	O	O	O
파생적 외부효과	–	O	O
권력의 편재	O	–	O

2. 공공재의 적정 공급규모

1) 과소공급설

(1) 갤브레이스(Galbraith)의 선전효과

광고와 세일즈맨십은 민간 기업에서 생산되는 상품에 대한 높은 수요를 창출하나, 국민생활의 질에 크게 기여할 수 있는 공공재와 서비스에 대한 선전은 이루어지지 않음으로써 공적 욕구를 자극시키지 못한다는 갤브레이스(J. K. Galbraith)의 주장을 말한다. 그는 대량 소비와 대량 생산의 문제를 다룬 1958년의 저서 「풍요로운 사회」에서 이러한 주장을 펼쳤다.

(2) 듀센베리(Duesenberry)의 과시(의존)효과

각자의 소비행동이 사회일반 소비수준의 영향을 받아 남의 소비행동을 모방하려는 사회심리학적 소비성향의 변화를 말한다. 듀센베리가 처음으로 사용했으며 전시효과·시위효과·데몬스트레이션 효과라고도 한다. 이를테면 소득수준이 높은 도시지역과 소득수준이 낮은 농촌지역이 접촉하게 되면 농촌지역의 사람들은 어느 정도 소득이 상승하는 과정에서 도시지역의 생활양식을 본받아 소비성향이 높아지게 된다. 즉 민간은 광고나 판매 전략에 의한 의존효과로 소비가 자극되지만 정부는 그렇지 않아 소비가 민간재로 쏠리게 된다.

(3) 머스그레이브(Musgrave)의 조세저항

사적재의 경우 부담한 만큼 소비한다. 그러나 공공재는 자신이 부담한 것에 비해 적게 편익을 누린다고 생각(재정착각)하게 되고, 재정환상으로 인한 조세저항은 공공재의 과소공급을 유도한다.

(4) 다운스(Downs)의 합리적 무지

합리적 개인은 사적 이익을 추구하며, 정보 수집에 따른 비용과 이에 따른 편익을 고려하여 정보수집 여부를 판단하게 된다. 따라서 개인들은 합리적 무지 상태에 있고, 이들은 공공서비스의 공급에 대해 정확하게 평가하지 못하고, 이의 확대에 대해 저항하게 된다.

2) 과다공급설

(1) 와그너(A. Wagner)의 경비팽창 법칙

와그너(Wagner)는 인구성장 및 기술진보 등으로 인해 정부의 기능이 외연적으로 팽창됨에 따라 재정규모가 팽창된다고 보았다. 즉 공공재의 수요는 소득탄력적이기 때문에 도시화의 진전과 국민소득의 증대, 사회의 상호의존관계 심화가 정부성장요인이 되었다는 것이다.

(2) 피코크(Peacock) & 와이즈맨(Wiseman)의 전위효과 및 대체효과

전위효과는 전쟁 등의 위기에 국민의 조세부담증대에 대한 허용수준(tolerance)이 높아진다. 문지방효과(thread-hold effect)를 말한다. 위기에는 공적 지출이 사적(민간) 지출을 대신하게 된다는 논리이다.

대체효과(단속효과)는 위기에 한번 늘어난 재정수준은 경제가 정상으로 회복되어 지출요인이 사라진 뒤에도 단속적 효과(ratchet effect, 톱니효과)가 발생하여 잉여재원이 다른 새로운 사업계획을 추진하는 데 이용됨으로써 원상태로 돌아오지 않는다는 것이다.

(3) 보몰병(Baumol's Disease)

보몰효과라고도 하며 이는 정부부문이 노동집약적인 성격을 띠고 있기 때문에 민간부문에 비해 생산성 증가가 더디며, 이로 인해 비용절감이 힘들고 생산비용이 빨리 증가하여 정부지출의 규모가 점차 커질 수밖에 없다는 것이다. 이로 인해 GDP에서 차지하는 정부의 점유율이 민간보다 높아진다. 그리고 공공재에 대한 수요는 가격 비탄력적, 즉 필수재인 경우가 많기 때문에 가격의 변동에 대해 둔감하다. 이로 인해 정부는 팽창할 수밖에 없다는 것이다.

(4) 니스카넨(Niskanen)의 예산극대화모형

니스카넨은 관료가 예산심의를 받을 때 국회만 잘 설득하면 예산을 많이 확보할 수 있고, 국민에게 돌려주지 않아도 되므로 정치인의 잉여를 독점하여 적정예산규모를 초과하는 과다지출이 된다는 것이다.

(5) 뷰캐넌(Buchanan)의 다수결투표와 리바이어던 가설

대의민주주의하에서 다수결투표는 투표의 거래(vote trading), 로그롤링(log-rolling)에 의해 과다지출을 초래한다. 개별 사업 하나하나를 보면 바람직하지 못하지만, 표의 교환행위(담합)를 통해 서로 불필요한 사업을 끼워서 거래함으로써 정부사업이 팽창하는 것이다.

(6) Expending Belt(지출한도)의 부재

정부의 지출에는 팽창을 통제할 수 있는 가시적인 길항력(countervailing force)이 없다. 정부의 프로그램은 경직성이 강하여 한번 지출이 이루어지고 나면 좀처럼 없어지지 않는 자생력을 가지고 있다.

(7) 양출계입의 원리

근대재정의 원리는 가계나 기업의 양입제출과 달리 양출계입의 원리(지출규모에 맞추어 세입을 계획)에 입각하기 때문에 지출의 수요가 있으면 수입을 확대한다.

(8) 할거적 예산결정구조

예산을 합리적·총체적으로 결정하지 못하고, 부문별로 결정하고 조정한다. 이러한 편린적·할거주의적(fragmentation) 과정을 거치기 때문에 예산은 부풀려진다. 중앙집권적인 국가보다 연방제와 같이 분권화된 국가의 재정규모가 더 팽창하는 것도 이와 같은 원리이다.

(9) 간접세 위주의 국가재정구조

간접세의 경우 납세의무자와 실질적인 담세자가 다르므로 조세저항이 회피되어 재정팽창이 가능하게 된다. 이러한 현상을 재정환상(fiscal illusion)이라고 한다.

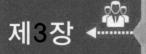

제3장 ➡ 행정학의 발달과정과 주요이론

제1절 행정학의 발달과정

1. 미국 행정학의 발달과정

미국 행정학은 현실의 정치·경제·사회문제 및 행정기능 변화에 대응하면서 정치학에 뿌리를 둔 '행정이론'과 테일러(F. W. Taylor)의 과학적 관리론에 근거한 '조직이론'을 중심으로 발전해 왔다. 행정이론은 정치와 행정의 관계, 즉 정치체제에서 관료제가 차지하는 위상에 관한 논의이고, 조직이론은 관료제와 행정의 내부관리에 관한 논의이다. 특히 미국 행정학은 무국가성 또는 약한 국가를 전제로 발전해 왔으며, 그 결과 미국 행정학은 다원주의적 국가론에 입각한 행정체계이론으로 발전해 왔다.

1) 고전적 행정학: 행정학의 태동과 발전

1789년 건국 후 미국 정치체제는 자유주의와 민주주의 이념을 상징하는 제퍼슨(Jefferson) - 잭슨(Jackson) 철학이 지배하였다.[1] 자유주의 이념에 따라 최소의

---

1 미국 민주주의하에서의 규범적 관료제 모형으로서 제퍼슨주의(Jeffersonism), 해밀턴주의(Hamiltonism),

행정이 강조되었기에 정부의 존재 자체를 경시하였던 것이다. 이러한 제퍼슨주의로 인해 미국에서는 건국 이후 아마추어리즘과 공직 순환이 행정을 지배해왔다. 특히 1829년 잭슨이 대통령으로 당선되면서 선거에서 승리한 정당이 관직을 차지하여 정당에 대한 충성도를 기준으로 정당인을 관료로 임명하는 엽관제도(spoils system)가 도입되었다. 엽관제도의 도입으로 정당인들로 구성된 정부 관료들은 아마추어행정에 머물렀다.

그러나 19세기 들어 산업화의 진전으로 정부역할이 확대되고 정부업무가 복잡해짐에 따라 행정에 대한 전문성이 강조되면서 엽관제는 행정의 비효율과 공직부패의 주요 온상으로 지적되었다. 이에 따라 이를 혁신하기 위한 진보주의적 공직개혁운동이 전개되었다. 진보주의 개혁운동가들은 민주주의 위기를 극복하기 위해 정치와 행정을 분리하여 정치적으로는 일반시민의 더 많은 참여를 보장하도록 정치제도를 개혁하고, 행정은 당시 기업경영에서 지배적인 능률성 위주의 업무전문화를 도모하는 것이 필요하다고 주장하였다. 그 결과 1883년 공직인사개혁법이라고 할 수 있는 펜들턴법(The Pendleton Act)이 제정되어 행정의 정치적 중립이 천명되었고, 실적주의 인사제도(merit system)가 도입되었으며 행정의 전문성을 확보하기 위해 시험제도를 통한 공직임용이 시작되었다.

이러한 운동의 선구자였던 윌슨(Wilson)은 행정의 탈정치화를 통해 정당정치의 개입으로부터 자유로운 행정영역을 확립하는 것을 이론적으로 뒷받침하고자 '정치·행정이원론'을 주창했다. 그는 민주적 정치체제와 비민주적 관료제가 결합될 수 있는 것은 정치와 행정이 분리될 수 있고, 또 분리되어야하기 때문이라는 점을 역설했다. 특히 윌슨은 행정의 본질을 관리(management)와 경영의 영역, 그리고 전문적·기술적 영역으로 파악해 정치의 영역과 구분했다. 따라서 행정학은 정부가 무엇을 성공적으로 할 수 있으며, 그 일을 어떻게 효율적으로 할 수 있는가를 탐색하는 학문이라고 규정하였다.

이후 굿노우(Goodnow)는 유럽의 관방학과 행정법, 독일의 관료제를 연구하

매디슨주의(Madisonism) 등 세 가지로 제시되고 있다. 제퍼슨주의는 개인적 자유를 극대화하기 위해 행정책임을 강조하는 가운데 소박하고 단순한 정부와 분권적 참여를 강조한다. 해밀턴주의는 정부의 적극적 역할을 통한 행정의 유효성을 추구하며, 매디슨주의는 이익집단의 요구에 대한 조정을 위해 견제와 균형을 중시한다.

여 역사학과 공법학, 정치경제학 강의를 통해 행정학을 소개했다. 그는 비교행정법의 관점에서 서술된 「정치와 행정(1900)」이라는 저서를 통해 행정에 대한 지나친 정당정치의 개입이 정책의 능률적 집행을 저해한다고 보면서 정치는 국가의 의지를 표명하고 정책을 결정하는 것이며, 행정은 이를 집행하는 것이라고 명확히 구분하였다. 따라서 행정이 정치에서 분리되어야 할 뿐 아니라 정책결정과정으로부터도 분리되어야 한다는 정치·행정이원론을 체계화하였다.

월슨, 굿노우 등을 중심으로 발전한 정치·행정이원론은 행정을 정당정치의 폐해로부터 구원하여 비효율과 부패를 청산하기 위한 이론적 토대가 되었고, 행정을 하나의 독립된 분과학문으로 정립하는 토대가 되었다. 또한 정치·행정이원론은 현대적인 공무원제도와 관료제의 발전에 필요한 기초이론이 되었다. 그러나 정치·행정이원론으로 인해 행정의 가치문제를 등한시하는 문제가 나타났고, 그 이후의 행정학 발전은 국가의 여러 목적에 대한 관심을 상실하고 오직 조직과 관리의 문제에만 관심을 집중하고 있다는 비판도 제기되었다.

이처럼 엽관제를 극복하고 효율적인 행정을 구축하기 위한 실천적 정치개혁으로부터 출발한 미국 행정학은 이후 '과학적 관리법' 및 '고전적 조직이론'이 도입되면서 독자적인 학문으로 발전해 나갔다. '절약과 능률'이 좋은 정부의 구현을 위한 새로운 가치로 등장하였고, 이에 1920년대와 30년대에 걸쳐 능률에 기초한 관리를 주장하는 '관리과학'으로서의 정통 행정학이 발전하였다. 즉 기업경영에서 유행한 과학적 관리법을 행정에 적용하려는 노력을 통해 행정이론과 고전적 조직이론의 융합하여 행정관리론으로 발전하였고, 따라서 이 시기의 미국 행정학은 경영학과 유사하였다.

행정관리론의 두 가지 계보를 보면 첫째, 과학적 관리법의 직접적 영향을 받아 발전한 '사무관리론'이 있다. 이를 통해 각종 사무표준화와 관련된 제도들이 제시되고, 태프트(R. A. Taft) 대통령이 1912년에 설치한 '절약과 능률에 관한 대통령위원회'에서 행정부 예산제도의 창설이 제안되었다. 둘째, 조직관리의 일반원리를 탐구한 '조직관리론'이 있다. 여기서 제시된 대표적 조직설계의 원리로 분업의 원리, 명령통일의 원리, 통솔범위의 원리, 부성화의 원리 등이 있다.

특히 귤릭(L. Gulick)에 의해 제시된 POSDCoRB 원칙은 귤릭이 루즈벨트 대통령이 1937년에 설치한 '행정관리에 관한 대통령위원회'에 참여하면서 작성한 논문에서 제시한 조직의 최고관리층이 담당해야 할 기획(planning), 조직(organizing), 인사(staffing), 지휘(directing), 조정(coordinating), 보고(reporting), 예산(budgeting) 등 7대 관리기능을 의미한다. 이후 행정관리론은 최초의 행정학 교과서인 화이트(L. White)의 「행정연구입문」이나 윌로우비(W. F. Willoughby)의 「행정의 원리」에서 종합되어 정통행정학을 구축하였다.

요컨대 고전적 행정학은 정치·행정이원론, 능률주의, 공식적 조직구조와 과정연구, 행정연구의 과학화, 인간의 합리성에 대한 전제를 토대로 효율화와 행정권의 통합·강화를 위한 많은 원리를 제시하였다. 또한 정통행정학의 발전기에 조직이론 분야에서 과학화를 지향하는 조직관리론 등이 등장했다. '정치·행정이원론'과 '행정의 원리'라는 두 개의 원칙에 입각한 정통 행정학은 대공황이 발생하여 뉴딜을 경험할 때까지 미국 행정학의 지배적인 흐름을 형성하였다.

2) 신고전적 행정학: 정통 행정학에 대한 반발

정통 행정학에 대한 반발적 기류는 1930년대에 경제공황에 대처하는 과정에서 정부가 적극적인 역할을 수행하는 행정국가의 등장과 더불어 형성되기 시작했다. 과학적 관리론과 정치·행정이원론에 대한 비판에도 불구하고 1930년대까지는 정통 행정학이 대세를 이루고 있었다. 그러나 1940년대는 정통 행정학에 대한 반성과 새로운 관심의 시대가 전개되었다. 그 반성의 초점은 어떤 행태로든 정치와 행정은 분리될 수 없다는 점과 행정원리의 비과학성에 집중되었다.

경제공황을 극복하기 위해 뉴딜정책을 추진하는 과정에서 행정기능의 확대와 함께 대통령의 리더십을 강화하는 개혁이 이루어졌고, 행정의 팽창과 더불어 정부의 정책형성기능과 집행상의 재량권이 확대되었다. 이에 따라 제2차 세계대전이 종결될 무렵에는 입법부와 행정부의 권력관계가 역전되어 행정부가 대부분의 정책입안기능을 담당하고 입법부에 대해서도 지도력을 발휘하는 적극적 정부로서 행정국가의 모습으로 발전하였다.

정통 행정학의 토대였던 정치·행정이원론은 현실의 행정실태를 정확히 인식할 수 없고, 규범에 기초해 성립된 잘못된 이론이라는 비판이 거세짐에 따라 행정권의 확대에 대응하는 정치·행정일원론이 등장했다. 대표적으로 가우스 (Gaus)는 초기 행정학자들이 행정을 너무 협의로 인식하여 정치와 행정의 구분에 집착한 나머지 행정을 현실과 괴리되게 만들었다고 비판하면서 '행정이론은 동시에 정치이론을 의미한다'고 주장했다. 또한 애플비(Appleby) 역시 현실의 정부에서 정치와 행정의 관계는 정합적이고 연속적이며, 순환적이기 때문에 양자를 구별하지 말 것을 주장하였다.

정치·행정이원론의 비현실성이 비판을 받게 되자 이원론을 전제로 하여 가치중립적인 원리를 탐구했던 행정관리론에 대한 비판도 제기되었다. 달(Dahl), 왈도(Waldo), 사이몬(Simon) 등을 중심으로 행정 원리의 보편성과 과학성에 대한 근본적인 결함이 있음을 논증하고 행정학에는 참다운 원리가 없다고 비판하면서 행정이 지향해야 할 가치에 대한 반성을 제기했다. 즉 1940년대 들어 정통 행정학의 지배이념이었던 절약과 능률은 약화되고, 민주적 가치와 행정과정의 연계에 대한 관심이 증가하자 큰 정부의 불가피성을 인식하면서도 큰 정부에 의한 민주적 가치의 훼손 가능성을 지적하면서, 전문 관료에 의한 사회적·경제적 통제가 미칠 해악을 비판하였다.

또한 경험주의 입장에서 실증과학을 강조한 사이몬(Simon)은 행정관리론에서 개발된 대표적인 행정원리인 전문화의 원리, 명령통일의 원리, 통솔 범위의 원리, 부성화의 원리를 개별적으로 검토해 원리 간의 상호모순성을 지적하면서, 이러한 원리들은 한 번도 과학적인 실험을 거치지 않은 격언에 불과하다고 비판하였다. 따라서 그는 경험적으로 확인된 원칙만을 발견하고자 주장하면서 행정학의 과학화를 위해서는 가치와 사실을 구분하여 과학으로서의 행정학은 사실문제만을 연구할 것을 강조하였다.

한편 이 시기에 조직이론 분야에서는 인간관계론(human relation theory), 조직과 환경의 상호작용을 강조하는 생태론 등이 등장하였다. 인간관계론은 비공식 조직의 생성에 대한 분석을 시작으로 조직구성원 내면의 심리를 대상으로 관리기법을 개발하는 데 주력하였고, 이를 통해 인간 행태에 대한 다양한 지식이 축적되었다. 특히 조직을 인간협동체계(cooperative system)로 이해한 버나드(Barnard)는 그의 저서 「경영자의 역할(1938)」에서 조직편성과 조직생성 양 측면을 통합한 조직형성론을 전개했고, 권위의 수용설, 구성원 상호 간의 의사전달의 중요성 등을 제시하였다.

요컨대 신고전적 행정학은 정통 행정학의 한계를 비판하면서 발전하였다. 즉 고전적 능률주의를 비판하고 사회적 능률[2]을 강조하였고, 조직 내 비공식적 요인을 중시하고 행정환경에 대한 연구가 시작되어 정치·행정일원론이 강조되었으며, 경험(논리실증주의)에 입각한 과학적 연구가 주목을 받았다.

3) 현대적 행정학: 행정학의 다원화

현대적 행정학의 특성은 연구영역의 확대와 접근방법의 다양화, 통합적 학문체계 정립 노력의 강화, 학제적 연구 활동의 고도화, 실증주의적 연구의 발전과 이에 대한 반작용으로서의 비판적 연구의 확산 등을 지적할 수 있다.

(1) 1950~1960년대

1950~1960년대에는 뉴딜정책과 제2차 세계대전을 거치면서, 특히 1963년에 존슨 대통령이 '위대한 사회(The Great Society)' 건설을 위한 각종 사회복지프로그램을 확대하면서 연방관료제의 역할과 규모는 급속히 팽창하였다. 이에 따라 행정기구의 비대화를 경계하는 논의가 나타났으며, 관료제와 민주주의의 관계, 행정책임의 문제 등이 제기되었다. 영국 행정학자 파이너(Finer)와 미국 정치학자 프리드리히(Friedrich)의 논쟁이 이를 촉발시켰다.

1940년대 정치·행정이원론과 행정원리론에 기반을 둔 정통 행정학에 대한 비판이 있었으나 이를 대체할 만한 지배적 관점이 형성되지 못했다. 행정 및 행정학의 영역은 확대되었으나, 확대된 행정 영역의 실제와 연구를 통합시킬 수 있는 접근방법은 확립되지 못했다. 이로 인해 1950년대 미국 행정학은 사회학, 인류학, 심리학, 경영학, 경제학 등 다양한 인접 학문으로부터 영향을 받아 점차

---

2 사회적 능률이란 조직구성원의 만족, 특히 사회적 욕구의 충족도를 의미한다. 사회적 능률이 조직의 생산성 제고를 위한 필수적 도구이며, 조직구성원의 사회적·심리적 측면과 조직 내 비공식관계를 통해 나타나는 사회적·집단적 특성을 중시해야 함을 강조한다.

다원화의 길을 걷기 시작하였다.

먼저 1950년대에는 사회과학에 행태주의(behavioralism) 혁명이 나타났는데, 행정학에서는 사이몬(Simon), 스미스버그(Smithburg), 톰슨(Thompson) 등에 의해 연구가 확대되었다. 특히 사이몬은 그의 저서 「행정행태론(Administrative Behavior)」에서 정통 행정학을 비판하고 논리실증주의에 입각한 행태과학적 연구를 강조하였다. 행태론은 조직 내 개인 간 행태를 경험적으로 조사하는 데 초점이 있고, 행정인의 사회적·심리적 동기로 연구가 확대되었다. 1960년대에는 관리과학 영역에서 행태과학적 지식과 기술을 활용한 조직발전론(Organizational Development Theory)이 부상했다.

한편 1950년대에 행정학에 등장한 또 다른 관점으로 사이몬 등이 주장한 의사결정론(Decision Making Theory)은 의사결정이 행정의 핵심이며, 행정과정은 의사결정과정이라고 강조하였다. 사이몬은 버나드의 이론을 계승하여 의사결정이론으로 발전시켰고 '절약과 능률'보다 '합리적 결정'을 더 중요한 것으로 여겼다. 이후 의사결정이론을 더욱 발전시켜 '제한된 합리성(bounded rationality)'에 기반을 둔 의사결정의 '만족모형(satisficing model)'을 제시하였다.

1950년대에는 점증주의(incrementalism) 행정이론도 발전하였다. 린드블롬(Lindblom)은 「진흙탕 헤쳐가기의 과학(The Science of Muddling Through)」이라는 논문에서 정부 정책결정과정의 점증성을 강조하였다. 점증주의는 현실의 정책결정 모습일 뿐아니라 당위적 측면에서도 타당하다고 보았다. 1967년에는 에치오니(Etzioni)가 「혼합적 탐사: 의사결정에 관한 제3의 접근방법」이라는 논문을 통해 혼합적 탐사방법(mixed scanning model)을 제창했다. 이러한 과정을 거쳐 발전한 의사결정론은 1960년대에 관리과학(management science)과 정책학(policy science)으로 발전하였다.

한편 1950년대 말부터 비교 및 발전행정론이 대두되었다. 그 동안 미국 행정학은 문화구속적 관점을 견지하였는데 달(Dahl)은 이미 1940년대 말에 비교행정 연구의 중요성을 강조한 이후 문화구속적 관점을 탈피하여 각국의 행정에 대한 비교연구를 통해 일반화된 행정이론을 개발하기 위해 노력하였다. 또한 미·소 냉전체제의 전개과정에서 미국이 후진국을 대상으로 경제 원조를 시작했으나 이들 국가의 행정능력이 낮아 원조효과가 저하되자 후진국의 행정문제를 연구하게 되면서 발전행정이 확대되었다. 요컨대 후진국에 대한 원조과정에서 미국 행정학의 보편성의 한계가 드러나면서 선·후진국을 막론하고 공통적으로 타당한 행정학 연구를 위해 비교행정 및 발전행정연구가 대두되었다.

또한 1960년대 들어 공공문제에 운영연구(Operation Research: OR), 체제분석(System Analysis: SA) 기법을 본격적으로 도입한 행정개혁이 추진되는 등 관리과학이 발전함에 따라 행정학은 비약적으로 발전하였다. 또한 1951년 라스웰(Lasswell)이 「정책지향(Policy Orientation)」이라는 논문을 통해 정책학이라는 용어를 처음 사용하였고, 1960년대에 들어 '위대한 사회' 건설을 위한 정책연구가 본격적으로 시작되었다. 초기 정책학의 초점은 '정책결정과정의 정치'와 '정책의 집행'에 있었으나 이후 정책분석·평가 등 다양한 이론들이 발전하였다.

그리고 1970년대 신행정운동은 행정학의 실천적 성격과 적실성을 회복하기 위해 정책지향적인 행정학을 요구했으며, 전문직업주의와 가치중립적 관리론을 비판하면서 민주적 가치규범에 입각하여 분권화, 고객에 의한 통제, 가치에 대한 합의 등을 강조하였다. 또한 행정은 사회적 약자계층을 위해 양질의 서비스를 제공하여 사회적 형평을 실현해야 한다고 주장하면서 행정의 적극적 역할을 강조하였다. 이처럼 신행정학은 능률지상주의를 탈피하여 사회적 형평, 민주적 가치, 인본주의에 입각한 능동적 행정을 지향하면서 탈관료제적인 조직대안을 제시한 규범적, 처방적, 고객지향적 연구였다.

(2) 1970년대

1970년대 미국은 베트남전쟁, 워터게이트 사건, 민권운동, 에너지 위기 등에 직면하여 정부와 개인의 관계, 정부 간 역할분담 관계, 국제관계 등을 새롭게 검토하였으며 정치·경제적 환경 변화의 과정에서 정부의 능력과 성과에 대한 불신이 나타나기 시작했다. 두 차례에 걸친 석유파동을 통해 인플레이션과 경기침체가 지속되고 재정적자가 확대되고 정부능력의 한계에 대한 인식이 확산되면서 정부실패 개념이 등장하였다. 이러한 가운데 신보수주의 또는 신자유주의의 영향으로 '작은 정부론' 내지 '감축관리론'이 등장했다.

또한 1970년대에는 정책문제를 해결하기 위한 응용연구가 확대되었다. 특히 행정성과에 대한 관심이 증가하면서 민간부문의 관리기법이 점차 행정에 도입되었다. 한편 오스트롬(Ostrom)의 영향으로 공공선택론이 행정연구에 도입되기 시작했다. 오스트롬은 행정학의 초점을 관료제와 윌슨모형에서 서비스 전달체제로 전환하여 정책결정과정에서 경쟁과 대안적 서비스 전달체제를 고려해야 한다는 점을 강조하였다.

(3) 1980년대

1970년대말부터 형성된 정부에 대한 불신이 1980년대로 이어지면서 정부활동을 축소하고 제약하는 경향이 증가하였다. 특히 1980년대 신보수주의의 확대로 공무원 감축, 정부지출 삭감, 규제 완화, 민영화 등 작은 정부에 대한 논의가 확산되었다. 윌다브스키(Wildavsky)의 「정부지출규제론」, 사바스(Savas)의 「공공부문의 민영화론」 등에서 정부부문의 감축과 민영화가 강조되었고, 이러한 흐름은 레이건 대통령의 신연방주의와 결합되어 1990년대 오스본과 게블러로 대표되는 정부재창조운동으로 이어졌다. 미국 행정학회는 1985년에 공무원 윤리장전을 제정하였고 전문직업주의(professionalism)와 행정윤리가 직업공무원의 책임성 확보를 위한 장치로 강조되었다.

또한 행정의 관리적 측면과 서비스 측면이 강조됨에 따라 신공공관리론(new public management)이 행정학 연구의 새로운 접근방법으로 등장하였다. 카터 대통령은 이를 토대로 공무원제도를 개혁하여 고위공무원단제도(SCS: Senior Civil Service)를 신설하고, 새로운 근무성적평정제도와 실적급 제도를 도입했다. 레이건 행정부도 '비용통제에 관한 대통령의 민간부문 조사위원회(일명 그레이스 위원회)'에서 민간에 비해 정부부문이 매우 비효율적이라고 평가하고, 민간부문 관리기법의 도입을 통한 행정능률성 제고, 민영화와 규제완화, 정부재정부담 완화를 위한 수익자부담의 증대를 강조했다.

이와 함께 당시에는 스코트(Scott)와 하트(Hart) 등 신마르크스주의에 입각한 관료제 비판 연구와 개혁방안이 논의되기도 하였다. 그들은 관료제 혁신의 통로로서 자기반성, 자아인식, 개인적 의사전달, 대면 접촉 등을 제시하였다. 그리고 행위이론(Action Theory)을 주장한 하몬(Harmon)은 기존 행정학을 비판하면서 해석 사회학, 현상학, 상징적 상호작용주의 등 반실증주의 입장에서 행정을 연구할 것을 강조하였다. 그는 상호의존성, 정의 및 형평성 등의 규범적 이론을 강조하는 가운데 행정의 책임과 시민 요구에 대한 반응, 참여 등을 중시하였다.

(4) 1990년대 이후

1980년대 이후 행정과 직업공무원제에 대한 불신으로 엽관주의적 요소의 도입이 다시 확대되자 이에 대한 반작용으로 초반 직업공무원제를 옹호하는 '행정재정립운동(refounding movement)'이 나타났다. 스바라(Savara)는 기존의 정치·행정 이원론을 재해석하여 정책과정에서 공무원의 적극적 역할을 강조했다. 즉 효과적인 정부 구현을 위해서는 미션, 정책, 행정, 관리의 네 가지 기능이 필요한데, 기존의 정치·행정이원론에서는 직업공무원의 역할을 간과하고 정책(정치)과 행정의 관계만을 다루고 있다고 비판하였다. 또한 웜슬리(Wamsley), 테리(Terry), 굿셀(Goodsell) 등도 정부재정립운동을 통해 직업공무원제를 옹호하고, 정부의 재창조가 아닌 재발견을 강조하였다.

오스본(Osborne)과 게블러(Gaebler)는 「정부재창조론(Reinventing Government)」에서 정부를 재구축하고 민간부문의 공공서비스 공급 참여가 확대되어야 한다고 주장하였다. 이는 신공공관리론을 행정개혁에 적용한 것으로 클린턴 행정부에서 연방정부 개혁전략의 일환으로 추진된 '정부재창조운동'의 이론적 지침이 되었다. 그러나 이러한 정부재창조운동의 적실성과 타당성에 대한 반론도 증가하였다. 더욱이 정보화의 진전으로 그 동안 행정관리정보체계에 대한 연구에서 더 나아가 전자정부 구축을 통해 행정서비스의 전자화를 실현하기 위한 전자정부 연구도 점차 확대되었다.

요컨대 1980년대 이후 규제완화와 민영화의 확산으로 정부부문의 독점성이 약화되었고, 이제는 정부도 공공서비스 공급에 있어 민간부문 또는 사회부문과 동등한 입장에서 경쟁하는 상황이 나타났다. 이러한 정부 위상과 역할 변화에 대응하여 1990년대 들어 "누구를 위한 행정인가?"라는 행정의 책임성에 대한 논란과 고객중심적 행정에 대한 연구가 새롭게 주목을 받게 되었다. 또한 공공서비스 공급에 민간부문의 참여가 확대되는 등 새로운 공공서비스 전달체계가 등장하면서 공공서비스 공급에 있어 민간부문의 참여문제를 연구하는 뉴거버넌스(new governance)이론도 각광을 받게 되었다.

2. 독일 행정학의 기원과 발달과정

공공사무의 관리를 국가가 총체적으로 담당한다는 의미의 근대적 행정은 독일에서 시작되었다. 유럽행정의 기원인 관방학(Cameralism)은 16~18세기 중엽에 독일과 오스트리아를 중심으로 발달한 것으로 영국의 중상주의, 프랑스의 중농주의의 독일식 변형학문이다. 식민지 획득과 대외무역에서 영국과 프랑스에 비해 열세에 놓인 프러시아에서 국내의 경제·사회적 부흥과 이를 통한 군주정치 강화 및 신속한 통일국가 형성을 위해 형성되었다. 이에 따라 관방학은 절대군주제를 유지하는 데 필요한 농업·임업·재정학·경제학·경찰학 등을 포괄했는데, 주로 정부의 공식적 기구와 기능, 특히 관료의 업무와 행동윤리 등을 주로 논의하였다.

17세기의 관방학은 여러 사회과학이 미분화된 상태로 혼재되어 있었으며, 특히 재정학적 성격이 강했다. 이후 18세기 들어 관방학은 프러시아의 빌헬름 1세가 관료 양성을 위해 1727년 독일의 프랑크푸르트대학 등에 관방학과를 설치함으로써 체계화되었다. 특히 18세기 계몽전제 군주제를 바탕으로 경찰국가체제의 정비와 함께 고유의 관방학으로부터 경찰학이 독립된 학문으로 분화되었고, 경찰학이 일종의 행정학으로 파악되며 국가 행정의 형성 및 행정학의 완성에 지렛대 역할을 수행했다.

그런데 프랑스혁명 이후 절대군주제가 쇠퇴하고, 민주사상이 부상하면서 국가에 대한 시민의 권리문제가 중요한 관심사로 대두되면서 경찰학은 행정법학으로 대체되었다. 행정법학은 시민적 법치국가를 구현하기 위해 행정에 확고한 법적 제한을 설정하는 과정에서 등장하였고, 이를 통해 법치국가의 이념하에 행정에 대한 법적 접근이 시작되었다. 이후 시민적 법치국가 구현을 위해 시민사회와의 관계에서 국가의 역할을 규명하는 노력이 시작되었고 이를 통해 몰(Mohl)의 행정법학에서 벗어나 슈타인(Stein)의 행정학이 발전하였다.

슈타인은 「행정학 강요(1870)」에서 관방학과 전통적인 공법학에 비판을 가하고 독자적인 행정학체계의 정립을 시도했다. 그는 유스티(Justi)의 경찰개념을 헌정과 행정으로 분리하고 양자의 상대적 우위성을 강조하면서, 헌정은 가치적인 정책결정 및 형성기능, 행정은 사실적인 정책집행기능으로 파악했으며, 행정의 5대 영역으로 외교, 군사, 사법, 내무, 경제를 중시했다.

그러나 19세기 후반 독일에서는 법치국가 이념이 지배적이었고 슈타인 행정학이 가지고 있는 한계점인 법치주의적 자유주의시대 요구에의 불일치, 공법학 등 법률학적 연구의 적극성 요구 등 때문에 학문적 성과를 거두지 못하고 더 이상 계승·발전되지 못했다.

3. 영국 행정학의 기원과 발달과정

영국은 절대군주시대에 체계화된 공무원제도가 없었고, 국왕에 의한 정실주의가 계속되었다. 그 후 1688년 명예혁명에 의해 군주에 대한 의회의 우위성이 정립되면서 국왕이 아닌 의회의 유력한 정치가에 의한 정실주의가 확산되었다. 그러나 18세기 중반부터 19세기 초반에 일어난 산업혁명으로 전문지식과 능률적인 행정능력을 갖춘 공무원의 필요성이 증가함에 따라 19세기 후반부터 관료제도 개혁에 돌입하였다. 1870년에 글래드스턴(Gladstone) 수상이 근대적인 영국 공무원제도를 확립시킨 추밀원령(Order in Council)을 제정함으로써 공개경쟁시험에 의한 공무원 채용과 계급제도가 정착되었다.

그러나 영국은 미국과 달리 이러한 공무원제도의 개혁에도 불구하고 행정에 대한 체계적인 연구가 이루어지지 않았다. 또한 절대군주제하에서 독일의 관방학과 같이 대학에 바탕을 둔 새로운 학문이 등장하지도 않았다. 비교적 최근까지도 대학에 행정학에 대한 공식적 교육을 기피하였으나 2000년대 이후 각 대학은 정치학과나 경영학과에서 행정학 프로그램을 부분적으로 도입·운영하고 있다.

영국 행정학의 태동을 보면 1921년 설립된 실무공무원들로 구성된 왕립행정원(Royal Institute of Public Administration)에서 공무원 교육을 실시하였고, 1922년부터 「Public Administration」이라는 학회지를 발간했다. 그런데 영국은 독일, 프랑스 등과 달리 행정실무자들에게 법학 지식뿐 아니라 역사학, 경제학, 정치학 등을 조화롭게 교육할 것을 강조했고 이로 인해 공직 수행과 관련된 다양한 분야가 행정학의 범위에 포함되어 있으며, 교양 위주의 행정학 교육 전통이 강하게 남아 있다.

그러나 최근 미국 행정학의 영향을 받아 정치·행정이원론적 사고, 과학적 관리, 행정관리론 등이 행정학 저서 등에 소개되고 있고, 1970년대에는 비교행정론, 의사결정론, 정책형성론 등이 교과내용에 포함되었다. 또한 지방자치에 대한 높은 관심으로 인해 정부 간 관계(IGR)와 지방행정에 대한 연구가 활발하다.

더욱이 1980년대 이후 신보수주의 이념에 따라 정부운영에 시장원리를 적극 활용한 정부개혁, 공기업 민영화 등을 선도해 나감으로써 행정학 분야에서 신공공관리, 공기업 민영화, 거버넌스 등에 대한 연구를 활발히 수행하고 있다. 특히 신공공관리론과 거버넌스이론은 영국을 넘어 전 세계의 행정개혁을 위한 이론적 토대를 제공하였다.

4. 프랑스 행정학의 기원과 발달과정

독일이 관방학에 연원을 두고 행정학이 태동했다면, 프랑스는 17세기 경찰학에 토대를 두고 법학을 중심으로 행정학이 발달하였다. 당시의 경찰은 치안 업무를 담당하는 경찰이 아닌 합리적인 정부조직과 국가작용을 의미하였다. 17~18세기에 발달한 프랑스의 경찰학은 법 해석에 그치지 않고 국가행정의 실무적 측면에서 도움이 되는 원리를 제시하는 경험적인 성격도 내포하고 있다. 이후 프랑스의 행정연구는 법학적 행정연구가 주류를 이루는 가운데 페이욜(Fayol)로 대표되는 경영학적 연구와 크로지에(Crozier)로 대표되는 사회학적 행정연구 등이 이루어졌다.

특히 제2차 세계대전 이후 국가개입주의가 강화되면서 1960년대에는 법학적 관점에서의 행정연구의 한계에 대한 인식이 확산되었고, 이에 따라 크로지에를 중심으로 사회학적 행정연구가 시작되었다. 그는 「관료제 현상」에서 관료제의 병리현상을 날카롭게 분석했고, 프랑스 행정학에 있어 법적·제도적 관점에서 탈피하여 새로운 이론적 지평을 제시하였다.

행정에 대한 교육훈련은 19세기 나폴레옹이 행정개혁을 통해 능력 중심의 고위관리 충원을 강조하면서 시작되었다. 그는 고위관리의 선발과정에 직접 참여했고, 과학과 수학, 공학 분야의 훈련을 강조하였다. 이를 위해 공직에 전문직종을 신설하고, 전문가 양성기관을 설립하는 등 많은 행정개혁에 착수하였다. 그러나 관료집단이 특수계급으로 변질되고 국민들의 요구에 점차 둔감해지자 제2차 세계대전 이후 프랑스에서는 공무원제도의 필요성이 강하게 제기되었다. 그 결과 1945년 국립행정학교(ENA)[3]라는 공무원 양성기관이 등장하면서 대부분의 고위공직자는 이를 통해 공직에 진출하게 되었다.

5. 우리나라 행정학의 발달과정

광복 후 미국과의 교류가 확대되고 미국식 학문 전파의 여건이 조성됨에 따라 1950년대 중반 이후 미국식 행정학이 우리나라에 도입되면서 행정학 연구가 태동하기 시작하였다. 1960년대 들어서는 행정학이 우리나라 사회과학의 한 분과 학문으로 발전하기 위한 노력이 가속화되었고 이때부터 행정학 연구자들이 급속하게 증가하기 시작하였다.

이 시기에 행정학 연구·교육기관이 성립되었는데, 1956년에 한국행정연구회가 조직되었고, 이후 1961년에 한국행정학회로 개편되었으며, 1959년에는 국

---

3 국립행정학교(ÉcoleNationale d'Administration)는 고급공무원의 양성 및 재교육을 위해 제2차 세계대전 후에 설치된 프랑스의 특수교육기관을 말한다. 국립행정학교의 과정으로는 준비반을 거쳐 입학시험에 합격한 학생을 대상으로 하는 외부경쟁 코스와, 공공행정 부문에 5년 이상 근무한 공무원으로 내부경쟁시험을 거친 공무원을 대상으로 하는 내부경쟁 코스 등이 있다.

내에서 최초로 서울대학교 행정대학원이 설립되었다. 1949년에 설립된 국립공무원훈련원에서도 1959년 행정학 강의를 시작하였고, 1961년에 중앙공무원교육원으로 개편된 이후 공무원 훈련을 확대하고 행정학 교과목을 증설하였다.

또한 이 시기에 행정학 저서의 출간이 시작되었고, 정기학술지도 태동하였다. 우리나라 최초의 행정학 교과서는 1955년 정인흥 교수의 「행정학」이었고, 1958년에는 한국행정연구회에 참여한 6인의 학자들이 화이트(White)의 교과서를 번역하여 「행정학 입문(Introduction to the Study of Public Administration)」을 출간하였으며, 1959년에 한국행정연구회가 「행정학사전」을 편찬하였다.

우리나라 행정학은 다음과 같은 배경으로 인해 짧은 기간 동안 크게 성장하였다. 즉 행정능력 향상에 대한 정부 내·외부의 요청이 확대되면서 미국식 행정학이 그에 대한 지식과 이론을 제공하였고, 미국과의 교류증대 및 미국에 의한 행정기술원조는 미국식 행정학 보급을 촉진하였다. 또한 1950년대 이후 발전행정기능이 강화되어 행정국가화가 진행되면서 행정전문 인력의 양성과 행정개혁이 국정의 주요과제로 부각되었고, 고등고시 등 각종 공무원 임용시험에 행정학이 시험과목으로 채택되면서 행정학 연구와 교육이 확산되었다. 이와 더불어 군사정부에 의한 권위주의적 통치가 오래 지속되면서 정부운영의 관리기술적·도구적 측면을 연구하는 행정학 분야가 성장하는 계기가 되기도 하였다.

그런데 미국 행정학계에서 발전된 다양한 이론과 지식들이 1960년대 이후 급속하게 도입되면서 개념상의 혼란이나 잘못된 적용 등의 실책이 반복되는 등 여러 문제점이 나타나면서 행정학의 토착화에 대한 논의가 점차 확산되었다. 이는 외래적 행정학의 무비판적 도입에 대한 자성이 시작되고, 우리 행정현실에 적합한 행정학연구를 강화하자는 목소리가 증가하였기 때문이라고 할 수 있다. 1960년대부터 우리 행정학의 성격과 행정현실을 검토하면서 행정학의 토착화를 주창하는 문헌들이 등장한 이후 주기적으로 되풀이되어 왔으며, 2000년대 이후 이러한 논의가 더욱 확대되고 있다.

제2절 행정학의 주요이론

1. 과학적 관리론

1) 의 의

테일러(Taylor)는 그의 저서 「과학적 관리의 원칙(The Principles of Scientific Management)」에서 조직 내의 직무를 수행하기 위한 유일 최고의 방법을 규명할 수 있고, 이를 위해 시간 및 동작 연구(time and motion studies)에 주로 의존하는 직무과정분석이 중요하다고 주장했다. 과학적 관리론(Scientific Management)은 최소의 비용과 노력으로 최대의 성과를 확보할 수 있는 유일 최선의 방법을 찾아내기 위하여 과학적인 관리·기술을 적용하는 고전적 관리이론으로 경영의 합리화 뿐 아니라 행정의 능률화에도 기여한다.

2) 과학적 관리론의 등장과 행정에의 도입

과학적 관리법은 19세기 말부터 산업기술의 발달과 대기업의 출현에 기인한 경쟁격화 및 기업도산, 공장폐쇄, 파업전개 등의 상황을 타개하기 위한 노력으로 등장하였다. 또한 노동자가 반대하는 고용감축 및 임금인하를 하지 않고 노동생산성이나 기업능률을 향상시키면서 생산비용을 절감시키고자 하는 경영의 합리화 운동으로 발달된 것이다.

행정에의 도입은 19세기 말 이후 나타난 엽관주의의 폐단을 극복하기 위한 진보주의 개혁운동의 일환으로 정치로부터 행정을 분리시키고 행정을 민간경영 차원에서 접근하고자 과학적 관리론을 공공부문에 도입하였다. 또한 절약과 능률의 실천방안을 연구했던 1906년 뉴욕시정연구회, 1910년 태프트(Taft)위원회 등에서 과학적 관리론을 행정에 도입할 것을 주장하였다.

3) 과학적 관리의 주요원리

테일러가 규정한 과학적 관리에서의 '관리'의 기본 원리는 다음과 같다.

첫째, 근로자의 개별적인 과업은 과학적 분석에 의해 설계되어야 하고 과업 수행에 관한 유일 최고의 방법이 규정되어야 한다는 것이다. 테일러는 동작연구와 시간연구를 통해 근로자의 표준과업량(표준생산량)을 설정하고, 그에 따라 과업 수행에 관한 유일 최고의 방법을 규정함으로써 과업 내용 설계 및 과업 수행 방법 결정의 과학화를 이루었으며, 또한 할당된 과업의 달성도에 따라 임금의 고하를 연계시키는 임금 결정 체계를 개발함으로써 고의적 태업을 막고자 했다.

둘째, 과학적으로 설계된 과업을 원활하게 수행하기 위해서는 근로자들을 과학적인 방법으로 선발하고 훈련시켜야 한다는 것이다.

셋째, 과학적으로 설계된 과업과 과학적으로 선발·훈련된 근로자를 적절히 결합시켜야 한다는 것으로, 근로자들을 정신적·육체적으로 가장 알맞은 과업에 배치해야 한다는 것을 의미한다.

넷째, 공장조직을 종래의 군대식 조직에서 철저한 기능식 조직으로 전환해 관리자와 근로자가 책임을 적절하게 분담하고 과업의 과학적 수행을 위해 서로 협동해야 한다는 것이다. 결국 노·사가 우호적으로 협력할 때 조직의 생산성은 극대화되며 원칙적으로 노사 간의 이해는 일치할 수 있다는 것이 테일러의 생각으로 노·사 양측이 공동 협력하여 산출시킨 이익을 공평하게 분배하는 것을 주장했다.

4) 과학적 관리방법의 특징 및 한계

이러한 과학적 관리론의 일반적인 특징은 다음과 같다.

첫째, 능률성의 강조이다. 과학적 기준과 원리, 엄격한 업무분담에 의하여 행정의 전문화·과학화·합리화에 기여하였고, 사무의 자동화 등을 통해 능률과 절약을 중시했다.

둘째, 공식적 구조이다. 직무·권한·책임의 분담 틀, 즉 계층제나 분업체계

등 '공식구조'를 강조하고, 관료제모형을 토대로 하는 공식구조에 따른 인력관리를 중시한다.

셋째, 합리적 경제인이다. 조직에서의 인간을 명령이나 지시, 억압 내지는 경제적 보상에 따라 움직이는 피동적이고 기계적·경제적·합리적 존재로 가정(X이론적 인간관)하고 인간을 경제적 욕구에만 자극받는 기계부품으로 파악한다.

넷째, 폐쇄적 인간관이다. 행정을 내부적인 관리로만 인식하고 외부환경이나 비공식적 요인을 고려하지 않는 폐쇄적 행정이론으로 파악한다.

그러나 이러한 과학적 관리론의 성과가 큰 것도 사실이나 한계점도 많이 있다.

첫째, 조직마다 처한 상황이 상이하다는 사실을 간과했다. 즉 조직이 처한 여러 가지 상황적 조건에 의해 적합한 조직 형태가 결정될 수밖에 없다는 점을 인식하지 못했다.

둘째, 조직과 조직구성원들의 합리성만을 강조하여, 조직은 조직목표를 달성하기 위한 도구이고, 조직구성원들은 경제적 유인에 의해 동기가 유발되는 타산적·합리적 존재라는 점만을 강조했다. 따라서 조직의 기계화·비인간화를 조장했다.

셋째, 조직 내의 인간을 수동적이고 기계의 부품과 같은 존재와 임금만을 위해 일을 하는 존재로 간주하여 인간의 사회·심리적 측면을 무시했다.

넷째, 노사 간의 이해는 일치될 수 있으므로 서로 협력해 조직이 생산성을 향상시킬 수 있다는 기본 전제가 비판을 받게 되었다. 즉 노조는 증가된 생산성으로 인한 이윤을 점점 더 요구하게 되어 관리자와 노동자 간 융화가 촉진될 것이라는 예상은 어긋났다.

다섯째, 노·사 양측 모두 과학적 관리론을 반대하는 경우가 많았다. 즉 관리자들은 기존의 관리법을 포기하지 않으려고 저항했고, 근로자들은 인간을 기계부품처럼 취급한다는 점, 계속적으로 최고의 능률을 달성하도록 강요한다는 점과 그 혜택이 주로 기업에게 귀속된다는 점, 실직의 위험이 커진다는 점 등의 이유를 들어 저항적인 행동을 보이는 경우가 많았다.

2. 인간관계론

1) 의 의

인간관계론(Human Relationship)이란 진정한 능률을 추구하기 위해서는 인간을 기계적·과학적으로 취급할 것이 아니라 인간의 감정적 요소 등을 중시하는 인간적인 접근방법을 사용함이 유용하다는 1930년대의 신고전적 조직이론이다. 즉 인간을 감정, 정서를 지닌 존재로 간주하고 민주화 내지 인간화를 강조한다는 점에서 과학적 관리론과는 대조되는 이론이며, 과학적 원리주의에 대한 반발적 행정학이다.

2) 인간관계론의 성립배경

인간관계론의 성립배경은 크게 세 가지로 파악할 수 있다. 첫째, 전국노동자총연맹(1913)은 과학적 관리론에 대한 4대 비인간화⁴를 지적하였다. 둘째, 혹시(Hoxie) 위원회는 과학적 관리론은 이익분배의 불공평, 인간성의 무시, 독재적 경영을 초래한다고 비판하였다. 셋째, 호오손 공장실험을 주도한 메이요(Mayo) 교수의 노력으로 인간관계론이 성립되었다.

호오손 공장실험은 과학적 관리론 등 고전적 조직론의 가정하에 출발한 실험(1927~1932)이었으나 실험결과 인간관계가 더 중요하다는 결론을 얻어 내었다. 호오손 공장 실험이 내용은 다음과 같다. 첫째, 조명실험으로 조명과 같은 물리적 요인은 생산량과 직접적인 관계가 없는 것으로 나타났다. 둘째, 계전기조립실험으로 작업 중 휴식과 간식의 제공도 생산량과는 직접적인 관계가 없는 것으로 나타났다. 셋째, 면접실험으로 종업원의 욕구불만이나 감독자에 대한 인간적 감정이 생산량에 어느 정도 관련성이 있음이 입증되었다. 넷째, Bank선 작업실험으로 생산량은 관리자의 일방적 지시나 종업원의 육체적 능력이 아니라 '비공식적으로 합의된 사회적 규범(집단규범)'에 의해서 결정된다는 사실을 밝혀냈다.

---

4 4대 비인간화는 ① 작업으로부터의 비인간화(기계부품화), ② 소유로부터의 비인간화(소유와 경영의 분리), ③ 직장으로부터의 비인간화(감시체제), ④ 동료로부터의 비인간화(경쟁체제)이다.

3) 인간관계론의 특징과 내용

첫째, 경쟁보다는 협력에 의한 생산을 강조한다. 행정의 인간화·민주화·사회화, 협동과 인화·단결에 의한 생산 및 민주적 리더십을 중시한다.

둘째, 비공식 구조를 강조한다. 공식구조보다는 구성원 간의 욕구·취미·흥미·혈연·지연 중심의 비공식 집단의 역할을 중시한다.

셋째, 사회적 능률성을 강조한다. 조직의 생산성은 물리적 요소가 아니라 대인관계 등 사회·심리학적 요인에 의해 결정된다.

넷째, 사회인관을 강조한다. 구성원을 개체가 아닌 집단의 일원으로 보고 귀속감, 일체감, 팀워크, 의사소통 등을 중시하고, 인간을 동태적 존재로 인식하고 인간중심의 관리를 강조한다.

다섯째, 비경제적 보상을 강조한다. 대인관계나 심리적 만족감 등 사회적·비경제적 동기가 생산성을 결정한다고 본다.

4) 인간관계론의 영향과 한계

인간관계론이 행정에 미치는 긍정적 영향은 다음과 같다.

첫째, 공식적 조직보다는 비공식 집단의 중요성을 인식하게 되었다.

둘째, 조직에서의 인간을 바라보는 시각을 경제인에서 사회인으로 X이론에서 Y이론으로 변화시켰다.

셋째, 기계적 능률성과 함께 사회적 능률성의 중요성도 부각되었다.

넷째, 인간에 대한 관심의 부각으로 행태과학의 발전에 기여해 행태론의 성립에 영향을 미쳤다.

다섯째, 통제중심의 과학적 인사를 탈피하고 적극적이고 민주적인 인력관리의 확립을 통해 행정관리의 인간화, 민주화에 기여하였다.

그러나 인간관계론는 다음과 같은 한계점도 가지고 있다.

첫째, 지나친 심리적 감정주의로 경제적 동기를 무시하고 지나친 비합리성, 비경제성만을 중시한다.

둘째, 비공식 집단의 지나친 강조에 따라 조직구성원의 상호 의존적 성향과 보수성을 야기하였다.

셋째, 과학적 관리론처럼 외부환경의 영향을 고려하지 않는 폐쇄적 조직이론이다.

넷째, 능률성 개념의 모호화로 인해 사회적 능률의 한계를 가지고 있다.

다섯째, 지나친 이원론적 인식(공식 대 비공식, 이성 대 감정 등)으로 조직의 종합적 측면을 고려하지 못하고 있다.

표 3-1 과학적 관리론과 인간관계론의 비교

과학적 관리론	인간관계론
직무중심	인간중심
공식적 구조	비공식적 구조
능률성과 민주성이 조화를 이루지 못함	능률성과 민주성이 조화를 이룸
인간을 기계부품으로 취급	인간을 감정적 존재로 인식
합리적 경제적 인간(X이론)	사회적 인간(Y이론)
기계적 능률성	사회적 능률성
경제적 동기(물질적 자극)	비경제적 인간적 동기
능률 증진에 기여	민주성의 확립에 기여
과학적 원리의 강조	보편적 원리 비판

3. 행정행태론

1) 의 의

행태(behaviour)란 인간이나 집단의 가치관, 사고, 태도, 의견 등을 총칭하는 것으로 행태론(Behavioural Approach)이란 종전의 거시적인 이념·구조·제도보다는 인간이 어떤 가치관·태도·동기·의도를 가지고 있는가를 알아보기 위하여 면접이나 설문조사 등 사회심리학적 접근을 통하여 개인의 표출된 행태를 객관적·

실증적으로 분석하는 것이다. 즉 관찰 가능한 외면적 행태의 인간행동에 초점을 맞추고 주관적인 인간경험을 최소화하며, 실험적인 연구조사를 촉진하여 조작적으로 인간행태를 정의하고자 하는 접근방법이다.

2) 행태론의 주요내용

행태론은 버나드(Barnard)의 영향을 받아 사이몬(Simon)[5]에 의하여 1940년대 중반에 체계화되었다. 그는 「Administrative Behavior(행정행태론, 1945)」를 통해 행정현상에 대한 경험적 연구와 방법론의 엄격성을 통해 행정학의 과학화를 기해야 한다고 주장하였으며, 사실명제와 가치명제를 엄격히 구분하여 사실명제에 대한 과학적 연구를 해야 한다고 하여 새이원론의 창시자가 되었다. 사이몬은 또한 행정현상의 핵심은 의사결정으로 파악하고, 의사결정에 있어서의 제한된 합리성(bounded rationality)과 만족모형(satisfying model) 등 행정연구의 과학화에 많은 기여를 하였다. 카네기 멜론대학에서 인간행태와 인지적 한계에 기초한 과학적 연구에 많은 기여를 하였으며, 사회학적(조직론적) 신제도주의에 많은 학술적 공헌을 하였다.

행정행태론은 사회현상도 자연과학과 마찬가지로 엄밀한 과학적 연구가 가능하며, 사회현상과 인간행태 역시 관찰가능한 객관적 대상으로 보고 인간의 주관이나 의식을 배제한 상태에서 과학적 연구를 진행해야 한다고 주장하였다. 특히 인간행태 역시 합리성(rationality)과 규칙성(regularity)에 기초한 체계적 연구가 가능하다고 보았는데, 연구과정에서 특정질문에 따른 반응을 통해 파악해 볼 수 있는 태도, 의견, 개성 등도 행태에 포함시키고, 이러한 행태의 규칙성과 인과성을 경험적으로 입증할 수 있다고 보았다. 또한 가치와 사실을 명백히 구분하여 가치중립성을 지킬 것을 강조하면서, 개념의 조작적 정의를 통해 객관적인 측정방법을 사용하며 자료를 계량적인 방법에 의해 분석할 것을 강조하였다. 이러한 인식론적 근거를 논리실증주의(logical positivism)라고 한다.

---

5 사이몬(1916~2001)은 인지 심리학, 컴퓨터 과학, 행정, 경제, 경영, 과학철학, 사회학 등을 연구한 카네기 멜론대학의 교수였으며, 미국의 정치학자였다. 20세기의 가장 영향력 있는 사회 과학자 중 한 명이며, 뛰어난 학술공로로 노벨 경제학상을 수상하였다.

행정학 분야에 사이몬이 있다면 정치학 분야에 기여한 행태론자는 이스턴 (D. Easton)을 꼽을 수 있다. 이스턴은 행태론적 접근방법의 8가지 전제를 제시하였다.

① 규칙성(regularity): 행정행태에는 일정한 규칙이 있으며 이러한 규칙성을 찾아내어 행정이론의 일반화, 이론화, 과학화를 모색해야 한다.

② 입증(verification): 이론화는 사실을 경험적으로 연구함으로써 입증될 수 있다.

③ 계량화(quantification): 사실을 경험적으로 연구하기 위해서는 자료의 계량화가 필요하다.

④ 기술(technique): 정확한 분석과 이론의 개발을 위해서는 자연과학의 표본추출법, 다변수 분석 등의 기술이 필요하다.

⑤ 가치(value)와 사실(fact)의 구분: 가치와 사실을 분리하여 입증 가능한 사실중심의 연구가 되어야 한다.

⑥ 체계화(systematization): 검증된 가설은 명제이며, 명제가 축적되면 법칙과 이론이 된다. 지식의 체계화가 이론이므로, 체계화는 과학적 연구에서 중요하다.

⑦ 과학적 이론(scientific theory): 순수한 과학적 이론이나 원리를 발견, 발전시키는 것이 행태론의 목적이다.

⑧ 연합학문 접근(interdisciplinary approach): 순수한 과학적 이론을 발전시키기 위해서는 연합학문적 통섭이 필요하다. 즉 고전(과학적 관리론)과 신고전적 입장(인간관계론)을 통합해야 한다.

3) 행태론의 공헌과 한계

행정행태론은 가치명제를 배제함으로써 행정연구의 과학화 및 의사결정과정론과 사회심리학적 접근방법의 개발, 새정치·행정이원론의 확립에 공헌하였지만 1960년대 후반 이후 후기행태주의가 등장하면서 비판을 받기 시작하였는데, 이는 연구방법의 한계에 대한 비판에서 비롯한다. 행정행태론의 한계점은 다음과 같다.

첫째, 가치판단 배제의 비현실성과 보수주의화 경향이다. 행정학의 궁극적 목적이 인간사회의 개선을 통한 인간존엄성의 실현인데 행정연구의 대상에서 가치판단을 배제하는 것이 얼마나 적절한 것인가에 대한 비판이다.

둘째, 연구대상과 범위의 지나친 제약이다. 행정행태론은 논리적 실증주의의 방법론에 치중한 나머지 연구의 혁신이 일어나지 못했다. 즉 과학화를 위해 연구대상과 범위를 사실명제에 국한했다.

셋째, 기술에 지나치게 치중한다. 행정행태론은 연구방법과 기술에 지나치게 급급한 나머지 행정학의 본질을 오히려 놓쳤다는 비판이다. 계량방법론을 지나치게 강조한 나머지 계량화할 수 없는 사회현상에 대한 실질적인 기여가 취약하였다.

넷째, 조직과 환경과의 작용관계를 무시한다. 행정행태론적 접근방법은 조직과 환경과의 유기적 상호의존 작용관계를 도외시한다.

다섯째, 발전도상국에 적용하기가 곤란하다. 연구대상인 외면적 행태는 내면적 심리상태 그대로 표출하는 선진국의 경우에 적합하고, 발전도상국의 행정행태는 형식주의, 체면주의 등의 이중 구조적 성격을 띠고 있어 외면적 행태만의 연구로는 정확한 파악이 어렵다.

4. 행정생태론(환경)

1) 의 의

행정현상은 진공(vacuum) 속에서 이루어지지 않는다. 행정생태론은 행정현상을 사회적·문화적 환경과 제도적 맥락 속에서 연구하려고 한다. 생태란 유기체와 환경과의 상호관계를 말하며, 따라서 행정생태론은 행정과 환경의 상호작용(특히 환경으로부터의 영향)을 강조하는 연구방법론이다. 즉 생태론적 접근방법은 행정을 유기체로 보고 환경과의 상호작용을 체계적으로 설명하고자 하는 접근방법이며, 환경의 영향을 중시하는 개방체제이론이다. 환경과의 관계를 처음으로 연구한 개방체제·거시적 접근법, 환경에 대한 행정의 종속변수 측면을 강조한 생태론적 결정론이다.

생태론적 접근방법(Ecological Approach)의 대두배경은 1940년대와 1950년대에 이르러 미국이 제2차 세계대전 이후 신생국의 행정현상을 연구하면서 환경에 대한 보다 넓은 시야와 과학화가 요구되었고, 구조기능주의[6] 입장에서 선·후진국 간 행정체제의 특징을 규명하기 위해 나타났다. 즉 이러한 연구의 출발점은 서구 행정제도가 신생국에서 제대로 작동되지 않는다는 사실을 설명하는 과정에서 생성되었다. 신생국의 행정환경이 서구 국가들과 상이하기 때문에 아무리 서구에서 잘 작동되는 제도라고 하더라도 환경과의 상호작용이 다르기 때문에 신생국에서는 제도가 제대로 작동하지 않는다는 것이다. 따라서 행정현상을 설명하고 이해하기 위해서는 각 사회의 환경적(생태적) 요인을 고려해야 하며, 전통적으로는 과학적 관리법과 인간관계론에서 주장하였던 구조적, 인간적 변수만으로는 한계가 있다는 것을 주장한다.

2) 주요내용

행정생태론은 1947년 가우스(J. M. Gaus)에 의해 도입되었다. 그는 정치학 및 문화인류학 등에서 발전된 생태론을 차용하여 행정연구에 도입하였는데, 행정에 미치는 환경적 요인으로서 인구, 장소, 과학적 기술, 사회적 제도, 욕구와 이념, 재난, 가치관 및 태도 등 일곱 가지를 제시하였다.

리그스(F. Riggs, 1964)는 가우스의 모형을 좀 더 발달시켜 농업사회와 산업사회라는 비교행정 연구모형을 제시하면서, 행정의 환경변수로서 정치체제, 경제체제, 사회구조, 의사전달, 이념요인 등 다섯 가지를 제안하였다.

---

6 구조기능주의는 외국 제도를 무비판적으로 도입할 경우 구조(외형)와 기능(실제) 간에 괴리가 발생하는 것을 형식주의라 하며 이러한 괴리현상을 극복하기 위해 구조를 기술하고 기능을 분석하는 접근법이다.

▍리그스(Riggs)의 행정생태론

① 사회이원론: 농업사회와 산업사회

리그스는 「행정의 생태학(1961)」에서 이원적 사회인식과 귀납적 관점에서 농업사회와 산업사회라는 두 가지 생태모형을 제시하고 있다.

표 3-2 농업사회와 산업사회의 비교

환경적 변수	농업사회(agraria)	산업사회(industrial)
경제적 기반	자급자족의 폐쇄경제 국가: 징세 질서유지에 국한	상호의존적 개방경제 국가: 다양한 경제활동 수행
사회구조	폐쇄적: 제1차 집단 중심 혈연적, 지연적 공동사회 귀속주의가 지배	개방적: 제2차 집단 중심 목적적, 기능적 이익사회 업적주의가 지배
이념적 틀	직관 육감의 선험적 방법 지식의 단일성 일반행정가 중심	과학적 합리적 경험적 방법 지식의 다양성 전문행정가 중심
의사전달망 통신망	유동성 동화성이 낮음 PR, 정부내 하의상달 적음	유동성 동화성이 높음 PR, 정부내 하의상달 많음
정치체제	권력의 근거는 천명 총권력은 적으나 순권력은 큼	권력의 근거는 국민 총권력은 크나 순권력은 적음

② 사회삼원론: 프리즘적 사회(Prismatic Society)

리그스(Riggs)는 1964년 사회이원론이 발전도상국의 과도기적 사회를 설명해 주지 못한다는 비판이 제기되자, 농업사회를 융합사회, 산업사회를 분화사회(사회구조·기능·역할이 다양하게 분화된 사회)로 파악하고 발전도상국 사회를 설명하기 위해 농업사회인 융합사회와 산업사회인 분화사회의 중간에 프리즘적(신생국 모델) 모델을 설정하였다.

표 3-3	사회삼원론과 프리즘적 사회		
구 분	융합사회	프리즘적 사회	분화사회
사회구조	농업사회 (Agraria)	전이·과도·굴절사회 (Transitia)	산업사회 (Industrial)
관료제 모형	안방모델 (Chamber Model)	사랑방모델 (Sala Model)	사무실모델 (Office Model)
행정인	자유사상가 (Literatus)	인텔리겐처 (Intelligentia)	지성인 (Intellectual)

③ 프리즘적 사회의 특징

첫째, 고도의 이질성으로 전통적 특징과 현대적·분화적 특징이 고도로 혼합되어 있다.

둘째, 기능 및 행태의 중복으로 공식기능은 분화되어 있으나 실제기능은 중첩되거나 분화된 기능과 분화되지 않은 기능이 공존한다.

셋째, 연고우선주의로 가족관계·친족관계 등에 의한 관직임용 방식이 답습된다.

넷째, 형식주의로 형식(공식구조)과 실제(기능) 간의 괴리가 존재한다.

다섯째, 다분파주의로 씨족적·종파적·지역적 유대에 의하여 결속되는 공동체의 존재로 말미암아 적대적 대립·투쟁이 난무한다.

여섯째, 다규범성으로 현대적 규범과 전통적 규범, 관습이 공존하면서 의견일치(합의)가 곤란하고 그때그때 편의에 따른 규범 적용으로 일관된 규범이 결여되어 있다.

일곱째, 가격의 부정가성으로 상품의 교환수단으로써 가격메커니즘이 적용되고 있으나 정찰가격이 없고 전통사회의 신분·보답성·의리성 등 시장외적 요인이 작용하는 현상이 발생한다.

여덟째, 양초점성으로 관료의 권한이 법제상으로 상당히 제약되고 있으나 현실적으로는 이를 능가한다.

아홉째, 상향적 누수체제와 전략적 지출로 관료가 예산을 횡령하거나 전략

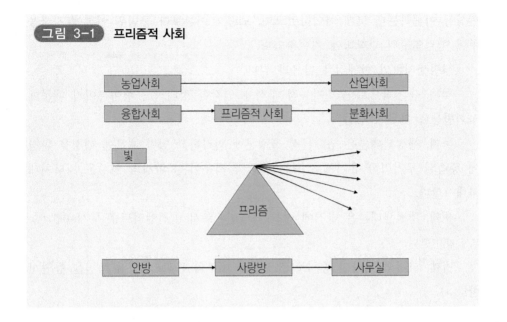

그림 3-1 프리즘적 사회

농업사회 → 산업사회

융합사회 → 프리즘적 사회 → 분화사회

빛

프리즘

안방 → 사랑방 → 사무실

적 지출인 상납을 자행한다.

열 번째, 천민기업가로 영세한 자본을 관료가 정략적으로 이용하고, 관료가 장기적 자본투자보다는 단기사업이나 고리금융에 집착한다.

3) 행정생태론의 공헌과 한계

행정연구에 있어 행정생태론의 공헌과 한계는 다음과 같다.

첫째, 개방체제적 연구이다. 행정체제를 개방체제로 파악함으로써 행정과 환경과의 상호작용을 통한 행정의 정확한 설명을 가능하게 한다.

둘째, 비교행정의 방향을 제시한다. 행정이론을 보편적 이론으로 보지 않고 환경적 요인에 따라 달리 적용될 수 있음을 지적함으로써 비교행정의 방향을 제시해준다.

셋째, 종합과학적 연구방식의 강조이다. 행정연구를 위한 연합학문적 접근에 따른 종합과학적 연구방식의 중요성을 제시해주었다.

넷째, 후진국 행정연구와 중범위이론7 정립에 대한 기여이다. 후진국 행정현상을 이해하는데 크게 기여하였으며, 보편적 이론보다 중범위 이론에 자극을 주어 행정연구의 과학화에 기여하였다.

행정생태론의 한계점은 다음과 같다.

첫째, 근본적으로 구조기능적 분석에 입각한 정태적 균형이론이기 때문에 사회변동을 다루기 힘들다.

둘째, 행정생태론은 생태론적 결정론에 입각하고 있기 때문에 행정을 환경에 종속된 무기력한 유기체로 보는 소극적 적응이론, 환경의 영향을 지나치게 과대시한다.

셋째, 행정생태론은 발전에 대한 독립변수로서 발전엘리트를 무시(군인과 공무원 경시)한다.

넷째, 환경의 지나친 중시로 행정조직 내부의 관리·기술적 측면을 등한시한다.

5. 행정체제론

1) 의 의

체제(system)는 복수의 구성요소가 상호의존적 관련성을 띠면서 질서와 통일성을 유지하고 환경과 끊임없이 상호작용을 주고받는 살아있는 유기체 또는 전체로서의 실체를 의미한다. 체제론(system theory)은 행정학은 물론 정치학, 사회학 등 사회과학 전반에 걸쳐 널리 활용되고 있으며, 대체로 일반체제이론을 바탕으로 하고 있으며, 개방체제를 전제로 하고 있다. 체제론적 접근방법(Systematic Approach)이란 행정을 하나의 유기체로 파악하고 행정을 둘러싸고 있는 환경과의 상호작용과 행정체제 내의 하위체제 간의 상호관계를 밝히는 이론이다.

---

7 비교적 특정한 문제 영역에 초점을 맞추고 각 영역에서의 연구 결과들을 전체적인 이론 형태로 나타내는 이론의 총칭이다. 즉 연구대상의 범위를 보다 좁혀서 그것에 집중적으로 연구하는 접근방법을 중범위 이론이라 한다.

2) 사회체제론

(1) 체제의 특징

① 하나의 체제는 여러 하위체제로 구성되며 하위체제들 간에는 상호의존성이 있다.

② 하나의 체제에 대해 상위체제와 하위체제가 존재한다.

③ 체제의 경계는 다른 체제와 구별시키며, 다른 체제는 환경이 된다.

④ 체제와 환경의 상호작용 정도를 기준으로 개방체제와 폐쇄체제로 구분된다.

⑤ 체제는 환경 → 투입 → 전환 → 산출 → 환류라는 역동적 과정을 가진다.

⑥ 체제는 순기능과 역기능을 가지며 정태적 균형이나 동태적 균형을 유지한다.

⑦ 항상성: 이질적 요소가 투입되면 균형화시킴으로써 본래 상태로 돌아가려 한다.

⑧ 등종국성: 전체체제와 하위체제는 각기 그들의 목표달성을 위한 자원, 정보, 에너지 등을 가진다. 그러나 그 각각은 전체체제의 공통된 목표달성을 지향하여 기능적으로 연결되어 작용된다.

(2) 행정체제의 기능(Parsons의 AGIL)

① 적응기능(Adaptation): 행정체계는 유기체로서 환경 속에서 생존하기 위해서는 에너지, 자원, 정보 등의 획득이 필요하며 이를 행정체제에 배분하여야 한다.

② 목표달성기능(Goal Attainment): 행정체제는 존립의 정당성을 보장받기 위하여 목표설정, 목표 간의 우선순위 결정, 목표와 수단의 연쇄를 통한 분업체제 확립 및 목표달성을 위한 노력을 기울여야 한다.

③ 통합기능(Integration): 행정체제는 각각의 세부 활동들이 전체의 목표달성을 위해 통합 조정되어야 한다. 이를 위해 할거주의나 목표의 대치, 전환을 방지해야 한다.

④ 체제유지기능(Latent Pattern Maintenance): 행정체제는 목표달성을 위해 일정한 기간 동안 조직의 형태가 유지되어야 하며, 교육·문화 계승과 같이 세대를 연계시키면서 창조와 재생을 가능하게 하는 체제 안정화 기능을 해야 한다(체제의 해체와 소멸을 방지하려는 부정적 엔트로피[8]).

행정체계가 계속적으로 환경의 지지를 받고 목표를 달성하기 위해서는 환경과의 긴장이 해소되어야 한다.

3) 행정체제론

체제론은 사회학, 정치학, 행정학 등 광범위하게 활용되고 있으나 기본논리는 사회체제, 정치체제, 행정체제가 다음과 같은 단계를 거치면서 환경과 상호작용을 통하여 균형을 유지해 나간다고 본다. 사칸스키(Sharkansky, 1978)는 체제란 '타 조직과 구분되는 독립성과 경계를 가지고 개방적으로 살아가는 전체로서의 집합 또는 실체'라고 하였다.

(1) 환 경

체제에 대한 요구나 지지를 발생시키며 체제로부터의 산출을 받아들이는 에너지의 근원이 되는 체제 밖의 모든 영역으로 정치·경제·사회적 환경(고객, 수혜자, 이익집단, 경쟁조직 등) 등이 있다.

(2) 투 입

환경으로부터 행정체제의 전환과정에 투입되는 요구(demand), 희망, 지지(support), 자원(인력·물자·자금·정보 등) 등이 있으며, 국민의 지지나 반대 등의 적극적 투입과 소극적 투입(무관심)이 있다.

---

8 엔트로피(entropy)는 자연물질이 변형되어 다시 원래의 상태로 환원될 수 없게 되는 현상을 말한다. 유기체의 필연적 해체·소멸·무질서 현상으로 개방체제는 이를 부정한다. 즉 개방체체제는 조직이 해체·소멸·무질서로 움직여가는 엔트로피 현상을 부정하고 환경과의 균형과 안정을 추구하는 부정적 환류와 부정적 엔트로피(negative entropy)를 지향한다.

(3) 전　환

환경요소로부터 투입을 받아 그 결과로서 어떤 산출을 내기 위한 체제 내의 작업절차로서 목표를 설정하고 필요한 정책을 결정하는 일련의 내부적 과정(행정조직이나 결정과정 등을) 의미한다.

(4) 산　출

환경으로부터 투입을 받아 전환과정을 거쳐 다시 환경에 응답하는 결과물로서 정책·법령·재화·규제·용역(서비스)의 제공 및 기타 모든 형식적인 응답을 의미한다.

(5) 환　류

투입에 대한 산출의 결과가 다음 단계의 투입요소에 연결되는 과정으로 기존의 투입물을 수정하거나 새로운 투입물을 형성하는 단계, 일종의 시정조치(feedback)로서 행정책임이나 행정개혁을 통한 개선된 체제의 흐름을 의미한다.

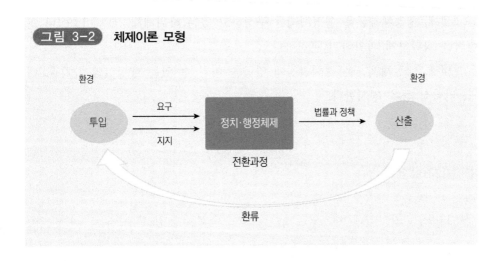

그림 3-2　체제이론 모형

4) 행정체제론의 장점

첫째, 행정체제론은 행정과 환경과의 상호작용뿐만 아니라 행정체제 내의 하위체제 간의 상호작용을 파악케 함으로써 종합적, 거시적 시각을 제공해준다.

둘째, 행정체제의 A.G.I.L기능은 체제의 생존능력을 평가하는데 유용한 기준을 제공해준다.

셋째, 행정체제의 과정인 환경 → 투입 → 전환 → 산출 → 환류의 역동적 과정은 행정현상을 체계적으로 설명할 수 있는 틀을 제공해준다.

5) 행정체제론의 단점

첫째, 행정체제론은 정태적 균형주의 체제론이기에 안정된 선진국의 행정현상을 설명하기에는 적합하나, 정치, 경제, 사회, 문화 등 급격한 변화가 많은 발전도상국 행정현상을 설명하는 데 한계가 있다.

둘째, 행정체제론은 체제의 자기기능유지나 국가사회체제 내의 하위체제 간의 조화관계를 강조하기에 보수주의를 초래하기 쉽다.

셋째, 행정체제론은 행정체제를 구성하고 있는 하위체제 간의 비중이나 영향력을 정확하게 파악하기 곤란하다.

넷째, 행정체제론은 정책결정에 영향을 미칠 수 있는 행정인의 가치관, 태도, 리더십 등을 경시한다.

6. 비교행정론

1) 의 의

비교행정론은 행정생태론에 이어 1950년대 행정의 과학화에 대한 요청으로 등장하게 된 비교론적 연구방법이다. 이때 비교행정이란 보다 체계적인 지식을 창출할 목적으로 서로 상이한 문화적, 환경적 맥락하에서 행정현상과 정책현상을 비교론적으로 연구하는 학문분야이다. 즉 문화와 환경이 서로 다른 각국의 행정의 차이를 규명하고 여러 나라에 적용되는 일반 법칙적이고 과학적인 행정이론 개발을 위하여 각국의 행정현상을 체계적으로 비교·연구하는 것이다.

2) 발달배경

비교행정은 1950년대 리그스(Riggs), 헤디(Heady), 핸더슨(Henderson) 등에 의하여 연구되어 발전행정의 가교역할을 했던 행정학의 조류이다. 비교행정의 발달배경은 다음과 같다.

첫째, 미국 행정학의 적용범위상의 한계이다. 제2차 세계대전으로 신생국가의 출현 후 미국의 행정이론이 생태적 요인을 달리하는 이들 신생국에의 적용에 한계가 있음이 밝혀진 가운데 미국 행정학의 과학적·보편적 성격에 강력한 의문이 제기되었다.

둘째, 행정의 과학화·객관화의 요청이다. 미국 중심의 지역적 행정이론의 한계를 극복하고 각 국가가 처해있는 사회·문화적인 환경을 중심으로 구조기능적 접근이나 문화횡단적 접근을 통해 상이한 국가의 행정을 연구함으로써 행정연구의 과학화·객관화를 추구한다.

셋째, 후진국에 대한 경제·기술원조이다. 제2차 세계대전 후 공산권의 세력 확장을 막기 위한 미국의 대외원조정책의 실효성 확보차원을 위한 이론으로 발달되었다.

넷째, 비교행정연구회의 활동이다. 미국행정학회 산하에 설치된 비교행정연구회(1960~1973)는 리그스(Riggs)의 노력으로 세미나 개최 및 연구지 발간 등을 통해 괄목할 성장을 전개하였다.

3) 주요내용

헤디(Heady, 1962)는 비교행정의 주요한 이슈를 5가지로 제시하였다.

첫째, 정부행정체계의 비교기준이다.

둘째, 문화적·환경적 제약을 넘어서는 보편타당한 과학적 지식의 도출이다.

셋째, 개발도상국가의 행정능력 발전을 위한 주요 전망이다.

넷째, 범문화적으로 공유할 수 있는 적절한 행정구조와 운영방법이다.

다섯째, 미래의 행정체제를 변화시킴에 있어 줄 수 있는 정책적 함의 및 시사점이다.

4) 공헌과 한계

비교행정은 행정의 관심 범위를 확장하였으며, 여러 국가의 행정현상을 비교 연구해 행정연구의 과학화에 기여하였다. 비교행정은 초기의 행정생태론 보다는 행정과 환경의 상호작용을 강조했다는 측면에서 진일보하였으나, 여전히 신생국 행정체제는 환경적 요인에 의해 결정된다고 보는 생태론의 범주를 크게 벗어나지 못하였으며, 행정체제나 행정엘리트가 독립변수로서 국가발전을 주도하면서 환경적 요인을 타파해 나가는 현상을 설명해 주지 못하는 있다는 비판을 받았다.

7. 발전행정론

1) 의 의

발전(development)은 '하나의 유기체로서 조직이 의도하는 목표를 달성하기 위해 인위적·의도적·계속적·전체적 변화를 도모하는 활동' 내지는 '바람직한 방향으로의 의도적이고 계획적인 변화'를 의미하며, 발전행정론은 행정이 국가발전을 주도해 나가는 실천적 전략을 연구하는 실용주의 행정이론이다. 발전행정론의 대두배경은 1950년대 기능주의에 입각한 비교행정론이 그 정태성과 이론지향성으로 인하여 신생국의 조속한 국가발전을 위해 동태적·실용적·처방적 이론으로는 부적합하였고, 목표지향적이고 규범적이며 변화와 발전을 중시하는 동태적 행정이론이 필요하였기 때문이다.

2) 발전행정론의 특징

첫째, 선량주의(elitism)적 관점과 독립된 행정변수로서의 발전행정이다. 독립변수로서 행정엘리트들의 역할을 중시하는 선량주의적 관점을 가진다. 즉 국가발전이나 행정발전은 인위적으로 유도되는 변동이므로 변동을 유도해가는 엘리트 집단이 있어야 한다.

둘째, 국가주의적 관점이다. 정부관료제가 국가발전 관리를 주도해야 한다고 보는 관점에 입각한다.

셋째, 경제이론과 고전적 행정이론의 결합이다. 발전행정론은 경제발전을 가장 중요시하고 국가발전목표를 추구하는 데 필요한 조직으로 고전적 관료제를 제시한다.

넷째, 새정치·행정일원론이다. 행정을 국가발전목표의 달성을 위한 정책과 계획의 수립·집행과정으로 파악하면서 행정이 정치를 유도·대행한다는 행정우위적 입장을 가진다.

다섯째, 변화지향적 이념으로서 효과성을 중시한다. 국가발전사업의 목표 달성을 강조하므로 목표·발전지향적인 행정이념으로서 효과성(effectiveness)을 중시한다.

여섯째, 사회체제론과 불균형적 접근법을 중시한다. 행정체제를 발전시켜 다른 하위체제의 발전을 유도하고, 더 나아가 국가발전을 촉진시키고자 하는 불균형전략을 강조하며, 발전행정의 전략으로서 기관형성(IB: Institution Building)을 중시한다.

3) 공헌과 한계

발전행정론은 1960년대 발전도상국의 사회·경제적 발전과 국민형성을 위한 동태적이고 실천적인 국가발전전략과 정책을 개발하는 데 공헌하였으나 1970년대 들어 다음과 같은 한계로 인하여 입지가 급속도로 약화되었다.

첫째, 발전개념의 모호성과 서구적 편견이다. 발전이란 진화, 성장, 근대화, 서구화, 개혁 등과 혼동되며 특히 서구화를 발전이라고 보는 서구적 편견이 개재된다.

둘째, 권력의 집중과 행정의 비대화이다. 국가주의나 선량주의적 관점은 행정의 비대화를 뒷받침하는 이론적 무기로 전락할 우려가 있으며, 정치 분야 등 관료제의 외적 분야의 발전이나 국민의 자유 침해가 우려되고 행정의 지나친 자율성, 국가기획의 남용, 유도발전의 심화, 지나친 행정낙관주의 등의 폐단을 초래한다.

셋째, 가치배분의 불공정성이다. 관료들의 행정윤리, 책임의식이 수반되지 않아 가치배분의 불공정성 문제가 유발되었고 소외계층의 발생 등 정부실패의 요인을 제공할 우려가 있다.

넷째, 투입기능의 경시이다. 외형적인 목표달성이나 일방적인 산출에만 주력하게 되어 정책결정에의 참여와 관련된 투입기능이 취약하게 되어 비민주적 행정의 초래 가능성이 제기된다.

8. 신행정론(후기행태주의)

1) 의 의

신행정론(NPA: New Public Administration)은 1960년대 후반 미국 사회의 월남전 실패, 흑인폭동, 소수민족 문제, 마틴 루터 킹 목사와 로버트 케네디 암살 등으로 인한 미국의 사회적 혼란을 해결하지 못하는 학문의 무력함에 대한 반성으로 나타났다. 초기 행태주의는 연구대상의 실증적 연구를 통해 사실의 경험적 분석에는 강하지만 사회가 안고 있는 문제점을 개선하기 위한 실천적 처방이 약한 점이 한계였다. 1968년 미국 미노브룩(Minnobrook)회의에서 왈도(D. Waldo) 교수의 주도하에 새로운 행정학의 방향 모색을 계기로 행정학에서의 후기행태주의(신행정학)가 태동하게 되었다. 대표적인 학자로는 왈도(D. Waldo, 1971), 프레드릭슨(H. G. Frederickson, 1980), 오스트롬(V. Ostrom, 1971) 등이 있다.

정치학 분야에서는 이스턴(D. Easton)이 후기행태주의의 연구지향을 촉발시켰는데, 그는 1969년 미국정치학회 회장에 취임하는 「정치학의 새로운 혁명」이라는 기조연설에서 적절성(relevance)과 실행(action)이라는 화두를 제시하였다. 적절성이란 사회과학자가 연구하는 문제가 사회개혁과 관련된 적절한 것이어야 하고, 실행이란 사회과학자의 연구 성과가 정책을 통해 실행되어야 한다는 것이다. 이것은 초기 행태주의에서 소홀히 했던 가치문제, 처방, 참여, 사회적 형평성 등을 강조한 것이다.

2) 주요특성

신행정학은 전통적 행정학의 능률지상주의를 탈피해야 하고, 또한 논리실증주의와 행태주의의 편협된 과학지상주의에 대해서도 탈피해야 한다고 주장하면서, 참여 및 고객중심의 행정, 사회적 형평성(social equity), 가치지향적 관리, 비계서적 조직, 개방체제이론 등을 제안하였다.

(1) 새로운 가치로서의 사회적 형평성

행정조직은 사회적 불평들을 제거해야 할 의무가 있으므로 부유층이나 대기업 대신 사회적으로 불리한 소외계층을 위해 봉사함으로써 사회적 형평을 실현해야 한다고 보았다. 즉 종래의 가치중립적인 행정방식(행태론)이 사회적·경제적·정치적 불평등을 초래한다고 지적, 이의 시정을 위하여 사회적 형평성을 강조하였다.

⑵ 참여 및 고객중심의 행정

신행정학은 참여와 실행을 강조한다. 행정조직은 고객지향적 행정을 해야
하며, 시민에 대한 대응성과 책무성의 향상을 주장한다. 이를 위해 시민참여의
확대, 행정의 분권화 등을 제시한다.

⑶ 가치지향적 관리

참여 및 고객중심의 행정 실현을 위해서는 관료가 가치지향적으로 행동해
야 함을 강조하였다. 관료는 수동적 존재가 되어서는 안 되며, 사회정의에 민감
하고 감수성 있는 가치지향적 관리가 되어야 하며, 이러한 방향으로의 변화를
위한 교육훈련이 필요하다고 주장하였다.

⑷ 비계서적 조직

전통적 조직이론의 계서적 조직으로는 한계가 있다고 보고 비계서적 조직
과 참여를 통해 조직인의 자율성과 창의성이 증진되어야 한다고 보았다. 이를
위해서는 조직발전에 있어서 조직구성원들의 참여를 중요하다고 보았으며, 미
래의 환경변화에 대응하는 다양한 형태의 조직에 대한 연구가 필요하다고 보았
다. 특히 임시조직(Task Force Team)과 같이 임무가 끝나면 해체되는 조직, 네트워
크 조직과 같이 다양한 이해관계와 전문가들이 함께 참여하여 문제를 해결하는
형태의 조직을 제시한다.

⑸ 개방체제이론

개방체제는 불확실성으로 특징지어지며, 신행정론은 이 개방성이 최대한
확보되어야 한다고 주장하였다. 또한 개방체제에 입각하여 조직의 참여자들에
대한 감수성 훈련 등 조직발전(OD: Organization Development)을 강조하였다.

3) 공헌과 한계

신행정론은 우리나라와 같이 정치적 책임한계가 불분명하고 관료제에 대한 민주적 통제가 취약한 국가에서는 한계가 있는 것이 사실이다. 특히 관료들의 가치지향적 행동을 지나치게 강조할 경우 행정의 안정성이 훼손될 우려도 있다.

하지만 신행정론은 기존의 모든 행정이론을 완전히 부정하는 하나의 확립된 이론체계라기보다는 기존이론과 상호보완의 관계에서 기존이론의 문제점을 지적해주는 하나의 반대가설이라 할 수 있으며, 신행정론이 제시한 개념과 정신은 공공선택이론, 신공공관리론 등 1970년대 이후 후기산업사회의 행정이론의 발달에 크게 기여하였다.

9. 현상학

1) 의 의

현상학(phenomenology)이란 대상의 본질을 직관적으로 인식하여 서술함으로써 불변적, 근원적, 절대적 지식을 얻으려는 철학을 의미한다. 현상에 대한 개개인의 내면적인 의식이나 지각으로부터 그의 행태가 나온다고 주장하며, 따라서 표출된 외면적 행태보다는 행위자의 내면적인 의도가 결부된 의미 있는 행태를 연구해야 한다는 철학적·심리학적 접근방법을 의미한다. 또한 사회현상은 인간의 의식이나 동기 언어로 구성되며 그들의 상호주관적인 경험으로 이룩되는 것이므로 이면에 깔린 동기(의도)를 이해(해석)하는 것이 중요하다고 보는 입장이다.

2) 대두배경

첫째, 행태론에 대한 반발이다. 현상학은 사회과학의 주류를 이루어온 행태주의, 객관주의 및 논리실증주의의 반대명제로서 이들 고전적 합리론이 지닌 한계의 보완책으로 등장하였다.

둘째, 하몬(Harmon)의 행위이론의 등장이다. 해석학(딜타이의 生의 철학)의 영향을 받아 Harmon(1981) 등이 '행동이론 또는 행위이론'(Action Theory)[9]을 통하여 행정학에 도입하였다.

3) 특 징

첫째, 인간중심적 접근법(인본주의)이다. 기술문명과 물질주의, 관료제화, 공식화, 법제화 등에 의해 초래된 인간의 물상화[10] 현상을 배격하고, 인간소외 본질을 파헤치려는 것이며, 인간을 자유의지를 지닌 자발적이고 능동적 자아로 간주한다.

둘째, 상호주관성을 중시한다. 인간을 고립된 객체로 보지 않고 주관적 내면세계나 자유로운 의사소통, 대면적 접촉을 통한 상호인식작용 또는 간주관성(inter subjectivity)을 중시한다.

셋째, 행태(behaviour)가 아닌 행위(action)를 중시한다. 표출된 행위와 의도된 행위는 다르므로 개개인의 외면적 행태만을 연구하는 것은 무의미하며 인간행동의 의미와 동기, 의도가 결부된 '의미 있는 행동'과 '타인과의 사회작용'을 연구해야 한다고 주장한다.

넷째, 철학적 연구방법을 중시한다. 객관화된 경험적 사실만이 과학의 대상은 아니라고 보고, 철학이나 도덕 가치 등도 엄격한 경험과학으로 재정립 가능하다고 주장한다. 객관적인 실재보다는 명분이나 가치를 중시하는 명목론(nominalism)·유명론을 견지한다.

---

9 행위이론의 특징은 첫째, 행정적 실천으로 행정의 가치와 지식은 공공성을 지향하는 실천이 필요하다. 둘째, 능동적 인간으로 행동의 의도성과 주관적 의미를 중시한다. 셋째, 상호 공존성으로 고립된 원자적 자아가 아닌 상호성, 담론, 의사소통을 중시한다. 넷째, 합의적 규칙과 반응성으로 계층제 투표에 의한 의사결정보다 합의성과 고객에 대한 반응을 중시한다. 다섯째, 개인적 책임으로 책임 있는 행위자로서 행정인의 적극적 책임을 중시한다.

10 물상화란 약칭하여 '물화'(物化)라고도 부른다. 인간에 의해 만들어진 산물이 인간이 만든 것이 아닌 마치 다른 어떤 존재로 이해되고, 이로써 인간 자체나 인간의 활동·능력 등이 주체의식과 의지가 없는 물(物)처럼 되어가는 현상. 여기서 '물'(物)이란 철학용어로서 인간의 감각으로 느껴 알 수 있는 사물이나, 느낄 수는 없어도 그 존재를 사유할 수 있는 일체의 것을 말한다.

4) 현상학과 행태론(논리실증주의)의 차이

첫째, 전통적인 행정학에서는 실재론(realism)에 현상학은 명분과 가치를 중시하는 명목론·유명론에 입각한다.

둘째, 행태론에서는 논리적 실증주의를 강조하였으나, 현상학에서는 반실증주의(현상학)에 근거한다.

셋째, 종래에는 분석대상을 개인·조직·국가·체제 등에 두나, 현상학은 대면적인 만남에서 나타나는 현상을 분석한다.

넷째, 논리실증주의는 인간의 행태를 관찰하는 것인, 현상학적 방법론에서는 행태가 아니라 행동을 관찰하되 행동을 나타내는 주체의 주관적 의미를 강조한다.

표 3-4　현상학과 행태론의 차이

현상학	구분	행태론
주관주의·내면주의	관점	객관주의·외면주의
사회명목론(유명론)	존재	사회실재론
반실증주의(철학적)	인식	실증주의(과학적)
자발론(인본주의), 독립변수	인간	결정론(도구주의), 종속변수
개개의 사례나 문제 중심	방법	일반법칙적
능동적·사회적 자아(신비주의)	자아	수동적·원자적 자아(개체주의)
비계층구조	조직구조	계층구조
다양화된 행정패턴	행정패턴	표준화·유일 최선의 방식 추구
참여적, 고객지향, 정책지향	지향	비참여적, 생존지향, 관리지향
대응성, 책임성	이념	합리성, 능률성
사회현상 ≠ 자연현상	사회관	사회현상 = 자연현상

자료: 김준규(2012: 201).

5) 공헌과 한계

현상학은 이론의 과학성을 높여주며, 인간행위를 이해하고 이면에 깔린 동기나 목표로 설명되는 경험의 양식까지 포함시켜 인간에 대한 풍부한 이해를 가능하게 하고, 행정학 연구를 미시적 관점으로 재전환시켜 거시적 문제들은 개인 간의 상호작용과 이해를 통해 해결될 수 있다고 보게 해준 공헌이 있다.

그러나 지나치게 사변적이므로 주관적인 철학의 범주에 머무르기 쉬우며, 행동의 목적과 의도를 찾는 데 주안점을 두지만, 이것을 찾는 방법에 대한 언급이 없다는 한계점을 가지고 있다. 또한 인간의 행위를 의식과 의도의 산물이라고 이해하고 있어, 인간행위의 상당히 많은 부분이 무의식이나 집단규범 혹은 환경의 산물이라는 사실을 간과하고 있다. 마지막으로 개별적인 인간행위와 개인 간 상호작용의 해석에 역점을 두므로, 그 접근방법이 지나치게 미시적이어서 조직현상 등 거시적인 측면의 파악에는 무력하다는 한계도 가지고 있다.

10. 비판행정학

1) 의 의

비판이론(Critical Theory)은 현대산업사회의 실상과 병리를 비판적 이성으로 분석하여 인간의 자유와 행복을 위해 구성원들을 억압으로부터 해방시켜야 한다는 이론을 말한다. 즉 인간의 자유를 구속하는 요인들을 규명하고 사회개선 및 인간해방과 의미 있는 인간생활의 조건을 규명하고 설계하려는 철학운동이다. Habermas 등 프랑크푸르트학파에 의해 체계화, 행정학에는 Denhardt(1979)에 의해 본격 도입되었다.

2) 인식론적 관점

Habermas는 인간의 이성을 세 가지로 구분하고 인간의 행위를 이해하기 위해서는 세 가지 이성이 모두 중요하다고 하였다.

첫째. 도구적 이성이다. 이는 인간을 목표달성을 위한 기술적 수단으로 이해하는 관점으로 지식을 자연과 사회를 통제하고 인간을 지배하기 위한 이성으로 파악한다.

둘째, 실천적 해석적 이성이다. 인간이 행위의 주체라는 인본주의적 관점으로 구성원간 의사소통을 중시하는 입장이다.

셋째, 비판적 해방적 이성이다. 사회적 제약으로부터의 인간해방을 중시하며, 사회적 권력관계에 대한 비판적 통찰을 중시한다.

3) 특 성

첫째, 총체성이다. 사회는 고립된 '부분'이 아니라 전체적인 '연관'이며 주관적 세계와 객관적 세계를 포함해야 한다.

둘째, 의식과 이성의 중시이다. 사회를 창조하고 유지해 나가는 인간의 내면적인 '이성'을 중시한다.

셋째, 인본주의이다. 인간의 무력감, 고독, 물상화 등의 인간소외현상을 극복하려는 것이다.

넷째, 비판적 관점이다. 이성의 획일화, 절대화를 부정하고 기존의 진리가 최고 불변의 진리라는 고정관념을 배격하며 '비판적 이성을 중시한다.

다섯째, 상호담론이다. 자유로운 의사소통과 토론으로 공공행정의 위기(참여의 배제, 인간소외, 정보의 비대칭성, 왜곡된 의사소통)를 극복해야 한다.

4) 평 가

긍정적 평가로 비판이론은 산업사회의 억압구조를 해소하기 위해 시민과 시민, 시민과 관료간의 자유로운 담론 확대하고 지식과 권력을 시민에게 분산시킬 것을 처방한다. 또한 비판이론적 인식은 후기산업사회의 행정개혁원리로 큰 호응을 얻고 있다.

부정적 평가로 일반화의 오류 즉 부분적 현상을 지나치게 보편화하거나 모순관계를 강조하고 있다. 또한 시민의 자주적 결정을 보장할 수 있는 새로운 제도적 대안에 대한 구체적 설명이 미흡하다.

11. 공공선택이론

1) 의 의

공공선택이론(Public Choice Theory)이란 공공부문에 대한 의사결정을 분석하기 위해 경제학적 방법을 원용한 이론이다. 즉 비시장적 의사결정에 관한 경제학적 연구로 정부는 공공재의 생산자, 국민은 소비자로 규정하고 공공부문에 시장경제화와 시장원리의 도입이 가능하다고 보며, 시민 개개인의 선호와 선택을 존중하는 이론이다.

공공재(公共材)는 대가를 지불하지 않는 자라도 그것의 사용을 금지시킬 수 없는 성질(비배제성)과 그 사용에 경쟁 없이 누구나 사용할 수 있는 속성(비경합성)이 있기 때문에 사회 전체의 손해에 개의치 않고 자신의 이익만을 위해 공짜로 사용하려는 이른바 무임 승차자(free rider) 문제가 생겨난다. 이럴 경우 공공재의 효율적 공급은 불가능해지고 예산 낭비의 결과를 낳게 된다. 이러한 문제를 해결하기 위한 접근방법으로서 제시된 이론이 '공공선택이론'이다. 다시 말해서 경제학적 분석 방법을 원용하여 공공부문에서 전개되는 제도적 상호작용을 설명하고 바람직한 방향을 제시하고자 하는 이론들을 총칭하여 공공선택론이라 한다.

공공선택이론은 노벨경제학상 수상자인 부캐넌과 털럭, 그리고 오스트롬 등에 의하여 전개된 이론으로서, 제임스 부캐넌(J. Buchanan)과 고든 털럭(G. Tullock)은 공공재의 배분 결정이 정치적 표결에 의하여 이루어짐을 설명하고 있으며, 오스트롬(Vincent Ostrom) 교수는 합리모형의 연장선상에서 주로 정치·경제학적 관점과 개인적 차원에서 정책결정에 관한 이론을 논하고 있다.

2) 기본가정과 선택

공공선택론은 기본적으로 '합리적 선택'과 '방법론적 개인주의'라는 두 가지 가정을 바탕으로 하고 있다.

(1) 합리적 이기주의(rationalistic assumption)

합리적 이기주의는 사람은 '경제적 인간'으로서의 속성을 가지고 있기 때문에 자신의 개인적 이익을 우선시하며 현재보다 나은 상황을 위하여 계산된 선택을 하게 된다. 이같은 이기적인 합리적 선택은 개인선택에서 뿐만 아니라 공공선택에서도 나타난다는 입장이다. 이를테면 국회의원이 공공선택과 관련된 정책을 결정함에 있어서도 사회 전체의 공익을 위해서 보다 소속정당의 이익이나 자신의 재선(再選)과 같은 개인적 이해관계에 심리적 작용을 하게 되는 것이 그 예이다.

(2) 방법론적 개인주의(methodological individualism)

모든 사회적 실체는 기본적으로 개인 행위자들의 집합(sets)이라는 시각이다. 즉 공동체가 아닌 개개인에 초점을 두고 있기 때문에 사회나 국가와 같은 개념은 실질상 개인의 집합에 지나지 않는다고 보는 입장이다. 이상으로 미루어 볼 때 공공선택론에는 인간의 속성과 평등성, 그리고 개인주의가 내재해 있음을 알 수 있다.

(3) 집합적 결정 중시(collective decision making)

공공부문의 의사결정은 집합적 의사결정이며, 이때 거래비용을 최소화하기 위해서는 많은 정보의 제공, 설득과 합의, 정치적 합의 등 민주주의적 방식이 중요하다고 본다. 즉 모든 인간은 이기적이므로 소수에 의한 결정보다는 많은 소비자(고객)들의 참여를 통한 집합적 정책결정이 필요하다는 것이다.

(4) 제도적 장치의 마련 강조(institutional arrangment)

전통적인 정부 관료제 조직은 정보의 비대칭성(information asymmetry)과 도덕적 해이(moral hazard) 현상이 나타난다고 비판하면서 이러한 주인−대리인 문제를 극복하게 해줄 수 있는 민영화, 민간위탁 등 새로운 제도적 장치가 필요하다고 주장하였다.

(5) 중첩적인 조직 장치의 강조(multiple arrangement)

정부의 각 수준에 맞는 분권적이고 중첩적인 다양한 규모의 제도적 장치가 필요하다고 보았다.

3) 공공선택론의 주요모형

(1) 부캐넌(Buchanan)과 털럭(Tullock)의 적정참여자수 모형

정책결정에 있어 동의의 극대화를 위하여 참여자의 수를 늘릴 경우 정책결정비용이 늘어나므로 비용의 극소화와 동의의 극대화를 조화시켜 적정한 참여자의 수를 찾으려는 규범적 모형이다.

참여자의 수가 적을 경우 내부적인 정책결정비용은 적으나 다양한 참여가 안 되므로 정책실패로 인한 외부비용(자신이 선호하는 대안이 선택되지 못함으로써 입게 될 손실)이나 집행비용은 매우 크다. 따라서 적정한 수의 참여자에 의한 의사결정의 총비용(결정비용과 집행비용의 합인 총비용곡선)을 극소화하고 사회후생을 극대화할 수 있도록 공공재를 배분하기 위해서는 상반관계에 있는 의사결정비용과 외부비용을 모두 고려한 총비용의 극소점에서 의사결정이 이루어져야 한다는 것이다. 즉 비용의 극소화와 동의의 극대화를 조화시켜 적정한 참여자 수를 찾으려는 규범적 모형이다.

참여자가 너무 많거나 적을 때 정부실패가 발생하며, 따라서 공공선택론은 만장일치나 다수결의 원칙에 의한 선거나 투표방식 등이 최선의 공공선택방법이 될 수 없으며, 적정참여자가 결정에 참여해야 한다는 것이다.

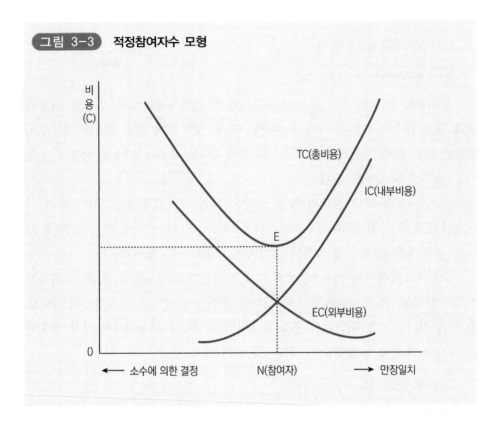

그림 3-3 적정참여자수 모형

(2) 오스트롬(Ostrom)의 민주행정패러다임

오스트롬 부부는 전문능력을 가진 관료가 계층제를 통해 일방적으로 국가 목적을 능률적으로 달성할 수 있다는 전통적인 윌슨(Wilson)식의 행정관을 비판하면서 민주적 행정모형을 제시하였다. 오스트롬은 관료들도 부패할 수 있으며, 권력은 남용될 가능성이 크며, 계층제적인 단일의 명령계통은 주민들의 다양한 선호에 대응하지 못할 뿐만 아니라 능률성을 가져오지도 못한다고 비판하였다. 따라서 주민의 선호에 부응하기 위해서는 권한의 분산과 관할권의 중첩이 필요하다고 주장하였다. 즉 안정된 정치적 질서를 유지시키기 위해서는 거부권을 가진 여러 기관에 권위가 배분되어야 하며 복합적 명령관계와 중첩적·동태적 조직구조를 형성하여야 한다.

(3) 투표자의 행태 분석

① 중위투표자정리(black의 정리)

중위투표자정리(median voter theorm)란 양대 정당체제하에서 주민의 선호가 서로 다른 다수의 대안적 사업이 존재할 때 두 정당은 집권에 필요한 과반수의 득표를 얻기 위해 극단적인 선호를 회피하고 중위투표자(중간선호자) 선호에 맞춘 정강·정책을 제시하게 된다.

이러한 결과 양대 정당의 정강·정책은 거의 일치하게 되고, 이에 따라 극단적인 선호를 가진 투표자는 지지정당을 상실하게 되어, 기권을 많이 하게 되므로 결국 모두의 선호에 일치되는 선택이 힘들다는 모형이다.

중위투표자정리의 전제조건으로는 i) 과반수제(다수결투표)일 것, ii) 유권자의 선호가 단봉일 것, iii) 투표를 통해 선택할 대안들이 단일의 연속선상에 나타날 수 있을 것, iv) 모든 대안들이 투표의 대상이 될 것, v) 투표자들이 가장 선호하는 대안을 솔직하게 선택할 수 있을 것 등이 있다.

② 티부 가설(Tiebout Hypothesis)

주민들이 지역(지방자치단체) 간에 자유롭게 이동할 수 있기 때문에 지방공공재(local public goods)에 대한 주민들의 선호가 표시되며, 따라서 지방공공재 공급의 적정 규모가 결정될 수 있다는 티부(C. M. Tiebout)의 가설을 말한다. 이 가설은 개개인들은 지역 간의 자유로운 이동을 통해 자신들의 선호에 맞는 지방정부를 택할 수 있다는 즉 '발에 의한 투표(voting with feet)'를 행사할 수 있다는 가정에 근거하고 있다. 티부 가설은 적정공공재 공급은 정치적 과정을 통해 공급될 수밖에 없다는 새뮤얼슨(Paul A. Samuelson)의 중앙정부 차원의 공공재이론에 대한 반론으로 제기된 것이다.

③ 애로우(Arrow)의 불가능성정리(impossibility theorem)

불가능성의 정리는 투표의 역설(모순)이라고도 하며, 투표행위가 그 역설적 현상으로 인하여 바람직한 사회적 선택을 확보해주지 못한다는 이론이다. 즉 투표자의 선호에 어떠한 제한도 가하지 않고, 이와 함께 투표에 대해 어떠한 독재

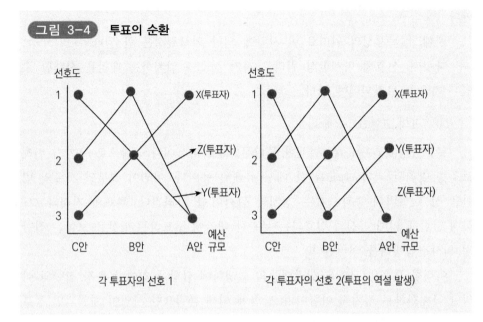

그림 3-4 투표의 순환

각 투표자의 선호 1

각 투표자의 선호 2(투표의 역설 발생)

도 허용하지 않는 민주적인 상태에서 개인의 선호 결과들을 취합하여 일관성 있는 사회적 선호로 바꿔주는 투표제도는 없다는 것이다. 이를 간단히 표현하자면 완벽한 의사결정방식으로 평가받기 위해서는 민주적이면서 이와 동시에 효율적으로 집단의 의사결정을 도출할 수 있어야 한다. 하지만 그런 의사결정의 방식은 없다는 것이다. 즉 효율적인 의사결정방식은 민주적이지 못하거나, 반대로 민주적인 의사결정방식은 효율적이지 못하다는 것이다.

애로우는 바람직한 사회적 선택에 필요한 다섯 가지의 가능성의 정리를 모두 충족시키는 사회적 선택은 존재하지 않으며, 이행성의 원리가 무너지는 현상을 의미하는 '투표의 순환'에 주목하고 있다.

다섯 가지 가능성의 조건은 다음과 같다.

첫째, 파레토의 원리로 모두가 A보다 B를 원하면 사회적 선택도 B가 되어야 한다.

둘째, 이행성의 원리로 A>B이고 B>C이면 A>C가 되어야 한다.

셋째, 독립성의 원리로 무관한 대안으로부터 영향받지 않고 결정되어야 한다.

넷째, 비독재성의 원리로 한 사람에 의한 의사결정은 안 된다.

다섯째, 선호의 비제한성 원리로 자기 선호에 일치하는 대안을 선택할 수 있는 자유가 보장되어야 한다.

④ 투표의 교환(Log-rolling)

로그롤링(Log-rolling)은 벌채한 통나무(log)를 마을이나 공장으로 옮기기 위해 보조를 맞춰 굴리기(rolling)를 한 데서 유래된 용어다. 이권이 결부된 서로의 법안을 상호 협력해 통과시키는 '정치적 짬짜미'를 가리킨다. 투표의 거래라고도 하며 담합에 의해 자신의 선호와는 무관한 대안에 투표하는 행동을 보이는 집단적 의사결정행태를 의미한다.

이러한 투표의 교환은 일반대중의 희생하에 담합에 참여한 특정 집단의 이익만 극대화하는 정치적 야합이며, 담합에 의해 불필요한 사업이 채택되면 정부팽창과 정부실패를 야기시킬 수 있다.

⑷ 정치인과 정당의 행태분석모형

① 노드하우스(Nordhaus)의 정치적 경기순환론

정치적 경기순환론(political business cycle)은 선거경제주기이론, 선거싸이클이론이라고도 한다. 정치인들은 선거에 승리하기 위해 선거 전에 경기부양책(조세인하, 뉴타운공약)을 사용하다가 선거 후에 긴축재정을 펴기 때문에 경기순환이 정치적으로 이루어진다는 이론이다. 이는 정치인들은 시간적 할인율이 높아 미래의 편익보다는 임기 중에 가시적 성과를 내어 재선에 유리하도록 하려는 심리 때문이다.

② Downs의 정당 간 선거경쟁론

정당 대 국민(소비자) 간의 관계에서 국민은 생산자적 소비자(기업)와 소비자적 소비자(일반국민)가 있는데, 정당에 물적·인적자원을 제공할 수 있는 능력은 생산자적 소비자가 가지고 있으므로 정당은 생산자적 소비자를 위한 정책을 선호하게 되어 정책실패가 발생한다는 이론이다.

(5) 이익집단의 행태분석

① 올슨(Olson)의 무임승차이론

올슨은 이익집단의 공통적 이익은 공공재적 성격을 띠고 있으므로, 무임승차를 꾀하려는 개인은 이익집단에 자발적으로 참여하지 않을 것이라는 점에 주목한다. 따라서 이익집단이 잘 형성되기 위해서는 이익집단을 소규모화하거나 혹은 대규모 이익집단이라도 선별적 유인이 제공되어야 한다는 점을 지적한다.

② 털럭(Tullock)의 지대추구론

규제를 획득하고자 하거나 이를 방어하고자 하는 로비활동 자체도 비용이 수반되는 행위이다. 자신의 이익을 증대시키기 위해 정부의 개입을 통해 다른 구성원으로부터 부의 이전을 도모하는 낭비적 자원투입활동을 지대추구(rent-seeking)활동이라고 하는데 결국 정부의 규제 등이 어떠한 사회적 낭비와 비능률을 초래하는지를 설명한다.

(6) 관료들의 행태분석

① 니스카넨(Niskanen)의 관료예산극대화가설

니스카넨은 관료들의 행태에 '자기이익 극대화가설'을 도입하여 관료들은 자신의 이익을 극대화하기 위해 예산을 극대화하는 행태를 보이는데 아래 그림에서 한계편익(MB)과 한계비용(MC)이 일치하는 A지점(최적생산) 대신 총편익과 총비용이 일치하는 B지점(과다생산)까지 생산량을 늘리게 되어 정부의 산출물은 적정생산 수준보다 2배 이상 과잉생산이 이루어지고 결국 자원배분의 비효율을 야기한다고 하였다.

② 미구에와 블랑제르(Migue & Belanger)의 재량예산극대화이론

관료는 업무량을 확대하는 자체가 목적이 아니라 재량적으로 사용할 수 있는 예산(재량예산)의 극대화를 추구한다고 본다. 이는 관료가 비능률적인 산출활동을 하고 있다는 것을 시사한다.

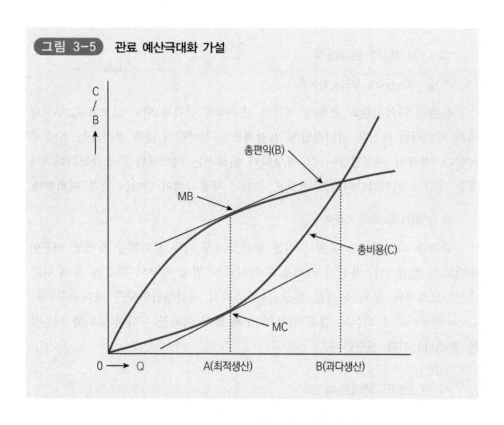

그림 3-5 관료 예산극대화 가설

③ 로머와 로젠탈(Romer & Rosenthal)의 회복수준이론

관료는 의제통제(agenda control)를 통해 요구한 예산수준이 국회에서 수용되지 않으면 복귀(회복)수준이라는 낮은 수준의 행정업무만을 제공할 수밖에 없다는 것을 국회에 강요하게 되고, 결국 국회는 낮은 복귀수준을 감수하기보다는 관료가 요구하는 높은 수준의 예산을 받아들이게 된다는 논리이다.

4) 공공선택론의 행정개혁 처방

첫째, 다원조직제이다. 조직설계의 획일주의를 타파하고 시민들의 다양한 요구에 대응하기 위해 다양한 조직들이 공공재의 생산과 공급에 참여할 수 있게 해야 한다.

둘째, 비계서적 조정이다. 다양한 공공재 공급조직들은 높은 자율성을 누려야 하며, 단일의 통합적 계서제를 유지하는 것은 바람직하지 않다.

셋째, 새로운 공급체계 설정이다. 새로운 공급체계로 지방자치에서 나타나는 지역이기주의(NIMBY)나 외부효과 문제에 대응해야 한다.

넷째, 고객에 대한 의존도의 제고이다. 고객에 대한 민감성, 대응성을 높여야 한다.

다섯째, 준시장적 수단의 활용이다. 공공재 공급의 소비자 부담원칙을 강화하면 시민들이 공공재 공급요구를 하는 데 신중해지고 공급수준을 보다 합리적으로 결정할 수 있게 된다.

5) 공헌 및 한계

공공선택론은 정부 관료제에 의한 정부실패 등의 개념을 제시함으로써 신공공관리(NPM)의 이론적 기초를 제공하였다. 또한 개인(공무원)이 선택하는 상황에서의 개인과 제도적 틀(institutional arrangement)과의 상호작용을 강조함으로써 합리적 선택의 신제도주의 연구에 많은 기여를 하였다. 또한 공공선택론은 시민들의 다양한 요구와 선호에 민감하게 대응할 수 있는 제도적 장치의 마련에 관심을 나타내고 있어 민주행정의 구현이라는 점에서 높이 평가될 수 있다.

그러나 효용극대화를 추구하는 개인에 대한 가정은 비현실적이며, 자유시장의 논리를 공공부문에 도입하려고 하나 그 역시 시장실패로부터 자유롭지 못하다는 고유한 한계가 있다. 즉 정부와 시장은 엄연히 차이가 있으므로 신공공관리(NPM)적 접근을 정부부문에 그대로 적용하기에는 많은 문제점이 있다.

12. 신제도론

1) 의 의

제도(institution)에 대한 연구는 오랫동안 여러 사회과학 분야의 중요한 테마이자 접근방법으로 발전해 왔으며, 신제도론은 정치·행정·경제·사회 등 사회현상을 연구하는 데 제도를 중심개념으로 하는 이론이다.

신제도이론은 제도를 일단의 규칙으로 규정하고, 사회적 활동의 결과에 영향을 미치는 제도적 장치를 규명하는 데 초점을 두는 사회과학 연구의 한 접근방법을 말한다. 신제도론은 경제적 생산활동의 결과는 경제활동과 사회를 지배하는 정치적·사회적 제도인 일단의 규칙(rules)[11]에 달려 있다고 주장하는 신제도주의 경제학에 기반을 두고 있다. 신제도론자들은 정부활동의 결과는 그 활동에 참여하는 사람들의 교호작용의 유형에 따라 달라지는데, 이러한 교호작용의 유형은 행위자의 선호, 정보처리 능력, 개인의 선택 기준 등 행위자의 특성과 행위상황(action situation)에 의해 결정된다는 것이다. 이러한 행위 상황은 그 활동이 이루어지는 지역사회의 특성이나 물리적 조건에 의해서도 결정되나, 가장 중요한 것은 일단의 행위규칙인 제도에 의해 크게 결정된다는 것이다. 신제도론적 접근방법은 특히 어장·관개시설·목초지·산림 등 공유자원의 공동 이용에 관한 유인 문제를 다루는 데 많이 이용되어 왔다.

2) 구제도론과의 차이

1980년대에 형성되기 시작한 '신제도론'은 1940년대부터 셀즈닉(Selznick)을 대표로 하여 시작된 제도연구(구제도론)와의 시간적·이론적으로 대비되는 특성을 반영한 개념이다. 신·구제도론 양자는 조직에서의 합리인 모형(rational-actor models)

---

11 신제도의 개념은 균형점, 규범, 규칙의 세 가지로 구분할 수 있다.
  * 균형점: 개인의 상호작용 결과 어떤 규칙이나 안정성(질서)에 이른다는 것을 의미한다.
  * 규범: 특정 상황에서 어떤 행동이 적절하고 부적절한가에 대한 공동체 구성원의 공유된 인식을 의미한다.
  * 규칙: 규칙의 처방대로 따르지 않을 경우 제재를 받는다는 공통된 이해나 사회적 제약을 의미한다.

을 부정하고 조직과 환경의 상호관계의 중요성에 대하여 인식을 같이하지만, 구제도론이 조직의 합리적 목표가 의도하는 것처럼 성취되지 않는 원인을 설명하기 위한 방법으로 조직이 아닌 제도에 대한 연구를 행한 반면, 신제도론은 조직에서의 공식적 구조 자체의 비합리성을 발견하고자 한다는 점에서 근본적인 차이점을 찾아볼 수 있다. 또한 신·구제도론의 차이점은 구제도론이 제도를 인간의 행동이 발현된 하나의 장으로 간주하지만 신제도론에서는 제도를 인간이 가지고 있는 유인 구조나 선호에 영향을 주는 요인의 분석에 있다는 점이다. 따라서 신제도론은 구제도론보다 좀 더 동적인 분석을 할 수 있다.

3) 신제도론의 유파

(1) 합리적 선택의 신제도주의: 경제적 신제도주의

행위자들은 일반적으로 자신의 고정된 선호의 집합을 가지며, 개인은 선호를 극대화하기 위한 수단으로 전략적이고 계산된 행동을 취한다고 가정한다. 여기에 규칙이나 제약은 개인의 선택에 영향을 미치는 하나의 요소로 이해되며 개인의 선택과 개인이 속한 집단의 합리성을 양립할 수 있게 해준다.

다원주의가 지배하는 미국 의회에 안정적 균형점이 존재한다는 사실을 규명하는 데에서 출발하였으며, 거래비용을 낮추고 상호 협조적 이익을 증가시키기 위해 규칙, 균형점이 존재한다는 결론을 내리게 되었다. 공공선택이론(티부가설), 주인-대리인이론, 거래비용경제학, 공유재이론 등이 여기에 속한다.

(2) 역사적 신제도주의: 정치적 신제도주의

제도를 '장기간에 걸친 인간행동의 정형화된 유형' 내지는 '정치체제 또는 경제체제의 구조에 내포된 공식·비공식적 절차, 규칙, 규범, 관례 등'으로 본다. 행위를 형성하고 제약하는 맥락으로서 제도의 중요성을 강조함과 동시에 동일한 정책이라도 국가별 역사적 특수성에 따라 그 형태나 결과가 달리 나타날 수 있다고 보고 이러한 맥락이 형성되는 역사적 과정과 역사적 특수성(경로의존성) 및 정치체제(국가)의 자율성이 제도의 본질이며, 인류의 보편적 제도는 없으며,

국가(정치체제)가 제도형성의 주체라는 입장으로 정치적 신제도주의라고도 한다.

(3) 사회학적 신제도주의: 문화적 신제도주의

사회학적 신제도주의는 제도의 범위를 가장 넓게 정의하고 있으며, 제도를 '문화'라는 차원으로 이해한다. 즉 인간의 행위를 유도하는 비공식적인 상징체계, 인지적 기초, 도덕적 틀, 사회문화까지를 제도에 포함시키며, 제도가 인간행위의 인지적 기초를 제공함으로써 인간의 전략적 계산이나 행태에 영향을 미친다는 점을 강조한다. 사회문화와 같은 거시적 변수에 의해 개인의 이익이 제약된다고 보고 인간이 사회적 정당성을 인정받은 제도를 자신의 개인적 목적에 따라 창조하거나 변화시킬 수 없다고 본다. 따라서 사회적 정당성을 얻기 위하여 조직 간에 제도적 동형화(isomorphism)가 나타난다고 본다.

표 3-5 **신제도론의 유형 비교**

	합리적 선택의 신제도주의	역사적 신제도주의	사회적 신제도주의
개념	개인적 합리적 계산	역사적 특수성과 경로의존성	사회문화 및 상징
학문적 기초	경제학	정치학(역사학)	사회학
중점	개인들의 전략적 행위에 의하여 제도가 형성, 제도의 균형중시	경로의존성 및 제도의 장기적 지속성 중시, 개인의 행위를 결정하는 국가의 자율성 강조	개인의 행위를 제약하는 의미구조, 상징, 인지적·도덕적 기초, 제도적 동형화(isomorphism)이 나타남
초점	개인중심(개인의 자율성)	국가중심(국가의 자율성)	사회중심(문화의 자율성)
측면	공식적 측면	공식적 측면	비공식적 측면
범위	미시적: 개인 간 거래행위	거시적: 국가, 정치체제	거시적: 사회문화
변화원인	비용편익분석, 전략적 선택	외부적 충격, 결절된 균형	인지, 상징흡수, 동형화
개인선호	고정, 외생적 개인의 고정된 선호가 전체선호를 결정	내생적 집단의 선호를 결정하는 정치제체가 개인의 선호 결정	내생적 사회문화 및 상징이 개인선호를 결정
접근법	연역적	귀납적	귀납적

자료: 김준규(2008: 221).

13. 신공공관리론

1) 의 의

1980년대 이후 신공공관리론(New Public Management: NPM)은 민간부문의 시장주의(경쟁원리와 고객강조)와 민간기업의 관리기법을 결합한 이론이다. 공공선택이론, 합리적 선택의 신제도주의이론, 주인–대리인이론, 거래비용이론 등의 이론적 기초가 되었으며, 특히 경제적 효율성에 초점을 둔 '시장적 정부모형'을 강조하는 이론이다.

'시장주의'와 '신관리주의(new managerialism)'를 결합해 전통적인 관료제 패러다임의 한계를 극복하고 작은 정부를 구현하기 위해 개발된, 1980년대 이후 영·미국가들을 중심으로 등장한 정부 운영 및 개혁에 관한 이론을 말한다. 즉 신공공관리론은 정부관료제의 운영 체제가 경쟁의 원리에 기반한 시장 체제를 모방, 계층제적 통제를 대체함으로써 정부관료제의 효율성을 높이자는 것이다. 신공공관리의 주요 정책 수단으로는 인력 감축, 민영화, 재정지출 억제, 책임운영기관, 규제 완화 등이 있다. 펄리(E. Ferlie) 등은 OECD 국가에 적용된 신공공관리 모

표 3-6   전통적 행정과 신공공관리의 비교

기준	전통적인 관료제 정부	신공공관리론(기업가적 정부)
정부역할	노젓기(rowing)역할	방향잡기(steering)역할
정부활동	직접해줌(service)	권한부여(empowering)
서비스	독점적 공급	경쟁도입: 민영화, 민간위탁 등
관리방식	법령, 규칙 중심 관리	임무 중심 관리
예산제도	투입 중심 예산 지출지향 사후대처	성과 연계 예산 수익창출 예측과 예방
행정방식	명령과 통제	참여와 팀워크 및 네트워크 관리
주요 운영기제	행정메커니즘	시장메커니즘

자료: Osborne & Gaebler(1992).

형을 효율성 모형(the efficiency drive), 조직 축소 및 분권화 모형(downsizing and de-centralization), 수월성 추구 모형(insearch of excellence), 공공 서비스 지향모형(public service orientation)의 네 가지 유형으로 분류했다.

2) 주요내용

⑴ 주요원리

신공공관리론은 '노젓기'보다는 '방향잡기'의 관점에서 시장중심 거버넌스의 한 형태라고 볼 수 있다. 이는 오스본(Osborne) & 게블러(Gaebler)의 '기업가적 정부' 모형을 통해 주요내용이 잘 나타나 있다.

첫째, NPM은 공공부문에 시장원리인 '경쟁(competition)'을 도입하고, 관료가 사명감을 가지고 고객을 최우선시하는 기업가적 정신을 정부에 도입해야 함을 강조한다.

둘째, NPM은 정부운영에 경쟁원리를 도입하고 이에 입각해 최선의 서비스를 고객에게 효율적으로 제공하여 행정의 효과성과 능률성을 극대화할 수 있는 길을 제시한다.

셋째, NPM은 정부운영에 시장원리를 도입하고 경쟁, 권한위임, 책임 및 성과확보 등을 강조한다.

⑵ 주요이론

신공공관리라는 용어를 처음 사용한 후드(C. Hood)는 신공공관리론에 입각한 정부혁신방향을 다음과 같이 제시하였다.

첫째, 작고 효율적인 정부(소정부주의)다. 정부의 비대화와 비효율에 대한 정부조직 및 인력의 합리적 감축을 의미한다.

둘째, 시장지향적인 정부다. 정부부문에 시장운영기법을 도입하자는 것이다.

셋째, 고객지향적 행정이다. 소비자주권의 행정을 구현하자는 것으로 시민헌장제도, 총체적 품질관리(TQM)의 도입이 핵심이다.

넷째, 기업형 정부다. 오스본과 게블러가 '정부재창조'에서 주장한 미래정부 모형으로 신공공관리론의 가장 핵심적 모형이다.

다섯째, 정보화된 정부(전자정부)다. 원스톱서비스(one-stop service) 등 전자적 서비스를 제공할 수 있는 고객감성적인 열린 정부를 의미하는 것이다.

여섯째, 성과(결과)중심의 정부다. 의도한 결과나 성과가 구현되었는지를 중시하는 관리전략을 의미한다.

3) 개혁원리와 특징

첫째, 정부기능·조직·인력의 감축이다. 시장성 검증을 통해 정부기능의 폐지, 민영화, 민간위탁, 내부효율화 등이 발생한다.

둘째, 성과(결과)중심의 행정체제로의 전환이다. 산출과 결과에 중점을 두고 성과중심의 인사, 성과중심의 조직, 성과중심의 재정운영 강화 등 국정전반에 걸친 성과관리를 강조한다.

셋째, 비용가치의 증대이다. 납세자의 돈의 가치를 높여 능률성을 증가시키고 낭비를 줄이며 효과성을 향상시킨다.

넷째, 권한위임과 융통성 부여이다. 내부규제의 완화 및 재량권 부여, 혁신과 창의성의 증대 등 일선 기관에 융통성을 부여한다.

다섯째, 정부규제의 개혁이다. 규제의 비용 대 효과를 검토하여 다른 대안과 파트너십을 통한 문제해결책을 강구하거나 규제의 완화를 중시한다.

4) 공헌 및 한계

신공공관리론은 민간부문의 시장주의와 민간기업의 관리기법을 도입함으로써 새로운 정부혁신의 바람을 일으켰다는 점에서 많은 의의를 지니지만, 행정의 경영화를 지나치게 강조한다는 한계가 있다.

첫째, 고객과 시민의 차이에 대한 비판이다. 경영의 고객과 행정의 시민은 민주주의의 주체성 및 철학적 근원이 다른 것임에도 불구하고, 신공공관리론은 행정에서의 고객주의에 지나치게 치중했다는 비판이다.

둘째, 민주적 국정관리에 대한 통찰의 부족이다. 신공공관리는 정부의 축소 및 관료에 대한 비판의 논거를 제시함으로써 효율성에는 기여했을지 모르나 민주적 정부의 정체성을 간과했다는 비판이다.

셋째, 민주행정의 책임성에 대한 고찰의 결여이다. 신공공관리는 시장과 민간부문의 경영기법을 도입함으로써 민간위탁, 민영화, 책임운영기관 등에 지나치게 의존함으로써 정작 국가행정을 책임질 정부의 문제해결능력과 위기관리능력 등 총체적 조직학습메모리(institutional learning memory)를 저하시키고 공동화 정부(hollow government)를 초래하였다는 비판이다.

제3의 길(The Third Way)

유럽의 사회민주주의와 신자유주의를 절충한 새로운 정치 이념을 말한다. 여기서 제1의 길은 유럽의 기존의 사회민주주의를 말하며, 제2의 길은 신자유주의를 말한다. 제3의 길의 핵심은 보호와 책임의 균형, 생산적 복지, 소외와의 투쟁, 개인의 창의성 존중, 사회세력 간의 합의에 근거한 발전 등에 있다. 제3의 길은 영국의 블레어리즘(Blairism)을 비롯한 1990년대 서유럽의 독일, 프랑스, 이탈리아 등의 집권 세력의 이론적 기초를 제공한 이념이다.

제1의 길	자유국가	우파	자유주의	A. Smiht
제2의 길	행정국가	좌파	사회주의	Keynes
제3의 길	신행정국가	중도좌파	중도주의	Giddens

시장성 시험(Market Testing)

1990년대에 영국에서 시행한 행정개혁 조치의 하나로, 특정한 공공 업무를 민영화, 민간위탁, 또는 강제 입찰시킬 것인지의 여부를 결정하기 위한 사전 검증 절차를 말한다. 즉 '거리 청소'와 같은 공공 서비스 공급에 경쟁성을 도입하기 위해, 민간 또는 다른 정부기관과의 시험적 경쟁을 거친 뒤 그 결과에 따라 내부시장화 또는 민간화를 결정하려는 영국의 행정개혁 절차를 말한다. 시장성 시험의 대상으로 적합한 공공 업무는 자원집약적인 업무, 상대적으로 변별이 가능한 업무, 전문가적 업무나 지원 업무, 업무 수행 방식이 수시로 변하는 업무, 급속한 시장 변화 속에 있는 업무, 기술 수준이 급변하는 업무 등이다.

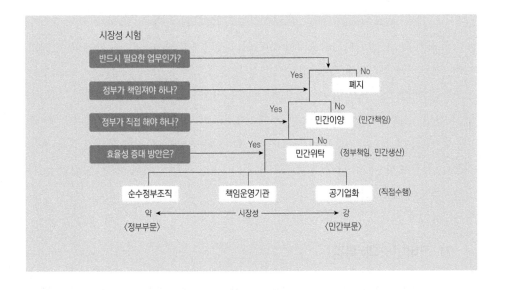

시장성 시험

반드시 필요한 업무인가? → No → 폐지
↓ Yes

정부가 책임져야 하나? → No → 민간이양 (민간책임)
↓ Yes

정부가 직접 해야 하나? → No → 민간위탁 (정부책임, 민간생산)
↓ Yes

효율성 증대 방안은?

순수정부조직   책임운영기관   공기업화 (직접수행)

약 ← 시장성 → 강
(정부부문)   〈민간부문〉

NPA·NPM·NPS의 비교

NPA(신행정론)	NPM(신공공관리)	NPS(신공공서비스)
진보주의	신보수주의·신자유주의	제3의길
1970년대	1980년대~1990년대 중반	1990년대 중반
복지국가	감축관리 및 정부혁신	공동체주의
신좌파	신우파	중도좌파
행정가	기업가	조정자

14. (뉴)거버넌스론

1) 의 의

거버넌스(Governance)란 '사회문제를 해결하는 제반기제'로서 국정관리, 신국
정관리, 국가경영, 통치, 협치 등 다양하게 정의되며 합의된 보편적 개념은 없
다. 일반적으로 '국가경영' 또는 '공공경영'이라고도 번역되며, 최근에는 행정을
거버넌스의 개념으로 보는 견해가 확산되어 가고 있다. 거버넌스의 개념은 신공

공관리론에서 중요시되는 개념으로서 정부의 통치기구 등의 조직체를 가리키는 'government'와 구별된다. 즉 'governance'는 지역사회에서부터 국제사회에 이르기까지 여러 공공조직에 의한 행정서비스 공급체계의 복합적 기능에 중점을 두는 포괄적인 개념으로 파악될 수 있으며, 통치·지배라는 의미보다는 경영의 뉘앙스가 강하다. 거버넌스는 정부·준정부를 비롯하여 반관반민(半官半民)·비영리·자원봉사 등의 조직이 수행하는 공공활동, 즉 공공서비스의 공급체계를 구성하는 다원적 조직체계 내지 조직 네트워크의 상호작용 패턴으로서 인간의 집단적 활동으로 파악할 수 있다.

2) 거버넌스의 특징

첫째, 파트너십을 중시한다. 거버넌스이론은 정부·시민사회·시장의 파트너십을 전제하고 이를 중시한다. 이들의 관계는 기본목표와 가치를 공유하며 상호협력하는 네트워크형이 바람직하다.

둘째, 유기적 결합관계를 중시한다. 개별적 요인이나 요인들 사이의 단순한 상관관계가 아니라 구성요인들의 유기적 결합 내지 네트워크를 중시한다.

셋째, 공식적·비공식적 요인을 고려한다. 거버넌스는 공식적 측면 뿐만 아니라 비공식적 측면도 중요시한다. 공식적 권한 부여와 실제 행동 사이의 차이에 주목하고 그에 대한 분석을 강조한다.

넷째, 정치적 특성을 강조한다. 거버넌스는 자원배분 장치로서 경쟁적인 이익과 목표들을 조정해야 하므로 거버넌스에서 정치적 과정은 매우 중요하다.

3) 거버넌스의 유형

(1) 시장주도형 거버넌스

세계화로 인한 신자유주의적 논리에 기반한 시장주도적 거버넌스 경향이 나타났으며, 신자유주의는 관료주의적 정부가 시민요구에 대한 반응성이 떨어지고 비효율적이며, 무책임한 측면을 가지고 있다고 비판하면서 작고 효율적인 정부구조를 주장한다. 이러한 정부의 비효율을 극복하기 위해 시장주도적 거버 넌스는 민영화를 강조한다. 민영화의 논리는 정부의 규모와 영향력을 감소시키 는 데 초점을 두고 있으며, 탈규제를 통해 국가가 사회에 제공하는 공공복지서 비스의 규모와 시장에 대한 공적 규제를 줄이고자 한다.

그러나 시장주도형 거버넌스는 국가가 사회에 제공하는 공공복지서비스와 시장에 대한 공적규제를 줄이는 데 초점을 맞추기 때문에 공적 권한을 공공성이 약한 주체들에게 넘겨주어 공공영역의 축소와 쇠퇴가능성을 초래한다. 이는 민 주적 책임성 결여와 시민사회에 기반한 사회적 거버넌스의 퇴화로 귀결될 수 있 다. 이러한 시장주도형 거버넌스는 1970년대 신자유주의 등장과 1980년대 대처 리즘과 레이거노믹스로 대변되는 시장 강화정책으로 설명된다.

(2) 국가주도형 거버넌스

국가주도형 거버넌스는 기본적으로 국가가 시장과 시민사회를 주도적으로 관리하는 입장이다. 국가주도형 거버넌스 유형은 기존 국가의 시장, 시민사회 개입 규모에 문제의 원인을 두고 있는 것이 아니라 잘못된 통치 행태에서 그 원 인을 찾고 있는 것이 특징이다. 따라서 정부는 새로운 모습으로 계속 중심 위치 에서 문제를 해결해 나가야 한다는 입장이다.

국가중심 거버넌스의 원리는 관리주의와 관료주의를 기본원리로 삼고 있 다. 관료주의는 합리주의, 법치주의가 중심 가치이며, 관리주의는 효율성과 능률 성이 주된 가치이다. 결국 국가주도형 거버넌스는 합리주의, 능률성, 효율성, 합 법성을 정부운영의 내부적 기본 가치로 삼는다. 거버넌스를 주도하는 국가는 새 로운 조정양식과 네트워크가 형성되어도 가장 핵심적인 역할과 위치가 전제되 므로, 정부의 신뢰수준과 정당성을 강화하고 시민사회와 시장의 발전을 함께 추 구하도록 해야 한다.

(3) 시민사회주도형 거버넌스

국가도 시장도 아닌 시민사회가 주도하는 국정관리로서 시민사회의 참여를 통한 민주주의적 관점을 중시한다. 따라서 정부는 정책결정과정을 투명하게 하고 사회적 약자들을 잘 대변할 수 있어야 한다. 이러한 정부를 형성하기 위해서는 시민사회, 비정부기구를 통한 국민들의 직접적인 참여가 증대되어야 시민사회주도형 거버넌스가 발전할 수 있다.

기본원리는 참여주의와 공동체주의를 특징으로 한다. 참여주의는 내부참여와 외부참여로 구분된다. 내부참여는 정부 내부의 의사결정에 관료조직의 참여를 시민사회가 유도하는 것이며, 외부참여는 시민참여 자체를 의미하며 시민사회주도형 거버넌스의 가장 핵심적 가치이다. 공동체주의는 정책활동과 행정관리에 직접적으로 관련된 공동체를 구축하고 공동문제를 구성원들이 직접 참여하여 해결해야 한다는 주장을 의미한다.

시민사회가 자율적으로 힘을 키워가는 열린 기회를 제공한다는 점에서 시민의 권한을 강화할 수 있는 장점이 있다. 그러나 시민사회간의 불평등한 권력관계가 존재하고 있는 상황에서 거버넌스에서 강조하고 있는 다양한 주체들간의 참여와 협력보다는 새로운 갈등과 문제를 유발할 우려가 있다.

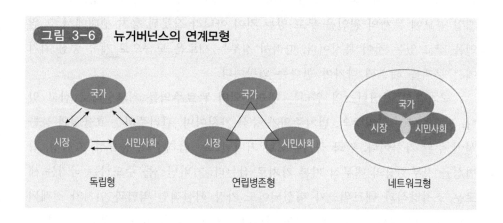

그림 3-6 뉴거버넌스의 연계모형

국가 / 시장 / 시민사회 — 독립형

국가 / 시장 / 시민사회 — 연립병존형

국가 / 시장 / 시민사회 — 네트워크형

4) 거버넌스의 주요모형

(1) Peters의 모형(1996)

① 시장적 정부모형

거버넌스의 가장 대표적인 모형으로 공공부문에서도 시장운영기법이 동일하게 적용될수 있다고 보고 공공부문의 시장경제화를 지향하며, 저비용과 고효율을 목표로 한다. 시장을 신뢰하는 공공선택론이나 신공공관리론에 뿌리를 두고 있으며, 정부의 '독점성'을 주로 문제 삼는다.

② 참여적 정부모형

'계층제'를 문제삼으며, 대내외 구성원들의 광범위한 참여를 중시하는 모형이다. 전통적인 계층제 모형에서 소외되었던 집단들에게 보다 큰 관여가 허용된다는 의미에서 '권한위양정부'라고 한다.

③ 신축적 정부모형

조직의 '경직성'을 문제시하는 모형으로 연성정부모형이라고도 하며, 조직구조, 인력관리, 예산관리 등에 있어 탈항구성과 유연성·융통성을 추구한다.

④ 탈내부규제 정부모형

'내부규제'를 문제시하며 정부에 대한 통제를 축소하여 공무원들의 자율성과 창의력을 제고시키려는 모형이다. 이 모형은 행정에 대한 통제가 제거되면 정부는 기능을 보다 능률적으로 수행할 수 있을 것이라고 가정하며 '기업형정부'와 관련된 모형이다.

(2) Rhodes의 모형

① 최소국가(minimal state)

시장으로의 기능 이관이나 시장에 대한 규제를 완화시켜 시장중심의 공공서비스를 제공하고 국가기능은 최소화시키려는 모형이다.

② 기업적 거버넌스(corporate governance)

기업의 전반적인 방향제시 및 최고관리활동의 통제 등 기업의 범위를 넘어서는 이해관계자들에 대한 책임과 규제에 관한 일과 관련되며, 이러한 기업의 관리철학이 공공부문에 도입될 경우 내부시장화, 경영형태 등이 강조된다.

③ 신공공관리(new public management)

신관리주의와 신제도주의 경제학을 결합한 것으로 시장의 경영방식이나 유인체제를 공공부문에 도입하려는 것으로 노젓기보다는 '방향잡기'에 주력한다.

표 3-7 거버넌스모형 비교

구 분	전통적 정부모형	시장적 정부모형	참여적 정부모형	신축적 정부모형	탈내부규제 정부모형
문제의 진단기준	전근대적 권위	독점	계층제	영속성	내부규제
구조의 개혁방안	계층제	분권화	평면조직	가상조직	(특정 제안 없음)
관리의 개혁방안	직업공무원제 절차적 통제	성과급 민간 부문의 기법	총품질관리, 팀제	가변적 인사 관리	관리 재량권 확대
정책결정 개혁방안	정치·행정의 구분	내부시장 시장적 유인	협의, 협상	실험	기업가적 정부
공익의 기준	안정성, 평등	저비용	참여, 협의	저비용, 조정	창의성, 활동주의

④ 좋은 거버넌스(good governance)

국가일을 관리하기 위해 정치권력을 행사하는 활동으로 신공공관리와 자유민주주의를 결합한 의미이다. 구성원 간 경쟁보다는 동등하고 능동적인 참여, 협력과 보완의 관계를 강조한다.

⑤ 사회적 인공지능체계(socio-cybernetic system)

하나의 공공정책은 공공 부문과 민간 부문 간 상호작용 속에서 이루어진다는 차원에서 파악한 뉴거버넌스의 한 속성을 말한다. 정부조직뿐 아니라 비공식, 비정부기구들이 포함된 상호작용으로서 '정부없는 거버넌스' 또는 '사회·정치적 거버넌스'로 이해된다.

⑥ 자기조직화 네트워크(self-organizing network)

계층제와 시장의 중간지대로서 '자발적인 조직 간 연결망'으로 정의된다. 시장이나 계층제 조직에 대한 대안이 되는 조직으로 연결조직 간 계층제적 질서가 존재하지 않는 공동화된 네트워크 정부를 의미한다.

5) 신공공관리론(거버넌스)과 뉴거버넌스의 관계

(1) 공통점

일반적으로 거버넌스는 초기의 시장적 거버넌스(신공공관리론)를, 뉴거버넌스는 그 이후에 등장한 정책네트워크에 의한 참여적 거버넌스를 의미한다고 볼 수 있지만 거버넌스와 뉴거버넌스 모두 정부역할 축소, 방향잡기의 강조, 행정과 민간의 구분의 상대성, 민관협력 등을 인정한다는 점에서 공통점을 가지고 있다.

(2) 차이점

첫째, 신공공관리는 경쟁의 원리를 중시하지만 뉴거버넌스는 신뢰를 기반으로 조정과 협동을 강조한다.

둘째, 신공공관리는 행정기능이 민영화, 민간위탁 등을 통해 민간으로 이전

표 3-9	신공공관리와 뉴거버넌스의 차이점	
구 분	신공공관리	뉴거버넌스
인식론적기초	신자유주의	공동체주의
관리기구	시장	연계망(network)
관리가치	결과(outcomes)	신뢰(trust)
정부역할	방향잡기(steering)	방향잡기(steering)
관료역할	공공기업가	조정자(coordinator)
작동원리	경쟁(시장메커니즘)	협력체제(partnership)
서비스	민영화, 민간위탁 등	공동공급(시민, 기업 등 참여)
관리방식	고객지향	임무중심
분석수준	조직내(intra-organizational)	조직 간(inter-organizational)

되었지만, 뉴거버넌스에서는 국가의 역할을 부정하지 않고 민간의 힘을 동원하고 공동체 구성원들의 적극적 참여에 의한 공적문제 해결을 중시한다.

셋째, 신공공관리는 국민을 국정의 대상인 '고객'으로 보지만, 뉴거버넌스는 국정의 주체로서 시민주의에 바탕을 두고 덕성을 지닌 '시민'을 중시한다.

넷째, 신공공관리는 시장논리에 따라 행정의 생산성이나 효율성을 중시하지만 뉴거버넌스는 구성원 간의 참여와 합의를 중시하므로 행정의 민주성 등에 초점을 둔다.

6) 공헌 및 한계

뉴거버넌스이론의 등장은 정책과정이 정부의 범위를 넘어서 시장, 시민사회 등 사회 전 범위에 광범위하게 퍼질 수 있는 기초를 마련하였으며, 신공공관리의 국가중심, 시장중심 거버넌스를 넘어서 시민사회 중심의 거버넌스의 개념을 포함하고 신뢰와 협도에 기초한 네트워크적 문제해결을 강조한다는 점에서 뉴거버넌스이론은 매우 중요한 이론적 의의를 가지고 있다.

그러나 이러한 뉴거버넌스 개념을 우리나라에 그대로 적용하기에는 한계가 있다. 한국 정부는 그동안 민주성을 확보하고 국민의 의사를 적극적으로 반영하는 데 상대적으로 소홀히 해왔다고 할 수 있다. 이러한 점을 보완하기 위해서는 시민사회의 활성화를 위한 비정부조직의 강화나 시장기능의 자율적인 작동을 촉진시켜야 할 것이다.

제4장 행정가치·통제·개혁

1. 행정가치의 의의

　　행정이 추구해야 할 가치문제는 1970년대 신행정론이 등장하면서 본격적으로 제기되었다고 할 수 있다. 신행정론자들은 당시 미국의 정치사회가 흑인폭동, 베트남전 개입 등 혼란을 겪고 있음에도 행정학이 이러한 사회문제들에 대해 아무런 방향도 제시하지 못하는 데 대해 비판을 제기했다. 이들은 논리실증주의에 입각한 행태주의적 현실적합성과 실천성을 지녀야 한다고 주장하였다.

　　물론 행정이 추구해야 하는 가치가 무엇이며, 어떠한 방향이어야 하는가를 명확히 제시하기란 쉽지 않다. 그럼에도 행정의 가치는 정부를 비롯한 공공부문의 존립 목적을 규정하기 때문에 어떠한 방법으로라도 규정될 수 있어야 한다. 그런데 행정의 가치는 기본적으로 여러 당사자들이 서로의 입장과 가치를 담론과 토론을 통해 공유하고, 상호 이해함으로써 사회적으로 구성될 수 있다. 사회적 구성이란 행정의 가치가 객관적 실체로서 존재하는 것이 아니라 여러 당사자들 간의 상호작용을 통해 형성됨을 의미한다. 기존의 연구들은 행정가치를 공익 또는 행정이념이라는 차원에서 논의해왔다.

행정가치는 규범적·당위적 측면에서 행정이 무엇을 왜, 어떠한 방식으로 추구해야 하는가를 근본적 문제로서, 이는 행정활동에서 직면하게 되는 의사결정과정에서 합리적인 가치판단 기준으로서 작용한다. 이러한 행정가치는 행정이 지향해야 할 궁극적 목적에 해당하는 근본적 가치와 이러한 궁극적 목적을 위한 2차적 목적에 해당하는 수단적 가치로 구분할 수 있다. 근본적 가치에는 공익, 정의, 형평, 자유, 평등, 복지 등을 들 수 있고, 수단적 가치에는 합법성, 능률성, 민주성, 합리성, 효과성, 생산성, 신뢰성, 투명성, 가외성 등을 들 수 있다.

2. 행정관의 변천과 행정이념

행정이념은 고정불변의 것이 아니다. 이는 시대정신 및 국가의 맥락에 따라 변화한다. 시대와 역사의 변화에 따른 행정이념의 변천을 살펴보면 다음과 같다.

1) 합법성: 근대입법국가 시대

1880년대에 행정학이 탄생되기 전 자유민주주의적 근대입법국가 시대에는 법치주의가 중요하였다. 시민권의 신장과 자유권의 옹호를 위해 행정의 안정성과 예측가능성이 가장 중요한 시대가치였고, 이에 따라 가장 중요한 행정이념은 합법성이었다.

2) 능률성: 현대행정국가 시대(정치·행정이원론과 정치·행정일원론 시대)

19세기 후반과 20세기 초반에 이르는 행정국가 시대에는 능률성이 가장 강조되었다. 행정국가에서는 행정기능이 양적으로 확대, 질적으로 심화됨에 따라 행정부의 예산은 급속하게 팽창하게 되었는데, 이는 필연적으로 행정결과의 능률성을 요청하게 되었다.

하지만 투입(input)대 산출(output)의 비율로 표현될 수 있는 이러한 능률성의 개념도 기계적 능률성과 사회적 능률성으로 나누어졌는데, 1887년 윌슨(Wilson)의 「행정의 연구」가 집필되는 당시의 정치·행정이원론의 시대에는 기계적 능률성이 강조되었으나, 1930년대 경제대공황 발생 이후 정치·행정일원론 시대에는 사회적 능률성이 강조되었다. 즉 행정을 정치에서 설정해 준 정책의 집행에만 초점을 두었던 시대에는 과정의 능률화에 만족하였으나, 목표 및 정책결정 자체까지 담당하게 된 정치·행정일원론 시대에는 과정의 능률화만으로는 부족하고 누구를 위한 행정이냐 하는 것까지 관심을 확장하게 된 것이다.

3) 효과성: 발전행정 시대

1960년대에 접어들어 발전행정론이 대두되자 행정이념에 있어서도 효과성이 강조되었다. 1960년대 발전행정의 주요 관심사는 행정을 통한 새로운 사회변화를 창조하는 것이었는데, 이에 따라 행정이념도 정태성을 띤 이념보다는 동태적인 새 이념이 요구되었다. 이때 효과성은 행정의 목표달성도로서 국가발전 목표를 달성한다는 동태적인 개념이라고 할 수 있다.

4) 사회적 형평성: 신행정론 시대

1960년대 후반 신행정론이 대두되면서 행정에 있어서의 적절성(relevance)과 행동(action)이 강조되었으며, 사회문제를 해결하기 위한 적실성 있는 행동방안으로서 참여와 사회적 형평성이 강조되었다.

5) 효율성(생산성): 신공공관리 시대

1980년대 영국의 대처수상, 미국의 레이건 대통령 등 신보수주의 정권의 등장과 함께 그동안 방만했던 공공부문의 축소 및 개혁의 이론적 도구로서 신공공관리론(NPM)이 등장하였다. 신공공관리론은 공공부문의 방만한 운영과 비능률을 타파하기 위해 공공부문의 축소, 민간위탁·민영화 등 민간관리기법을 도입하고 시장주의 경쟁원리를 도입함에 따라 효율성(생산성)의 개념이 강조되었다.

6) 신뢰성: 뉴거버넌스 시대

1990년대 이후 시민사회의 성장과 민주주의가 더 발달하게 된다. 시장주의에 기반을 둔 효율성의 신공공관리론적 사고를 넘어 정부와 시장과 시민사회가 함께 신뢰와 협동을 기초로 문제해결을 지향하는 네트워크 거버넌스가 강조되면서 참여·신뢰·네트워크에 기초한 신뢰성이 강조되기 시작하였다. 명령·질서·통제에 기반을 둔 계층제 거버넌스와 고객·경쟁·유인을 강조하는 시장적 거버넌스를 넘어 참여·신뢰·네트워크를 강조하는 뉴거버넌스가 등장하게 되었다. 따라서 1990년대 이후 뉴거버넌스 시대에는 신뢰성·성찰성의 개념이 강조되기 시작했다.

표 4-1 **행정이념의 종류와 변천**

이 념	개 념	대두시기, 관련이론
합법성	법률에 적합한 행정	19c초 법치국가, 관료제이론
능률성	산출/투입, 최소비용 최대산출 얻는 이념	19c말, 행정관리설
민주성	국민을 위한 행정(대외), 조직 내 인간가치 존중(대내)	1930~1940년대, 통치기능설
합리성	수단이 목표달성에 기여한 정도	1950년대, 행정행태론
효과성	목표달성도, 질적개념	1960년대, 발전행정론
사회적형평	사회적 약자계층을 위한 행정, 정의	1970년대, 신행정론
생산성	능률성(양) + 효과성(질), 성과	1980년대, 신공공관리론
신뢰성	정부에 대한 믿음, 사회적 자본	1990년대, 뉴거버넌스

3. 본질적 행정가치

1) 공 익

⑴ 의 의

공익(public interest)이란 공공정책결정의 절차와 기준에 관한 규범이며, 개인이나 집단의 대립적 특수이익을 초월하여 불특정 다수인의 이익이나 사회 전체에 공유된 일반적 가치이다. 또한 행정의 이념적 최고 가치이며, 행정인의 활동에 관한 최고의 규범적 기준이다.

공익의 개념은 행정이론의 전 시대를 거쳐 중요한 개념이다. 하지만 그 중에서도 특히 정치·행정일원론 시대에 많이 논의되었고 그 후 신행정론에서 특히 강조되었는데 그 시대적 배경을 요약하면 다음과 같다.

첫째, 정치·행정일원론의 대두로 인해 바람직한 정책결정을 위한 기준으로서의 공익의 본질에 대한 탐구가 필요하였다.

둘째, 현대행정국가의 등장으로 행정이 양적·질적으로 확대되면서 관료의 재량권이 확대되었고, 재량권이 확대됨에 따라 재량권 행사의 기준으로서 공익이 중요시되었다.

셋째, 신행정론의 등장으로 행정의 규범적 성격과 행정인의 적극적 역할이 강조되었으며, 행정에 의한 사회적 형평 내지 사회정의(공익)의 실현이 중요시되었다.

⑵ 공익의 본질

① 실체설

공익은 사익이나 특수이익의 단순한 집합을 초월한 도덕적·규범적인 것으로 실체가 존재하며, 사익을 초월한 실체적 규범적, 도덕적 개념으로 행정의 구체적 지침이 될 수 있다는 입장이다. 신비주의나 전체주의(집단주의)적 관점의 접근방법으로 선험적으로 주어진 시민도덕, 정의, 양심, 자연법, 일반의지 등을 공익이라고 본다. 절대적·실체적 윤리를 강조하며, 공익의 역할과 인식에 대해 매우 적극적이므로 적극설·규범설이라고 한다. 대표적인 학자는 플라톤(Plato), 루소(Rousseau), 롤스(Rawls) 등을 들 수 있다.

실체설의 특징은 공익과 사익이 상충되는 경우 사익은 당연히 희생된다는 전체주의적 입장이며, 투입기능이 활성화되지 못한 개발도상국의 입장으로 국가가 우월적 지위에서 국민의 덕성을 함양하는 행정의 목민적 역할을 강조하는 국가주의(statism)나 선량주의(elitism)이론과 연관된다.

실체설의 비판은 공익은 규범적 가치이므로 실제 행정이념 혹은 정책기준으로서 적용하는 데 어려움이 따른다는 한계가 있다. 즉 공익은 추상적 가치로서 개인 간의 견해 차이가 존재할 수 있으며, 실제 공익은 누가 결정하느냐에 따라 내용이 달라지게 되는 것이다.

② 과정설

과정설은 공익이란 실체가 존재할 수 없고, 사익을 조정하는 과정을 거쳐 점증적으로 형성된다는 입장이다. 공익과 사익을 구별할 수 없으며 공익이란 수많은 사익 간의 갈등을 조정하는 과정에서 산출될 수밖에 없다는 견해이다.

과정설은 다원화된 선진국에서 일어나는 복잡한 이익의 조정과정을 거쳐 점증적으로 정책이 결정되는 과정을 전제로 하는 모형이다. 점증모형 혹은 다원주의모형이라고 할 수 있다. 공익이란 실체가 존재할 수 없고 소수의 관료가 공익을 일방적으로 결정할 수 없다고 본다. 또한 공익에 대한 역할이 소극적이라고 주장하여 소극설이라고도 한다.

비판점은 과정설은 공익을 선험적인 것으로 보지 않고 다양한 이해관계의 민주적 조정과정을 거치는 것으로 인정하므로 다원적 민주주의에 도움을 준다. 그러나 다양한 이해관계의 경합이 자동적으로 조정되어 공익이 된다는 논리적 한계가 있으며, 실제 정책과정에서 조직화되지 못하는 소수의 의견은 반영할 수 없게 된다는 비판이 있다.

표 4-2	실체설과 과정설의 비교						
실체설	적극설	전체주의	선험적	공익≠사익합	합리모형	개도국	권위주의
과정설	소극설	개인주의	경험적	공익=사익합	점증모형	선진국	다원주의

2) 정 의

정의(justice)란 '분배적 정의'를 의미하는 것으로, 사회 구성원이 자신이 향유해야 할 사회적·경제적 가치의 응분의 몫을 누리는 상태를 의미하며, 형평성과 연관 되어 있다.

롤스(J. Rawls)는 극단주의와 자유주의의 중도적 입장에서 '원초적 자아'와 '무지의 베일'이라는 가상적 개념으로부터 정의의 두 가지 원리를 경험적으로 도출하였다.

정의의 제1원리는 동등한 자유의 원리(equal liberty principle)로 다른 사람의 동일한 자유와 상충되지 않는 범위 내에서 최대한으로 자유에 대하여 동등한 권리를 가진다는 것으로 정치적 자유, 언론·출판의 자유, 양심의 자유 등이 이에 해당된다.

정의의 제2원리는 정당한 불평등의 원리로 기회균등의 원리(equal opportunity principle)와 차등조정의 원리(difference principle)가 있다. 먼저 기회균등의 원리는 직무와 직위는 모든 사람에게 공정하게 개방되어야 함을 의미한다. 차등조정의 원리는 불평등의 시정은 가장 불리한 입장에 있는 사람에게 최대한 이익이 되도록 조정되는 경우에만 정당하다는 원리이다. 원리 간의 관계는 제1원리가 제2원리에 우선하며, 제2원리 중에서도 기회균등의 원리가 차등조정의 원리에 우선한다.

비판점으로는 사회전체 후생의 희생 위에서 약자의 이익만을 배려하고 있어 공리주의와 충돌이 발생하며, 무지의 베일 등 현실성이 없는 가정 위에서 연구가 진행되었고, 구체적인 실천전략이 제시되지 않고 있다.

3) 사회적 형평성

(1) 의 의

　형평성은 정부 서비스가 시민 혹은 주민들에게 균형 있게 배분되는 것을 의미하며, 행정학은 공공부문을 다루는 학문이므로 사회적 형평성이 중요하게 다루어진다.

　사회적 형평성(Social equity)이란 정치·경제·사회적으로 불리한 입장에 있는 소외계층을 위해 보다 나은 행정서비스를 제공하고자 하는 이념으로 1970년대 신행정론자들에 의해 주장되었다. 이러한 형평성은 공공서비스의 평등성과 정책 결정과정에서의 책임성을 의미한다. 사회적 형평은 실체적 성격보다는 당위적 성격을 가지고 있고, 그것의 내용은 도덕적 영역에 속한다. 또한 사회적 형평성은 가치중립적 개념이라기보다는 사회가 나가야 할 이상적인 방향의 제시와 관련된 인본주의를 기본이념으로 한다는 점에서 공익, 정의와 같이 매우 규범적인 이념이다.

(2) 대두배경

　사회적 형평성은 1960년대 후반 신행정론의 등장과 함께 강조되었다. 신행 정론은 당시 미국사회가 직면하고 있던 사회문제인 월남전의 실패, 인종문제, 소수민족문제, 기성세대와 신세대의 단절 등으로 인해 행정학의 적절성과 실행을 강조하면서 등장하였다. 이때 신행정론은 의미 있는 참여와 고객중심의 행정, 가치지향적 관리, 비계서적 조직, 개방체제이론과 함께 사회적 형평성을 강조하였다.

(3) 형평의 기준 및 내용

① 욕구이론(필요기초이론)

　욕구이론(필요기초이론)은 인간은 자신의 능력이나 실적과 관계없이 인간의 최소한도의 기본적인 욕구나 필요에 따라 충족되어야 한다는 입장이다. 인간은 누구나 존경, 위엄, 자유에 대한 권리가 있으며, 이러한 권리들은 기본적 욕구가 충족되지 않으면 향유될 수 없다는 것이다. 사회주의자들의 견해에서 비롯된 것이지만 최근에 자유주의자들도 수용한다. 이러한 욕구이론은 평등이론과 실적이론의 절충적 성격을 가지는 이론으로 롤스(Rawls)의 정의의 개념에 기초한다. 이러한 욕구이론의 예로는 연금제도, 보험제도, 실업수당제도, 생활보호, 공적부조, 최저임금 등이 있다.

하지만, 욕구이론은 재화나 가치는 한정되어 있는데 인간의 욕구는 무한하다는 점을 간과하고 있고, 욕구에 대한 개념이 곤란하다는 한계가 있다. 그럼에도 불구하고 인간의 기본욕구나 최저평등은 확보되어야 하므로 인간의 최저생활 확보를 위해서는 유용한 기준이라는 점에서 의미를 지닌다.

② 실적이론

실적이론은 모든 사람들에게 동일한 기회가 주어진 경우 그 다음의 실적의 차이와 능력의 차이로 인한 차등적 배분은 정당한 것이라는 입장이다. 이때 중요한 것은 기회균등이 보장되었느냐 하는 것이 진정한 형평의 기초라는 것이다. 자유주의자들이 지지하는 이러한 실적이론의 예로는 입시정책, 엘리트 교육, 경쟁규제정책 등이 있다. 하지만 실적이론은 현실적으로 사회구성원이 자신의 기여만큼 반대급부를 받지 못하고, 사회구조상 능력을 발휘할 수 있는 기회의 균등도 주어지지 못하고 있다는 점을 설명하지 못하는 한계가 있다.

③ 평등이론

절대적·획일적·기계적 평등을 중시하는 이론으로 인간의 존엄과 가치는 개인의 신분이나 능력, 특성 등에 관계없이 누구에게나 동일하다는 개념이다. 극단주의나 사회주의자의 입장으로 기회의 공평만으로는 소극적이므로 결과의 공평을 적극 실현해야 한다는 것이다.

평등에는 절대적 평등과 상대적 평등이 존재한다. 절대적 평등은 인간의 존엄성, 인간으로서의 자유와 가치 등에 중점을 두는 반면, 상대적 평등은 각자의 후천적 능력과 실적 및 기여도에 중점을 둔다.

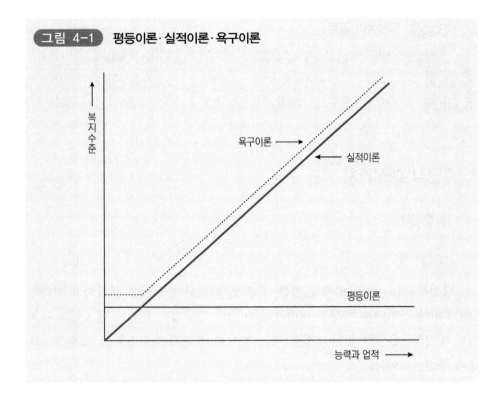

그림 4-1 평등이론·실적이론·욕구이론

④ 수평적 공평

'동일한 것은 동일하게 다룬다'는 의미로서 같은 처지나 여건에 있는 사람을 모두 동일하게 다루는 것이 공평하다는 관점이다. 누구에게나 동일한 기회를 제공한다는 자유주의자들의 입장으로 소극적·보수주의적 공평을 의미한다. 이러한 수평적 공평의 예로는 보통선거, 납세·국방의 의무, 도로통행료, 실적주의 (공개경쟁채용제도) 등이 있다.

⑤ 수직적 공평

'다른 것은 다르게 다룬다'는 의미로서 다른 처지에 있는 사람들은 각자 여건에 따라 다르게 다루는 것이 공평하다는 관점이다. 약자에게는 더 많은 기회를 제공한다는 사회주의자들의 입장으로 적극적·진보주의적 공평을 의미한다. 수직적 공평의 예로는 누진세, 임용할당제, 통행료 면제 등이 있다.

표 4-3	형평성의 종류				
평등이론	사회주의	결과의 공평	수직적공평	실질·적극적평등	누진세
실적이론	자유주의	기회의 공평	수평적공평	형식·절차적평등	비례세
욕구이론	사회주의·자유주의	절충	절충	절충	실업수당

4. 수단적 행정가치

1) 합법성

(1) 의 의

합법성(legality)이란 법에 근거를 두고 법에 의하여 공익을 실현해야 한다는 법치주의에 근거하는 행정을 의미한다. 이러한 합법성의 원리는 행정인의 자의적인 행정활동을 막아주는 역할을 하는 동시에, 보편적 공익실현을 도와주는 보조적 행정이념이다.

(2) 배 경

합법성은 19세기 법치국가 시대에서 특히 중요한 행정이념이었다. 자유민주주의적 근대입법국가 시대에는 국민의 의견을 대표하는 의회가 제정한 법에 의하여 행정권의 자의적인 발동을 억제함으로써 국민의 인권과 자유를 보장하는 데 법치주의가 중요한 역할을 하였다. 이를 통해 행정의 법적 안정성과 미래의 예측가능성을 확보할 수 있었다.

(3) 효용 및 한계

합법성은 현대 사회에 있어서도 매우 중요한 행정이념이다. 절차적 민주성과 투명성 확보를 위한 노력 등 수단적 가치로 중시되며, 행정의 안정성, 예측가능성, 통일성, 일관성, 공평성, 절차적 정당성을 높여준다.

한계점으로는 합법성을 지나치게 강조할 경우 행정의 창의성이 저하되며,

동조과잉, 소극적 법규만능주의, 행정편의주의, 경직성을 초래할 수 있다. 따라서 획일적으로 합법성을 강조하는 것보다는 상황에 따라 적절한 행정 재량권을 부여하는 법의 적합성과 합목적성을 잘 고려해야 할 것이다.

2) 능률성

(1) 의 의

능률성(efficiency)이란 투입(input)에 대한 산출(output)의 비율을 의미한다. 행정에서의 능률성은 최소의 비용으로 최대의 산출을 얻고자 하는 행정의 운영원리를 말하며, 이러한 능률성은 효과성과 함께 공익을 실현하는 수단적 행정원리이다.

(2) 배 경

현대 행정국가의 등장으로 행정기능이 확대·강화됨에 따라, 막대한 예산이 필요하게 되었으며 이는 조세부담의 증가로 이어졌다. 국민들은 급격한 담세 증가로 '보다 적은 세금으로 보다 많은 봉사'를 희망하게 되었고, 이는 행정에 있어서 제한된 자원의 이용, 즉 능률성을 요청하게 되었다. 또한 엽관주의의 폐해인 행정의 비능률과 예산낭비를 극복하기 위한 행정개혁운동으로 공공부문에 과학적 관리법의 도입도 배경이 되었다.

(3) 능률의 유형

① 기계적 능률

기계적 능률이란 정치와 행정을 분리하고 행정을 경영과 동일하게 여겼던 정치·행정이원론과 과학적 관리론 시대의 산물이며, 이는 능률을 금전·수치적으로 파악하고 대차대조표적, 기계적·물리적·금전적 측면만을 강조하는 능률을 의미한다.

② 사회적 능률

사회적 능률이란 정치·행정일원론과 인간관계론을 배경으로 주장된 개념이다. 사회적 능률은 인간가치의 충족과 사회목적의 실현 등을 중시하는 인간적 능률을 의미한다.

하지만 사회적 능률은 기계적 능률을 토대로 제고될 수 있기 때문에 행정의 사회적 목적 실현은 기계적 능률성의 제고를 통한 생산성의 향상 없이는 기대하기 어렵고, 또한 사회적 목적 실현이 없다면 기계적 능률은 존재의의가 저하된다. 따라서 기계적 능률과 사회적 능률성은 대조를 이루는 것처럼 보이지만, 서로 상치되는 개념이 아니라 상호 보완되는 개념이라고 할 수 있다.

(4) 한 계

행정에서 능률성을 최대한으로 달성하기 어려운 이유는 행정의 공익 실현에는 기업의 영리추구와는 달리, 투입과 산출을 계량적으로 측정하기가 어렵기 때문이다. 능률의 지나친 강조는 계량이 가능한 산출물에만 관심을 집중하는 등 기계적 능률만을 강조할 우려가 있다. 따라서 공행정 영역에서는 수단적인 능률성보다 상위이념이라고 할 수 있는 민주성, 공익성, 형평성 등 본질적 행정이념이 우선적으로 고려되어야 하며, 본질적 행정이념이 전제되지 않은 능률성의 무차별적 행정적용은 주의하여야 한다.

표 4-4 기계적 능률과 사회적 능률

구 분	기계적 능률	사회적 능률
행정이론	과학적 관리론, 관료제이론	인간관계론, 통치기능성
유사개념	대차대조표적, 수치적, 금전적, 물리적, 양적, 단기적, 몰가치적, 객관적, 사실적, 좁은 의미의 능률	인간적, 대내적, 상대적, 장기적, 발전적, 가치적, 질적, 합목적적, 넓은 의미의 능률
대두요인	행정기능 확대·변동 및 과학적 관리론의 영향	과학적 관리론 및 인간 기계화에 대한 노조의 반대
비판	인간적 가치 무시	능률개념의 모호성
학자	Gulick(절약과 능률)	E. Mayo, M. E. Dimock

3) 민주성

(1) 의 의

행정의 민주성(democracy)은 정부와 국민과의 관계, 관료제 내부의 의사결정 측면으로 구분해 볼 수 있다. 첫째, 행정과 국민과의 관계측면에서의 민주성은 행정이 국민의 의사를 존중하여 국민의 요구를 수렴하고, 이를 행정에 반영함으로써 대응성을 제고하고, 책임행정을 구현하는 것을 의미한다. 이 경우 민주성은 대응성, 책임성, 책무성 등과 관련이 있다.

둘째, 행정 내부 의사결정 측면에서 보면 민주성은 행정조직 내부의 민주화를 의미한다. 이를 위해 조직인을 기계적·합리적·경제적 존재로 보는 과학적 관리론과 달리 인간을 비합리적·정의적·사회적 존재로 보는 인간관계론적 접근이 요구된다.

(2) 배 경

과학적 관리론에 의한 기계적 능률이 한계를 드러내자 1930년대 인간관계론과 정치·행정일원론자에 의해 제창된 사회적 능률개념이 민주성으로 발전하였다. 또한 1970년대 신행정론이나 최근 신공공서비스론 등 인본주의 행정에서도 강조되고 있는 이념이다.

(3) 행정의 민주화 방안

① 대외적 민주화

첫째, 행정윤리의 확립이다. 절차 및 규제의 간소화로 부패를 방지하고 국민에 대한 봉사의 자세를 확립해야 한다. 둘째, 행정구제제도의 확립이다. 이를 위한 제도로 행정쟁송, 행정절차법, 입법예고제 등이 있다. 셋째, 공개행정의 강화이다. 행정 PR과 정보공개제도의 활성화로 행정의 투명성을 확보해야 한다. 넷째, 행정참여와 행정통제의 강화이다. 이를 위해 입법·사법통제, 옴부즈만제도, 시민통제, 정책공동체, 시민공동체 등을 활성화 해야 한다.

② 대내적 민주화

첫째, 하의상달의 촉진이다. 이를 위한 방안으로 창안제도, 상담, 고충심사 등이 있다. 둘째, 민주적 리더십과 Y이론적 관리이다. 과업보다는 인간관계를 중시하는 민주적 리더십과 조직과 개인목표를 조화시키는 통합형 관리전략이 필요하다. 셋째, 참여와 분권이다. 정책결정과정에 구성원을 참여시키는 MBO나 분권화, 통솔범위 확대, 직무확충 등이 필요하다. 넷째, 탈관료제화이다. 계층구조의 완화, 애드호크라시 등 행정조직의 민주화가 요청된다.

4) 합리성

(1) 의 의

합리성(rationality)은 목표 성취에 부합되는 수단을 강구하고 이에 따르는 행위를 의미하는 것으로 합리성은 수단의 합목적성에 입각한 목적·수단의 연쇄(means-ends chain) 내지 목적·수단의 계층제에 기초를 둔 개념이다.

(2) 합리성의 종류

① 맨하임(K. Mannheim)의 이론

첫째, 실질적 합리성은 충동이나 본능이 아닌 지적 통찰력을 나타낼 수 있는 이성적인 사고 작용을 중심으로 특정 상황에 있어서의 여러 사건이나 구성요인 간의 상관관계를 밝히는 것을 의미한다.

둘째, 기능적 합리성은 일반적인 개념으로 목표달성을 위한 수단적 적합성을 말하는 것으로 수단이 목표성취에 순기능을 할 때에 나타나며, 베버(M. Weber)의 형식적, 수단적 합리성과 유사하다.

② 사이몬(H. A. Simon)의 이론

첫째, 내용적 합리성은 효용이나 이윤의 극대화를 가져오는 가장 효율적인 행위를 말하는 경제학적 개념으로 행정의 내용적(실질적) 합리성 여부는 목표성취에의 기여여부에 달려있다.

둘째, 절차적 합리성은 의식적인 사유과정을 말하는 심리학적 개념으로 어떤 행위가 의식적인 사유과정의 산물이거나 인지력과 결부되어 있다는 것으로 사이몬(H. A. Simon)은 의사결정의 만족모형에서 이러한 합리성을 중시, 결과보다는 인지적·지적 과정을 중시하는 합리성을 의미한다.

③ 베버(M. Weber)의 이론

첫째, 이론적 합리성으로 현실에 대한 지적 이해, 상징, 연역과 귀납, 인과관계의 규명, 이지적 사유과정 등 추상적 기준에 의한 합리성을 의미한다.

둘째, 실제적 합리성으로 주어진 목표성취를 위한 가장 효과적인 방법을 의미한다.

셋째, 실질적 합리성으로 주관적이고 포괄적인 가치를 표준으로 하는 행위를 의미한다.

넷째, 형식적 합리성은 과학적·경제적·법률적 영역과 연관된 합리성으로 보편적 법과 규정에 따른 수단과 목적접근을 중시한다.

④ 디싱(P. Diesing)의 이론

첫째, 기술적 합리성으로 적합한 수단, 목적 수단의 연쇄관계 내지 계층적 구조를 핵심으로 하고 있다.

둘째, 경제적 합리성으로 비용과 편익을 측정·비교하여 목적을 선택·평가하는 과정의 합리성이다.

셋째, 사회적 합리성으로 사회체제 구성요소 간의 조화 있는 통합성을 의미한다.

넷째, 법적 합리성으로 대안들의 합법적 정도를 의미한다.

다섯째, 정치적 합리성으로 정책결정구조의 합리성을 의미하며, 가장 영향력이 크고 비중이 높은 중요한 합리성으로 정책결정구조가 개선될 때 나타난다.

5) 효과성

⑴ 의 의

행정의 효과성(effectiveness)이란 목표달성도를 의미한다. 이는 행정내부 과정에서의 경제성을 의미하는 능률성과는 달리 외부와의 관계까지를 포함한 개념이다. 1960년대 들어와 발전행정론에 의해 행정에 있어서의 발전·변화의 문제가 중요시됨에 따라 행정조직의 존립·적용이라는 현상유지의 정태적 이념보다는 변화·발전을 창조해 가며 국가발전목표를 중시 여기는 동태적 새 이념으로 등장하였다.

⑵ 효과성 평가모형

① 목표모형

효과성은 조직의 성공도를 측정할 수 있는 유일한 기준이며, 목표의 측정이 가능하다고 보는 고전적인 입장이다. 이는 외부환경과의 관련성을 고려하지 않은 폐쇄적인 모형이라고 할 수 있는데, 이의 대표적인 예로는 목표에 의한 관리(MBO: management by objectives)가 있다.

② 체제모형

목표달성만이 조직의 유일한 기능은 아니라는 현대행정의 개방체제적인 입장이다. 이는 조직의 기능은 목표달성 뿐만 아니라 적용기능, 체제유지 및 통합기능 등이 종합적으로 이루어져야 한다는 개방적인 모형이라고 할 수 있다. 이의 대표적인 예로는 체제적 관점에서 환경에 대한 조직의 생존과 적응을 중시하는 조직발전(OD)가 있다.

⑶ 한 계

행정의 효과성은 행정목표의 무형성과 유동성 등으로 인하여 측정이 용이하지 않다. 행정목표가 무형성이 높다는 것은 실제 행정 운영은 유형목표 혹은 하위목표에 의존할 수밖에 없으므로 행정의 효과성 측정을 지나치게 강조하게 되면 목표와 수단의 도치현상(수단의 목표화)이 발생하게 된다. 또한 효과성만을 강조하여 행정목표의 계량화에 치우치게 되면 계량화 할 수 없는 질적 행정목표는 경시하게 되어 목표의 왜곡현상이 발생하게 된다.

6) 가외성

(1) 의　의

가외성(redundancy)은 초과분, 중첩, 남은 부분, 여분으로 무용하고 불필요한 것으로 보이지만, 현대사회에서 예측하지 못한 행정수요가 발생할 경우 적응의 실패를 예방함으로써 행정과 조직에 대한 신뢰성을 제고시킨다. 즉 가외성은 실패에 대비하기 위한 신뢰성 확보 차원에서 주장한 행정이념이다. 가외성의 대표적인 예로는 권력분립, 분권화, 법원 삼심제도, 양원제, 계선과 막료 등이 있다.

(2) 특성과 본질

① 중첩성(overlapping)

기능이 여러 기관에 배타적으로 분할되어 있지 않고 혼합적으로 수행되는 상태를 의미한다. 행정기관의 상호 의존성을 띠면서 기능을 공동으로 관리하는 현상을 말한다.

② 반복성(duplication)

동일한 기능을 여러 기관들이 독자적인 상태에서 수행하는 것을 의미한다.

③ 동등잠재력(equi-potentiality)

기관 내에서 주된 조직단위 기능이 작동되지 않을 때 다른 보조적 단위기관들이 주된 단위의 기능을 인수해서 수행하는 것으로 여유분에 해당된다.

(3) 효　용

첫째, 신뢰성의 증진이다. 가외성은 안정된 상황보다 위기상황이나 불확실한 상황에서 행정의 신뢰성을 증진시키려는 가치이다.

둘째, 오류의 최소화이다. 정보나 지식 및 정책결정체제의 불완전성에 대비할 수 있다.

셋째, 목표의 전환을 완화할 수 있다. 주된 조직이 기능을 수행하지 못할 때 보조기관이 이를 대신하는 등전위현상으로 수단과 목표가 뒤바뀌는 현상을 막아준다.

7) 생산성

생산성(productivity)은 1970년대 오일쇼크 이후 감축관리론 및 신공공관리론에서 재정적자와 정부실패를 해결하고 국가경쟁력 제고와 성과중심의 행정을 위해 등장한 이념이다. 전통적 개념은 능률성과 동의어로서 사용되나 오늘날 공공행정부문의 생산성은 최소의 비용과 노력으로 최대의 산출을 얻으면서도 산출물이 당초의 목표를 어느 정도 달성했는가를 나타내는 능률성과 효과성을 합한 개념으로 사용된다.

생산성 측정의 효용으로는 행정서비스의 향상과 행정절차의 개선, 인력수급계획과 고용예측의 합리화, 동기부여의 개선과 조직 활력의 강화, 조정과 통제메커니즘의 개선 등이 있다.

공공부문에서 생산성 측정이 어려운 이유는 명백한 공적 산출물의 단위가 없으며, 명백한 생산함수가 존재하지 않고, 행정목적의 다양성과 무형성, 행정기관 간 연계성, 정보나 자료의 결핍, 비용과 수익의 절연 등이 있다.

8) 신뢰성

(1) 의 의

신뢰성(credibility)이란 1990년대 투명성과 함께 강조되는 가치로 정부의 정책 등 행정활동이 국민에게 믿을 만한 것으로 비쳐 행정의 예측성을 높이는 역할을 한다. 또한 정부와 국민 간의 일체감을 이루는 것을 의미한다. 즉 행정에 대한 국민의 신뢰이며, 국민을 위한 행정(내용적)이어야 하고, 정책에 대한 예측가능성 (절차적)이 높아야 한다.

(2) 신뢰의 기능

① 순기능

첫째, 정부에 대한 신뢰가 높을 경우 정책순응도가 높아 의도한 정책효과를 거둘 가능성이 높다. 둘째, 사회적 신뢰는 시장경제를 발전시키며, 감시와 거래 비용의 감소, 거래에 대한 이행, 통제, 감시의 수단이 될 수 있다. 셋째, 신뢰는 사회적 자본으로서 자발적 협력과 참여를 유인하여 집단행동의 딜레마를 극복해줄 수 있는 원천이 된다.

② 역기능

정책에 대한 지나친 신뢰는 정책대안에 대한 비판적 검토를 부족하게 하며, 신뢰가 충만할수록 기회주의적 행동의 가능성이 커져 정보격차의 역기능이 더 커질 수 있다.

9) 투명성

투명성(transparency)은 정부의 의사결정과 집행과정이 정부 외부에 명확하게 공개되어야 한다는 것을 의미한다. 투명성은 단순히 정보공개의 소극적 개념이 아닌 정부 외부에 존재하는 모든 사람들에게 정보에 용이하게 접근할 수 있는 권한을 보장해야 한다는 적극적 개념까지 내포하고 있다. 또한 투명하고 공개적인 행정을 통해 공무원의 부정부패를 방지할 수 있고, 나아가 행정의 생산성과 성과를 제고하는 데에도 기여할 수 있다. 이러한 측면에서 투명성의 확보는 공직자의 청렴성을 위한 최소한의 전제조건이라고 할 수 있다.

1. 공직부패

1) 공직부패의 의의

공직부패(corruption)란 '공직에 종사하는 자가 자신의 직무와 직·간접적으로 관련된 법규나 도덕규범에 반해 주어진 권력을 불법·부당하게 행사하여 사익을 추구하거나 혹은 공익을 침해하는 행위'를 말한다. 공직부패의 개념에서 가장 중요한 것은 '권력의 불법·부당한 행사'와 '공익의 침해' 두 가지이다. 공직부패와 관련하여 우리나라 「공직자윤리법」은 재산등록·공개, 선물신고, 퇴직공무원의 취업제한 등 공무원의 이익상충 문제를 포괄적으로 규정하고 있다. 이익상충이란 공무원이 공익을 추구해야 하는 공직자로서 자신에게 부여된 책임과 달리 한 개인으로서 직위와 권력을 남용하여 자신의 사적이익을 추구하는 문제를 말한다. 따라서 공직자의 이익상충 문제를 통제하는 것은 공직부패 문제에 있어 가장 핵심이라고 할 수 있다.

(1) 공무원의 겸직제한

공무원의 이익상충 회피를 위한 '겸직제한 문제'를 국회의원을 중심으로 살펴보면, 「국회법」은 일부 공직과 공공기관의 임·직원에 대한 겸직금지를 제외하고는 국회의원의 기업·단체 임직원 겸직을 원칙적으로 허용하고 있다(제92조). 이에 따라 국회의원 겸직비율이 다른 국가에 비해 상대적으로 높다.

겸직의원 증가는 국회의 전문성 강화 및 의정활동 활성화에 부정적 영향을 미칠 수 있기 때문에 이에 대한 대책마련이 필요하다. 현대 의회는 시민의회가 아닌 전문가 의회를 지향한다는 점에서 겸직의 원칙적 금지가 필요한 것이다. 더욱이 현행 제도로는 이해관계가 있는 상임위 배정을 제한하기가 어렵다는 점에서 국회의원 겸직금지를 원칙적으로 강화할 필요가 있다.

외국에서는 의원겸직이 엄격히 제한되고 있다. 영국의 경우 의원겸직은 허용되지만 겸직사항을 반드시 신고하고 일반에 공개해야 한다. 미국의 경우 상원 의사규칙 제37조(이해의 상충)는 보수를 받고 상사, 조합, 협회 또는 회사의 구성원이 되는 것을 원칙적으로 금지하고 있고, 기업, 조합, 협회 또는 회사에 자신의 이름을 사용하는 것도 금지하고 있으며, 변호사 자격을 갖춘 의원은 윤리규범상 사건을 수임하지 못하도록 제한하고 있다.

프랑스의 경우도 선거법에서 민간 및 국영기업의 이사장, 사장, 부사장, 이사, 자문역 등을 겸직하지 못하도록 규정함으로써 국회의원 겸직을 원칙적으로 제한하고 있다. 그 밖에 벨기에도 공공기관에 고용된 변호사는 의원이 될 수 없도록 제한하고, 독일 연방의원법률 제44조를 통해 일정액 이상의 수익 및 기부금을 신고하도록 하고 변호사 겸직의원은 수임료가 일정액 이상이면 의장에서 수임사항을 신고하도록 규정함으로써 의원의 겸직을 엄격히 제한하고 있다. 일본은 우리와 유사하지만 국회법에 규정이 있는 경우를 제외하고 원칙적으로 다른 공직의 겸직을 제한한다는 점에서 차이를 보인다.

(2) 주식보유 및 거래제한 문제

공무원의 이익상충 방지와 관련된 두 번째 쟁점으로 관련주식 등의 보유 내지 거래제한, 백지신탁제도 문제 등이 있다. 국회의원의 주식보유와 관련해서 의원과 그 배우자의 주식을 매각하거나, 임기 동안 백지위임신탁을 하거나, 최소한 주식거래에 대해 윤리특위에 상세히 신고하고 윤리특위가 심사·제재하는 방안 등이 논의되었다. 또한 이와 관련하여 공직자재산공개제도를 개선하여 보다 체계화되고 정교화된 재산공개제도를 전면적으로 실시하자는 주장도 제기되었다. 즉 공개대상재산(소득, 자산, 부채, 증권거래, 부동산, 선물, 외부 직책에 따른 수입 등), 공개범위(배우자와 부양자녀 등), 실제가격, 위반 시 처벌조항 등을 보다 구체화하자는 것이다.

외국의 경우 국회의원을 포함한 공직자의 재산공개 및 등록의무와 함께 이해상충의 소지가 있는 주식 등의 신탁제도를 시행하고 있다. 미국은 「정부윤리법」 제102조 및 상원의사규칙 제34조(재무사항 공개신고서)에 따라 국회의원 본인은 물론 배우자와 피부양자녀의 재산공개 및 주식 등의 백지위임에 관해 상세히 규정하고 있다. 특히 주식 등의 백지신탁을 '블라인드 트러스트(blind trust)'[1]라고 하여 수탁기관이 최초에 신탁받은 재산을 다른 재산으로 전환하여 공직자가 자기 재산이 어떻게 됐는지 모르게 함으로써 이익충돌의 가능성을 원천적으로 봉쇄하고 있다.

2) 공직부패의 접근방법

공직부패는 다양한 요인에 의해 발생하기 때문에 이에 대한 접근방법은 여러 가지가 있다. 1960년대까지 기능주의적 입장은 공직부패를 국가발전과정의 초기단계에서는 어느 정도 순기능적인 역할을 수행하지만 국가가 성장하여 어느 정도 발전단계에 접어들면 소멸되는 것으로 논의하였다. 공직부패에 대한 기존의 접근방법은 크게 네 가지로 구분해 볼 수 있다.

첫째, 도덕적 접근법은 공직부패를 개인 행동의 결과로 이해하여 개인이나 소규모 집단이 공적 업무를 지배하는 법규를 침해한 경우, 부패의 원인을 이러한 행위에 참여한 개인들의 비윤리적 행위 탓으로 이해한다. 즉 개인의 성격 및 독특한 습성과 윤리문제가 부패 행태와 밀접한 관련이 있다고 보는 입장이다.

둘째, 사회문화적 접근법은 특정 국가의 특정 시대에 존재하는 지배적 관습이 부패를 조장한다고 보는 입장이다. 우리나라는 전통적으로 선물 관행이나 보은 의식과 인사문화가 있는데, 이를 공직부패의 원인으로 파악하는 것이 바로 사회문화적 접근의 일종이라고 할 수 있다.

---

1 한국에서는 '백지신탁제도', '폐쇄펀드'로 부른다. 미국에서는 고위 관료나 상하 양원 의원들이 국정을 수행하는 데 공정성을 기할 수 있도록 공직자의 재산을 공직과 관계없는 제3의 대리인에게 명의신탁하게 함으로써 자신 소유의 주식이라 할지라도 절대로 간섭할 수 없도록 제도화하고 있는데, 이 제도가 바로 '블라인드 트러스트'이다. 도덕적 위험(moral hazard)을 미리 방지하기 위해 미국의 고위 공직자들은 취임과 동시에 공직윤리규정에 따라 자신이 가지고 있는 유가증권을 블라인드 트러스트에 신탁해야 한다. 이후 공직에서 물러날 때까지 자신이 신탁한 재산이 어디에 어떠한 용도로 투자되었는지 물어볼 수조차 없도록 하고 있다. 한국에서는 2005년 11월부터 주식백지신탁 제도가 시행되어 국회의원을 포함한 고위공직자 본인과 배우자 등이 직무와 관련해 보유한 주식 총액이 3천만원 이상일 경우 주식을 매각하거나 백지신탁하도록 하고 있다.

셋째, 제도적 접근법은 사회의 법과 제도상의 결함이나 또는 이에 대한 관리기구들과 그 운영상의 문제들 또는 예기치 않았던 부작용들이 공직부패의 원인으로 작용한다고 보는 입장이다. 즉 제도적 접근법은 행정통제 장치의 미비와 같은 제도적 흠결이 대표적인 공직부패의 원인이라고 본다.

넷째, 체제론적 접근법은 공직부패를 어느 하나의 변수에 의해 설명하는 것이 아니라 문화적 특성, 제도적 결함, 구조적 모순, 공무원의 비윤리적 행태 등 다양한 요인에 의해 발생하는 것으로 이해한다. 이러한 관점에서 볼 때 공직부패는 부분적인 대응이 아니라 종합적인 대응이 요구된다고 할 수 있다.

3) 공직부패의 유형

(1) 부패의 발생수준: 개인부패와 조직부패

개인부패는 개인 수준에서 발생하는 것으로 대부분의 공직부패는 이러한 개인부패에 해당한다. 공무원이 담당직무를 수행하면서 금품을 수수하거나 공금을 횡령하는 등 개인적 일탈 수준에서 부패가 발생하는 것이다. 반면 조직부패는 하나의 부패사건에 여러 구성원이 집단적 또는 조직적으로 관련되어 발생하는 것이다. 개인부패에 비해 규모와 정도가 크며, 외부에 잘 알려지기 어렵다.

(2) 부패의 제도화 정도: 일탈적 부패와 제도적 부패

일탈적 부패는 개인적 부패에서 많이 발생하는 것으로 관행이나 구조적 요인보다 공무원 개인의 윤리적 일탈에 의해 발생하는 것을 말한다. 사회가 발전할수록 제도적 부패는 어느 정도 통제할 수 있지만 일탈적 부패는 여전히 상존할 가능성이 있다. 반면 제도적 부패는 '구조화된 부패'라고 불리며 정부의 업무수행 관행이나 구조적 요인에 의해 공직부패가 제도적으로 발생하는 것을 말한다. 가령 인·허가 업무 처리 시 소위 '급행료'를 요구하거나, 은행에서 자금을 대출받을 때 '커미션'을 지급받거나 소위 '꺾기'행위를 하는 것 등을 들 수 있다.

(3) 부패의 목적: 백색부패, 흑색부패

모든 공직부패가 부당하고 부정적 목적을 지니고 있는 것은 아니다. '선의의 거짓말'이 있듯이 공직부패에도 선의의 목적을 지닌 경우가 많다. 이러한 선의의 목적, 즉 공익을 추구하기 위해 어쩔 수 없이 발생되는 부패를 '백색부패'라고 한다. 반면 개인의 사적인 이익을 불법·부당하게 추구하기 위해 나타나는 경우를 '흑색부패'라고 한다. 그런데 어떠한 부패행위가 공적인 이익을 달성하기 위해 선의의 목적하에서 이루어진 것인지 아니면 개인의 사적 이익을 위해 이루어진 것인지를 명확히 구분하기 어렵기 때문에 윤리와 가치에 대한 고도의 판단이 요구된다.

(4) 부패의 원인: 생계형 부패와 권력형 부패

경제발전 초기에는 주로 공직부패가 생계를 유지하기 위해 발생하기 때문에 이를 '생계형 부패' 혹은 '귀여운 부패(pretty corruption)'라고 부른다. 아직도 아시아, 남아메리카 등 개발도상국가의 중하위직 공무원들은 적은 소득을 보충하여 생계를 유지하기 위해 이러한 생계형 부패가 만연해 있으며 일반 국민들도 이를 어느 정도는 당연한 관습으로 간주하는 경향이 있다. 반면 '권력형 부패'란 정치인이나 고위 공무원들이 자신의 권력을 유지하거나 혹은 자신의 권력을 남용하여 사적 이익을 추구하는 것을 말한다. 이는 생계형 부패와는 비교가 안 될 만큼 규모나 정도가 매우 심각하여, 사회적으로 큰 지탄을 받는다.

(5) 거래의 여부: 거래형 부패와 일방형 부패

가장 전형적인 공직부패의 수단은 '뇌물(bribe)'수수이다. 부패의 양 당사자들 간에 뇌물을 통해 공직자는 금전적 이익을 보고, 제공자도 이를 대가로 특혜를 받는 거래가 성립하기 때문에 이를 '거래형 부패'라고 한다. 이러한 거래형 부패인 뇌물에 대해 증뢰자와 수뢰자를 모두 처벌하는 것이 일반적이다. 한편 '일방형 부패'에 해당하는 공금 횡령, 사기 등은 양방 간의 거래가 아닌 공무원 개인에 의해 일방적으로 발생하게 된다.

2. 부패방지와 공직윤리 확립

1) 우리나라의 공직부패 방지제도

우리나라는 행정윤리의 구체적 내용을 「국가공무원법」의 공무원 복무규정이나 「공직자윤리법」, 공무원 취임선서와 복무선서, 공무원 윤리헌장 등을 통해 규정하고 있다. 「국가공무원법」과 「공직자윤리법」은 기본적으로 공직부패를 방지하기 위한 소극적 윤리를 강조한 반면, 취임선서와 복무선서, 공무원 윤리헌장 등은 국민에 대한 봉사와 충성, 창의성과 책임성 등 적극적 윤리를 강조하고 있다.

(1) 「공직자윤리법」과 공무원 윤리헌장

1981년 제정된 「공직자윤리법」은 공직자 및 공직후보자의 재산등록, 등록재산 공개 및 재산형성과정 소명과 공직을 이용한 재산취득의 규제, 공직자의 선물신고 및 주식백지신탁, 퇴직공직자의 취업제한 등을 규정함으로써 공직자의 부정한 재산 증식을 방지하고, 공무집행의 공정성을 확보하여 국민에 대한 봉사자로서 가져야 할 공직자의 윤리를 확립함을 목적으로 하는 법률이다(제정 1981. 12. 31. 법률 제3520호).

일정한 공직자는 재산을 등록할 의무가 있다. 본인·배우자·직계존비속의 재산을 포함하며, 범위와 표시 방법은 개별적으로 정하여진다. 공직자는 등록의무자가 된 날부터 1월 이내에 재산을 등록 기관에 등록하여야 하며, 변동 사항을 다음해 2월 말일까지 신고하여야 한다.

공직자 윤리위원회는 등록된 사항을 심사하여 허위·누락·오기가 인정되면 경고 및 시정조치, 과태료 부과, 일간신문을 통한 공표, 해임 또는 징계의 의결 요청 등의 조치를 취하여야 한다. 공직자 윤리위원회는 등록 사항과 신고 내용을 관보 또는 공보로써 공개하여야 한다. 또한 공직자 윤리위원회는 국회·대법원·헌법재판소·중앙선거관리위원회·정부·지방자치단체 및 특별시·광역시·도·특별자치도교육청에 각각 둔다. 공직선거후보자 등은 등록대상 재산에 대한 신고서를 제출하여야 한다. 등록 의무자는 그 직무상 알게 된 비밀을 이용하여 재물 또는 재산상 이익을 취득하여서는 안 된다. 누구든지 등록사항을 다른 목적으로 이용하여서는 안 된다.

공무원 등은 직무와 관련하여 외국인으로부터 선물을 받은 때에는 지체 없이 소속기관·단체의 장에게 신고하고 당해 선물을 인도하여야 한다. 신고된 선물은 국고에 귀속된다. 일정한 직급 또는 직무분야에 종사하였던 공무원 등은 유관 사기업체에의 취업이 제한된다.

또한 1980년 12월 제정된 공무원 윤리헌장은 충성과 봉사, 창의를 강조하는 행동규범을 천명하고 있다. 여기에는 공무원의 신조로서 국가에는 헌신과 충성을, 국민에게는 정직과 봉사를, 직무에는 창의와 책임을, 직장에는 경애와 신의를, 생활에서는 청렴과 질서 등 다섯 가지 행동지침을 제시하고 있다. 한편「국가공무원법」의 공무원 취임선서와 1981년 11월 전체 공무원을 대상으로 실시된 공무원 복무선서에는 국민에 대한 봉사자로서의 책임과 법령 준수 및 명령 복종, 그리고 창의와 성실을 강조하고 있다.

(2) 「부패방지법」과 공무원 행동강령

공직부패를 보다 효과적으로 예방하고 처벌을 강화하기 위해 2001년 「부패방지법」이 제정되었다. 동법은 첫째, 대통령 직속 부패방지위원회를 설치하여 부패방지에 대한 종합적 정책기능을 담당하도록 했다. 둘째, 부패행위를 인지하여 신고한 조직구성원에 대한 적극적 보호와 보상을 목적으로 하는 내부고발자(whistle blower)보호제도를 도입하였다. 셋째, 국민감사청구제를 규정하여 공공기관의 사무처리에 대해 국민이 연서를 통해 감사를 청구할 수 있도록 하였다. 한편「부패방지법」제8조에 근거하여 2003년 2월 '공무원의 청렴유지 등을 위한 행동강령'이 제정되었다. 공무원 행동강령은 공직자가 준수해야 할 바람직한 행동의 기준을 규정하고 있다.

(3) 부정청탁 및 금품 등 수수의 금지에 관한 법률

일명 「김영란법」이라고 하는 동법은 2011년 6월 김영란 당시 국민권익위원장이 처음 제안하였고, 법안 통과는 이듬해 8월 국민권익위원회가 입법예고한 지 2년 7개월 만인 2015년 3월 3일 이뤄졌다. 2015년 3월 27일 제정된 이 법은 1년 6개월의 유예 기간을 거쳐 2016년 9월 28일부터 시행되었다.[2]

「부정청탁 및 금품 등 수수의 금지에 관한 법률」에 따라 앞으로 공직자뿐 아니라 기자 등 언론사 종사자, 사립학교와 유치원의 임직원, 사학재단 이사장과 이사는 직무 관련성이나 대가성에 상관없이 본인이나 배우자가 100만 원을 넘는 금품 또는 향응을 받으면 무조건 형사처벌을 받는다. 특히 법 적용 대상 가족 범위가 과잉 입법 등의 우려를 고려해, 배우자로 한정되면서 법 적용 대상은 1800만 명에서 300만 명으로 줄어들게 되었다.

구체적으로 법안 대상자들이 1회 100만 원(연 300만 원)을 초과하는 금품을 수수하면 형사처벌(3년 이하의 징역 또는 5배 이하의 벌금)을 받게 된다. 다만, 100만 원 이하의 금품을 수수했을 경우에는 직무 관련성이 있을 때에만 금품가액의 2~5배 이하의 과태료를 부과하도록 했는데, 이 경우에도 한 명에게 연 300만 원을 넘게 금품을 수수하면 형사처벌이 가능하다. 가족의 경우 배우자가 공직자 직무와 관련해 금품을 받을 경우에만 처벌 대상으로 규정하고 있다. 액수 적용은 공직자의 경우와 동일하지만 이 경우에도 처벌 대상은 가족이 아니라 공직자 본인이다. 또한, 공직자가 직무와 관련해 배우자가 100만 원이 넘는 금품을 받은 사실을 알고도 신고하지 않으면 처벌받게 된다.

아울러 공직자가 법에서 규정한 15가지 유형(인·허가, 처벌 감경, 인사·계약, 직무상 비밀 누설, 평가, 감사·단속, 징병검사 등)의 부정청탁을 받아 직무를 수행할 경우 형사처벌을 받게 된다. 다만, 공개적으로 공직자에게 특정행위를 요구하거나, 정당과 시민단체 등이 공익 목적으로 의견을 제안 및 건의하는 등 7개 예외사유에

---

2 국민권익위원회는 11일 정부세종청사에서 전원위원회를 열어 '부정청탁 및 금품 등 수수의 금지에 관한 법률'(청탁금지법·김영란법) 시행령 개정안을 심의·의결했다. 청탁금지법 시행령 개정안은 공직자 등이 원활한 직무수행, 사교·의례, 부조 목적으로 제공받을 수 있는 음식물(3만 원), 선물(5만 원), 경조사비(10만 원)의 범위를 변경했다. 개정안은 공직자 등이 받을 수 있는 선물 가액을 5만 원으로 유지하되 농축수산물 원재료를 전체 중량의 50%를 넘게 사용한 경우 10만 원까지 받을 수 있도록 했다. 공직자 등이 현금으로 받을 수 있는 축의금, 조의금 등 경조사비는 기존 10만 원에서 5만 원으로 축소시켰다. 다만 화환은 10만 원까지 제공받을 수 있고, 음식물 상한액은 기존 3만 원으로 유지한다.

포함되면 부정청탁으로 처벌받지 않는다.

「부정청탁 및 금품 등 수수의 금지에 관한 법률」에서는 법안 제5조에 '선출직 공직자·정당·시민단체 등이 공익적 목적으로 제3자의 고충민원을 전달하거나 법령 개선을 제안하는 경우'에는 적용을 배제하고 있어 정치인에 대해서는 예외적인 조항을 만들었다는 비난이 제기되고 있다. 또 사립학교의 교직원과 언론인 등 민간 영역까지 규제하는 것은 검찰권 남용이자 위헌이라는 의견도 있다. 특히 일부 비판언론에 대한 정부와 수사기관의 표적수사 가능성 등 언론자유 축소 우려도 제기되고 있다. 아울러 시민단체(NGO)와 변호사·의사·회계사 등 전문직들이 적용 대상에서 제외되어 형평성 논란도 일고 있다.

2) 국제적 부패방지활동

공직부패로 인한 국가·사회적 폐해가 심각하기 때문에 모든 국가는 공직부패를 엄격하게 통제하고 있고 국제사회에서도 이를 매우 강력하게 규제하기 위해 노력하고 있다. 즉 공직부패는 사회구성원들의 준법정신을 약화시킬 뿐 아니라 모든 사회적 거래의 공정성과 투명성을 약화시켜 거래비용을 증가시키며, 사회전반에 걸쳐 각종 불법과 탈법을 조장하는 문제를 초래할 수 있다.

이러한 공직부패의 심각성을 알리고 이를 통제하기 위한 국제사회의 노력은 점차 확대되고 있는데 대표적으로 독일의 반부패 시민단체인 '국제투명성기구(Transparency International: TI)'는 1995년부터 부패인식지수를 통해 각 국가의 공직부패정도를 매년 발표하고 있다. 이는 부패 정도에 대한 전문가들의 인식조사결과를 취합하여 표준화한 수치로서 100점 만점 중 30점 이하이면 부패한 국가이고 70점 이상이면 상대적으로 투명한 국가로 분류하고 있다. 핀란드, 덴마크, 뉴질랜드 등 서구 국가의 투명성이 대체로 높고, 아시아에서는 싱가포르의 투명성이 가장 높다. 우리나라는 2021년에 62점, 2022년 63점을 획득해 조사국가 180개국 중 31위를 획득하였다.

3) 공직윤리 확립방안

행정윤리는 강제성보다는 자율성, 문화성 등의 특성을 지니기 때문에 공직윤리를 강화하기 위한 방안은 다양한 관점에서 접근할 필요가 있다.

첫째, 정부의 투명성 확보가 무엇보다 중요하다. 윤리문제는 불투명한 행정과정에 의해 발생하기 때문이다. 이와 관련하여 현재 「정보공개법」이 마련되어 있고, 정책실명제가 실시되고 있지만 아직까지는 실효성이 낮은 것으로 평가되고 있다. 「정보공개법」의 경우 정부가 이를 소극적으로 활용하고 있어 이를 보다 획기적으로 개정하여 국민들에게 정부의 행정정보를 보다 투명하게 공개하고, 국민들이 이에 쉽게 접근할 수 있도록 할 필요가 있다.

둘째, 각종 공직윤리관련 법제도의 정비가 필요하다. 자율적 실천에 의한 공직윤리 확립도 가능하지만, 관련 법률과 제도를 체계적으로 정비하여 공직부패예방효과를 제고할 필요가 있다.

셋째, 공직윤리 확립을 위한 내부 윤리관리시스템의 개선이 요구된다. 윤리는 공무원 개인만의 문제가 아니라 조직 차원에서 체계적으로 대응해야 할 필요성이 높아지고 있다.

넷째, 공무원 재량권에 대한 재검토가 필요하다. 윤리문제는 특히 공직자가 행사하는 불투명하고 불명확한 재량권 행사에 의해 발생할 소지가 크다. 물론 이러한 윤리적 문제를 초래하는 부적절한 재량권 행사는 공무원들의 의사결정이나 행동의 근거가 되는 법령이 제대로 정비되어 있지 않기 때문이다.

[제 3 절] 정부개혁

1. 정부개혁의 이론과 전략

21세기 포스트 모던(Post-modern)시대를 맞으면서 국제적 금융위기와 국내적 경기침체에 효율적으로 대응하기 위하여 세계각국은 대대적인 정부차원의 개혁을 추진해 오고 있다. 미국의 클린턴 정부는 "상식에 의한 정부"(Common Sense Government)를 표방하면서 정부의 재창조(reinventing government)를 위한 다방면의 개혁을 추진해 왔고, 영국의 경우 1980년대의 대처(M. Thatcher) 정부와 그 뒤를 이은 메이저(J. Major) 정부의 시장지향적 정부구현을 위한 CCT(Compulsory Competition Tendering)정책, 규제완화정책, 공공서비스의 분권화, 행정의 민간위탁, 시민헌장 등 다양한 개혁정책을 추진해 왔다. 통일 후의 독일은 연방정부체제의 구축, 행정인력의 감축, 엘리트계층의 대체와 이동, 구동독지역의 경제발전 등을 위한 정부의 개혁적 노력이 추진되고 있고, 일본의 경우 정부파괴라고 할 만큼 대대적인 정부축소작업을 추진하고 있으며, 공공규제의 완화와 철폐, 획기적인 지방분권화를 추진하고 있다. 그 외에도 정부의 이념이나 정당의 성분여하에 불구하고 호주, 싱가포르, 스웨덴, 네덜란드, 뉴질랜드 등 많은 나라에서는 새로운 국내외적 환경변화에 대응하고 국가의 경쟁력 제고를 위한 다양한 개혁을 단행하고 있다.

이들 각국 정부의 개혁조치들은 대체로 다음과 같은 내용과 방향을 지니고 있다. 첫째, 정부의 기능에 시장경제적 원리를 적용함으로써 경쟁개념의 도입, 기업형 정부와 시장민주주의(Market Democracy)를 지향하고 있다. 둘째, 정부의 고객인 시민제일주의와 고객지향적인 공공서비스, 시민헌장의 행동계획화를 추진하고 있으며, 셋째, 상식을 중시하는 센스있는 정부, 규칙보다는 결과를 중시하는 행정, 사명의식을 지닌 정부를 구현코자 하고 있다. 넷째, 공공규제의 완화와 철폐, 행정의 분권화, 공공조직의 축소 내지 적정화, 계층구조의 평면화와 피라미드구조의 원형화 등을 지향하고 있으며, 다섯째, 영기준 개혁, 행정의 창조적 파괴, 정부기능의 공정성, 투명성, 책무성, 융통성, 반영성 증대와 정부기능의 세계화, 정보네트워크 구축, 전자민주주의와 사이버행정 등을 추진하고 있다. 여섯째, 공공업무의 민간위탁, 행정의 민영화와 계약행정, 행정수혜자의 권한제고 등을 추진하고 있으며, 일곱째, 이를 통해 정부의 신뢰성과 윤리성을 제고시키고자 하고 있다.

최근 이들 각국의 개혁정책은 특히 세계화와 지방화 현상의 강조와 함께 작은 정부, 분권화, 개방화, 정보화 등을 강조하고 있다. 국내외적 전환기시대에 출범하게 되었던 문민정부나 국민의 정부 역시 그 출범부터 다양한 개혁의 필요성을 주장해 왔다. 신한국 창조나 제2건국, 안정 속의 개혁, 경제재건과 외환위기극복 등 다양한 구호를 내걸고 개혁정책을 추진해 왔다. 이처럼 한국의 경우 어느 정부나 집권초기에는 변화와 개혁을 강조함으로써 사회 전영역에 대한 개혁을 추진해 왔다. 그러나 정부의 이러한 개혁조치들은 그 개혁의 추진세력들이 스스로 안고 있는 한계와 개혁안의 입안과정상의 문제점 그리고 개혁내용상의 문제점들로 인하여 출발당시의 의욕과는 거리가 먼 결과를 가져오고 말았던 것들이 적지 않았다. 특히 지방정부의 개혁에 관한 한 어느 정부도 바람직한 결과를 가져오지는 못했다.

2. 정부개혁의 의의와 개혁이론

1) 개혁의 의의와 촉진요인

개혁(reform)이란 현재의 상태로부터 보다 나은 상태나 방향으로 유도하려는 의도적, 계획적인 변화를 의미한다. 따라서 정부의 개혁활동은 정치행정, 사회경제의 제 분야에 걸쳐 정부의 구조·기능변화, 제도개선, 새로운 정책, 기술, 법의 채택·적용과 공직자와 국민의 가치관, 신념, 태도 등을 변화시켜 개인, 조직, 사회의 발전을 도모함으로써 궁극적으로는 국가발전을 촉진시키려는 것이다. 즉 정부가 추진하는 개혁이란 정부의 변동대응능력을 증진시키고 정부활동의 생산성을 향상시키기 위한 새로운 아이디어를 창안하여 이를 체계적으로 실천하는 것이라 할 수 있다. 이러한 정부의 개혁활동을 촉진하는 요인은 특정 국가의 정치이념과 체제의 성격, 역사적·문화적 특성, 정치행정 및 경제발전의 수준에 따라 다양하며, 두 개 이상의 요인들이 복합적으로 작용하는 경우가 보통이다.

일반적으로 개혁의 동기나 촉진요인으로 지적되고 있는 것으로는, 첫째 정치지도자의 통치이념에 변동이 생겼거나 정치행정의 영역에서 권력이나 이해관계를 둘러싸고 다양한 투쟁이 전개될 경우에 개혁이 촉진된다. 둘째 사회경제적 상황이 변화함에 따라 정부의 역할이 달라지고 새로운 행정수요나 사회문제에 대처하지 않으면 안 될 때에도 개혁이 필요하게 된다. 셋째 정부의 조직규모, 업무량, 활동범위 등이 과잉 증대되거나 인원·예산의 팽창, 고위직의 증설 등 관료의 자기이익 추구경향이 심화될 때에도 개혁의 요인이 작용한다. 넷째 정부기능의 능률적 운영을 위한 새로운 기술이나 정책 등의 도입에 대한 필요성이 커질 때에도 개혁을 촉진하게 된다. 그러나 정부의 개혁활동은 장기적인 비전을 가지고 정부기능의 민주성, 공익성, 생산성 등을 증진시키거나 사회 전 분야에 걸쳐 바람직한 방향으로의 변화를 추구하는 데 그 목적이 있으므로 일시적, 부분적, 단견적인 개혁에 치중해서는 안 된다.

2) 정부개혁의 특성과 필요성 및 성공요건

(1) 정부개혁의 특성

정부개혁은 국민의 정치적 지지에 기반을 두고 추진되는 목표 지향적이고 계획적인 변화를 위한 정부당국의 노력이며, 정부환경의 변화에 따라 지속적으로 추진되는 행동 지향적인 동태적 과정이다. 그리하여 정부개혁은 첫째 정치적 성격을 지닌다. 즉 정부개혁의 목적·대상이나 성공 여부는 정치적 환경이나 정치적 지지에 의하여 크게 영향을 받는다. 또한 행정개혁은 권력투쟁·타협과 양보·방해전술이 전개되는 과정이라 할 수 있다. 둘째 정부개혁은 보다 나은 상태를 지향하고 바람직한 변화를 추구하는 계획적·목표지향적 특징을 가지며, 현상을 인위적으로 타파하려는 것이므로 저항이 불가피하게 수반된다. 셋째 정부개혁은 사회변동에 따라 끊임없이 새로운 행정수요가 제기되고 문제해결이 요청되므로 개혁은 일시적·즉흥적 개혁이 아닌 계속적 과정으로서 이해되어야 한다. 넷째 정부개혁은 불확실성·위험과 예측가능성의 제약 등으로 특징 지어지는 미래와 관련되며 복잡한 환경적 요인이 작용하는 가운데 개혁전략이 문제되는 동태적·행동지향적 과정으로서의 특성을 가진다.

(2) 정부개혁의 필요성·동기

정부개혁은 첫째 정치이념의 변동과 권력투쟁작용의 일환으로 추진된다. 즉 정치·행정의 영역에서 권력·이해관계를 둘러싸고 전개되는 투쟁이나 행정기관의 내부 혹은 기관 간의 긴장·대립의 격화는 개혁을 촉진시키는 주요한 요인이 된다. 둘째 정부개혁은 정부역할이나 행정수요의 변동에 따라 추진된다. 즉 사회적·경제적 상황의 변동에 따라서 정부의 역할이 달라지고 새로운 행정수요·행정문제에 대처하기 위해서는 행정개혁이 불가피하게 된다. 셋째 정부개혁은 조직의 관성에 의해 야기되는 정부조직의 확대경향과 관료이익의 추구경향 등에 대한 통제를 위해 단행된다. 즉 정부조직의 권한·영향력의 확대, 예산·인원의 경쟁적 팽창, 고위직의 증설 등 일련의 관료이익의 추구경향이 개혁의 동인이 될 수 있다. 넷째 행정의 능률화와 새로운 기술도입의 필요성에 따라 정부개혁이 추진되기도 한다. 즉 행정기능의 중복, 예산의 낭비, 사무배분의 비합리성 등에 의한 능률화의 필요성은 개혁의 동기가 된다. 또한 새로운 과학기술, 컴퓨터혁명에 의한 관리정보체계의 발달 등이 개혁을 촉진시키는 요인이 된다.

(3) 정부개혁의 성공요건

정부개혁은 그것이 추진되는 과정에서 야기되는 예기치 못한 사유로 인하여 항상 실패할 가능성을 지니고 있다. 따라서 다음과 같은 조건을 구비함으로써 그 성공가능성을 확보할 수 있게 된다. 정부개혁이 성공하기 위해서는 첫째, 정치적·사회적으로 안정성이 뒷받침되고 강력한 정치적 리더십이 확립되어 개혁을 뒷받침해야 한다. 둘째, 일반사회나 행정조직 내에 개혁지향적·진취적 분위기가 존재하고 개혁을 강력히 추진하려는 열의가 존재하여야 하며 민주적 참여의식이 왕성해야 한다. 셋째, 여론의 지지와 횡적·종적인 의사소통이 개선되어야 한다. 즉 정부개혁은 여론의 지지를 받지 못하거나 혹은 국민의 적극적 참여의식이 부족하여 개혁과정에 국민의 의사가 투입·반영되지 못하는 경우 그 개혁은 실효를 거둘 수 없게 된다. 넷째, 정부개혁은 행정조직의 신축성과 관리층의 적극적 역할이 뒷받침되어야 한다. 조직이 전체적인 효율성에 심각한 타격을 주지 않으면서도 변동에 신속히 적응할 수 있는 능력을 의미하는 신축성·유연성을 가질 때 개혁의 성공을 기대할 수 있다. 다섯째, 개혁의 추진전략은 점진적 전략을 고려해야 한다. 즉 외부효과의 감소, 효과적 관리와 예측가능성의 확보, 개혁사업에 대한 지지기반의 확대 등을 위하여 소폭적·점진적인 전략을 선택하는 것이 보다 현실적·합리적이라 할 수 있다.

3) 개혁추진에 관한 이론모형

전통적 행정체제에 대한 선택적 모형으로서 Peters는 정부개혁의 비전·방향·처방을 제시하는 다음과 같은 네 가지 모형을 밝히고 있다. 각 모형은 평가차원으로서 ① 주요진단(공공부문에서 제기되는 중심문제점), ② 구조, ③ 관리, ④ 정책결정, ⑤ 공익 등을 들고 있다.

표 4-5 정부개혁모형의 주요 특징

평가차원	시장정부	참여정부	유연한 정부	탈규제정부
주요진단	독점	계층제	항구성	내부규제
구조	분권화	평면조직	가상조직	특정 건의 무
관리	성과급, 기타 민간부문 기술	TQM, 팀제	임시직원관리	관리재량 확대
정책결정	내부시장, 시장 인센티브	협의, 협상	실험	기업가적 정부
공익	저렴한 비용	관여, 협의	저렴한 비용, 조정	창의성, 행동주의

(1) 시장정부(market government) 모형

전통적 행정모형에 대한 가장 유력한 대안으로서 오늘날 다수의 지지를 받는 모형이며 그 핵심은 시장이 사회에서 능률적인 자원배분 메커니즘이라는 데 있다. 시장모형은 구조면에 있어서 분권화를 지향하며 대규모조직의 소규모기관으로의 분산, 조직기능의 하부이양, 민간·준민간조직에 의한 서비스 전달 등

을 추구한다. 또한 관리에 있어서도 공공부문과 민간부문 간의 차이를 인정하지 않는다. 정부의 전통적인 인사·재무관리방식은 수정되어야 한다고 보며 성과급주의, 서비스의 구매자와 공급자의 분리, 정부기관 간의 경쟁을 의도하는 내부시장의 조성과 공공·민간부분 간 서비스 비교를 전제하는 시장성검증(market-testing) 등을 중시한다. 정책결정에 있어서는 시장으로부터 나오는 신호에 따라 다원적인 기업적 정부기관에 의하여 자율적인 결정이 이루어져야 한다고 주장한다. 공익은 정부가 공공서비스를 어떻게 값싸게 제공하느냐에 따라 판단되어야 하며 시민이 시장에서 공공 서비스의 자유로운 선택권을 행사할 수 있게 함으로써 공익이 확보된다고 본다.

(2) 참여정부(participative government) 모형

이념적으로는 시장모형과 대조되는 모형으로서 계층제가 주요한 논의대상이 된다. 참여정부모형은 구조면에 있어서 공공조직의 평면화를 추구하고 중간관리층의 축소·제거를 바람직하다고 보며, 민주적 관리방식을 중요시한다. 또한 정책결정의 분권화와 협의·협상을 통한 결정방식을 선호하며 구성원·고객·시민의 정책결정이나 관리상의 결정에 최대한 참여할 수 있도록 고무되어야만 공익이 실현될 수 있다는 입장이다.

(3) 유연한 정부(flexible government) 모형

유연한 정부모형은 정부조직의 항구성·영속성·경직성에 의하여 발생하는 역기능을 극복하고 조직이 환경변화에 대하여 효과적으로 정책대응을 하는 데 중점을 준다.

조직의 항구성과 관료제적 독점은 과도한 비용을 초래하므로 덜 공식적 구조와 적은 인원을 가진 준정부조직 또는 유사한 조직이나 임시직의 확산을 중요시한다. 전자우편과 같은 정보기술의 발전으로 조직은 공식화되기보다 「가상조직(virtual organization)」이 될 수 있고 느슨하고 비공식적 조직이나 조직 간 네트워크에 관심을 가져야 한다는 것이다.

관리면에서는 종신고용을 비판하고 임시직이 조직의 유연성을 높이며 유연성이 있는 인사관리는 위기 또는 격증하는 서비스 요구에 보다 신속히 효과적으로 대응할 수 있다고 본다.

(4) 탈규제정부(deregulated government) 모형

탈규제는 경제·사회정책이 아니라 정부 자체의 내부관리와 관련되며 민간 부문에 대한 규제완화와 같이 공공부문의 탈규제도 구성원의 기업가적 에너지를 발산시키는 데 중요하다는 것이다. 이 모형은 공공조직과 구성원의 통제에 적용되는 규칙·절차에 비하여 구조를 중요시하지 않으나 다른 모형과 달리 전통적 관리방식을 도외시하지 않으며 공공관리자는 시장모형의 기업가적 지도자와 참여모형의 민주적 지도자의 자질이 요구되면서도 도덕적 지도자이어야 한다고 주장한다. 정책결정에서도 관료제의 강력한 역할이 요구되고 적극적인 행동주의적(activist) 정부에 의하여 공익이 확보된다고 본다.

(5) 정부개혁모형의 평가

위의 각 모형은 어느 하나도 그 자체만으로 하나의 완벽한 모형이 될 수는 없다. 각각 장단점을 가지고 있으며, 그 각각으로는 전통적인 모형보다 결코 낫다고 볼 수도 없다.

시장모형은 시장화가 가능한 서비스를 공급하는 데는 바람직하고 적절하지만, 교육 등 다수의 사회서비스에는 적합하지 못하다. 참여모형은 도시계획이나 환경문제를 다루는 데는 적합할지 모르나 사법행정에는 적용하기 어려운 점이 많다. 유연성 모형의 경우, 마약문제와 같은 복잡한 문제나 재난구조 등 한시적 문제에만 효과적일 뿐이다. 탈규제모형도 행정조직의 특성에 비추어 볼 때 포괄적 적용은 곤란하다. 전통모형의 경우 개별적 집단적 고객의 중요성은 강조되지 못했지만 전체적 일반국민에 대한 책임과 서비스에는 충실하였음을 유의할 필요가 있다. 그러므로 미래의 행정체제에 대해서는 보다 통합적인 비전이 제시되어야 할 것이며 각국의 정치적·문화적 요인, 특히 행정조직의 문화가 도외시되어서는 안 될 것이다. 새로운 개혁방안이 제도화되면 어떤 정부도 개혁·혁신될 수 있다는 착각은 금물이다. 오스본(Osborne)의 정부재창출 개혁안도 중앙정부에는 적절하지 않은 소규모 지방정부의 경험에 유래된 것이다.

4) 바람직한 미래정부의 모형

19세기 시장실패는 20세기 행정국가를 탄생시켰다. 그러나 20세기 행정국가를 상징하는 거대한 정부조직과 무소불위의 정부기능은 급기야 정부기능을 부정부패와 비능률로 이끌었다. 그리하여 정부의 비효율성, 무책임, 무관심, 경직성, 예산낭비, 부정부패 등이 비판되면서 정부와 정부기능의 대대적인 개편, 즉 정부의 재편성, 재조직, 재창조 등을 들고 나오기에 이르렀다. 이러한 세계적 여론의 흐름에 대응하여 오스본과 게블러(Osborne & Gaebler)는 「정부의 재창조 (Reinventing Government, 1992)」라는 저서로 그 해결책을 제시하였다. 그리하여 이 책에서 이들은 미래정부의 청사진을 다음과 같이 제시하고 있다.

(1) 촉매적 정부(catalytic government)

촉매적 정부란 정부가 직접 공공서비스를 전달하는 노젓기(rowing)보다는 그러한 서비스의 생산·공급을 관리하는 정책관리 및 조정을 담당하는 조타(steering)적 기능에 중점을 두어야 한다는 것이다. 즉 촉매적 정부는 조타적 조직(steering organization)으로서 공공서비스의 경쟁을 촉진시키고 상황변동에 신축성 있게 대응하며 행정서비스의 질에 대하여 책임을 지고 문제핵심을 중심으로 보다 포괄적인 해결책을 강구하며 행정서비스의 직접제공보다 제3부문(third sector)을 활용한다.

(2) 지역사회소유 정부(community-owned government)

이러한 정부형태는 주민은 단순한 서비스 대상자가 아니며 지역사회에 대한 권한부여(empowerment)를 통하여 시민의 참여행정이 촉진되는 정부를 의미한다. 주민이 범죄예방·공공주택관리 등에 직접 참여하는 경우가 그 예가 된다. 이러한 정부하에서는 지역사회단체는 행정관료보다 고객에 더 헌신적이고 단순한 서비스보다 근본적인 문제해결에 접근하며, 보다 유연하고 창의적이다.

(3) 경쟁적 정부(competitive government)

공공서비스의 생산과 공급에 경쟁원리를 도입함으로써 그 기능이 보다 창의적·효율적으로 변함으로써 경쟁력을 지닌 정부를 경쟁적 정부라고 볼 수 있다. 이러한 경쟁원리는 계약, 구매, 권한부여 등에서 타 공공부문과는 물론 민간부문과의 경쟁이나 국제경쟁에도 적용되고 군사조직에도 도입될 수 있다. 경쟁을 통하여 능률이 향상되고 고객의 요구에 신속히 대응할 수 있으며, 혁신에 대한 보상이 가능하고 공무원의 사기를 제고시킬 수 있다.

(4) 임무위주 정부(mission-driven government)

임무위주의 정부란 규칙이나 규정에 얽매였던 정부로부터 결과를 중시함으로써 정부의 사명과 임무를 중시하는 정부를 의미한다. 전통적인 품목별 예산제도나 일몰법, 영기준예산 등 규제중심의 예산제도나 인사 및 관리제도로부터 예산의 신축성이 보장되는 임무위주 예산제도(mission-driven budget system), 실적·성과를 기준으로 하는 보수제도·승인제도와 유능한 외부인사의 발탁이 가능한 인사제도 등이 채택될 때 이러한 정부적 기능을 수행할 수 있게 될 것이다.

(5) 결과지향적 정부(results-oriented government)

결과지향적 정부란 투입보다는 결과 내지 성과에 중점을 두는 정부를 의미한다. 결과를 측정하지 못하면 성공과 실패를 구별할 수 없고, 결과를 알 수 없으면 보상과 징계도 불가능하다. 이러한 경우 실패에 대한 시정이나 성공에 대한 장려가 불가능해진다. 공공업무에 대한 결과 즉 성과를 밝히지 못하면 정부의 국민적 지지획득도 불가능할 것이다. 요컨대 이러한 형태의 정부는 성과에 따라 보수가 주어지고 결과에 의한 관리(management by results)와 총체적 질 관리(TQM)가 이루어지도록 제도개혁 및 정책관리를 중시하는 정부를 말한다.

(6) 고객위주 정부(customer-driven government)

미래의 정부는 관료의 요구가 아니라 고객의 요구에 부응할 수 있는 정부가 되어야 한다. 고객위주의 정부는 고객의 서비스 선택 폭을 넓히고 행정에 대하여 친밀감을 갖게 하며, 고객의 목소리를 경청하고 고객에게 책임을 지며 수요·공급의 합치로 예산낭비를 줄이고 고객이 형평성을 누릴 수 있는 기회를 증대시킬 수 있어야 한다. 그러나 현재까지 정부의 많은 관료들은 시민들이 바로 정부의 고객이며, 정부예산은 바로 고객인 납세자들로부터 확보된다는 사실을 외면하고 있다.

(7) 기업적 정부(enterprising government)

미래의 정부는 지출보다 수익을 찾고 투자를 하고 절약하기 위하여 돈을 쓰는 기업적 정부가 되어야 한다. 이러한 기업적 정부를 구현하기 위해서는 정부가 이윤의 동기를 공공목적에 활용해야 하며, 비조세수입을 확보하고, 절약하거나 벌여들인 돈의 일부 혹은 전부를 재량권을 가지고 관리할 수 있게 하며, 새로운 산업의 착수기금이 확보되고 관리자는 기업가로 변신할 수 있어야 한다.

(8) 예견적 정부(anticipatory government)

미래의 정부는 문제가 위기를 조성할 때까지 기다리지 않으면서 사전예방을 초점을 두고 미래예측능력을 발휘할 수 있는 정부이어야 한다는 것이다. 미래를 대비하지 못하면 많은 시간과 비용을 낭비할 수 있게 된다. 따라서 이러한 정부는 목전의 공공서비스 공급보다 문제해결이나 전략적 기획, 미래의 우발적 사태에 대비하는 기금조성이나, 장기예산제도 등에 관심을 가진다.

(9) 분권적 정부(decentralized government)

미래의 정부는 계층제 중심의 정부가 아니라 참여와 팀워크 중심의 정부조직이 되어야 한다는 것이다. 분권적 조직은 집권적 조직에 비하여 고객의 요청과 상황변화에 신속히 대응할 수 있고 쇄신적이며 생산성 향상을 기할 수 있고 구성원의 사기를 끌어올릴 수 있다. 공공조직의 분권화는 팀워크를 촉진시킬 수 있고, 상향적 혁신을 유도하게 되며, 사람에 대한 투자의 중요성을 인식시킬 수 있게 되기 때문이다.

⑽ 시장지향적 정부(market-oriented government)

미래의 정부는 시장원리를 도입함으로써 행정서비스의 수급을 조절하는 촉진자·중재자적 역할을 맡을 수 있는 정부이어야 한다. 정부의 종래기능은 고객보다는 관료(정책집행자), 정책보다는 정치가 중요시 되었으며, 서비스전달체계가 분산되고 인센티브보다는 명령에 의존하는 경향이 강했고, 관할영역에 대한 집착이 강력했다. 그러나 시장지향적 정부는 고객에게 정보를 제공하고 시장기능을 적극적으로 활용하며, 수익자부담에 의한 수요관리에 치중하고, 시장과 지역사회의 균형을 도모하려 한다.

3. 정부개혁의 접근방법과 저항극복

1) 정부개혁의 접근방법

⑴ 구조적 접근방법

이것은 정부개혁을 공식적·합리적 조직의 개혁에 중점을 두는 전통적인 접근방법으로서 i) 기구·직제의 간소화와 기능중첩의 제거, ii) 행정사무의 적절한 배분과 권한·책임의 명확화, iii) 집권화 또는 분권화의 확대, iv) 의사소통체제의 개선 등을 통하여 행정을 개혁하려는 접근방법이다. 특히 통솔범위·계층제·조정·명령통일 등의 조직원리를 적용시키는 데 주력하였던 접근방법이다. 이러한 접근방법은 과학적 관리법이나 베버(M. Weber)의 관료제이론에 근거를 두고 있으며, 미국의 Hoover위원회 활동이나 우리나라의 행정개혁사업도 이 입장을 따랐다. 그리고 주로 구조·법령의 변경이 개혁의 중요 수단이 되고 있으나 개발도상국가에서는 현실적으로 수행되는 기능과의 불일치·격차가 심하다. 그러나 인간적 요인이 독립변수로서 고려되지 않으며 과소평가되었다는 점과 조직의 동태적 성격과 환경적 요인이 충분히 고려되지 않았다는 비판을 받고 있다.

(2) 관리기술적 접근방법

행정이 수행되는 과정에 치중하면서 행정기술·장비·수단을 개선하고 관리과학·OR·체제분석·EDPS 등을 활용함으로써 행정의 능률향상과 행정성과의 제고를 도모하려는 접근방법이며 주로 계량적 접근방법에 의존하고 있다. 그러나 이 방법은 복잡한 현실세계를 너무 단순화시켜 파악하는 기계적 모형이며, 기술과 인간성이 상충되면서 벌이는 갈등을 과소평가하기 쉽다. 그럼에도 불구하고 전산화된 통합적 관리정보체제의 개발은 조직의 인적·구조적 요인에 심대한 영향을 미치고 있으며 앞으로 더욱 가속화될 것이다. 그러나 경제발전이 저급하여 각종의 관리기술이나 행정기술이 발달하지 못한 개발도상국가에서는 기술적 접근방법을 활용할 수 있는 인적 자원이 부족하고 적절한 여건도 조성되고 있지 않다.

(3) 인간관계적 접근방법

인간관계적 접근방법이란 정부공직자의 가치관·신념·태도를 인위적으로 변화시키거나 의도된 방향으로 조작하려 하며, 때로는 실험실훈련(laboratory training) 등에 의하여 구성원들의 의식과 행태를 변혁시킴으로써 정부체제 전체의 개혁을 도모하려는 접근방법이다. 이러한 접근방법은 조직의 효과성·건전성을 높이기 위한 계량적 변화를 모색하는 조직발전이론에 근거를 두고 있으며, 조직발전의 과정은 i) 문제의 인지, ii) 조직진단, iii) 행동개입 등으로 이루어진다. 그러나 이러한 접근법이 성공하기 위해서는 모든 계층의 조직구성원이 자발적으로 참여할 수 있어야 하기 때문에 정치적·권력적 요인이 개재되는 행정조직에는 어려움이 많다.

(4) 통합적 접근방법

구조적 접근방법, 기술적 접근방법이나 새로운 인간관계적 접근방법은 어떠한 상황·환경에서도 타당성이나 효용성을 가질 수 있는 것은 아니며 또한 어느 접근방법만이 정부개혁의 목적을 달성할 수 있을 정도로 전면적·포괄적 성격을 띠고 있지도 않다. 따라서 정부개혁에 있어서는 조직·사람·환경을 중심으로 하면서 특히 정치적·사회적 요인을 우선적으로 고려해야 할 것이며 정부시스템의 여러 측면을 종합적으로 고려하여 추진하여야 한다.

(5) 기능적 접근방법

기존의 기능 중 전통적 기능이나 침체되어 가는 기능은 축소·조정하거나 제거하고, 기타 기능은 혁신적 지식과 기술의 도입으로 이를 혁신시킨다. 그리고 환경변화와 수요변천에 따른 새로운 기능을 보강하고 강화시킨다. 구조적 접근방법에 의해서도 기능개혁이 가능한 경우도 있지만 그것은 어디까지나 구조개혁의 부수적 효과에 지나지 않을 뿐 기능을 중심으로 한 개혁은 아니었다. 근래에 와서 기능중심의 정부개혁이 중시되고 있다.

2) 개혁에 대한 저항과 극복

개혁은 현상에 대한 변화·타파이므로 현상을 유지·옹호하려는 입장에 의한 저항·반발을 수반하게 된다. 개혁은 저항을 극복하면서 변동을 인위적으로 유도하려는 것이다. 저항은 현실적·가상적 변동의 영향으로부터 자신을 방어하려는 행태라 할 수 있다.

(1) 저항의 원인

개혁에 대한 저항을 약화·극복하기 위한 대책·전략을 세우기 앞서 원인을 고찰할 필요가 있다. 개혁에 대한 저항의 원인으로는 첫째, 현재의 기구 또는 행정상태에 의하여 기득권을 가진 관료나 이익집단·이해당사자 등이 개혁에 의한 기득권의 침해를 우려하여 저항하게 된다. 둘째, 개혁내용을 잘 알 수 없는 경우 불안감·초조감이나 무관심을 초래하게 된다. 셋째, 피개혁자의 능력부족으로 인한 저항을 들 수 있다. 즉 새로운 업무처리 방법이나 절차에 관한 전문지식·기술이 결여되어 있을 경우 저항을 유발하게 된다. 넷째, 관료제의 경직성과 보수적 성향이 저항을 야기하게 된다. 즉, 관료제는 본질적으로 보수적·현상유지적 경향이 있고 변동에 저항하는 자기 방어적 의식이 강하다. 다섯째, 개혁이 피개혁자가 소속된 비공식적 집단의 규범·관례에 부합하지 않거나 인간관계에 조화되지 않을 경우 저항이 일어난다. 즉 비공식적 인간관계를 과소평가함으로써 저항이 야기된다. 여섯째, 개혁사업이 소수의 참모·전문가 중심으로 추진되고 개혁과정이 지나치게 폐쇄성을 띠게 되어 피개혁자들의 참여부족과 국민이 관심을 보이지 않을 경우 반발이 일어나게 된다.

(2) 저항의 극복방안

개혁에 대한 저항을 효율적으로 극복·약화시키는 방안에는 일반적으로 ① 규범적·협조적 전략, ② 기술적·공리적 전략, ③ 강제적·비협조적 전략 등을 이용하고 있다.

개혁에 대한 저항을 극복하는 데는 개혁과 관련된 관계자들을 개혁안의 입안과정에 적극 참여시키고 하위계층과도 협조를 하는 규범적·협조적 전략이 바람직하다. 그러나 하위계층의 경우 개혁초기에는 저항이 없다가 집행단계에 들어가면 저항을 나타낼 수 있기 때문에 처음부터 광범한 하위계층의 참여는 사실상 불가능하다. 뿐만 아니라 개혁내용에 따라서는 불가피하게 강제적 비협조적 전략을 구사할 수밖에 없는 것들이 있기 때문에 저항의 극복방안은 매우 복합적으로 활용될 필요가 있다.

① 규범적·협조적 전략

개혁에 대한 이해와 적극적인 협조를 얻을 수 있도록 정치인·민간지도자를 비롯하여 행정간부와 계선·참모 등의 참여기회를 넓혀야 한다(참여의 확대). 또한 개혁에 관한 정보를 제공하고 목표·필요성과 예상되는 성과를 계몽·이해시키며 관계인에게 찬성·반대할 수 있는 기회를 제공해야 한다(의사소통의 촉진). 그리고 개혁안에 대한 집단토론을 촉진하고 태도·가치관의 변동을 위한 훈련을 실시한다(집단토론과 훈련).

② 기술적·공리적 전략

기득권을 덜 침해하거나 기술적인 것부터 실시하고, 직원이 적응할 수 있도록 개혁안을 점진적으로 실시한다(개혁의 점진적 전략). 그리고 정치·사회적 환경이 개혁추진에 보다 유리한 시기를 선택한다(적절한 시기의 선택). 또한 개혁안을 가능한한 객관적·계량적으로 제시하고 차원 높은 상징조작에 의하여 공공성을 강조한다(개혁안의 명확화와 공공성의 강조). 뿐만 아니라 개혁의 방법·기술을 융통성 있게 수정하거나(개혁방법·기술의 수정), 인사이동·인사배치를 신축성 있게 행한다(적절한 인사배치).

③ 강제적·비협조적 전략

이상의 두 가지 전략으로 성공할 수 없거나 개혁의 성격상 강제력을 발동하지 않을 수 없을 경우에는 의식적으로 긴장된 분위기를 조성함으로써 저항을 줄이는 방법을 사용할 수 있다(의식적인 긴장조성). 그리고 물리적 제재나 불이익의 위협을 가하거나(압력의 사용), 상하서열관계에 의하여 저항을 억제한다(상급자의 권한행사).

4. 각국의 정부개혁사례

1) 영국의 정부개혁사례

1979년 보수당의 대처(Thatcher)수상 취임을 계기로 OECD 국가 중 제일 먼저 정부개혁을 시도하였다. 당면한 경제·재정적 위기의 원인을 전후 노동당의 사회 복지정책과 정부경영의 비효율성에 있다고 판단하고, 시장경제의 원리에 입각한 '작고 효율적인 정부'로 되돌아가야 한다는 신보수주의 정치이념과 강력한 리더십을 바탕으로 대대적인 민영화정책과 과감한 정부혁신작업을 일관성 있게 추진했다. 공공부문의 영역을 최소화하고 민간기업의 경영방식을 정부부문에 도입하려는 혁신적 노력을 단계적으로 추진함으로써 각국의 개혁추진에 많은 교훈과 영향을 주고 있다. 영국의 정부관리개혁은 대처정권에서의 능률성진단(Efficiency Scrutiny, 1979년), 재무관리개혁(Financial Management Initiative, 1982년), Next Steps(1988년)에 의한 책임집행기관(Executive Agency)화, 그리고 메이저(Major) 수상에 의한 시민헌장(Citizen's Charter, 1991년), 공무원제도의 개혁과 능률계획제도 시행

(1994년)으로 이어지는 일련의 백서(White Paper)를 통해 알 수 있듯이 영국은 전 단계의 추진성과를 바탕으로 다음 단계의 개혁으로 확대 발전시키면서 개혁의 강도와 수준을 끊임없이 심화시켜 왔다. 이러한 지속적인 개혁을 성공적으로 끌고 나올 수 있게된 원인을 무엇보다도 수상을 비롯한 정치지도자의 강력한 리더십, 내각사무처 내의 공공관리실(Office of Public Service: OPS) 및 대장성의 전략적인 중심역할에서 찾아볼 수 있다.

2) 뉴질랜드의 정부개혁사례

뉴질랜드는 OECD 회원국 가운데 가장 급진적인 추진전략으로 정부개혁을 성공시킨 나라로 평가되고 있다. 1980년대 중반부터 다른 어느 나라보다도 광범위한 개혁을 일관성 있게 추진해 옴으로써 불과 10년 만에 정부체제와 구조를 완전히 다른 모습으로 변화시켰다.

1984년 선거에서 노동당의 롱이(Lange) 총리가 집권하게 된 것을 계기로 국가경제의 재건을 위한 광범위한 개혁에 착수하게 되었다. 당시 영국 대처(Thatcher) 정권의 개혁이론과 추진경험이 많이 참고되었다. 이들은 과거의 개입주의 정부철학을 비판하고 왜곡된 조세체계의 합리화, 농업보조금 폐지, 복지제도의 개혁, 노조설립의 자유화와 조합가입의 강제조항 폐지, 금융·무역 등 경제활동 전반에 대한 규제폐지와 시장자유화 및 민영화 조치 등을 급진적으로 단행하였다. 아울러 정부구조·인사·예산·회계 등 관리방식에 대한 총체적인 개혁에 착수하였다. 이러한 광범위한 개혁 작업은 내각사무처, 재무부, 공공관리위원회(State Service Commission: SSC)의 주도와 면밀한 계획에 의하여 추진되었으며, 1990년 국민당으로 정권이 교체된 후에도 이러한 추진체제와 개혁정책의 일관성에는 변함이 없었다.

개혁 이전의 만성적 재정적자와 통제경제의 폐단에 시달리던 뉴질랜드는 OECD 국가중 최하위 그룹에 속하였으나, 1996년 현재 성장률(4%), 실업률(6%) 그리고 재정수지(최근 3년간 흑자실현)·경제적 자율화 등 여러 면에서 다른 OECD 국가들의 모범이 되고 있으며, 정부경쟁력 면에서도 싱가포르와 홍콩 다음으로 세계 3위에 올라 있다. 뉴질랜드가 다른 나라에 비하여 종합적이면서도 고난도의 개혁과제들을 급진적으로 추진하여 성공할 수 있었던 배경에는 어느 나라보다도 젊고 유능한 정치지도자와 관리주의(managerialism)로 무장된 우수한 공무원집단을 가졌다는 점과 연방국가가 아닌 단일국가로서 그 규모가 상대적으로 매우 작기 때문이라고 분석할 수 있다. 최근 싱가포르가 실적중심 예산제도를 도입하는 등 정부부처와 기관들이 민간회사처럼 운영되게끔 변화시키는 혁신적 관리개혁을 비교적 짧은 기간에 실현할 수 있었던 것도 같은 맥락에서 이해할 수 있을 것이다. 뉴질랜드의 경우 영국에서의 시민헌장이나 시장성 검증과 같은 중앙주도의 범정부적인 개혁정책은 별도로 채택하지 않고 있다. 그 이유는 뒤에서 보는 바와 같이 각 부처의 장관과 사무차관 사이의 성과계약(Performance Agreement)제도를 확립하여 이 계약내용에서 고객에 대한 서비스를 고려하고 '직접 생산할 것이냐, 아니면 외부구입을 할 것이냐'를 결정하도록 촉구하는 인센티브 장치를 마련해 놓고 있기 때문이다.

3) 호주의 정부개혁사례

호주 정부의 개혁은 1983년에 집권한 호크(Hawke) 노동당 정부가 공무원 개혁백서를 발표하면서 시작되었다. 뉴질랜드와 마찬가지로 1970년대 이후 개방화를 겪으면서 무역수지 악화, 저성장, 물가상승의 경제위기에 처한 호주는 집권적 관료주의가 낳은 정부실패(government failure)의 비효율성과 재원낭비를 제거하고 국가경쟁력을 높이기 위하여 정부부문에 시장지향적인 정책접근법과 기업적 관리방식을 도입하기 시작하였다. 호주 역시 정부개혁의 기본방향은 뉴질랜드와 영국처럼 결과중심으로 전환하는 데에 두고 있다. 정부조직의 구조적 개편과 인사 및 예산제도를 개선하고 성과관리체제를 강화하는 한편, 서비스기준과 생산성 향상을 위한 경쟁적 관리환경을 조성하고 상업화와 기업화를 과감하게 추진하는 등 광범위한 개혁작업을 지속적으로 추진해 옴으로써 성공적인 정부개혁 사례의 하나로 평가되고 있다.

그러나 개혁의 추진방식과 강도면에 있어서는 뉴질랜드나 영국과 다른 점이 있다. 인구 및 경제규모가 적은 뉴질랜드가 정부의 근본적인 역할과 관리방식에 대한 급진적인 개혁전략을 추구한 반면에, 호주는 개혁이 경제에 미치는 부작용에 대한 우려와 능률성뿐만 아니라 민주성과 형평성 등 다른 가치들까지 포괄적으로 고려하려는 신중한 자세로 인하여 상대적으로 점진적인 접근전략을 보여 주고 있다. 또한 영국의 대처(Thatcher) 정부가 공무원과 노조의 반발을 무릅쓰고 전투적인 자세로 개혁초기의 대결구도를 끌고 나갔던 것에 비하여, 호주 정부는 정치사회단체와 공개적인 토론 및 협의과정을 거치는 등 공개적인 토론 및 협의과정을 거치는 등 공무원을 비롯한 광범위한 계층의 지지를 얻어내는 — 다소 완만하지만 — 협력적인 접근법을 취하였다고 평가된다.

4) 미국의 정부개혁사례

1970년대 후반부터 국가경제의 경쟁력이 저하되고 재정적자의 규모가 커지게 됨에 따라 미국에서도 정부부문의 개혁에 대한 압력이 거세게 일어났다. 특히, 불어나는 연방예산규모에 역비례하여 정부의 비효율과 경직성이 증대되고 서비스 수준이 저하되는 등 행정이 전반적으로 기능부전의 상태에 빠졌다는 비판이 나오고, 국민의 신뢰도가 역사상 최악의 수준으로 떨어지게 되었다. 클린턴(Clinton) 대통령은 1993년 2월에 취임하자마자 공약대로 연방공무원 10만 명 감축 지시를 내린 바 있으며, Gore 부통령에게 정부를 완전히 새롭게 재창조(Reinventing Government)하기 위한 방안을 강구하도록 명령하였다. 이에 따라 고어(Gore) 부통령의 주도 아래 국정성과평가팀(National Performance Review: NPR)을 설치하고 본격적인 개혁작업에 착수하였다.

고어(Gore) 부통령은 '공무원은 문제가 아니라 문제해결자이다'라는 판단 아래 행정의 문제점과 해결책을 가장 잘 알고 있는 직업관료(연방 및 지방정부)를 중심으로 NPR을 구성하였으며, 개혁방안이 마련되는 즉시 이행에 들어가는 박진감 있는 개혁을 추진하였다. 이 점에서 역대 대통령들이 취임할 때마다 민간전문가 중심의 개혁위원회를 구성하고 두꺼운 건의서를 접수받아 제대로 실천을 못하고 책장에 넣어 두었던 추진방식과 좋은 대조를 이루고 있다.

고어(Gore) 부통령의 NPR은 개혁작업에 착수하면서 이론에 의존하기보다는 아이디어에 근거한 실천을 중시하였으며, 장기계획보다는 신속한 조치결과를 추구하는 전략을 취하였다. 사실 세계 여러 나라에서 이루어진 정부개혁들은 아이디어가 행동을 유발하고 새로운 판단기준을 만들어 나간다는 교훈을 보여준다. NPR은 영국, 호주, 뉴질랜드 등 외국정부와 Texas, Oregon 등 지방(주)정부들의 성공적인 개혁경험, 그리고 민간기업들이 겪어 온 감축경영 및 리엔지니어링의 경험사례들을 많이 참고로 하였으며, 소수의 민간전문가의 자문을 활용하고 있다. 이와 같이 NPR이 여러 가지 아이디어들을 찾아내서 미국 정부의 문제해결에 적용해 보려는 귀납적인 접근법을 취함에 따라, 개념상으로 때로는 상충되기도 하고 기존의 공공관리이론의 범주를 훨씬 뛰어 넘거나 책에 쓰여 있는 것보다 앞서가는 부분이 많이 나타나고 있다. 따라서 NPR의 기본적인 지도 원리를 연역적으로 분석하기가 어려운 것이 사실이나, 이를 분석 정리해 보는 것도 의미 있는 일이다. 또한 일부에서는 변화와 개혁프로그램을 지속적이고 체계적으로 끌고 나가기 위해서는 NPR을 제도화하여 상설조직으로 만들어야 한다는 주장을 제기하고 있다. NPR이 강조하는 핵심적 아이디어는 절차와 규정을 단순화시키고 직원들에게 권한을 부여해 주라는 것이다. 민간부문의 개혁자들이 흔히 쓰는 "판매현장에서 결정이 이루어지도록 하라", "생산 공정에 있는 누구든지 생산라인을 스톱시킬 수 있도록 하라"는 말대로 정부에 근무하는 일선 공무원들에게도 실질적인 권한부여가 이루어져야 한다는 것이다. 이러한 NPR의 철학과 접근방식은 의회의 행정기관에 대한 과다한 규제(over regulation)와 미시적 관리(micro management)를 지양하고 행정부로 보다 많은 권한을 이전해 줄 필요가 있다는 점을 묵시적으로 내포하고 있다.

내각제 국가와 달리 엄격한 3권 분립 및 '견제와 균형'의 원리에 입각하고 있는 미국에서는 의회가 행정기관의 조직과 예산 등에 대하여 막대한 권한을 행사하고 있다. 따라서 정부개혁을 추진함에 있어서도 의회가 실질적인 영향력과 리더십을 발휘하고 있으며 행정부와 의회 간의 협조가 매우 중요한 변수로 작용한다. 특히, 1994년 11월의 중간선거 이후 보수적인 공화당이 40년 만에 상·하 양원을 지배하게 되면서 미국은 엄청난 정치적 변혁기를 맞고 있다. 자유시장경제의 이념을 바탕으로 한 공화당은 "Send Washington Home!"을 외치면서 재정적자, 연방정부의 비대화, 불합리한 사회보장제도 등 만성적인 과제를 해결하기 위하여 야심찬 개혁프로그램을 주창하고 있다. 공화당이 장악한 의회와 민주당 대통령하의 행정부 간의 관계는 어느 때보다 대립·경쟁적이며, 1995/96 회계연도에는 2002년까지 균형예산을 달성한다는 목표에 합의하기까지 예산안 통과가 이루어지지 못하여 정부기관이 문을 닫는 사태가 벌어지기도 하였다.

5. 정부혁신의 공통적 방향

이상에서 고찰한 OECD 주요 국가의 정부혁신에 있어서 공통적인 내용은 ① 인력감축 및 조직구조 개편 ② 결과와 비용가치(value for money) 중시 ③ 권한 위임과 탄력성의 제고 ④ 책임성과 통제 강화 ⑤ 고객 및 서비스 지향 ⑥ 경쟁 및 기타 시장요소 도입 ⑦ 중앙의 전략 및 정책능력 강화 ⑧ 정부규제의 개혁 ⑨ 지방정부 및 국제기구 등 다른 수준의 정부와의 관계변화 등으로 요약될 수 있다. 아래에서 이들에 대하여 개략적으로 살펴본 다음, 제3장에서 보다 자세하게 논의해 보기로 한다.

1) 인력감축 및 조직구조 개편

공공부채 및 재정수지의 악화를 해결하라는 정치적 압력은 OECD국가들로 하여금 인력감축과 조직축소 등 정부규모 자체를 가시적으로 줄이는 데에 가장 높은 우선순위를 두도록 압박하였다. 이에 따라 많은 국가에서 개혁초기에 인력 감축의 목표치를 미리 정해두고 대량의 조기퇴직조치를 추진하거나(예: 영국, 미국), 부처 통·폐합 등 대대적인 내각조직의 개편을 단행하였다(예: 호주, 캐나다). 그러나 대부분의 경우 개혁추진이 심화되면서 정부최소화와 성과책임 확보라는 전략목표 아래 기존의 정치적·관료적인 이해관계를 탈피하고 정부기능의 폐지, 민영화 또는 민간이양, 공기업화, 외부계약, 집행기능에 대한 책임경영조직 (agency) 형태로의 분리전환, 민간부문 및 정부기관 간 경쟁도입 등 체계적인 의사결정의 우선순위를 설정해 놓고 이에 따라 정부의 기능과 사업 전반에 대한 엄격한 재검토작업을 실시하는 접근법을 적용해 오고 있다(예: 영국의 prior option, 캐나다의 Program Review). 이와 아울러 종래 피라미드형 계층제 구조의 경직성을 탈피하여 관리·감독계층을 축소하고 중복기능을 통합하는 한편, 업무중심의 자율적 팀제운영을 확대함으로써 보다 평면화된 조직구조를 지향하고 있다. 이러한 조직재편(restructuring) 원칙의 적용으로 업무의 성격에 따라 정부의 조직형태에 대한 선택범위가 다양해지고 있으며, 통제위주의 관료편의적인 조직구조에서 산출·고객중심으로 재편되는 결과를 낳고 있다.

2) 성과중심으로의 전환

OECD 국가들은 성과(performance)를 보다 많이 강조하고 있다. 지금까지 중점을 두어 온 투입(input)과 절차(processes)뿐만 아니라 산출(outputs)과 결과(results)에도 중점을 두도록 하자는 것이다. 여기에는 목표의 명확화, 결과달성을 위한 명확한 책임할당, 목표치의 설정, 적절한 신호와 인센티브의 제공, 성과의 측정 및 보고, 필요한 사후관리조치 등에 관한 틀을 확립하는 일이 포함된다(예: 미국의 행정성과 및 결과에 관한 법률). 이러한 성과중심의 개혁은 개인단위와 조직단위에 모두 적용되며, 뒤에 설명하는 다른 모든 개혁조치들의 핵심적인 토대로 작용한다. 성과중심의 관리체제를 확립하는 데에는 관리능력 개발과 훈련이 매우 중요한 역할을 하며, 인적자원관리 전반에 걸친 개선이 요구된다.

3) 비용가치의 증대

돈의 가치(value for money)를 높이려는 개혁노력은 더 적은 비용으로 더 많은 일을 하라는 압력의 직접적인 소산이다. 이를 위하여 능률성(efficiency)을 증가시키고, 낭비를 줄이며, 효과성(effectiveness)을 향상시키는 방도들이 강구되고 있다. 여기에는 정부의 사업과 방식에 대한 비판적인 재평가작업이 포함된다. 전통적인 공공부문 독점공급 체제가 도전을 받고 있으며, 공공기관 간의 경쟁이나 민간부문의 참여확대 등을 통하여 경쟁적 요소가 도입되고 있다. 특히, 서비스제 공방식에 시장형 메커니즘을 적용하기 위하여 공공부문 내부공급에 대한 가격 책정, 사용자부담, 민간부문의 영리·비영리기관에 의한 서비스공급계약, 파트너 십 방식 등 다양한 선택가능성이 중점적으로 고려되고 있다.

4) 권한위임과 융통성 부여

중앙의 조정과 통제의 성격을 본질적으로 바꾸어서 공공부문의 탄력성을 높이는 것이 중요한 개혁방향이 되고 있다. 각 조직과 관리자들에게 권한을 부 여함으로써 혁신과 창의를 고취시키자는 것이다. 여러 가지 형태의 권한위임 (devolution) 조치가 도입되었으며, 운영사항에 관한 결정권을 서비스의 공급지점 에 보다 가깝게 두도록 하는 데 주된 목적이 있다.

세부적인 중앙의 통제방식을 보다 개괄적인 통제로 전환하여 총괄적으로 배 정된 예산범위 내에서 합의된 목표를 성취할 수 있도록 현지기관의 융통성을 높 여주자는 것이다(예: 영국, 캐나다, 호주의 운영경비예산제). 이와 연계하여 인적자원관리 에 있어서도 중앙인사관리기관의 권한을 위임하여 충원, 보수, 인력배정, 퇴직정 책 등 전반에 걸쳐 각 기관의 융통성을 보다 많이 부여하고, 성과중심의 인센티 브를 제공하려는 개혁을 추진해 왔다(예: 뉴질랜드의 1998년 공무원법). 특히, 눈에 두드 러진 개혁조치 가운데 하나는 집행업무에 대한 자율성을 대폭 허용하기 위한 방안 으로 정부 내에 새로운 형태의 책임집행조직을 도입해 오고 있다는 점이다(예: 영국 의 Executive Agencies, 뉴질랜드의 Crown Entities, 미국의 Performance-based Organization). 아울 러 정부의 상업적 기능에 대하여는 이를 완전히 정부조직으로부터 분리하여 민영 화하거나 사업의 자율성을 보장하기 위하여 공기업화를 추진해 오고 있다.

5) 책임과 통제의 강화

권한위임과 융통성이 증대될수록 책임성의 확보는 더욱 그 중요성이 커진 다. 더 큰 자율성을 주는 대신 행동결과에 대하여 책임을 지도록 하여야 한다.

이를 위하여 가장 중요한 개혁조치는 성과관리체제를 확립하는 일이다. 여기에는 포괄적인 목표를 구체적인 운영목표로 전환하고, 결과달성의 책임소재를 명확히 배정하며, 합의된 성과기준에 대한 정보를 원활히 교환하고, 대내외적으로 실적에 관한 보고체제를 확립시키는 것 등이 포함된다. 성과에 대한 정보를 보다 유용한 형태로 제공하고, 보다 일반적으로 이용되도록 함으로써 투명성을 높이는 것이 주된 목적의 하나이다.

6) 경쟁 및 서비스 지향

정부혁신이 주된 목표로 삼고 있는 것은 고객과 서비스 중심의 공공부문을 확립하는 일로서 내부지향적이 아니라 보다 외부지향적인 목표이다. 고객에 대한 대응성(responsiveness)과 서비스의 질을 향상시키기 위하여 상당한 노력이 경주되어 왔다. 공직자들이 그들의 고객을 대하는 방식에서 진정한 문화적 변화가 일어나고 있다. 보다 손쉬운 접근, 단순화된 절차, 보다 친절한 서비스, 투명성 제고와 정보제공 등이 공통적 요소이다. 고객의 선택 폭을 넓혀 주는 것이 주요한 목표이며, 이를 위하여 경쟁원리와 시장형 메커니즘을 도입하고 내부시장의 형성을 추진하고 있다. 여기서 고객이라 함은 행정서비스를 제공받는 국민뿐만 아니라 정부기관도 포함된다. 즉, 서비스공급에 있어서 특정 기관의 독점적 지위를 더 이상 인정하지 않고 민간부문 및 다른 정부기관과 경쟁적인 관계에 놓이도록 하고 대민 서비스에서 뿐만 아니라 정부기관 간의 서비스 제공(예: 건물관리, 교육, 보수 및 회계처리, 조달)에 대하여도 가격을 책정하고 사용료를 부과하는 등 상업적 환경을 조성해 나가고 있다. 또한 많은 나라의 공공기관들이 자신이 공급하는 서비스의 기준을 공표하고 이를 일종의 시민의 권리로 약속하고 있다. 여기에는 고객에 대한 상담, 제공된 서비스에 대한 주기적인 만족도 조사와 결과의 반영, 고객불만의 접수 및 시정장치의 개발 등이 포함된다(예: 영국의 Citizen's Charter 운동, 캐나다와 미국의 서비스기준 제도).

PART

02

행정의 관리

Public
Administration

제5장 ◀⋯⋯ 행정조직관리

1. 조직의 개념과 특성

1) 조직의 개념

조직이란 무엇인가? 이에 대한 해답은 학자들 사이에 존재하지 않는다. 즉 조직에 대한 정의는 이를 바라보는 학자들의 수만큼 다양한데, 몇 가지 대표적인 정의를 통해 이에 대한 개괄적인 이해를 구할 수 있다.

먼저 베버(Weber)는 조직이 성립되기 위해서는 협동적이라는 의미뿐만 아니라 결합적이라는 의미도 필요하다고 한다. 가족과 같은 다른 사회적 속성과 조직을 구분하는 기준도 바로 이 의미이다. 베버는 또한 조직은 특정한 종류의 활동을 의도적·지속적으로 수행하는 존재라고도 한다. 즉 조직은 무엇인가를 수행하기 위해서 의도적으로 설계되었다는 것이다. 베버의 정의는 조직구성원들이 목표로 추구하고 활동에 참여하는 데 있어 정당한 상호작용을 한다는 데 초점이 맞추어져 있다.

다음 버나드(Barnard)는 조직을 둘 혹은 그 이상의 사람들이 의도적으로 조정된 활동을 수행하는 체계라고 본다. 즉 버나드(Barnard)는 개인의 역할을 강조한다. 의사전달을 수행하고 동기부여 되면, 의사결정을 내리는 것이 바로 이 개인이다. 따라서 베버(Weber)는 체계를 강조하지만 버나드(Barnard)는 체계의 구성원을 강조하는 것이다.

셀즈닉(Selznick)은 조직을 '계속적으로 환경에 적응하면서 공동의 목표를 달성하기 위해 공식적·비공식적 관계를 유지하는 사회적 구조'라고 정의하였다. 공식조직이란 '합리적 행동을 구조적으로 표현하는 것'이라고 보면서 베버(Weber)와 버나드(Barnard)는 주로 조직의 내적 문제를 중시한 데 반해 셀즈닉(Selznick)은 조직과 환경 간의 관계에 많은 관심을 가졌다.

카츠(Katz)와 칸(Kahn)은 체제이론을 토대로 사회학의 거시적 안목과 심리학의 미시적 관점을 접목시켜 조직현상을 분석하였다. 그들은 조직이란 '공동의 목표를 가지고 내부관리를 위한 규제장치와 외부환경관리를 위한 적응구조를 발달시키는 인간들의 집단'으로 규정하였다.

코헨(Cohen), 마치(March), 올슨(Olsen)은 의사결정을 중심으로 조직을 '문제를 찾아내 선택하는 것, 의사결정 상황에서 공표되는 그러한 문제에 관한 쟁점과 구성원들의 감정, 해결 가능한 쟁점에 관해 제시되는 해결책, 그러한 업무를 수행하고자 하는 의사결정자 등 이러한 4가지 요소가 무원칙, 무작위적으로 연결되어 있는 집합체'라고 규정하였다.

2) 조직의 개념적 특성

이상의 다양한 조직정의를 통하여 확인할 수 있는 사실은 적어도 조직이 성립되기 위해서는 다음과 같은 요소가 포함되어야 한다는 사실이다.

첫째, 공동의 목표이다. 조직은 무엇인가를 달성하기 위해서 존재한다. 이 무엇인가가 바로 공동의 목표이다. 이 목표는 대개 개인의 힘으로는 달성할 수 없고, 만약 개인이 그것을 달성한다고 해도 집합적 노력 없이는 효과를 거둘 수 없다. 따라서 조직이 효과적으로 활동하기 위해서는 조직의 사명에 대한 일반적 합의(목표)는 반드시 필요한 것이다.

둘째, 구성원들의 상호작용이다. 조직은 의도적으로 조정된 사회적 실체여야 한다는 점이다. 여기에서 의도적으로 조정된다는 것은 관리를 의미하며, 사회적 실체란 구성원들 사이에 서로 상호작용한다는 것을 의미한다.

셋째, 조직의 경계이다. 조직이 되기 위해서는 비교적 확인 가능한 경계가 있어야 한다는 것이다. 이 경계는 영속적인 것이 아니며, 분명하게 획정되어야 할 필요도 없다. 그러나 적어도 조직과 다른 사회적 실체를 구분하기 위하여 비교적 명확해야 할 필요는 있다.

넷째, 외부환경에의 적응이다. 환경이란 조직경계 밖에 존재하면서 조직에 영향을 미치는 영역을 말한다. 조직은 이러한 환경 속에 존재하며 환경과 상호작용하는 개방체제적 성격이 강하다.

다섯째, 지속적인 유대감이다. 물론 이 유대감은 평생 지속될 필요는 없다. 조직의 구성원들은 자신들의 소속을 끊임없이 바꾸며, 조직에 규칙적으로 참여하는 정도도 구성원에 따라 다를 수밖에 없다. 그러나 조직구성원 사이에 지속적 유대감이 없이 조직이 성립되기는 불가능하다.

이상의 다섯 가지 요소에 따라 조직은 다음과 같이 정의될 수 있다. 즉 조직이란 공동의 목표를 달성하기 위해서 비교적 지속적인 기반으로 활동하며, 비교적 확인 가능한 경계를 지니며 환경에 끊임없이 적응하는 의도적으로 조정된 사회적 실체라는 것이다.

2. 조직의 유형

일반적으로 조직분류의 기준은 조직특성이다. 물론 한 가지 조직 특성만으로 조직분류를 시도하지는 않는다. 한 가지 특성만으로 조직분류를 했을 경우 지나친 단순화라는 위험이 따르기 때문이다. 그럼에도 불구하고 조직분류에 관한 많은 연구가 한 가지 조직특성에 근거하여 시도되고 있는 실정이다. 이러한 의미에서 아직까지도 적절한 조직분류모형이 없다고 해도 과언이 아니다.

그러나 단순한 분류모형이라 해도 쓸모가 없는 것은 아니다. 즉 제한된 분석에 단순한 분류모형이 이용되는 경우가 많다. 즉 조직에 관한 제한된 속성을 파악하는 데는 단순한 분류법이 대단히 유용하다는 것이다.

조직분류에 관한 논의가 어떠한 것이든 간에 조직을 분류하고자 하는 가장 큰 목적은 탐구하고자 하는 조직현상의 차이를 나게 하는 변수의 본질을 밝히는 것이다. 따라서 조직은 대단히 복잡한 실체이기 때문에 분류모형도 이러한 복잡성을 반영해야 한다. 다양한 외부적 조건, 조직 내 구성원 간의 상호작용, 조직행동의 결과 등이 고려해야 될 복잡성인 것이다. 여기서는 대표적인 유형론을 통해 조직유형의 대강을 가늠해 보도록 한다.

1) 파슨스(Parsons)의 조직분류

파슨스(Parsons)의 조직분류는 비교적 단순하면서도 포괄적인 측면이 있다. 파슨스는 조직을 기능과 목표에 따라 분류한다. 특히 조직이 보다 광범위한 사회와 맺고 있는 관계에 따라 조직을 분류한다. 이러한 관계에 따라 조직은 4가지로 분류된다.

첫째, 생산조직(production organization)이다. 즉 사회가 소비하게 될 재화와 용역을 생산해내는 조직을 말한다.

둘째, 정치적 목표를 지향하는 조직(organization oriented to political goals)이다. 이 조직은 사회가 가치 있는 목표를 추구할 수 있게 도움을 주고, 사회 내에 권력을 배분할 수 있게 해준다.

셋째, 통합조직(integrative organization)이다. 즉 갈등을 해결하고, 제도화된 기대를 충족하기 위한 동기부여를 제공하면, 사회 각 구성원을 통합시키는 조직이다.

넷째, 체제유지 조직(pattern-maintenance organization)이다. 이 유형은 교육, 문화, 표현활동을 통하여 사회의 계속성을 유지하고자 하는 조직을 말한다.

이상의 조직유형과 이들의 기능, 그리고 실제 조직의 예를 열거한 것이 다음 〈표 5-1〉이다.

표 5-1 파슨스(Parsons)의 조직분류

조직유형	기 능	실제조직의 예
생산조직	적응(Adaptation)	회사 등 사기업체
정치적 목표를 지향하는 조직	목표달성(Goal-Attainment)	행정기관
통합조직	통합(Integration)	정당, 사법기관
체제유지조직	체제유지(Pattern-Maintenance)	대학, 교회

2) 블라우(Blau)와 스콧(Scott)의 조직분류

블라우(Blau)와 스콧(Scott)은 누가 조직의 주요 수혜자냐에 따라 조직을 분류한다. 이들이 제시한 주요 수혜자는 4가지이며, 이들을 기준으로 조직을 분류하면 다음 4가지이다.

첫째, 호혜적 조직(mutual benefit organization)이다. 이 조직의 주요 수혜자는 조직구성원 자신이다. 호혜적 조직에서 가장 중요한 문제는 구성원의 참여와 구성원에 의한 통제를 보장하는 민주적 절차를 조직 내에서 유지하는 것이다(예: 정당, 노동조합, 전문직업단체 등).

둘째, 기업조직(business concern)이다. 여기에서의 주요 수혜자인 조직이다. 여기서 가장 핵심이 되는 문제는 경쟁적인 상황 속에서 운영의 능률을 극대화하는 것이다(예: 제조회사, 은행, 보험회사 등).

셋째, 봉사조직(service organization)이다. 여기에서의 주요 수혜자는 고객이다. 고객에 대한 전문적 봉사와 행정적 절차 사이에서 생기는 갈등은 이러한 조직의 특성이라 할 수 있다(예: 사회사업기관, 병원, 학교 등).

넷째, 공익조직(common weal organization)이다. 즉 국민일반이 주요 수혜자인 조직이다. 이러한 조직에서 관련하여 제기되는 문제점은 국민에 의한 외재적 통제가 가능하도록 민주적 장치를 발전시키는 문제이다(예: 각종 행정기관, 군대, 경찰 등).

3) 에치오니(Etzioni)의 조직분류

에치오니(Etzioni)는 복종(compliance)을 근거로 하여 조직을 분류한다. 여기에서 복종이란 조직의 하위참여자가 조직의 권위체계에 대응하는 방식을 말한다. 복종은 하위참여자의 조직에의 참여(involvement)라는 본질을 통하여 표현된다. Etzioni에 따르면 조직에는 세 가지의 권위기반, 즉 강제적(coercive), 공리적(remunerative), 규범적(normative) 권위와 세 가지 복종의 기반, 즉 소외적(alternative), 수단적(instrumental), 도덕적(moral) 복종이 있다고 한다. 따라서 권위의 기반과 복종의 기반을 조합하면 9가지의 조직유형이 가능해진다. 이 중 권위와 복종이 부합(congruent)되는 것은 세 가지로서 강제적-소외적, 수지 타산적-수단적 그리고 규범적-도덕적이 그것이다. 에치오니는 이들을 부합형이라 부른다. 이것 이외의 것은 전부 비부합형(incongruint type)으로서 부합형이 되고자 한다는 것이다.

따라서 에치오니가 제시하고자 하는 조직유형은 세 가지라 할 수 있다.

첫째는 강제적 조직이다. 즉 강제적 권위와 소외적 복종이 부합된 조직유형이다. 강제수용소와 교도소가 여기에 해당한다.

둘째는 공리적 조직이다. 이 조직은 수지 타산적 권위와 수단적 복종이 조합된 것으로 대부분의 사기업체가 여기에 해당한다.

셋째는 규범적 조직이다. 즉 규범적 권한과 도덕적 복종이 부합된 조직으로서 종교단체, 이념정당, 대학, 병원 등이 여기에 해당한다.

표 5-2 에치오니(Etzioni)의 조직분류

권 위	복 종	참 여	조직유형
강제적	소외적	위협에 의한 조직에의 참여	강제적 조직
공리적	계산적	물질적 보상에 의한 조직에의 참여	공리적 조직
규범적	도덕적	강한 충성심에 의한 조직에의 참여	규범적 조직

4) 민츠버그(Mintzberg)의 조직분류

앞의 분류법이 단일 차원에 근거한 분류법이라면 민츠버그(Mintzberg, 1979)의 분류법은 다차원적인 분류법이다. 즉 민츠버그의 분류법은 조직이 당면하고 있는 여러 가지 상황에 대처하기 위해서 구조화되는 방식에 따라 조직을 분류하고 있는 것이다. 민츠버그가 제시한 조직의 분류는 다음과 같다.

(1) 조직의 주요 구성부분

첫째, 전략부문(strategic apex)으로 포괄적 관점에서 조직의 전략을 형성하는 최고 관리층을 의미한다.

둘째, 기술구조(techno structure)로 조직 내 산출과정과 산출물을 검사하고 과업과정을 표준화하는 부문이다.

셋째, 핵심운영부문(operating core)으로 작업계층을 의미하며, 제품이나 서비스를 생산하는 기본적인 일들이 발생하는 부문이다.

넷째, 중간라인(middle line)으로 전략부문과 핵심운영부문을 연결시켜주는 중간관리자로서 작업계층을 감독하고 자원을 공급하는 부문이다.

다섯째, 지원참모(support staff)로 기본적인 과업 외의 문제에 대해 핵심운영부문을 간접적으로 지원하는 막료집단이다.

(2) 다섯 가지 조직유형

첫째, 단순구조(simple structure)이다. 전략부문의 힘이 강한 유형으로 소규모 신설 조직, 1인의 지도자, 엄격한 감독, 권력이 최고관리층으로 집권화되는 유기적 구조를 특징으로 하는 조직이다. 조직규모는 작지만 조직환경은 매우 동적이며 조직기술은 정교하지 않다.

둘째, 기계적 관료제(machine bureaucracy)이다. 기술구조부문의 힘이 강한 유형으로 전형적으로 우체국, 제철소, 항공회사 등과 같이 표준화된 작업절차에 의해서 업무가 수행되는 조직을 말한다. 여기에 해당되는 조직은 대개 조직규모가 크고, 조직환경이 안정되어 있으며, 외부기관에 의한 통제가 이루어진다.

셋째, 전문 관료제(professional bureaucracy)이다. 핵심운영부문의 힘이 강한 유형으로 복잡하고 안정적인 환경하에서 적합한 조직으로 전문적·기술적 훈련을 통하여 업무가 표준화되는 조직이다. 이 조직의 환경은 비교적 안정되어 있으며, 외부기관에 의한 통제도 없다. 이 조직의 가장 중요한 특징은 전문적·기술적 자격을 갖춘 노동자에 의해 업무가 수행된다는 점이다. 대학, 사회복지기관, 종합병원 등이 여기에 해당된다.

넷째, 사업부제 구조(divisionalized form)이다. 중간관리자의 힘이 강한 유형으로 시장의 다양성하에서 각 사업부는 스스로 책임하에 있는 시장을 중심으로 자율적인 영업활동을 수행한다. 산출물의 표준화를 중시하며 성과관리에 적합한 조직이다.

다섯째, 애드호크라시(adhocracy)이다. 지원참모의 힘이 강한 유형으로 동태적이고 복잡한 환경에 적합한 조직이다. 표준화를 거부하며 느슨하고 자기혁신적인 조직으로 모든 면에서 기계적 관료제 구조와 반대되는 분권화된 유기적 구조이다.

이상의 민츠버그의 조직분류법은 각 조직의 유형이 발전될 수 있는 복잡한 틀이라 할 수 있다. 그러나 중요한 사실은 민츠버그의 조직분류법은 조직이 어떻게 그리고 왜 차이가 나는지에 대한 보편적인 시각을 지니고 있다는 것이다. 즉 조직을 조직의 특징 그 자체로 평가했을 때 우리가 기대할 수 있는 올바른 분류가 가능하다는 것이다.

3. 기계적 구조와 유기적 구조

기계적 구조는 고전적이고 전형적인 관료제 조직을 의미한다. 기계적 조직구조의 특성을 살펴보면 다음과 같다.

첫째, 조직의 전문화(분화)가 한계에까지 이루어진다.

둘째, 기능적 역할과 과제는 상세히 규정된 권리와 의무, 기법에 의해 수행된다. 즉 고도의 표준화가 이루어진다.

제 2 편 행정의 관리

셋째, 조직구성원들이 조직의 목적보다는 과업 수행상의 세부적인 방법과 수단에 더욱 치중하는 경향이 있다.

넷째, 상호작용은 주로 개인 사이의 상하 수직적인 의사전달에 의해 이루어진다.

다섯째, 계층화에 의한 권한과 집권화된 통제가 강조되고 있고, 권한에 대한 복종과 조직에 대한 충성심이 중요시된다.

여섯째, 조직 내 특권은 조직의 규칙과 절차에 관한 지식이나 계층 직위에 귀속되며, 전문적 지식이나 목표 달성에 공헌될 수 있는 일반 지식을 따르지 않는다.

이와 상반되는 성격을 지닌 유기적 조직구조의 성격은 다음과 같다.

첫째, 기계적 조직처럼 과업 수단과 방법에 국한되지 않고 조직 전체의 목표에 공헌할 수 있는 지식과 경험을 중요시한다.

둘째, 과업구조와 내용이 상황에 따라 신축적으로 설계되고 조직구성원들의 상호작용으로 인하여 구체화됨으로써 과업은 탄력성과 적응성을 지니고 있다.

셋째, 집단 의사결정을 비교적 많이 활용하고 상하 수직적 의사전달은 물론 횡적, 그리고 대각선적 상호작용을 통해 각종 참여와 정보 교환, 그리고 상담이 많이 이루어진다.

넷째, 실력과 능력을 존중하고 조직에 대한 자발적 몰입이 중요시된다.

다섯째, 권위와 의무, 직무 수행 방법에 대한 한계가 엄격히 규정되어 있지 않다.

여섯째, 조직구성원들은 충성과 복종보다는 조직의 과제나 과제 달성과 관계된 기술 원리에 더 집착한다.

일곱째, 권한은 조직의 계층 직위보다는 조직의 목표 달성에 공헌하는 개인의 전문적 지식과 기술에 기반을 둔다.

이와 같은 특징을 종합해 볼 때, 기계적 조직구조의 특징은 일반적으로 관료적·수직적, 그리고 집권적 조직에서 나타나고, 유기적 조직구조의 특징은 수평적·분권적 조직에서 나타난다.

표 5-3 기계적 구조와 유기적 구조

	기계적 구조	유기적 구조
장점	예측가능성	적응성
조직 특성	좁은 직무 범위 표준운영절차 분명한 책임관계 계층제 공식적/몰인간적 대면관계	넓은 직무 범위 적은 규칙/절차 모호한 책임관계 분화된 채널 비공식적/인간적 대면관계
상황 조건	명확한 조직목표와 과제 분업적 과제 단순한 과제 성과 측정이 가능 금전적 동기부여 권위의 정당성 확보	모호한 조직목표와 과제 분업이 어려운 과제 복합적 과제 성과 측정이 어려움 복합적 동기부여 도전받는 권위
대표 모형	기능구조, 사업구조 등	매트릭스구조, 수평구조(팀제) 등

출처: Robey(1986), 이종수·윤영진 외(2008: 328)에서 인용.

4. 대프트(Daft)의 조직유형

대프트(Daft, 2001)는 기계적 구조와 유기적 구조를 양극단에 위치시키고 중간에 다섯 가지 조직을 추가하여 모두 일곱 가지 조직모형을 제시하였다.

1) 기계적 구조(mechanistic structure)

기계적 구조는 엄격한 분업과 계층제, 명확히 규정된 직무, 많은 규칙과 규정(높은 공식화와 표준화), 비정의성, 집권화, 분명한 명령복종체계, 좁은 통솔범위, 낮은 팀워크, 경직성, 내적 통제의 강화, 폐쇄체제 등이 특징이다.

2) 기능구조(functional structure)

기능구조는 조직의 전체업무를 공동기능별로 부서화한 조직으로 수평적 조정의 필요성이 낮을 때 효과적이다. 즉 인사, 조직관리, 재무, 마케팅 및 R&D 등 기능별로 부서를 구성하는 방식이다. 기능구조는 조직목표 달성에 전문성이 필요한 경우, 안정적 조직환경과 일상적 조직기술이 적용되는 경우, 수직적 계층제를 통해 통제되고 부서 간 수평적 조정의 필요성이 낮은 경우 효과적이다.

기능구조의 장점은 첫째, 유사한 기능을 수행하는 구성원들의 분업을 통해 지식과 기술을 통합적으로 활용하므로 부서와 구성원들의 전문성을 제고할 수 있다. 둘째, 기능 내에서 규모의 경제를 제고할 수 있다. 셋째, 같은 기능적 업무를 묶어 시설과 자원을 공유함으로써 중복과 낭비를 최소화할 수 있다. 넷째, 비슷한 기술과 경력을 가진 구성원들 간에 응집력이 강해 부서 내 의사소통과 조정이 원활하게 이루어질 수 있다.

반면 단점은 첫째, 부서들 간의 조정과 협력이 요구되는 환경하에서 변화에 둔감해진다. 부서별로 상이한 기능을 수행하면서 각각 상이한 목표를 갖게 되어 부서들 간에 조정이 어려워지기 때문이다. 둘째, 의사결정권한이 계층제를 따라 고위관리자에 집중되어 있어 업무의 과부하로 인해 신속한 대처가 어렵다.

3) 사업구조(divisional structure)

사업구조는 산출물을 중심으로 부서화하는 조직구조로 산출물구조, 전략사업단위라고도 한다. 사업구조하에서 각 부서는 한 제품을 생산하거나, 한 지역에서 활동하거나, 특정 고객집단에 봉사하는 경우 필요한 모든 기능적 직위들이 하나의 부서 내에 배치된 자기 완결적 단위로 구성된다. 따라서 기능 간 조정이 극대화될 수 있고, 각 사업부서들은 자율적으로 운영된다.

장점으로는 첫째, 사업구조의 각 부서는 자기 완결적 기능단위로 기능 간 조정이 용이하므로 환경변화에 신축적으로 대응할 수 있다. 둘째, 기능별 조정이 부서 내에서 이루어지므로 분권적 구조를 갖는다. 셋째, 특정 산출물별, 지역별 혹은 고객집단별로 운영되므로 고객만족도를 제고하고, 성과에 대한 책임성의 소재를 분명하게 하여 성과관리에 유리하다.

단점으로는 첫째, 산출물별로 구성된 각 사업부서 간에 기능 중복에 의해 규모의 경제 실현이 어려워 효율성이 저해될 수 있다. 둘째, 기능 직위가 부서별로 분산되어 있어 기술적 전문성을 개발하는 데 불리하다. 셋째, 부서 내 조정은 원활하지만 자율적으로 운영되는 부서 간 조정은 어려워질 수 있다. 넷째, 사업부서 간 경쟁이 과도해지면 조직 전반에 부정적 영향을 미칠 수도 있다.

4) 매트릭스 구조(matrix structure)

매트릭스 구조는 기능구조와 사업구조를 화학적(이중적)으로 결합한 이중적 권한구조를 가지는 조직구조로서 기능부서의 전문성과 사업부서(프로젝트구조)의 신속한 대응성이 요구되면서 등장하였다.

따라서 매트릭스 구조는 이원적 권한체계(dual authority)를 갖는다. 즉 기능부서의 통제권한은 수직적으로 흐르고, 사업부서 간 조정권한은 수평적으로 흐른다. 이러한 이중 구조에서 조직구성원은 동시에 두 명의 상관에게 보고해야 하므로 명령통일의 원리에 위배되기 때문에 기능적·사업적 권한체계의 적절한 균형을 찾는 것이 매우 중요하다.

장점으로는 첫째, 높은 신축성과 대응성이 요구되는 불안정하고 급변하는 조직환경에 적합하다. 둘째, 기능구조와 사업구조의 장점을 활용하므로 잦은 대면과 회의를 통해 예상하지 못한 문제를 파악하고 새로운 대안을 찾는 데 기여할 수 있다.

단점으로는 첫째, 이중권한체계가 구성원들에게 혼란과 갈등의 문제를 야기할 수 있다. 둘째, 기능부서와 사업부서 간의 갈등이 확산될 우려가 있어 갈등해결에 요구되는 시간과 노력이 많이 투입되는 문제가 있다.

5) 수평구조(horizontal structure)

수평구조는 구성원을 핵심업무과정 중심으로 조직화한 구조로 팀조직이 대표적이다. 이는 특정한 업무과정에서 일하는 개인을 팀으로 모아 의사소통과 조정을 용이하게 하고 고객에게 직접적으로 가치를 제공하도록 한다. 이러한 조직구조의 등장배경으로 첫째, 기술진보로 정보통신기술에 기초한 조정과 통합이 가능해진 점, 둘째, 고객은 더욱 빠르고 좋은 서비스를 기대한다는 점, 셋째, 조직구성원은 새로운 기술을 학습하고 보다 큰 책임감을 감수하고자 한다는 점 등을 들 수 있다.

장점으로 첫째, 고객수요의 변화에 신속하게 대응할 수 있도록 조직의 신축성을 제고할 수 있다. 조직구조가 모든 구성원들의 관심을 고객만족도의 증진에 두도록 변화시킨다. 둘째, 부서 간 경계가 없어 개인들은 조직 전체의 관점에서 업무를 이해하게 되고, 팀워크와 조정에 유리하다. 셋째, 조직구성원들에게 자율관리, 의사결정권한과 책임을 위임함으로써 사기와 직무동기부여에 기여한다.

단점으로는 첫째, 조직목표 달성에 핵심적인 업무과정을 분석해야 하는 어려움이 있다. 둘째, 수평구조로의 변화는 직무설계, 관리철학, 정보 및 보상체계 등에 대한 근본적이고 대대적인 개혁을 요구한다.

6) 네트워크조직(network organization)

네트워크조직은 조직의 자체기능은 핵심역량 위주로 특화시키고, 여타 기능은 외부조직들과 계약관계를 통해 수행하는 유기적 조직구조를 말한다. 한 조직 내에서 모든 기능을 수행하는 방식에서 탈피하여, 회계, 제조, 포장, 유통기능 등은 외부기관들에 위탁(outsourcing)하여 조직본부와 전자적으로 연결한다. 따라서 환경변화에 따라 신속하게 외부계약관계를 재조정할 수 있다. 이를 위해 정보통신기술이 필수적인 기반시설로 요구된다.

장점으로 첫째, 특정 기능별로 최고의 품질과 최저비용의 자원들을 활용할 수 있으면서 매우 간소화된 조직구조를 유지할 수 있다. 둘째, 정보통신망에 의해 조정되므로 직접 감독에 필요한 지원과 관리인력 등의 절감이 가능하다. 셋째, 환경변화에 신축적이고 신속한 대응이 가능해진다. 넷째, 조직은 경쟁력 있는 기술을 가진 활동에 집중하고, 나머지 활동은 계약을 통해 수행하므로 환경변화에도 불구하고 큰 초기 투자 없이 신속한 산출물을 생산할 수 있다.

단점으로는 첫째, 계약관계에 있는 외부기관을 직접 통제하기 어려울 수 있다. 둘째, 조직은 모호한 조직경계에 놓이게 되므로 조직의 정체성이 약해 응집성 있는 조직문화를 구축하기 어렵고 심한 경우 조직구성원들의 충성심을 확보하기 어려워질 수 있다.

7) 학습조직(learning organization)

지식정보사회에서의 대안적 조직모형으로 불확실한 환경에서 요구되는 조직의 기억과 학습의 가능성에 주목하고, 이를 강조하는 학습조직이 등장하였다. 학습조직은 모든 구성원들의 문제인지와 해결에 관여하면서, 조직능력을 제고하기 위해 시행착오를 반복하면서 조직역량을 확대시켜 나가는 조직을 말한다. 관료제모형의 궁극적 가치가 효율성 제고였다면 학습조직의 궁극적 가치는 문제해결에 있다.

학습조직의 특성으로 첫째, 학습조직의 성공을 위해서는 리더의 역할이 매우 중요하다. 둘째, 학습조직은 조직구성원들의 권한강화를 강조한다. 셋째, 학습조직에서 전략은 집권적으로 수립되는 것이 아니라 여러 방향에서 형성되며, 특히 일선의 구성원이 문제해결을 위한 전략수립에서 중요한 역할을 수행한다. 넷째, 강한 조직문화를 요구한다. 부서 간 경계를 최소화하고, 부분보다 전체를 중요시하며, 공동체정신과 구성원 상호 간 협력이 요구된다. 다섯째, 정보를 적극적으로 생산하고 공유해야 한다. 이를 위해 높은 수준의 지식관리시스템 구축이 요구된다. 여섯째, 학습조직의 기본적 단위는 팀으로 수평적 조직구조가 필요하다. 따라서 네트워크조직이나 가상조직이 활용된다.

5. 핸디(Handy)의 유형

핸디(Handy, 1989)는 미래에 꽃을 피울 세 가지 조직의 모습으로 삼엽조직(shamrock organization), 연방조직(federal organizational), 트리플 아이(triple I) 조직을 들고 있다.

첫째, 삼엽조직(클로버형 조직)은 산출을 극대화할 수 있는 소규모 조직으로서 조직의 핵심을 세 가지 파트(삼엽)로 분석하고 미래 정보화 사회에서는 이 세 부문이 조직의 필수적 요소라고 주장한다. 제1엽은 삼엽 조직의 중심 위치에 있는 정규노동력(전문가 조직)을 의미하고, 제2엽은 계약·하청의 외변조직(외주조직)을 의미하고, 제3엽은 비정규직으로 채용된 유동적(임시적) 노동력을 의미한다.

둘째, 연방조직은 장기 전략에 치중하는 중앙 전략 기능만 갖고 있으면서 일상적 업무와 의사결정 사항은 독립조직에 일임하는 조직으로서 네트워크조직 등이 이에 해당된다.

셋째, 트리플 아이 조직(3I)은 경쟁적 우위의 원천으로서 지능(intelligence), 정보(information), 아이디어(idea)에 초점을 둔 조직을 말한다.

6. 조직목표

1) 조직목표의 기능

조직목표(organizational goal)란 조직이 달성하고자 하는 바람직한 문제의 상태이다. 조직의 목표란 조직을 구성하는 개인의 목표가 아니고 인간의 집합체인 조직이라는 실체가 추구하는 목표이다. 그러나 조직 그 자체만으로는 미래의 바람직한 모습을 달성할 수 없기 때문에 조직의 목표가 필요한 것이다. 이러한 조직목표의 기능을 보면 다음과 같다.

첫째, 미래지향성이다. 목표는 장래에 달성하고자 하는 바람직한 미래상태를 의미한다. 조직은 이러한 미래지향적 목표와 관련된 의사결정을 하고, 조직의 여러 자원을 활용하여 목표달성에 노력한다. 따라서 조직목표는 조직 구성원으로 하여금 미래지향적 행동과 사고를 갖도록 해준다.

둘째, 계획성이다. 조직목표의 성격이 미래지향성을 지니고 있다는 것은 계획기능과 밀접히 연관되어 있음을 의미한다. 목표를 달성하는 데 필요한 물적·인적 자원, 조직구조 등 조직관리에 대한 계획이 필요하고, 이러한 계획을 통해 조직목표가 달성된다. 이와 관련 조직목표를 강조하면서 개발된 관리기법인 '목표에 의한 관리(MBO: management by objectives)'가 확산되기도 하였다.

셋째, 조직존립 정당성의 근거가 된다. 조직은 존속을 위해 정통성을 인정받아야 한다. 조직목표는 조직이 수행하는 약속이며, 이 약속이 조직의 목표이다. 목표는 조직의 존재와 활동 및 임무를 정당화시켜 주는 기능을 수행한다.

넷째, 조직효과성의 판단 근거이다. 조직의 목표달성을 조직효과성(organizational effectiveness)이라고 한다. 조직의 성과가 높을수록 조직의 효과성은 높아지며, 조직의 목표는 조직의 성과달성 정도, 즉 조직효과성을 측정하고 평가하는 기준과 지침을 제공해준다.

다섯째, 소속감 및 일체감 조성이다. 조직의 구성원들은 공동의 조직목표를 달성하기 위해 협력하고 동기유발을 하게 된다. 따라서 조직목표는 구성원들이 자기 조직에의 소속감과 일체감을 갖게하는 기능을 수행한다.

2) 조직목표의 변동

조직목표의 변동은 주로 생산목표와 관련하여 나타나는 변동의 형태이다. 생산목표가 실현되거나 실현이 불가능할 때 나타나는 조직목표의 변동은 크게 목표의 승계, 목표의 대치 등의 현상이 있다.

(1) 목표의 승계(goal succession)

본래 추구하던 목표가 완전히 달성되었거나 달성 불가능한 경우에 발생하는 목표변동의 양태이다. 목표승계 현상에 관한 가장 대표적인 예는 미국 소아마비재단에 관한 연구이다. 이 재단은 당초 소아마비의 예방과 치료를 지원하기 위해서 설립된 것이었다. 실제 이러한 목표는 완전히 달성되었고 이로 인해 재단을 해체해야 했지만 방대한 인원과 기구를 다시 활용하기 위해 소아마비 예방과 치료에서 장애아 출산 극복이라는 새로운 목표를 채택하여 재단을 존속시켰던 것이다.

(2) 목표 간의 비중변동(goal distortion)

목표 간의 비중변동은 비교적 가벼운 목표변동으로 이해되는데, 그 전형적 예는 생산작용목표의 변동에서 찾아볼 수 있다. 생산작용목표 간의 비중변동은 생산활동의 효율성을 과도히 측정하는 데서 비롯되는 경우가 많다고 한다.

(3) 목표의 대치(goal displacement)

목표의 대치는 조직이 목표달성을 추구하는 과정에서 원래의 목표와 전혀 다른 목표를 수행할 때 발생하는 현상이다. 즉 기존의 정당한 목표가 전혀 다른 목표로 대치되는 현상을 말한다. 특히 목표의 대치에서 가장 흔히 나타나는 현상은 목표와 수단의 전도현상이다. 목표의 대치현상을 설명하는 데 가장 흔히 이용되는 연구가 미헬스(R. Michels)의 1차 세계대전 이전의 유럽의 사회주의정당 연구다. 미헬스에 따르면 이들 정당과 노동조합은 사회주의 혁명과 민주정부의 수립을 목표로 내세웠지만 이 목표를 달성하는 과정에서 이 조직의 지도자들은 자신들의 지위를 유지하는 쪽으로 목표를 바꾸었다는 것이다. 따라서 조직의 민주적 목표는 사라지고 대신 소수사람들의 규칙이 지배하는 '과두지배의 철칙'(Iron Law of Oligarchy) 현상이 생겨났다는 것이다.

(4) 목표의 다원화(multiplication)와 목표의 확대(expansion)

목표의 다원화와 목표의 확대란 조직이 원래의 목표가 달성되기 어려울 때 당초의 목표 이외에 새로운 목표를 추가하거나(다원화) 목표의 범위를 확대 해석하는 것을 말한다.

7. 조직이론의 변천과 발달

조직이론은 조직이 실제 어떻게 구조화되어 있는지를 설명하고자 하며, 유효성을 향상시키기 위해서 조직을 어떻게 구성해야 하는지에 대한 해답을 준다. 조직이론이 조직현상을 연구하는 학문으로 실제 발전하기 시작한 것은 20세기에 와서이다. 물론 20세기 이전에도 조직을 연구하고자 하는 움직임은 있었지만 체계적인 연구는 20세기 이후에 시작되었다고 보는 것이 타당할 것이다.

조직이론의 발전을 어떻게 볼 것이냐에 대한 논의도 다양하다. 그러나 이 논의는 크게 두 가지로 구분할 수 있는데, 체계적 관점과 조직목표별 관점이 그것이다. 체계적 관점은 조직을 개방체계와 폐쇄체계로 구분하여 1960년 이전의 조직이론은 폐쇄 체계적 관점, 1960년 이후의 조직이론은 개방 체계적 관점으로 보는 논의이다.

반면 조직목표별 관점은 조직의 목표달성과 관련한 관점으로서 이것은 다시 합리적 관점과 사회적 관점으로 구분된다. 합리적 관점은 조직구조를 특정한 목표를 효과적으로 달성하기 위한 도구로 보는 반면, 사회적 관점은 조직을 권력과 통제를 모색하는 조직구성원의 갈등을 중재하는 존재로 본다.

조직이론을 관점별로 정리한 이러한 입장 이외에 조직이론을 시대별로 구분하려는 연구도 많다. 가령 에치오니(Etzioni)는 조직이론을 고전이론, 인간관계론, 구조론으로 구분하며, 왈도(Waldo)는 조직이론을 고전이론, 신고전이론, 현대이론으로 구분하기도 한다. 그런데 여기에서의 가장 큰 문제는 현대이론의 시기구분이다. 즉 고전이론과 신고전이론의 시기구분은 큰 문제가 없지만 언제 어느 시점의 누구를 현대이론으로 볼 것이냐가 큰 문제인 것이다. 실제 현대이론을 주장한 사람들 중에도 1980년대 후반이나 1990년대에 등장한 이론들을 현대이론에 담지 못하고 있는 경우가 대부분이다. 본 저서에서는 왈도(Waldo)의 견해에 따라 조직이론을 세 가지 이론으로 구분하고자 한다.

1) 고전적 조직이론

고전적 조직이론은 1900년대부터 1930년대까지 풍미했던 이론이다. 이들은 모든 조직에 통용될 수 있는 보편적 조직원리를 개발하는 데 힘썼으며, 조직목표를 능률적으로 달성하는 데 필요한 제도적 장치를 강구하고자 하였다. 이 유형의 조직이론에 해당되는 주요 이론은 과학적 관리법, 행정원리학파, 베버(Weber)의 관료제론 등이다.

(1) 과학적 관리법

과학적 관리법은 테일러(Taylor)의 저서 The Principles of Scientific Management 출판과 더불어 시작되었다. 펜실베이니아 베들레헴 철강공장 엔지니어였던 테일러는 작업방법에 관한 관찰을 통하여 노동자들의 생산을 획기적으로 향상시킬 수 있는 방안을 강구하였다. 그것은 자신이 과학적 방법이라 주장한 원리를 작업에 직접 적용하는 것이었다. 즉 과학적 방법을 적용하여 업무의 최대의 능률을 높이는 것이 유일한 최선의 방책(one best way)이라는 것이다.

테일러가 주장한 과학적 관리의 원리는 다음 4가지이다. ① 노동자의 업무의 요소를 결정하는 데 과학적 방법을 이용할 것, ② 노동자를 과학적으로 선발하고 훈련할 것, ③ 과학적 방법에 따른 관리자와 노동자의 협력을 도모할 것, ④ 관리자와 노동자의 책임의 분배를 공평하고 과학적으로 할 것, 즉 관리자는 기획과 감독의 기능을, 노동자는 실제 업무수행을 담당할 것 등이다. 테일러는 과학적 방법의 적용결과 생산성이 향상되면 거기에 따른 물질적 보상이 주어져야 한다는 점을 강조한다. 특히 업무를 조직화 하는 데 있어서 관리자의 역할을 강조한다.

테일러의 과학적 관리법이 우리에게 주는 의미는 과학적 방법만 적용하면 업무(특히 하위 계층의 업무)는 얼마든지 능률적으로 수행할 수 있다는 점, 여기에 따른 물질적 보상이 갖추어져야 한다는 점, 그리고 관리자의 역할을 강조한 것 등이다.

(2) 행정원리학파

과학적 관리법과 동시대에 발전된 또 하나의 조직이론의 관점이 행정원리
학파이다. 행정원리학파는 특히 조직 활동을 합리화시키기 위한 지침으로 삼기
위해 관리적 기능과 일반 행정원리의 창조에 관심을 기울였다.

행정원리학파의 주창자인 페이욜(Fayol)은 테일러와 달리 최고경영자 출신이
었다. 따라서 과학적 관리법과 달리 행정원리학파는 최고경영진이 조직을 운영
하는 데 필요한 행정원리를 강구하고자 하였다. 즉 과학적 관리법이 밑으로부터
의 조직합리화를 주장했다면, 행정원리학파는 위로부터의 조직합리화를 주장했
던 것이다.

페이욜이 제시한 모든 조직에 통용될 수 있는 원리는 전부 14개이다. 즉 ①
노동의 분업원리, ② 권위의 원리, ③ 규제의 원리, ④ 명령통일의 원리, ⑤ 지시
통일의 원리, ⑥ 개인의 이익보다 조직의 이익이 앞서야 한다는 원리, ⑦ 보상의
원리, ⑧ 집권화의 원리, ⑨ 계층제의 원리, ⑩ 질서의 원리, ⑪ 공평성의 원리,
⑫ 신분보장의 원리, ⑬ 제안의 원리, ⑭ 집단정신의 원리 등이 그것이다.

굴릭(Gulick)과 어윅(Urwick)은 이러한 원리를 요약하여 새로운 신조어인
POSDCoRB를 개발하기도 한다. 그러나 이러한 원리들의 정확한 구성이나 필요
한 수에 있어서는 행정원리학파 사이에서도 의견이 갈리고 있다. 그러나 적어도
다음의 두 가지 원리에 있어서는 합의에 도달하고 있는 것으로 보인다. 즉 조정
(coordination)의 원리와 전문화(specialization)의 원리가 그것이다. 조정의 원리에는
계서제의 원리, 명령통일의 원리, 통솔범위의 원리, 예외의 원리(exception principle)
가 포함되며, 전문화의 원리에는 부성화의 원리, 계선－막료의 원리가 포함된다.
그러나 행정원리학파들이 내세우는 원리들은 대개 상징적 선언이거나 격언에
불과하다는 비판을 받고 있다.

(3) 관료제론

① 관료제의 개념

과학적 관리법, 행정원리학파와 동시대이면서 독특한 또 하나의 학파가 막

스 베버(Max Weber)의 관료제(bureaucracy) 이론이다. 베버의 관료제에 대한 논의는 관료제와 그 이전의 전통적 형태의 조직구조와의 차이를 논하는 데서 시작하였다. 베버는 관료제야말로 현대국가 특히 자본주의 사회에서 발전된 가장 독특한 조직의 형태로 간주한다.

관료제는 매우 다의적이며 불확정적 개념이다.[1] 조직구조로서의 관료제, 조직병폐로서의 관료제, 현대 거대정부로서의 관료제, 고발대상으로서의 관료제 등 다양한 의미로 사용된다. 일반적으로 관료제는 피라미드형 계층제라는 구조적인 측면을 강조한 베버의 이론을 중심으로 정의되며, 최근 동태적 조직에 의해 비판을 받는 전형적인 기계적 구조를 의미한다. 아래 표는 관료제의 개념적 측면을 표로 나타낸 것이다.

표 5-4   관료제의 개념적 측면

구 분	개 념	학 자	특 징
구조적 개념	계층제 형태 지닌 대규모 조직	M. Weber, Merton, Blau	관료제의 보편성, 순기능 강조
기능적 개념	정치권력 장악한 특권집단	H. Laski, H. Finer, Janowitz	보편성 상실, 역기능 강조

② 관료제모형의 특징

베버의 관료제(1901)는 프러시아 관료제에 대한 막연한 인상을 토대로 연구된 가설적 모형이므로 실존형이 아니며, 영·미의 민주정당이나 신생국 관료제를 대상으로 연구된 것도 아니다. 이러한 베버이론의 특징은 다음과 같다.

첫째, 이념형(ideal type)이다. 경험에 의한 모형이 아니라 고도의 사유과정을

---

1 관료제(bureaucracy[영어], bureaucratie[불어], Bürokratie[독어])란 말은 프랑스어에 어원을 두고 있다. 이 말의 전반부는 엄숙성을 나타내면서도 사악한 행동을 표시하는 데 적합한 빛깔인 '어둠침침한 색깔'을 의미하는 라틴어 부루스(burrus)에서 유래하였다. 이 말과 관련이 있는 고대 불어의 라 뷔르(la bure)란 말은 탁자를 덮는 데 쓰는 천을 의미하였으며, 이 천이 덮인 탁자는 뷔로(bureau)란 말을 얻게 되었고, 다음에는 이 말이 사무실 자체를 가리키게 되었다. 18세기의 프랑스 상업상이었던 벵상 드 구르네(Vincent de Gournay)가 처음으로 관청을 뷔로끄라시(bureaucratie)란 말로 표현하였다. cratie는 지배·힘의 뜻을 가지고 있다. 뷔로의 본질은 개인의 사생활로부터 구별된 공적 사무를 상징하는 데 있다.

통해 구성된 이념형으로서 복잡하고 유동적인 사회현상을 설명하기 위한 방편으로 하나의 통일된 개념적 모습을 설정한 것이다.

둘째, 보편성이다. 공·사행정을 막론하고 모든 조직이 계층제 형태를 띤 관료제 구조라고 본다.

셋째, 합리성이다. 관료제 구조는 목적달성을 위해 인적·물적 자원을 집중적으로 최고도로 활용하도록 편재되어 있으며, 계층제에 의한 능률성과 법 앞의 평등에 의한 합법성을 추구할 수 있는 가장 합리적이고 이상적 조직이라고 본다.

③ 지배의 유형과 관료제의 발달(권위의 정당성 기준)

베버는 권위의 정당성을 기준으로 전통적 지배, 카리스마적 지배, 합법적 지배로 분류하고 이에 따라 관료제의 유형을 구분하였는데 그가 이념형으로 제시한 관료제는 19세기 법치국가 시대의 합법적 지배에 해당하는 근대관료제라고 주장한다.

첫째, 전통적 지배와 가산관료제는 절대군주국가 시대의 봉건관료제로서 보호적 관료제, 신분적 관료제, 절대적 관료제라고 한다. 우리나라 조선시대 관료제에 해당된다.

둘째, 카리스마적 지배와 독재관료제는 지배자의 뛰어난 역량과 자질, 초인적 힘에 의한 지배가 정당화되는 관료제로서 위기나 재난시에 나타나는 관료제를 의미한다.

셋째, 합법적 지배와 근대관료제는 근대법치주의나 합리주의에 의한 관료제로서 베버의 이념형 관료제로서 직업관료제 및 실적관료제를 기반으로 하고 있다.

④ 베버 관료제의 특징

첫째, 고도의 계층제(hierarchy)이다. 엄격한 수직적 업무배분, 상·하 간 지배복종체계의 성격을 띤다.

둘째, 법규에 의한 지배 및 관청적 권한이다. 합법적으로 제정된 법규에 의한 지배, 관청적 권한(공식화)을 추구한다.

셋째, 문서주의와 공·사 분리이다. 문서위주의 행정을 실시하며 관청과 사택을 분리한다.

넷째, 전문지식이다. 관료의 전문적 직무활동을 강조하며, 시험에 의하여 공개채용되는 실적관료를 중시한다.

다섯째, 직업의 전업화(전임직)이다. 직무상의 활동은 관료의 전 노동력을 요구하며, 직업관료제를 중시한다.

여섯째, 고용관계의 자유계약성이다. 쌍방의 자유의사에 따른 자유로운 계약을 통해 고용관계가 유지된다.

일곱째, 비개인화·몰인간성·비정의성 및 공평성(객관주의)이다. 관료는 감정과 편견 등 인간적 오류가 배제된 비정의적인 형식주의 정신, 평등사상에 입각해 비개인적이고 객관적 업무 수행, 몰인간적 초연성 내지는 법제화·표준화를 추구한다.

⑤ 관료제의 병리현상(역기능)

첫째, 동조과잉(overconformity)과 수단의 목표화이다. 관료는 목표가 아닌 수단(규칙·절차)에 지나치게 영합·동조함으로써 창의력 결여 등의 부작용이 초래된다.

둘째, 번문욕례이다. 책임의 한계를 명확히 하기 위한 문서에 의한 업무처리는 문서다작주의(red tape)를 초래한다.

셋째, 인간적 발전의 저해이다. 법규위주의 지나친 몰인정성·몰인간성·비정의성은 조직 내의 인간관계와 인간의 성장을 저해하고 냉담과 무관심·불안의식 등으로 나타나 인격상실을 초래한다.

넷째, 전문화로 인한 무능이다. 한 가지 분야에 길들여진 전문가는 타 분야에 대한 이해가 부족하고 새로운 조건에 적응하지 못하는 경직성을 보이는데 이를 훈련된 무능(trained incapacity)이라 한다.

다섯째, 무사안일주의와 상급자의 권위에 의존이다. 문제해결에 적극적·쇄신적 태도를 가지지 못하고 상급자의 권위나 선례에만 의존하려는 현상이다.

여섯째, 할거주의이다. 관료들은 자기가 속한 기관·부처·국·과만을 종적으로 생각하고 타 부처에 대한 배려가 없어 횡적인 조정·협조가 곤란해진다.

일곱째, 관료독선주의 및 권위주의이다. 관존민비적 사고나 권위주의·계급주의·비밀주의 및 국민에 대한 무책임성, 관료를 위한 집단으로 전락한다.[2]

여덟째, 관료를 무능화하는 승진제도(Peter's Principle)이다. 관료제의 규모가 커지면 승진의 기회가 확대되고 무능한 사람들이 높은 자리를 차지하게 되어 조직의 능률성이 저하되는 원리이다. 되풀이되는 승진으로 관료들이 무능화되는 현상, 즉 공무원이 무능력 수준까지 승진한다는 의미이다.

베버는 이러한 관료제의 특징을 통하여 행정제도 내에 포함된 문제를 해결하고자 하였다. 특히 관료제의 특징은 서로 보완·결합하여 능률적이고 효과적인 행정을 수행할 수 있게 해준다. 베버가 기술한 이러한 관료제는 오늘날 대규모 조직에서 흔히 나타나는 가장 전형적인 조직구조의 형태가 되고 있다.

2) 신고전적 조직이론

고전적 조직론과 기계적인 관리론의 비판위에서 1930년대 호오손 실험이 행해지고 그 결과 나타난 신고전적 조직이론은 조직의 사회적 속성을 인정한 것이다. 이 유형은 앞서의 고전적 조직이론과 달리 인간관계적 속성을 강조한다. 대표적인 이론은 인간관계론과 협동체계론이 이에 해당된다.

(1) 인간관계론

1920년대에서 1930년대 초까지 있었던 미국 시카고 근교의 서부전기회사의 호오손 공장에서의 일련의 실험으로 탄생된 이론이 인간관계론이다. 호오손 실험이라고 불리는 이 연구는 처음에는 과학적 관리법의 가정(즉 물리적 작업환경이 생산성에 영향을 미칠 것이라는 가정)에 따라 연구가 시작되었지만, 연구가 진행되는 동안 이 가정과는 전혀 다른 호오손 효과라는 결과가 발견되었다.

이러한 호오손 효과에 의해서 밝혀진 사실은 다음과 같다.

---

2 카멜리펀트(camelephant)는 미국의 A. Toffler가 관료제의 병리현상을 지적한 용어로 관료제는 보이지 않는 정당으로서 여당도 야당도 아닌 상태에서 정권교체에 관계없이 영구히 권력을 장악하는 특권집단 이라고 비판하였다. 미국 관료제가 매우 느리고(camel), 우둔하여(elephant) 국민의 요구에 민감하게 대응하지 못하는 무능한 집단이라는 뜻으로 사용한 용어이다.

① 노동자들은 합리적·경제적 행위자로서 존재하는 것이 아니라 다양한 동기와 가치관을 지닌 복잡한 존재로서 행동한다는 것이다.

② 노동자들은 사실과 이익뿐만 아니라 감정과 느낌에 의해서도 동기부여된다는 것이다.

③ 노동자들은 고립된 개개 행위자로서가 아니라 사회집단 구성원으로서 행동한다는 것이다. 사회집단 구성원으로서의 개인은 자신의 이익보다는 집단에의 충성을 더 높게 평가한다는 것이다.

④ 모든 집단에는 집단구성원의 행동을 규제하는 집단규범이 존재한다는 것이다. 그리고 이 집단에는 비공식적 지위체계와 리더십유형이 존재하게 된다.

인간관계론에 대한 이러한 결론은 확실히 이전의 조직이론과는 많은 차이를 나게 한다. 조직에서의 인간중시의 사상, 이로 인한 인간성 회복의 문제는 과거의 조직이론에서는 전혀 생각지 못했던 것이다. 따라서 인간관계론은 그 이후의 조직이론의 사상에 중요한 영향을 미쳤으며, 조직 내 집단의 문제, 민주적 리더십, 참여적 의사결정론 등의 관리문제를 해결하는 데 중요한 공헌을 하였다.

그러나 인간관계론에 대한 비판도 만만치 않다. 우선 인간관계론은 노동자들에 대한 착취를 미묘하게, 그리고 세련되게 다시 규정한 것에 불과하다는 비판이 있다. 또한 인간관계론하에서는 노동자들의 정당한 경제적 이득이 부적절하게 무시되었고, 실질적인 이익갈등도 무시되었으며, 관리자들에 의한 역할조정도 새로운 엘리트주의를 반영한 것에 불과하다는 비판도 있다.

(2) 협동체계론

버나드(Barnard)는 조직이 본질적으로 협동적 체계(Cooperative System)임을 강조한다. 즉 의식적이고 신중하며 의도적인 인간들이 협력하여 만든 것이 조직이라는 것이다. 버나드의 이런 조직관에는 두 가지의 의미가 포함되어 있다. 첫째는 조직구성원의 자발성이다. 둘째는 조직과 구성원 사이에 존재하는 공동의 목표이다.

이 두 가지의 의미는 모순되어 보이지만 서로 결합될 수 있다. 즉 목표는 조직의 상층부로부터 나오지만 조직구성원의 자발성을 근거로 하여 형성된다는 것이다. 따라서 권위의 개념도 이런 식으로 변경되어야 할 필요가 있다. 즉 권위는 조직의 상층부로부터 일방적으로 나오는 것이 아니라 부하의 동의 및 자발성을 근거로 형성된다는 것이다.

조직이 협동적 체계로서 역할을 수행하기 위해서 필요한 것은 비공식 조직의 역할이다. 비공식 조직이야말로 조직구성원의 자발성을 이끌어낼 수 있는 가장 확실한 장치가 된다는 것이다.

버나드는 또한 조직구성원의 조직에 대한 자발적 기여의 대가로 비물질적·도덕적 보상을 강조한다. 또한 조직구성원을 도덕적으로 결합시키는 집합적 목적의 형성이야말로 성공적 조직을 위한 가장 중요한 요소가 된다는 것이다.

3) 현대적 조직이론

현대적 조직론은 개인을 다양한 욕구와 변이성을 지닌 자아실현인 혹은 복잡인(Z이론)으로 본다. 현대조직은 복잡하고 불확실한 환경 속에서 목표의 유효한 달성을 위해 개성이 강한 인간행동을 종합하는 활동이라고 보았다. 폐쇄적인 관료제 조직보다는 개방적·동태적·적응적·유기적·상황적응적 조직을 강조한다.

현대적 조직모형으로는 첫째, 의사결정모형이다. 이는 현대행정하에서 인간행동을 의사결정과정에서 파악한 것으로 행태론에서 강조되었고 최근 정책결정과정으로서 중시되고 있다. 둘째, 개방체제모형이다. 이는 조직의 공동목적 달성을 위해 환경과 상호작용하면서 전체적 대응을 강구하는 유기체로 파악한다. 셋째, 후기관료제 모형이다. 이는 고도의 계층제하에서 합리적·합법적 지배에 의해 운영되는 인간행동을 강조하였으나, 최근에는 관료제가 비인격화되는 병리적 현상이나 탈 관료제적 입장을 특히 중시한다.

(1) 행정행태이론

사이몬(Simon)은 초기에는 혼자, 그 뒤에는 마치(March)와 공동으로 조직목표의 구체화 및 공식화가 조직 내의 합리적 행동에 기여하는 과정을 설명하고자 한다. 사이몬의 이러한 과정은 테일러를 비롯한 초기 조직이론가들이 주장하는 것과는 전혀 다르다.

즉 초기의 조직이론가들에 따르면 조직인은 자기이익에 의해서 동기부여 되고, 모든 가능한 대안에 대해서 완전한 정보를 갖는 경제인이라는 시각을 갖고 있었다. 그러나 사이몬은 이것과는 전혀 다른 보다 인간적이고 현실적인 행정인(Administrative man)이라는 개념을 제시한다. 즉 행정인은 자기이익을 추구하기는 하지만 그것이 무엇인지 언제나 다 아는 것은 아니고, 가능한 모든 대안 중 몇 가지만을 알고, 최적의 해결책이 아닌 적절한 해결책을 기꺼이 모색하려는 사람이라는 것이다.

버나드의 뒤를 이은 사이몬은 ① 조직에 계속 머무르려는 개인의 결정과 ② 조직의 참여자로서 개인이 내린 결정 사이의 차이를 구분한다. 사이몬에 따르면 일반적으로 조직은 결정을 단순화하며, 자신이 내린 결정에 조직구성원들이 참여하는 것을 지지한다는 것이다. 조직이 결정을 단순화시키는 방식은 조직이 지향하는 목표를 규제하는 방식이다. 따라서 목표를 규제함으로써 조직이 나아갈 방향이 구체화 되며, 이로 인해 결정도 단순화 된다는 것이다. 가치전제가 보다 구체적이고 정확할수록 이들이 그 다음의 결정에 미치는 영향은 더 크고 구체적일 수밖에 없는 것이다. 따라서 조직의 하층부로 갈수록 보다 사실적이고 실제적인 결정이 가능해지는 것이다.

조직이 추구하는 궁극적인 목표는 약간 모호하고 부정확하다. 그러나 이 목표는 조직구성원들의 행동을 규제하는 단서가 된다. 즉 하위목표를 구체화시키는 지침이 된다는 것이다. 따라서 상위목표보다는 하위목표가 언제나 더 구체적이기 때문에 하위목표를 수단으로 상위목표의 달성이 가능해지게 된다. 즉 목표-수단의 연계구축이 가능해지고, 목표의 계층제가 형성될 수 있다.

모든 조직은 이러한 목표의 계층제를 통해 행동의 통합과 일관성을 유지할 수 있다. 따라서 조직의 계층제 또한 결정과 활동의 일관성을 유지하는 고정된 목표-수단의 연결고리라 할 수 있다. 목표-수단의 연결 관계에서 최종목표는 결코 수단으로 간주될 수 없는 목표 그 자체이다. 따라서 궁극적인 목표에 대한 도전은 강력한 저항을 낳는다.

사이몬은 이처럼 목표의 계층제를 통해 의사결정이 조직 내에서 단순하게 이루어지는 방식을 제시한다. 사이몬에 따르면 이렇게 될 수밖에 없는 것은 개개 의사결정자가 지니는 인지적 한계(bounded rationality) 때문이라는 것이다. 그러나 단순한 의사결정의 방식은 의사결정자에게 만족을 주는 방식이라고 한다. 즉 최적의 해결이 아니라 시장적 수준의 해결책, 동시적이 아니라 일련적, 어떤 상황에 대한 새로운 해답이 아니라 기존의 해답을 이용하는 방식이라는 것이다.

(2) 개방체계적 관점

개방체계적 관점은 조직과 환경 사이의 관계를 중시하며, 조직이 생존하기 위해서 변화하는 환경에 적응해야할 필요성을 강조한다. 이 관점에 따르면 개방체계는 환경으로부터 자원을 받아들인다는 의미에서 자기 유지적이다. 개방체계라고 해서 조직의 경계가 없는 것은 아니다. 그러나 이 경계를 설정하는 것은 매우 어려운 작업이다. 페퍼(Pfeffer)와 살란시크(Salancik)는 이 문제와 관련하여 개인을 조직의 경계에 포함시키지 않는다는 해결책을 제시한다. 그러나 체계에는 개인의 활동을 포함한 여러 가지 활동이 관련되기 때문에 이 견해를 받아들이기 어렵다. 결국 한 체계가 개방체계냐 아니냐 하는 것은 그 체계의 경계를 어떻게 규정하느냐의 여부에 달려있다 할 수 있다.

일반체계 이론가들은 엔트로피(entrophy: 업무로 전환시킬 수 없는 에너지의 손실) 개념을 사용하여 폐쇄체계와 개방체계의 차이를 구분한다. 즉 폐쇄체계는 엔트로피 상태로 나아가는 체계이고, 개방체계는 엔트로피로부터 탈출을 시도한 체계라는 것이다. 즉 개방체계는 자신의 에너지를 보존하여 조직의 손상된 부분을 복구한다는 것이다.

버클리(Buckley)는 개방체계를 두 가지로 구분한다. 하나는 유지적 형태(morphostasis)이고, 다른 하나는 분화적 형태(morphogenesis)이다. 유지적 형태는 체계의 주어진 형태, 구조를 유지하려는 과정을 말하고(예를 들어 사회화, 사회통제 등이 여기에 해당), 분화적 형태는 체계의 성장, 학습, 분화를 정교하게 하는 과정(가령 중소기업이 대기업 되는 것)을 말한다.

개방체계적 관점에서는 체계의 다양성과 변화의 근원을 환경으로 본다. 그런데 환경에는 다양한 종류가 존재하고 따라서 환경에 대응하는 조직구조도 다

양할 수밖에 없다. 결국 조직구조의 변형은 환경이라는 상황의 변화에 의해서만
가능하다는 것이다.

1. 조직에 관한 미시적 관점: 개인과 집단

조직이론에서 개인행동에 대한 이해는 조직을 이해하는 중요한 첫걸음이
다. 조직 속에서 개인의 행동은 매우 다양하다. 따라서 이러한 다양성을 조직목
표달성을 위해 체계화시키는 것이 무엇보다 중요할 수 있다.

조직 속에서 개인의 차이를 나게 하는 중요한 개인적 특징으로는 성격
(personality), 지각(perception), 학습(learning), 가치관(value), 태도(attitude) 등을 들 수 있다.

1) 성 격

성격이란 어떤 개인이 환경에 독특하게 적응하는 데 필요한 심리적 체계의
집합체이다. 따라서 성격은 사람들을 분류하기 위한 독특한 심리적 특성이라 할
수 있다. 이러한 성격은 크게 세 가지 요인에 의해서 결정된다. 유전적 요인과
환경적 요인, 그리고 상황적 요인이 그것이다. 성격은 타고 태어난 유전적 요인
과 자신이 자란 문화적 환경(환경적 요인)에 의해서도 경정되지만, 상황의 차이에
의해서도 결정될 수 있다. 그러나 아직까지 어떤 상황이 성격에 더 영향을 미치
는 지에 대해서는 연구된 바가 없다.

심리학자들에 따르면 현재까지 연구된 성격의 종류(traits)는 전부 16가지라
한다. 이들 16가지의 성격의 종류는 인간의 차이를 설명하는 데 중요한 기준이
되며, 고정적이고 항구적인 행동의 원천이 된다. 또한 이들 성격의 종류는 구체
적인 상황에서의 개인의 행동을 예측하는 데 도움을 준다.

일반적으로 성격의 주요 속성으로 거론되는 것은 크게 5가지이다. 즉 통제의 범위(the locus of control), 성취성향(achievement orientation), 권위주의(authoritarianism), 마키아벨리주의(machiavellianism), 모험성향(propensity for risk taking)이 그것이다.

2) 지 각

지각이란 개인이 자신의 환경에 의미를 부여하기 위해서 자신의 감각적 표현을 조직화하고 해석하는 것을 말한다. 지각의 개념에서 가장 중요한 사실은 사람들은 객관적 현실에 대해서도 서로 다르게 해석한다는 점이다. 따라서 우리가 지각한다는 것은 우리가 보는 것을 우리 나름대로 해석하여 그것을 현실이라 부른다는 것이다. 지각에 영향을 미치는 요인은 크게 3가지이다. 지각자(The perceiver), 지각대상(The target), 그리고 지각상황(The situation)이 그것이다.

3) 학 습

학습이란 경험의 결과로서 나타나는 비교적 영속적인 행동의 변화를 말한다. 따라서 이러한 개념의 학습에는 여러 가지 의미가 포함된다. 첫째, 학습에는 태도나 행동의 변화를 포함한다는 것이다. 물론 이 변화는 반드시 개선을 의미할 필요는 없다는 것이다. 그리고 변화는 비교적 영속적으로 이루어져야 한다는 것이다. 둘째, 학습에는 상당한 정도의 경험이나 연습이 포함되어야 한다는 것이다. 이런 의미에서 아기의 걸음마는 학습으로 볼 수 없다. 연습이나 경험에는 학습의 결과로서 보강이 이루어질 필요가 있다. 셋째, 학습은 직접 관찰된 결과라기보다는 추정된 과정이라는 것이다.

학습에 관한 주요 이론은 크게 세 가지이다. 즉 고전적 조건반사이론(classical conditioning), 순치이론(operant conditioning), 인지적 학습이론(cognitive learning theory) 등이 그것이다. 이 중 앞서의 두 개는 자극(stimulus)−반응(response) 사이의 관계에 초점을 맞춘 이론이고, 인지적 학습이론은 이 두 이론에서 발전된 것이다.

4) 가치관

가치관이란 어떤 행동양식이나 존재양식이 그 반대의 행동양식이나 존재양식보다 개인적으로 혹은 사회적으로 더 낫다는 확신을 가리키는 말이다. 가치관은 옳은 것이 무엇이고, 좋고 바람직한 것이 무엇인가에 대한 개인의 생각으로서 판단적 요소를 지니고 있다. 따라서 가치관은 상대적 중요성에 따라 우선순위가 이루어져 있다.

가치관은 조직 속에서 개인의 행동을 이해하는 데 매우 중요한 역할을 한다. 그것은 가치관이 개인의 지각, 태도, 동기부여를 이해하는 기초가 되기 때문이다. 가치관은 비교적 안정적이고 지속적인 특성을 가진다. 즉 어린 시절부터 가치관의 습득이 절대적 기준이나 흑백의 논리에 의해 이루어지기 때문에 가치관은 어느 정도의 안정성과 지속성을 지니게 된다는 것이다.

5) 태 도

태도란 호의적(favorable) 혹은 비호의적 방식으로 어떤 사물이나 사람에 대해 반응하는 성향(predisposition)을 말한다. 우리가 어떤 것을 좋아한다 혹은 싫어한다고 말할 때 그것은 그 사람이나 사물에 대한 우리의 태도를 표현하는 것이 된다. 따라서 태도는 다른 사물이나 사람에 대한 우리의 감정을 반영하는 것이다.

태도에 대한 이러한 정의에는 몇 가지 가정이 담겨 있다. 첫째, 태도는 가설적 전제에 불과하다는 것이다. 즉 태도는 실제 관찰되는 것이 아니고 개인 내부에 불과하다는 것이다. 둘째, 태도는 일차원적인 변수라는 것이다. 따라서 호의적이냐 아니냐의 근거에서 측정할 수 있다는 것이다. 셋째, 태도는 행동과 밀접히 관련되어 있다는 것이다.

2. 동기부여이론(Motivation Theory)

동기부여(motivation)란 라틴어 'movere'에서 나온 말로서 움직인다는 뜻이다. 즉 인간을 어떠한 방향으로 행동하도록 이끌어가는 동력의 집합으로서 개인의 내적 심리상태를 말한다. 동기부여와 관련된 이론은 크게 동기를 유발하는 핵심적 요인이 무엇이지 설명하는 '내용이론'과 동기유발의 과정을 설명하는 '과정이론'으로 구분할 수 있다.

1) 동기의 내용이론

내용이론은 인간의 행동을 불러일으키는 요인에 초점을 맞춘 이론이다. 주로 인간을 충동하는 요구나 동기, 특별한 행동을 하도록 유도하는 유인책 등이 이 요인에 해당한다. 내용이론 중 가장 대표적인 것은 매슬로우(Maslow)의 욕구계층이론, 앨더퍼(Alderfer)의 ERG이론, 허즈버그(Herzberg)의 2요인론을 들 수 있다.

(1) 매슬로우(Maslow)의 욕구계층제이론

인간은 누구나 일정한 내재적 욕구를 충족시키기 위해서 동기부여 된다고 보는 것이 매슬로우(1954)의 욕구계층제이론이다. 매슬로우의 이 이론은 다음과 같은 세 가지 근본 가정에 기인한다.

① 인간은 자신의 행동에 영향을 줄 수 있는 욕구가 필요한 존재이다. 이 중 충족되지 않은 욕구만이 행동에 영향을 줄 수 있다.

② 인간의 욕구는 중요도에 따라서 우선순위가 이루어져 있다. 즉 기본적인 욕구부터 복잡한 욕구에 이르기까지 계층제가 형성되어 있다.

③ 하위의 욕구가 최소한 어느 정도 충족될 때만이 인간은 계층제의 상위 욕구를 충족시키게 된다.

이러한 세 가지 가정을 염두에 두고 매슬로우는 인간의 욕구를 분류한다. 그것을 중요도의 우선순위에 따라 분류하면, ① 생리적 욕구(physiological needs) ② 안전의 욕구(safety needs), ③ 사회적 욕구(social needs), ④ 자기존중의 욕구(self-esteem needs), ⑤ 자아실현의 욕구(self-actualising needs) 등이다.

매슬로우의 욕구계층이론이 발표된 이후 많은 연구가 매슬로우의 이론에 따라 수행되었다. 그리고 이들은 매슬로우의 이론에 대해 찬사와 지지를 아끼지 않았다. 그럼에도 불구하고 비판도 만만치 않다. 즉 첫째, 모든 인간에게 반드시 욕구계층제가 존재하지는 않는다는 것이다. 둘째, 인간의 욕구는 매슬로우가 주장한 것처럼 고정된 것이 아니고 상황에 따라 변한다는 것이다. 셋째, 두 가지 이상의 욕구가 한 개인에게서 동시에 작용할 수 있다는 것이다. 넷째, 매슬로우는 충족된 욕구는 더 이상 동기부여 요인으로 작용하지 않는다고 주장했지만, 실제 완전히 충족된 욕구란 존재하지 않는다는 것이다.

(2) 앨더퍼(Alderfer)의 ERG이론

ERG이론은 욕구이론 중 가장 최근에 개발된 이론이다. 앨더퍼(1972)는 매슬로우의 5가지 욕구를 세 가지로 요약하여 설명한다. 즉 존재의 욕구(Existence), 관계의 욕구(Relatedness), 성장의 욕구(Growth) 등이다.

존재의 욕구는 생리적 및 물질적 욕망에 관한 욕구로, 매슬로우의 생리적 및 약간의 안전의 욕구를 포함한다. 관계의 욕구는 대인 간 관계를 포함하는 욕구로 매슬로우의 안전의 욕구 일부, 사회적 욕구, 자기존중의 욕구 일부가 여기에 해당한다. 성장의 욕구는 개인적 성장을 위한 노력에 관한 욕구로서, 매슬로우의 자기존중의 욕구 일부와 자아실현의 욕구가 해당된다.

ERG이론은 다음과 같은 세 가지 전제에 기인한다. ① 욕구의 만족수준이 낮으면 낮을수록 더욱 소망된다는 것이다. ② 낮은 수준의 욕구가 만족될수록 높은 수준의 욕구에 대한 소망은 더 커진다는 것이다. ③ 높은 수준의 욕구가 만족되지 않을수록 낮은 수준의 욕구는 더욱 소망된다는 것이다.

이러한 ERG이론은 매슬로우의 욕구단계이론과 차이가 나는데, 그것은 첫째, 욕구계층이론은 만족-진행이론인 데 반하여 ERG이론은 만족-진행뿐만 아니라 좌절-퇴행 접근법도 포함하고 있다는 점이다. 둘째, 욕구계층이론과 달리 ERG이론은 두 개 이상의 욕구가 동시에 작용한다고 보는 점이다.

ERG이론은 일반적으로 매슬로우의 욕구계층이론보다는 더 타당성이 있는 것으로 평가되고 있다. 반면 이 이론의 보편성에 대해서 의심을 하는 연구도 있다. 즉 ERG이론은 어떤 조직에서는 적용되지만 다른 조직에서는 적용되지 않는다는 것이다.

(3) 허즈버그(Herzberg) 2요인론

허즈버그(1966)의 2요인론은 일명 동기부여-위생요인 이론이라 불리며, 특히 관리자들로부터 광범위한 지지를 받은 이론이다.

이 연구는 원래 200명의 엔지니어와 회계사를 대상으로 인터뷰를 통해 내용 분석의 결과를 밝힌 것이다. 즉 업무에 대한 좋은 감정은 업무의 내용과 관련된다는 것이며, 나쁜 감정은 상황요인과 관련된다는 것이다. 허즈버그는 이 중 첫 번째를 만족요인(동기요인)으로, 두 번째를 불만족요인(위생요인)으로 명명하였다. 허즈버그가 밝힌 연구 결과는 다음 두 가지이다.

첫째, 그것이 존재하지 않을 때는 조직구성원들의 직무불만족을 낳는 외재적 업무조건이 있다. 이 조건은 존재한다고 해서 조직구성원을 동기부여 시키지는 않는다. 이 조건은 최소한의 '불만족 없음'(no dissatisfaction)의 상태를 유지하기 때문에 불만족요인 혹은 위생요인이라 불린다. 이 요인은 업무의 상황과 관련되는데, 이 요인으로는 ① 직업안정성, ② 보수, ③ 근무조건, ④ 지위, ⑤ 회사정책, ⑥ 감독, ⑦ 대인관계, ⑧ 연금 등이 포함된다.

둘째, 동기부여를 낳고 직무성과와 관련된 또 하나의 요인이 있는데 이를 내재적 조건이라 한다. 이 조건은 존재하지 않아도 불만족을 낳지는 않는다. 이 조건은 업무의 내용과 관련되는데 이를 만족요인이라 한다. 이 조건에 해당하는 것으로 ① 성취감, ② 인정감, ③ 업무 그 자체, ④ 책임감, ⑤ 승진, ⑥ 개인의 성장 및 발전 등을 들 수 있다.

이러한 결론에서 볼 수 있는 것처럼 동기요인과 위생요인은 반대되는 개념이 아니라 전혀 별개의 개념이라는 것이다. 또한 직무성과와 관련을 맺고 있는 것은 동기요인이기 때문에, 만약 조직의 직무성과를 높이고자 하는 관리자는 동기요인의 충족에 보다 많은 관심을 기울여야 한다는 것이다. 반면 위생요인은 조직구성원의 불만족을 해소시키는 데만 기여할 뿐 직무성과와는 아무 관련이 없다는 것이다.

허즈버그의 2요인론은 동기부여에 대한 매우 단순한 전략을 제시하고 있어 특히 조직의 관리자들에게 환영을 받았지만, 반면 비판의 대상이 된 것도 사실이다. 첫째, 연구에 이용한 방법론에 대한 비판이다. 즉 허즈버그는 주로 과거에 대한 연상을 연구에 활용하고 있는데, 대부분의 조사대상자들은 자신에게 유리한 것은 자신의 탓, 유리하지 않는 것은 외부환경의 탓으로 응답했다는 것이다. 둘째, 연구대상 집단(표본 집단)에 관한 것이다. 즉 엔지니어와 회계사만으로 다른 모든 집단을 일반화시킬 수 있을 것이냐 하는 것이다. 셋째, 동기부여와 직무만족을 동일한 개념으로 보고 있다는 것이다. 즉 동기부여는 목표지향의 행동인데 반해, 직무만족은 목표지향의 결과 발생하는 직무와 관련된 태도인데도 허즈버그는 이것들을 동일한 개념으로 보고 있다는 것이다. 넷째, 이 요인론은 개인의 차이를 전혀 설명해주지 못하고 있다는 점이다.

(4) 맥그리거(McGregor)의 X·Y이론

맥그리거(1960)는 매슬로우의 이론을 토대로 '기업의 인간적 측면'에서 인간이 일에 대하여 가지고 있는 상반된 태도·관점을 기준으로 X이론과 Y이론으로 분류하고 이에 따른 차별화된 전략을 제시하였다.

X이론은 전통적 관리체계에 부합하는 인간관으로 Maslow의 욕구계층 중 하위욕구를 중시하고 조직 속에서 인간을 보는 관점이 부정적인 것으로서 물질적 욕구를 중요시하는 전통적 이론이다.

X이론의 인간에 대한 가정은 다음과 같다.

① 인간은 게으르고 일하기 싫어한다.
② 인간은 책임지기 싫어하며 명령, 지시에 따르기를 원한다.
③ 인간은 새로운 도전을 싫어한다.
④ 인간은 이기적이며 비협력적이다.

X이론의 관리전략은 강제, 명령, 통제, 위협, 벌칙 및 물질적 보상 등의 강제적 방법 등이 있다.

Y이론은 새로운 관리체계를 필요로 하는 인간관으로 상위욕구를 중요시하

며, 조직속에서 인간을 보는 관점이 긍정적인 것으로서 이에 따라 민주적이며 동기 자극적 관리전략이 필요하다는 이론이다.

Y이론의 인간에 대한 가정은 다음과 같다.

① 인간은 부지런하며 일을 싫어하지 않는다.

② 인간은 책임감 있는 일을 하고 싶어 한다.

③ 인간은 조직의 목표에서 보람을 찾고 행동의 기쁨을 느낀다.

④ 인간은 창의성과 도전성을 지니고 있다.

⑤ 인간은 상호 협조적이다.

Y이론에 입각한 관리전략은 자율에 의한 통제, 인간적 보상, 성취욕구 지원 등이다.

(5) 아지리스(Argyris)의 성숙·미성숙이론

아지리스(1957)는 인간의 성격과 자아를 성숙된 상태와 미성숙된 상태로 구분하고 자아형성의 변화과정을 거쳐 인간의 자아가 미성숙단계에서 성숙단계로 발전한다고 주장했다. 미성숙인의 특징은 수동적 활동, 의존적 상태, 단기적 전망, 종속적 지위에 만족, 자기실현의 결여 등이 있으며, 성숙인의 특징은 능동적 활동, 독립적 상태, 장기적 전망, 대등 내지 우월한 지위에 만족, 자기의식 및 자기규제 기능 등이 있다.

이론의 특징은 인간은 본질적으로 미성숙된 상태에서 성숙된 상태로 도달되도록 되어 있고, 조직의 목표와 개인의 욕구가 일치·조화·융합될 수 있는 조직이 가장 건전하고 바람직스럽지만 실제로 조직은 개인을 Y이론으로 다루지 않고 이에 역행하는 공식적인 조직구조나 고전적인 관리방식에 의하여 개인을 관리하려 하므로 조직과 개인 간에는 근본적인 갈등이 악순환 된다는 것이다.

(6) 맥클리랜드(McClelland)의 성취동기이론

맥클리랜드(1962)는 모든 사람이 공통적으로 비슷한 욕구계층을 갖고 있다고 주장한 Maslow를 비판하였다. 그는 개인의 행동을 동기화하는 데 필요한 욕구란 자신을 둘러싼 사회적 환경과 상호작용하는 과정에서 학습되는 것이므로 개인마다 욕구의 계층이 다르게 형성된다고 보았다. 인간의 동기는 권력욕구, 소속욕구, 성취욕구의 순으로 발달되어 간다고 하였다. 동기유발의 요인을 성취욕구로 보았으며, 그 중에서 조직 내 성취욕구의 중요성을 강조한 성취동기이론을 제시하였다.

(7) 리커트(Likert)의 4대 관리체제론

리커트(1967)는 미성숙인보다는 성숙인, X이론보다는 Y이론, 위생요인보다는 동기요인에 의한 조직개혁 처방을 주장하면서 의사전달, 정책결정에의 참여, 교호작용 등을 기준으로 관리방식을 다음 4가지로 분류하였다.

① 체제 Ⅰ(수탈적 권위형): 관리자는 부하를 신뢰하지 않고 의사결정과정에서 배제시킨다.

② 체제 Ⅱ(온정적 권위형): 다소 온정적인 신뢰를 베풀고 하급자는 정해진 범위 안에서 의사결정이 가능하다.

③ 체제 Ⅲ(협의적 참여형): 부하를 상당히(부분적으로) 신뢰, 구체적인 결정은 하급자에게 허용된다.

④ 체제 Ⅳ(참여적 집단형): 관리자는 부하를 완전히 신뢰하고 의사결정권은 널리 분산된 채 전체적으로 잘 통합된다.

표 5-5 동기부여의 내용이론

McGregor	Maslow	Alderfer	Herzberg	Argyris	Likert
X이론	생리적 욕구	생존 욕구(E)	위생요인	미성숙인	체제Ⅰ, Ⅱ
X이론	안전 욕구	생존 욕구(E)	위생요인	미성숙인	체제Ⅰ, Ⅱ
Y이론	사회적 욕구	관계 욕구(R)	동기요인	성숙인	체제Ⅲ, Ⅳ
Y이론	존경의 욕구	관계 욕구(R)	동기요인	성숙인	체제Ⅲ, Ⅳ
Y이론	자아실현 욕구	성장 욕구(G)	동기요인	성숙인	체제Ⅲ, Ⅳ

(8) Z이론

① 룬드스테트(Lundstedt)의 Z이론

맥그리거의 X·Y이론과 대비해 설정한 자유방임형 관리 방식을 말한다. 즉 X이론이 권위주의적 관리를 대변하고 Y이론이 민주적 관리를 대변하는 데 비해, Z이론은 자유방임형의 관리 방식을 지칭하는 개념이다.

② 로리스(Lawless)의 Z이론

로리스의 Z이론은 고정적·획일적 관리전략에 대응하는 상황적 접근 방법을 말한다. 즉 변동하는 환경 속에서 살아가는 조직을 관리할 때 상황을 객관적으로 파악해 이에 상응하는 관리전략을 세우고 변화시켜 나아가야 한다는 상황적 접근방법을 그는 Z이론으로 명명했다.

③ 오우치(Ouchi)의 Z이론

오우치는 미국 속의 일본식 경영 방식을 지칭하는 개념으로 Z이론을 사용한다. 이는 영·미의 개인주의적 문화와 대비되는 동양의 집단문화, 구체적으로 일본문화의 배경 속에 구축된 조직 관리를 묘사하고 있다. 미국에서 운영되고 있는 일본조직(Z형)의 특징으로는 종신고용제, 조직구성원에 대한 느린 평가, 비전문성에 기초한 모집과 배치, 비공식적 통제, 집단적 의사결정과 개인적 책임,

표 5-6 이론의 특징 비교

	전형적 일본조직(J)	Z유형의 미국조직	전형적 미국조직(A)
고용	종신고용	장기고용	단기고용
평가	엄격한 평가 느린 승진	엄격한 평가 느린 승진	신속 평가 빠른 승진
경력경로	비전문화된 경력경로	다기능적 경력경로	전문화된 경력경로
통제	비공식적 암시적 통제	비공식적 암시적 통제	공식적 가시적 통제
의사결정	집단적 의사결정	집단적 의사결정	개인적 의사결정
책임	집단책임	개인책임	개인책임
인간에 대한 관심	총체적 관심	총체적 관심	역할에 관심

직원에 대한 전인격적 관심, 품의제 등을 들 수 있다. 이러한 일본의 전형적 이론을 미국에 적용한 것을 일본식 Z이론이라 한다. 전형적 일본조직(J), 미국조직(A), Z유형의 미국조직을 비교한 표는 위와 같다.

2) 동기의 과정이론

앞서의 내용이론은 조직구성원들의 동기부여를 유발하는 요인들이 무엇인가에 대해서는 해답을 제시해 주지만, 사람들이 목표달성을 위해서 왜 그러한 행동을 취하는지에 대해서는 해답을 주지 못한다. 여기에 대한 해답은 과정이론을 통하여 제시된다. 기대이론(expectancy theory)과 공정성이론(equity theory)은 과정이론의 가장 핵심적 이론이다.

(1) 공정성이론

개인이 자신의 노력과 노력의 결과 얻는 보상 사이에 차이(discrepancy)를 인지하면 그 차이를 감소시키기 위해서 동기부여 된다고 보는 이론이 공정성이론이다. 따라서 차이가 클수록 개인은 그것을 감소시키기 위해서 더욱 동기부여된다는 것이다. 이 때 차이는 둘 이상의 개인 사이에 존재하는 인지된 격차를 의미한다. 그리고 이 격차는 개인의 주관적 지각이나 객관적 현실에 근거한다.

공정성이론을 최초로 개발하고 검증한 사람은 아담스(Adams)이다. 아담스는 개인이 자신의 업무에서 투입(input)한 것과 산출(output)한 것을 준거된 다른 사람의 그것들과 비교하여, 여기에서 불균형이 있다는 것을 인지하면 그것이 바로 차이(discrepance)가 된다고 규정한다. 이 때 준거인(referent person)은 개인이 소속된 집단, 다른 집단, 혹은 조직외부 집단의 사람이 된다. 따라서 준거인의 임금, 정책, 절차, 임금관리체계 등이 비교대상이 된다.

공정성이론에서 투입은 노력, 기술, 교육정도, 업무성과와 같은 측면이고, 산출은 업무성취 결과 나타나는 보상인 임금, 승진, 인정, 성취도, 지위 등이 해당된다. 아담스에 따르면 조직구성원들은 대략 유사한 지위에 있는 다른 구성원들의 투입과 산출을 비교하여, 여기에서 불공정성을 인지하면 그것을 줄이기 위해서 동기부여 된다는 것이다.

개인이 이러한 불공정성을 줄일 수 있는 방안은 여러 가지가 있다. ① 투입보다 산출이 적을 때, 첫째, 산출을 증가시키기 위해서 노력한다는 것이다. 둘째, 생산성 감소나 근무시간의 단축 등을 통하여 투입을 줄인다는 것이다. 셋째, 준거집단을 바꿔 보다 현실적인 비교가 이루어지도록 하는 것이다. ② 투입보다 산출이 클 때, 개인은 산출을 줄이거나 투입을 늘리는 방법(대부분의 경우 여기에 해당)으로 불공정성을 시정하려 한다는 것이다.

대부분의 공정성이론에 관한 연구는 산출의 근거로서 임금, 투입의 근거로서 성과를 이용한다. 또한 많은 연구에 따르면 투입보다 산출이 적은 경우가 그렇지 않은 경우보다 더 불공정성이 인지된다는 것이다. 또한 여러 연구에 따르면 성별이나 가치체계와 같은 인구학적 속성에 따라서도 불공정성에 대한 인지도는 달리 나타나는 것으로 되어 있다.

이러한 사실에도 불구하고 공정성이론은 여러 가지 점에서 비판을 받는다. 첫째, 비교 대상인 준거집단의 분류가 쉽지 않다는 것이다. 둘째, 공정성이론이 주로 의존하고 있는 것은 실험실 연구인데, 이 연구의 결과를 일반화시키기 어렵다는 점이다. 셋째, 앞에서도 지적한 바 있지만 투입보다 산출이 많아 불공정성이 생기는 경우는 거의 나타나지 않는 현상이라는 것이다.

이러한 비판에도 불구하고 공정성이론은 관리자들에게 다음과 같은 중요한 교훈을 제시해준다. 첫째, 조직구성원들에게 공정한 보상을 해주어야 한다는 것이다. 즉 공정한 보상이 이루어지지 않으면 사기나 생산성에 많은 문제가 야기된다는 것이다. 둘째, 공정성에 대한 여부는 개인적 수중에 의해서만 결정되는 것이 아니라 조직 안팎의 다른 사람과의 비교에 의해서도 이루어진다는 것이다. 셋째, 불공정성에 대응하는 개인의 반응은 매우 다양하다는 것이다.

(2) 기대이론

기대이론의 기본적 내용은 인간이 행동을 선택한다는 데 있다. 즉 이 이론에 따르면 인간은 여러 가지 행동전략을 평가하여, 자신이 중요하다고 생각하는 보상을 가져다 줄 수 있는 전략을 선택한다는 것이다.

기대이론은 톨만(Tolman), 레빈(Lewin), 애트킨슨(Atkinson)에서 시작하여 수단성(instrumnentality)이론이라 불리는 브룸(Vroom)의 동기부여 과정이론으로 발전하였다. 또한 Vroom의 이론은 보다 정교한 포터(Porter)와 롤러(Lawler)의 이론으로 더욱 확대되게 되었다.

기대이론에서 동기부여는 두 가지 구성요소에 의해서 결정된다. 즉 기대(expectance)와 유의성(valence)이 그것이다. 기대란 어떤 행동이 어떤 결과를 가져올 것이라고 생각하는 신념을 말한다. 기대는 행동의 결과 아무런 결과도 낳지 못할 것이라는 정도인 '0'부터, 100% 결과가 나타날 것이라는 정도인 '1'까지 분포된다. 유의성은 개인이 보상에 대해서 갖는 중요도를 의미한다. 유의성은 결과에 대해 개인이 평가하는 정도에 따라 +1.0부터 -1.0까지 분포된다.

기대는 다시 두 가지로 구분된다. 노력-성과 기대(Effort-Performance: E→P 기대)와 성과-결과 기대(Performance-Outcome: P→O 기대)가 그것이다. E→P 기대는 노력하면 성과를 낳을 것이라는 개인의 신념을 의미한다. 반면 P→O 기대는 개인이 주어진 상황에서 성과를 내면 어떤 바람직한 결과가 주어질 것이라는 신념을 말한다.

다음 [그림 5-1]은 이 세 가지 변수가 다양한 방식으로 개인의 동기부여에 미치는 영향을 표시하고 있다. 그림에서 나타난 바와 같이 개인의 동기부여는 E→P 기대, P→O 기대 그리고 합성력에 의해서 결정된다는 것이다. 그러나 동기부여 됐다고 해서 곧바로 직무성과가 나타나는 것은 아니라는 것이다. 즉 개인의 능력이나 역할의 명료성, 성과를 낼 수 있는 기회 등이 합쳐져야 성과를 낼 수 있다는 것이다.

직무성과는 개인이 성공적으로 임무를 완수할 수 있는 정도를 의미한다. 여러 가지 점에서 성과는 관리적 유효성을 평가할 수 있는 최종 척도가 된다.

기대이론은 개인의 차이를 인정하고, 복잡한 상황에서 개인이 동기부여 되는 방식을 제시하며, 특히 동기부여가 직무성과와 연결되는 과정을 설명하고 있다는 점에서 대단한 장점이 있지만, 반면 비판도 만만치 않다. 첫째, 기대이론은 너무 복잡하여 그것을 측정하기 위한 도구가 부족하다는 점이다. 따라서 이론의 타당성을 검증하기도 어렵다. 둘째, 실제 개인의 행동은 기대이론에서 제시한

그림 5-1   Vroom의 기대이론

$$M = (E \rightarrow P_1)(P_1 \rightarrow P_2) \times V$$

M: 동기부여강도
E: 개인의 능력, 노력
P_1: 1차산출, 성과(생산성)
P_2: 2차산출, 결과(보상)
V: 결과(보상)에 대한 개인의 주관적인 선호강도

것처럼 다양한 상황을 고려하여 이루어지지는 않는다는 것이다. 이러한 문제점에도 불구하고 기대이론은 보상을 전제로 하여 인간의 행동이 이루어지고, 이러한 행동은 다양한 기대 및 합성력을 근간으로 한다는 것을 제시해준 점에서 동기부여이론을 한 차원 높였다는 평가를 받고 있다.

(3) 포터(Porter)와 롤러(Lawler)의 업적·만족이론

포터와 롤러(1968)는 Vroom의 기대이론을 수정하여 성과뿐만 아니라 보상에 대한 개인의 만족감을 주요 변수로 추가하였다. 그 동안에는 개인의 만족도에 의해 근무성과가 결정된다고 논의되었지만 그들은 보상이 적절하면 높은 수준의 근무성과가 만족을 초래할 수 있다고 보았다.

브룸의 이론과의 차이점을 보면 포터와 롤러의 이론에는 능력 이외에도 특성과 역할인지가 포함되어 있다. 즉 이 이론이 제시하는 인간의 동기유발 과정을 보면 조직 내 어떤 직원의 노력 정도는 그 직원에게 부여할 수 있는 잠재적 보상의 가치에 의해 결정된다. 또한 직원의 노력의 결과로 인해 달성되는 근무성과는 직원의 능력, 특성 및 역할인지의 수준에 의해서도 영향을 받는다.

그들에 의하면 보상에 관한 만족도는 앞으로 동기유발 과정에서 다시 그러한 보상의 유의성에 영향을 주고, 노력의 결과로 달성한 실제 성과는 앞으로 노력하면 성과가 나타날 것이라는 기대감에 영향을 주면서 동기유발의 과정이 전체적으로 다시 반복되는 것이다.

3. 의사전달

1) 의사전달의 의의와 중요성

의사전달(communication)이란 '2인 이상의 사람들 사이에 의견·정보·감정 등의 교환을 통해 공통적 이해를 이룩하고 수신자 측의 의식·태도·행동 등에 변화를 일으키게 하는 일련의 행동'이라고 할 수 있다. 즉 전달자와 피전달자 간에 사실이나 의견이 전달되어 상호 간의 행동이나 의사결정에 영향을 미치는 것을 말한다.

버나드는 조직의 3대 요소로소 공통의 목표와 구성원의 협력 의지 및 의사전달을 들고 있는데, 이 중에서 의사전달이 가장 중심적인 위치를 차지하고 있다고 보았다. 그 후 카츠와 칸도 "의사전달은 어떠한 집단, 조직 혹은 사회의 기능에 가장 광범한 관련을 맺고 있는 사회적 과정"이라고 언급했다. 의사전달은 조직구조에 활력을 주고 조직구조는 의사전달에 안정성과 예측성을 주어 과업 성취를 촉진하는 상호 영향 관계에 있을 뿐만 아니라, 나아가 조직이 환경에 적응하는 도구로서 작용한다. 따라서 의사전달이 멈추게 되면 조직화된 행위는 존재하지 않으며, 조직에서 의사전달의 중요성은 아무리 강조해도 지나치지 않을 것이다.

2) 의사전달의 유형

조직 내 의사전달은 공식적·비공식적 유형으로 구분되는데, 공식적 의사전달은 방향을 기준으로 ① 하향적 의사전달 ② 상향적 의사전달 ③ 수평적 의사전달 ④ 대각선적 의사전달로 구분된다. 첫째, 하향적(downward) 의사전달은 조직의 계층구조를 따라 상급자로부터 하급자에게로 명령이나 지시·방침·성과 표준 등이 전달되는 의사전달을 말하며, 둘째, 상향적(upward) 의사전달은 하급자의 성과보고로부터 의견이나 제안·태도·고충 등의 상향적 전달에 이르기까지 매우 광범위 하며, 셋째, 수평적(horizontal) 의사전달은 조직에서 위계 수준이 같은 구성원이나 부서 간의 의사전달을 의미하며, 행정의 복잡성과 전문성이 증가할수록 그 중요성이 더욱 강조되고 있다. 넷째, 대각선적 의사전달은 조직 내 여러 기능과 계층을 넘나들며 이루어지는 것으로 기존의 상향적, 하향적, 수평적 의사소통이 모두 여의치 않거나 이러한 경로를 이용하는 것이 오히려 의사전달의 효과성이나 효율성을 제거할 경우 활용된다. 이러한 의사전달은 공식적 조직도에서는 나타나지 않지만 조직구성원들 간에는 실제로 많이 이용되고 있다.

한편 비공식적 의사전달은 자생적으로 형성되는 비공식적 경로를 통해 이루어지는 것으로 공식적 의사소통을 수정하거나 보완하는 역할을 수행한다. 식사 시간이나 퇴근 후에 이루어지는 동료, 선후배 혹은 관계자들과의 비공식적 모임에서 이루어지는 의사전달을 들 수 있다. 이러한 비공식적 의사전달은 조직 목표 달성에 필요한 관련 정보를 지속적으로 파급시켜 공식적 의사전달을 보완해 주는 순기능적 역할도 하지만, 개인의 목적과 조직의 목표 간에 장래를 야기하는 역기능을 초래하기도 한다.

3) 의사소통의 장애요인과 촉진방안

(1) 의사소통의 장애요인

첫째, 매체의 불안정성이다. 예컨대 발신자와 수신자 간에 사용된 용어나 어휘에 대한 해석이 다를 때 장애가 발생한다. 따라서 발신자는 수신자와 의미를 공유할 수 있는 적절한 용어를 사용해야 하며, 부적절한 단어의 선택, 문법상의 오류, 어색한 문장력 등을 최소화하는 의사소통의 기술이 필요하다.

둘째, 지각의 차이와 착오이다. 발신자에 대한 선입관이나 신뢰성 등이 영향을 미친다. 수신자가 발신자에 대해 선입관을 갖고 메시지를 해석하게 되면 발신자의 의도와 다른 해석이 발생할 수도 있다. 따라서 발신자는 타인으로부터 신뢰성을 확보하기 위해 적극 노력해야 한다.

셋째, 환류의 차단도 장애요인이 된다. 발신자의 의사전달에 대하 수신자가 그 정보의 내용을 재확인하거나 다른 의견을 전달할 통로가 차단된 경우 발신자의 의도와 다른 해석이 발생할 수도 있다. 따라서 환류체계가 요구된다.

넷째, 과다한 정보도 장애가 될 수 있다. 과다한 정보의 전달로 인해 수신자는 어떠한 정보를 우선 선택해야 할지 혼란에 빠질 수 있어 발신자의 의도를 왜곡할 수 있다. 따라서 정보의 양을 적절히 조절할 필요가 있다.

다섯째, 상황과 관련된 장애도 있다. 시간의 압박, 의사소통이 이루어지는 분위기, 상호 간의 신뢰 구축 여부 등이 의사전달에 영향을 미치며, 각종 비언어적(몸짓, 인상, 표정 등) 정보는 의사전달의 효과성을 높여줄 수도 있지만 반대로 의도된 의미를 왜곡시키는 결과를 초래할 수도 있다.

여섯째, 계층제로 인해 의사소통에 장애가 발생할 수도 있다. 계층적 질서에서 나타나는 권력, 지위, 역할 등의 차별이 존재하고, 이런 차별에서 파생되는 각종 장애가 발생할 수 있다.

(2) 의사전달의 촉진방안

첫째, 발신자와 수신자 간의 대인관계의 개선이 요구된다. 자유롭게 의사표현을 할 수 있는 통로를 개설하거나, 상관과 부하 간의 원활한 의사소통을 위해 유연한 분위기를 조성해준다.

둘째, 발신자는 정보를 선택하여 공통의 상징체계(언어, 문자 등)로 변환시켜야 한다. 또한 의사소통시 발신자는 언어적 정보와 비언어적 정보를 적절히 활용하여 수신자의 이해를 돕도록 노력해야 한다.

셋째, 적절한 매체의 선택이 필요하다. 매체는 의사소통의 목적과 상황, 의사소통의 주체 등에 따라 달라지는데, 이러한 조건들을 종합적으로 고려하여 적절한 의사소통의 매체를 선택하는 것이 중요하다.

넷째, 발신자가 발송한 정보를 수신자가 정확히 수신하여 해석했는가를 발신자가 확인할 수 있도록 환류장치를 마련해야 한다.

다섯째, 제공된 정보를 우선순위 등에 따라 체계적으로 분류·저장·활용할 수 있도록 지식정보관리체계를 구축하는 것이 효과적이다.

4. 갈 등

1) 갈등의 의의

갈등(conflict)은 동시에 두 가지 이상의 욕구를 가지고 있으나 한꺼번에 충족할 수 없고 양자택일을 할 경우에 경험하는 현상으로, 갈등에 대한 정의는 관점에 따라 여러 가지로 정의할 수 있다.

갈등은 희소자원이나 업무의 불균등한 배분 또는 처치·목표·가치·인지 등에서의 차이와 같은 원인과 조건으로 인해 개인·집단·조직의 심리 또는 행동에 일어나는 대립적인 교호작용을 의미하기도 하며, 의사결정의 표준 메커니즘에 의해 고장이 생겨 행동방안을 선택할 때 개인이나 집단이 곤란을 겪는 상황이라고 정의된다.

업무상황과 관련하여 갈등을 정의하는 방식은 여러 가지가 있으나, 일반적으로 4가지 접근방식을 제시하고 있는데, 각각은 갈등과정에 대한 한 가지 측면을 반영하는 것이다. 4가지 접근방식은 다음과 같다.

① 갈등행동에 대한 선례적 조건

② 정적 상태

③ 개인의 인지적 상태

④ 갈등적 행동

따라서 갈등이란 이러한 4가지 접근법을 포함한 모든 과정이라 할 수 있다. 즉 갈등이란 어떤 개인이나 집단의 실제 목표지향의 행동이 다른 사람이나 개인에 의하여 차단되었을 때 발생하는 과정이라는 것이다.

갈등은 다음과 같은 4가지 형태를 지닌다.

① 목표 갈등: 어떤 사람이나 집단이 다른 사람이나 집단과 다른 목표를 지니고 있었을 때 발생한다.

② 인지적 갈등: 어떤 개인이나 집단이 다른 개인이나 집단과 양립할 수 없는 생각이나 의견을 지녔을 때 발생한다.

③ 정적 갈등: 어떤 개인이나 집단의 감정 및 느낌이 다른 개인이나 집단의

그것과 양립할 수 없을 때 발생한다.

④ 행태적 갈등: 어떤 개인이나 집단이 다른 개인이나 집단이 받아들일 수 없는 행동을 했을 때 발생한다.

2) 집단 간 갈등의 원인 및 결과

집단 간 갈등은 다음의 원인에 의하여 발생한다.

첫째, 업무의 상호의존성이다. 개인 및 집단 사이의 상호의존 정도가 클수록 갈등은 심해진다는 것이다.

둘째, 성적척도 및 보상체계 사이의 차이이다. 다양한 기준에 의하여 성과 및 보상을 평가할 때 갈등이 발생한다는 것이다.

셋째, 지위불일치로 개인 및 집단 사이에 지위가 일치하지 않을 때 갈등이 발생한다.

넷째, 관할범위의 불명확화로 어떤 문제에 대한 책임소재가 불분명할 때 갈등이 발생할 수 있다.

다섯째, 자원의 희소성으로 희소한 자원을 획득·이용하고자 할 때 갈등이 발생한다.

여섯째, 빈약한 의사전달로 전달된 의사를 잘못 이해할 때 갈등이 발생한다.

갈등이 일어날 때, 집단의 안팎에서 일어나는 결과는 매우 다양하다. 그러나 크게 나누어서 집단 내의 변화와 집단 사이의 변화로 나눌 수 있다.

첫째, 집단 내에서의 변화로 갈등을 경험하는 집단 내에서는 ① 집단의 결속력 증가, ② 업무 그 자체에 대한 관심 증대, ③ 독재적 리더십의 증가 등의 결과가 발생한다.

둘째, 집단 사이의 변화 갈등이 일어나면 집단 간에는 ① 부정적 태도의 증가, ② 왜곡된 인지, ③ 의사전달의 감소, ④ 감독·감시의 증대 등과 같은 결과가 발생한다.

3) 갈등에 관한 상반된 견해

일반적으로 조직 내 갈등은 조직의 유효성을 해친다는 관점에서 부정적으로 본다. 그러나 갈등이 변화를 촉진하고, 의사결정과정을 향상시킴으로써 조직의 유효성을 증가시킨다는 관점도 있다. 이러한 두 가지 관점을 갈등에 대한 전통적 견해와 상호작용적 견해로 구분하여 살펴보고자 한다.

(1) 전통적 견해

갈등에 대한 전통적 견해는 모든 갈등이 나쁘다는 것을 추정한다. 즉 갈등은 조직의 유효성에 부정적 영향을 미친다는 것이다. 갈등에 대한 전통적 견해는 특히 갈등을 폭력, 파괴, 비합리성과 동의어로 쓴다. 따라서 관리자의 가장 중요한 책임 중의 하나는 갈등이 일어나지 않게 하는 것이며, 일어난다 하더라도 그것을 신속하게 해결하는 것이다.

(2) 상호작용적 견해

갈등에 대한 상호작용적 견해는 조직의 유효성을 위해서 갈등이 필요하다는 점을 강조한다. 즉 조직변화, 업무의 개선 및 새로운 방법의 채택 등을 위해서 갈등이 필요하다는 것이다. 상호작용적 견해라고 해서 모든 갈등이 순기능적이라고 주장하지는 않는다. 조직의 유효성에 부정적으로 영향을 미치는 갈등도 있을 수 있음을 인정한다. 이러한 경우 전통적 견해와 마찬가지로 상호작용적 견해도 갈등을 해소하기 위해서 노력한다. 그러나 상호작용적 견해가 전통적 견해와 다른 것은 갈등해소에 있어서 관리자의 역할을 폭넓게 인정한 점이다. 즉 관리자는 갈등이 건전하면서, 병적인 극단으로 흐르지 않도록 하는 환경을 조성해야 한다는 것이다.

4) 갈등의 해결방안

이상에서 언급한 바와 같이 갈등은 어떤 조직에나 있는 현상이고, 조직에 순기능적 역할을 하는 것도 있다. 갈등이 역기능적이 아닌 한 갈등으로부터 얻을 것도 많다. 따라서 관련된 개인이나 상황에 적절한 갈등의 해결방안을 마련하는 것이 관리자의 가장 중요한 임무일 수 있다.

(1) 문제해결방식(Problem Solving)

이 방식은 갈등을 일으키고 있는 당사자들을 한데 모아, 이들이 동의할 수 있는 방식으로, 갈등의 원인 규명, 해결을 위한 대안제시, 행동방향 선택 등을 공동으로 모색하는 방법이다. 이 방법은 서로 마주 앉아 의사를 주고받음으로써 문제를 이해하고, 그것을 객관적으로 분석할 수 있다는 데 착안한 것이다. 즉 대면적 의사전달의 방식이 갈등을 해결하는 데는 최적이라는 것이다. 노사 간의 임금협상테이블은 이것의 가장 대표적인 예이다.

(2) 상위목표(Superordinate Goal)의 제시

이 방식은 사회·심리적 실험에 근거를 둔 갈등해소 방안이다. 여기에서 상위목표란 갈등을 빚고 있는 당사자들이 매력을 느낄 수 있으면서, 상호협력을 통해서만 달성 가능한 목표를 말한다. 가령 어떤 나라에 두 인종집단이 갈등을 빚고 있는데, 제3의 나라가 그 나라를 침공했다고 하면, 갈등을 빚고 있는 두 인종은 전쟁의 승리(상위목표)를 위해서 갈등을 해소하게 된다. 상위목표에 의한 갈등해소방안은 대개 일시적이기 때문에, 상위목표가 달성되면 새로운 목표가 나설 때까지 갈등은 계속되게 된다.

(3) 확장 또는 축소 방안

두 개 이상의 집단이 갈등을 빚을 때, 이 집단들은 두 가지 방식 중 어느 한 가지를 선택할 수 있다. 먼저 축소(contraction)이다. 전통적인 갈등 해소방안으로서, 각 집단이 자신의 경계를 축소하여 다른 집단과 격리되고자 하는 방법이다. 매우 소극적인 갈등해소방식이다. 따라서 갈등의 원인을 진지하게 다루지 못한다는 문제가 있다.

반면 확장(expansion)은 갈등을 빚고 있는 집단의 영역까지 자신의 영역을 확

대하는 것을 말한다. 이것은 집단 간 갈등을 지속하는 것보다는 집단 내 우호를 유지하는 것이 더 낫다는 신념에 따른 것이다.

(4) 폴레(Follet)의 갈등해소방안

폴레(Follet)는 조직의 정치에 대해 많은 관심을 기울였기 때문에, 특히 갈등 해결방안에 대해 폭넓은 논의를 전개하고 있다. 특히 그녀는 적대감을 해소시키는 방안 쪽으로 갈등해결방안을 모색하고 있다. 그녀가 제시한 갈등해결방안은 다음의 세 가지이다.

① 지배력(domination): 갈등을 해결하는 가장 명백한 방법이다. 승자와 패자가 명백히 갈리며, 승자는 만족하고 패자는 불만족해 한다.

② 타협(compromise): 지배력에 의한 문제해결 방식의 문제점을 보완하기 위해서 나온 방식이다. 완전한 승자나 패자가 존재하지 않는다. 이득을 얻기도 하고, 양보도 존재하는 현실적인 갈등해소방안이다.

③ 통합(integration): 폴레에 의해서 제시된 방법 중 가장 바람직한 것으로 꼽히는 방식이다. 통합은 갈등을 빚고 있는 당사자 모두가 만족할 수 있는 새로운 해결책을 제시하는 방법이다.

5. 권 력

1) 권력의 정의 및 영향력

권력(power)에 대한 최초의 정의는 베버에 의해서 내려졌다. 베버는 권력을 사회적 관계속의 한 행위자가 저항이 있음에도 불구하고 자신의 의지를 수행할 수 있는 위치에 있을 때 발생하는 현상이라고 한다. A가 B에 대해 권력을 지닌다는 것은 B의 저항에도 불구하고, A가 그것을 잠재적으로 극복할 수 있는 힘을 의미한다.

일반적으로 권력이란 한 개인(혹은 집단)이 다른 개인(혹은 집단)에게 어떤 행동을 하도록 할 수 있는 대인관계(혹은 집단 간 관계)로 정의된다. 다시 말해서 권력은 어떤 사람이 다른 사람의 행동을 바꾸게 할 수 있는 것을 포함한다는 것이다. 따라서 권력은 실제의 힘이라기보다는 추정된 힘을 의미한다. 즉 권력은 잠재적·사회적 영향력이라는 것이다. A가 B에 대해 권력을 갖고 있다고 하는 것은 A가 B에게 A의 뜻에 따르도록 할 수 있는 잠재적 영향력을 지니고 있다는 것이다.

이러한 의미의 권력이 성립되기 위해서는 권력은 다음과 같은 세 가지 차원을 지녀야 한다.

① 권력의 영역: 주어진 개인이나 집단이 영향을 미칠 수 있는 개인이나 집단의 수를 말한다.

② 권력의 범위: 개인이나 집단에 의해서 영향을 받는 활동의 범위이다.

③ 권력의 비중: 개인이나 집단의 행동이 다른 개인이나 집단에 영향을 미칠 수 있는 정도를 말한다.

2) 권력의 원천과 유형

조직권력의 원천을 분류한 유형 중 가장 널리 알려진 것이 French & Raven, Etzioni, 그리고 McClelland의 연구이다.

(1) 프렌치(French)와 레이븐(Raven)의 권력분류

권력에 대한 논의는 프렌치와 레이븐(1959)이 분류한 5가지 권력기반에서 시작하여 거기에서 끝난다 해도 과언이 아니다. 즉 프렌치와 레이븐이 제시한 4가지 권력유형은 권력논의에 관한 필수적 기반이 되고 있는 것이다.

① 보상적 권력(Revard Power)

A가 B가 원하는 보상을 지니고 있기 때문에 A가 B에 대해 권력을 장악하는 경우이다. 이 때 보상은 임금, 승진, 임무 부여, 책임감 부여 등 다양한 형태를 지닌다.

② 강제적 권력(Coercive Power)

이 권력은 공포에 기반을 둔다. A가 B에 대해 처벌을 가할 수 있는 힘이 있다면 A는 B에 대해 권력을 갖는다.

③ 합법적 권력(Legitimate Power)

A가 어떤 영역에 있어 권한을 행사할 권리가 있다고 B가 판단할 때, A는 B에 대해 권력을 지니게 된다. 합법적 권력은 권위(authority)의 또 다른 이름이다. 합법적 권력은 대인관계에서 권력이 생기는 것이 아니라 개인이 지닌 공식적 지위에서 권력이 생긴다는 점에서 보상적 권력 및 강제적 권력과 다르다.

④ 준거적 권력(Referent Power)

B가 A를 선망하기 때문에 A가 B에 대해 권력을 갖는 경우이다. 이것을 일명 카리스마적 권력이라고도 한다. 신입사원이 선임 선배를 모방하려고 하는 것이나, 대중이 인기 있는 연예인을 모방하려 하는 것이 여기에 해당한다.

⑤ 전문적 권력(Expert Power)

A는 B가 이용할 수 있는 지식이나 전문성을 지닐 때, A는 B에 대해서 권력을 갖게 된다. 강의실에서 교수가 학생에 대해 갖는 권력이 여기에 해당한다.

(2) 에치오니(Etzioni)의 권력분류

에치오니는 조직에 있어서의 권력을 상황적으로 분석할 수 있는 모델을 제시한다. 그는 조직권력과 관련된 두 가지 요인을 제시한다. 첫째는 권력의 유형이고 둘째는 참여(involvement)의 유형이다. 이 두 가지 요인을 바탕으로 Etzioni는 세 가지 권력을 제시한다.

① 강제적 권력

조직구성원들에게 특정한 행동과정을 따르도록 강요하는 권력이다. French & Raven이 제시한 강제적 권력과 유사한 것으로, 교도소와 같은 조직에서 주로 이용한다.

② 공리적 권력

보상을 통해 영향력을 행사하는 권력이다. 대부분의 경영조직은 이것을 통해서 권력을 행사한다.

③ 규범적 권력

조직의 구성원으로서 참여하고 싶어 복종하는 권력이다. French & Raven의 준거적 권력과 유사하며, 종교조직에서 주로 사용한다.

이 세 가지 권력은 각자의 분명한 방식으로 조직구성원의 복종을 유도한다. 그러나 이 권력이 효과적이기 위해서는 조직구성원의 참여(involvement)가 필수적이다. 따라서 강제적 권력은 소외적 참여, 공리적 권력은 계산적 참여, 규범적 권력은 도덕적 참여를 수반해야 한다.

(3) 맥클리랜드(McClelland)의 권력분류

맥클리랜드의 조직권력에 대한 논의는 권력의 욕구라는 동기부여적 측면에서 논의된다. 따라서 맥클리랜드에게 있어서 권력은 매우 부정적 의미를 지니게 된다.

맥클리랜드는 권력을 두 가지로 구분한다. 첫째는 개인적 권력이고, 둘째는 사회적 권력이다. 이 중 개인적 권력이 부정적 의미를 지니는 것으로 평가된다. 반면 사회적 권력은 집단의 목표 내지는 공동의 목표를 달성하기 위해서 사용하는 권력으로서 부정적 의미가 약하다.

이상 권력에 대한 논의는 매우 다양하지만, 권력과 관련하여 인지해야 될 중요한 점은 권력은 언제나 인간조직에 내재한 빈 공간을 채워준다는 점이다. 따라서 권력을 어떻게 사용하고, 어떠한 권력을 사용해야 할 것인가 하는 것이 인간의 성과 및 조직목표달성에 실질적인 영향을 미친다는 것이다.

6. 리더십

1) 리더십의 개념

리더십(Leadership)이란 다양한 의미를 지닌다. 동기부여나 영향력이란 의미를 지니기도 하고, 조직 내의 지위의 속성으로 간주되기도 한다. 또한 다른 사람에게 지시를 내리고, 따라오도록 하는 개인적 속성이기도 하다. 따라서 그 의미가 어떠한 것이든 간에 리더십은 다음과 같이 정의된다.

리더십이란 공동목표를 달성하기 위하여 한 개인이 집단의 성원들에게 영향을 미치는 과정이다(Leadership is a process whereby an individual influences a group of in-dividuals to achieve a common goal). 즉 리더십이란 어떤 목표를 달성하기 위해 다른 사람에게 영향을 미치고자 하는 둘 혹은 그 이상의 사람들 사이의 관계에 관한 과정이다. 이러한 정의가 성립되기 위해서 리더십은 반드시 세 가지의 개념을 구비해야 한다. 사람(people), 영향력(influence), 목표(goals)가 그것이다. 리더십은 사람 사이의 관계에서 일어나는 과정이라는 것이다. 이 점에 있어서 리더십은 사람과 직접 관련되지 않은 통제, 조직화, 의사결정, 행정 등의 관리(management)행위와 명백히 구분된다.

영향력이란 사람들 사이의 관계가 소극적이 아니라 적극적이라는 것을 의미한다. 즉 사람들을 능동적으로 이끈다는 의미를 내포한다. 리더십은 어떤 목표를 추구하고자 하는 과정이라는 것이다. 즉 리더에 의해서 화구된 목표를 달성하기 위해서 사람들에게 영향력을 행사하는 것이 리더십이라는 것이다.

리더십을 과정으로 표현하는 것은 리더십의 계속적인 활동을 강조하기 위해서이다. 리더십의 본질을 밝히기 위한 작업은 수백 년에 걸쳐 이루어져 왔다. 초창기의 작업은 리더가 일반 사람과는 크게 다를 것이라는 자질론에 바탕을 둔 것이었다. 그러나 20세기에 들어와서 대규모 조직의 등장과 함께 리더의 역할에 대한 변화가 일어, 리더의 스타일이나 리더의 상황적 요인을 강조하는 차원으로 리더십이론의 변모가 일어났다.

2) 리더십이론의 발전과정

(1) 특성론적 접근법

1904년에서 1948년 사이에 총 124편의 리더십 자질에 관한 연구가 있었다. 스토그딜(Stogdill)에 따르면 이 연구들은 전부 리더와 비리더 사이의 자질의 차이를 논의하고자 한 것이었다. 이 연구들에 따르면 성공적인 리더가 되기 위해서는 적어도 다음의 자질을 지녀야 한다는 것이다. 즉 지능(intelligence), 용모(physical stature), 성격(personality) 등이 그것이다.

1974년 스토그딜은 다시 1949년부터 1970년까지 수행된 163개의 리더의 자질에 관한 연구를 추가시켰다. 이 연구는 과거의 연구보다 측정방법과 방법론에 있어서 다양하고 정교했지만, 리더의 자질에 대한 제시는 이전의 그것과 거의 유사했다. 이러한 연구를 통해 스토그딜이 내린 결론은 성공적인 리더가 되기 위해서는 리더가 되기 위한 자질을 지녀야 한다는 것이다. 그러나 이러한 자질이 성공하기 위해서는 상황에 따라 달리 작용되어야 한다는 것이다. 가령 어떤 상황에서는 결단력이 성공을 거둘 수 있지만, 다른 상황에서는 융통성이 성공을 거둘 수 있다는 것이다. 따라서 다양한 자질이 다양한 상황에서 이용될 수 있으며, 이는 결국 리더의 실제 행동을 이해해야 올바른 리더십이 정립될 수 있다는 논리로 리더십이론이 옮겨가는 계기를 마련하게 하였다. 특성론적 접근법의 대표적 연구는 다음 표와 같다.

(2) 행동론적 접근법

행동론적 접근법의 가정(전제)은 효과적인 리더는 타고나는 것이 아니라 만들어진다는 것이다. 이 접근법은 관찰 가능한 리더십 행동을 유형화하고, 이러한 리더십 유형이 리더십 유효성과 어떠한 관계를 갖는가를 규명하는 데 연구의 초점이 있다.

리더십 유형은 기본적으로 두 가지 종류의 행동으로 나타난다. 첫째, 과업지향적 행동으로 집단구성원의 과업목표달성을 도와주는 리더십 행동을 의미하며, 둘째, 관계지향적 행동은 구성원 간의 호의적인 인간관계를 가지고 잘 지내

표 5-7 리더의 특성

Stogdill (1948)	Mann (1959)	Stogdill (1974)	Lord et al. (1986)	Kirkpatrick & Locke(1991)
지적 능력 민감성 통찰력 책임감 진취성 지속성 자신감 사교성	지적 능력 적응성 외향성 지배성향 남성적 기질 감수성	성취욕 지속성 통찰력 진취성 자신감 책임감 협동성 참을성 영향력 사교성	지적 능력 남성적 기질 지배성향	추진력 지도욕구 정식·성실성 자신감 인지적 능력 사업지식

도록 도와주며 일터에서 만족을 느끼도록 도와주는 리더십 행동을 의미한다. 행동론적 접근법의 주요 목적은 리더가 어떻게 하면 두 가지 유형의 행동을 조합하여 하위자의 과업목표 달성을 위한 노력에 영향을 미치는가를 설명하는 데 있다. 대표적인 연구는 Iowa 대학 리더십 연구, Ohio 대학 연구, Michigan 대학 연구, 블레이크(Blake)와 모우튼(Mouton)의 연구 등이 있다.

① 오하이오(Ohio) 대학의 연구

2차 세계대전 이후의 리더십 연구 중 가장 널리 알려진 것이 오하이오 주립대의 리더십 연구이다. 이들은 리더십의 스타일이 작업집단의 업무성과와 직무만족에 어떠한 영향을 미치는지를 연구하였다.

리더십에 관한 2차원적 이론이라 불리는 이 연구에서 리더의 행동에 대한 두 가지 스타일이 규명되었다. 첫째는 구조중심(initiating structure)이라 불리는 것으로, 리더가 목표를 달성하기 위해서 부하의 업무 활동을 직접 규정하고 감독하는 것을 말한다. 둘째는 배려(consideration)로서, 리더가 부하를 존경하고, 부하의 생각을 경청하며, 상호신뢰를 쌓아가는 정도를 말한다.

② 미시간(Michigan) 대학의 연구

미시간 대학의 리더십 연구도 오하이오 주립대학 리더십 연구와 마찬가지로 2가지 스타일의 리더십을 제시한다. 즉 Katz & Kahn이 주도하고 있는 이 연구에서 이들이 제시한 리더십은 종업원 중심적 리더(employee centered leaders)와 업무중심적 리더(job-centered leaders)이다.

직무중심적 리더(생산지향)는 직무의 기술적 측면과 생산측면을 강조하면서 리더의 공식권한을 많이 활용하고, 치밀하게 감독하는 리더이다. 종업원 중심적 리더(종업원지향)는 종업원에 대한 인간적 관심과 그들의 개성을 중시하며, 개개인의 욕구에 특별한 관심을 가지며, 권한을 위임하고 지원적 업무환경을 조성하는 리더이다.

미시간 대학 리더십 연구가 내린 결론은 이 두 가지 리더십 스타일 중 종업원 중심적 리더십이 생산성 향상 및 종업원의 직무만족에 더 관련된다는 것이다. 또한 직무 중심적 리더십은 단기 성과와 종업원 중심적 리더십은 장기성과와 관련성이 높으며, 구성원 만족도는 종업원 중심적 리더십이 훨씬 높게 나타나고 있다.

③ 블레이크(Blake)와 모우튼(Mouton)의 관리격자(메니지얼 그리드)

리더십 스타일에 관한 또 하나의 중요한 이론이 블레이크와 모우튼이 제시한 관리격자이다. 이 이론도 앞서의 리더십에 관한 2차원적 이론에 바탕을 두고 있다. 이들이 제시한 2가지 리더십 스타일은 생산관심(concern for production) 리더십과 인간관심(concern for people) 리더십이다.

이 두 가지 리더십은 다시 정도의 강약에 따라 구분되어 다음 [그림 5-2]와 같이 5가지 스타일을 형성한다. 연구의 결과는 관리격자 모형은 실무적 리더십 모델의 한 표본이며, 실제로 블레이크와 모우튼은 리더십 그리드 훈련을 거친 조직에서 보다 협동적인 작업관계를 가질 수 있게끔 종업원의 행위가 변화하고 생산성도 증가한다고 주장한다.

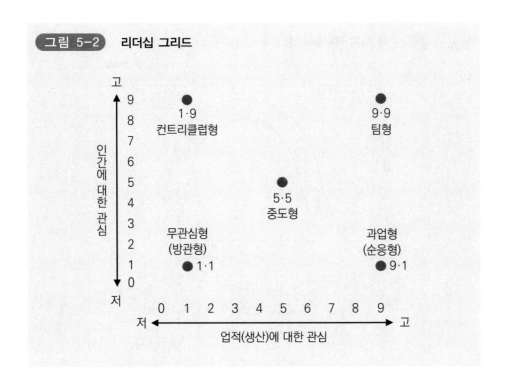

그림 5-2 리더십 그리드

고

9 ● 1·9 컨트리클럽형
8
7
6
5 ● 5·5 중도형
4
3
2 무관심형 (방관형)   과업형 (순응형)
1 ● 1·1   ● 9·1
0

저

0 1 2 3 4 5 6 7 8 9
저 ← 업적(생산)에 대한 관심 → 고

인간에 대한 관심

9·9 팀형

(3) 상황론적 접근법

상황이론의 전제는 상이한 상황은 상이한 유형의 리더십을 요구한다(different situation demand different kinds of leadership). 리더십 상황이론은 연구의 초점을 리더에 두는 것이 아니라 리더, 부하, 조직이 처해 있는 상황에 의해서 오히려 리더의 가치가 판단되고, 리더십 유효성이 결정된다는 것이다.

리더십 상황적 접근법은 Blanchard에 의해 개발된 모형으로 잘 표현할 수 있는데 이를 상황적 리더십(Situational Leadership) Ⅱ(SLⅡ)로 부른다. 상황적 리더십의 역동성은 SLⅡ모형의 두 부분으로 나타나며, 첫째가 리더십 유형(leadership style), 둘째가 하위자 발달수준(development level of subordinates)이다. 이상의 상황을 그림으로 표시하면 [그림 5-3]과 같다.

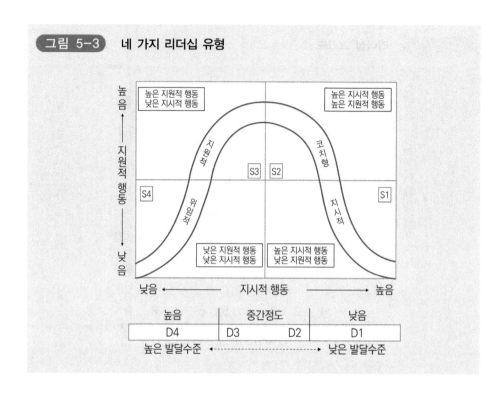

그림 5-3   네 가지 리더십 유형

높은 지원적 행동
낮은 지시적 행동

높은 지시적 행동
높은 지원적 행동

지원적

코치형

S3 S2

S4

위임적

지시적

S1

낮은 지원적 행동
낮은 지시적 행동

높은 지시적 행동
낮은 지원적 행동

지원적 행동

높음

낮음

낮음 ←   지시적 행동   → 높음

높음	중간정도	낮음
D4	D3 D2	D1

높은 발달수준 ←-------------→ 낮은 발달수준

(4) 변혁적·거래적 리더십

① 변혁적 리더십

변혁적 리더십은 리더십의 새로운 패러다임이라 할 수 있다. 변혁적 리더십은 거래적 리더십과 같은 교환관계를 떠나 개인의 이익을 초월하여 목표를 향하고 상위 욕구를 충족시킬 수 있도록 동기를 부여한다. 즉 거래적 리더십은 원래 기대했던 것을 달성할 수 있도록 동기를 부여하는 반면에, 변혁적 리더십은 기대 이상의 성과를 도출해 내는 과정으로 부하들에게 장래 비전 공유를 통해 몰입도를 높여 부하가 원래 생각했던 성과 이상을 달성할 수 있도록 동기부여 시키는 리더를 말한다.

Bass(1985)와 Conger(1999)에 의하면, 변혁적 리더십의 핵심은 리더가 부하를 몰입시키고 기대를 초월하는 성과를 달성하도록 동기를 부여하는 데 있으며 이를 위한 구체적 방법으로 세 가지를 제시하고 있다. 첫째, 목표달성을 위한 성과의 중요성과 가치에 대한 인식수준을 제고한다. 둘째, 집단의 이익과 목적을 위해 개인의 사적 이익을 초월하도록 한다. 셋째, 욕구수준을 상승시켜 상위욕구를 중요시 여기도록 한다. 변혁적 리더십의 구성요소는 다음과 같다.

ⓐ 카리스마(Charisma)

카리스마 리더란 추종자가 리더에 대한 귀인 결과 존경과 신뢰감을 느끼는 정도이며 리더가 부하에게 감동을 주는 정도로 변혁적 리더십의 핵심요인이다. 카리스마 리더의 특성은 현 상태에 대한 변화를 추구함은 물론 현 상태를 뛰어넘는 비전을 제시하며, 전문적 지식을 가지고 혁신적 수단을 사용하고, 환경변화에 민감히 대응함은 물론 부하들에게 혁신적, 급진적 변화를 수용토록 한다.

ⓑ 영감적 동기부여(inspirational motivation)

부하들에게 높은 기대를 가지고 조직구성원 간의 공유된 비전을 실현하도록 노력하는 리더로, 조직구성원 개인의 이익추구를 뛰어넘어 조직 전체의 이익을 실현하도록 노력하는 리더를 묘사하는 말이다.

ⓒ 지적 자극(intellectual stimulation)

부하들에게 문제점을 새로운 방식으로 보게 하도록 시도하는 것을 말한다. 지적 자극형 리더들은 부하들이 지니고 신념과 가치관에 대해, 그리고 상사가 지니고 있는 신념과 가치관에 대해 끊임없이 의문을 갖도록 환기시킨다. 상황을 분석하는 데 있어 기존의 합리적 틀을 뛰어 넘어 보다 창의적인 관점을 개발하도록 격려하는 리더십이다.

ⓓ 개별적 배려(individual consideration)

리더의 관심사항과 부하들의 관심사항을 공유하는 것으로 부하들 각자의 욕구나 능력수준에 따라 개별적으로 배려함으로써 부하들 스스로 욕구를 확인하게 만들고, 높은 차원의 욕구를 가질 수 있도록 하는 것이다. 따라서 개별적 고려의 핵심은 부하에 대한 지원, 격려, 개발에 있다.

② 거래적 리더십

번즈(Burns, 1978)는 거래적 리더십을 "한 개인이 가치 있는 어떤 것을 교환할 목적으로 다른 사람과의 접촉을 시작할 때 일어나는 것"으로 규정하였다. 즉 리더는 교환이라는 시각을 가지고 부하들에게 접근하여 조직이 기대하는 성과를 부하가 달성할 경우 반대급부로 부하가 원하는 것을 제공해 줌으로써 부하들에게 동기를 부여하는 리더십이다. 거래적 리더십은 부하의 조직을 위한 노력과 조직의 부하를 위한 보상을 상호 교환하는 리더십이며, 이는 부하의 개인적 이익에 호소하고 합리성을 전제로 한다.

바스(Bass, 1985)는 거래적 리더십을 '조건적 보상(contingent reward)'과 '예외에 의한 관리(management by exception)'라는 두 요소를 포함하는 것으로 보았다.[3]

ⓐ 조건적 보상(contingent reward)

거래적 리더는 조직구성원에게 노력의 대가로 보상을 받기 원한다면 무엇을 해야 하는지 주지시켜 주며 노력의 결과 그 대가로 조직구성원이 원하는 것을 제공한다. 이렇듯 보상과의 교환으로 조직구성원의 노력을 이끌어 내는 리더의 거래적 리더십 차원을 조건적 보상이라고 한다.

ⓑ 예외에 의한 관리(management by exception)

이 관리 방법은 과업실패 또는 기준으로부터의 이탈시 리더가 개입하는 것을 의미한다. 그 목적은 통제적, 합리적, 그리고 공정한 체제유지에 있다고 볼 수 있는데, 이 방법에서 리더의 개입은 성과가 기준 이하로 떨어졌을 때 주로 이루어지며 부정적 강화가 동반된다.

---

3 바스(Bass)는 그가 개발한 MLQ(Multiple Leadership Questionnaire)를 이용해 이를 실증적으로 제시하고 있다.

표 5-8	거래적 리더십과 변혁적 리더십의 차이점	
구 분	거래적 리더십	변혁적 리더십
현 상	현상을 유지하기 위해 노력함	현상을 변화시키고자 노력함
목표지향성	현상과 너무 괴리되지 않은 목표지향	보통 현상보다 매우 높은 이상적인 목표지향
시 간	단기적 전망, 기본적으로 가시적인 보상으로 동기부여	장기적 전망, 부하들에게 장기적 목표를 위해 노력하도록 동기부여
동기부여 전략	부하들에게 즉각적이고도 가시적인 보상으로 동기부여	부하들에게 자아실현과 같은 높은 수준의 개인적 목표를 동경하도록 동기부여
행위표준	부하들은 규칙과 관례를 따르기를 좋아함	변화적이며 새로운 시도에 도전하도록 부하를 격려함
문제해결	부하들을 위해 문제를 해결하거나 해답을 찾을 수 있는 곳을 알려줌	질문을 하여 부하들이 스스로 해결책을 찾도록 격려하거나 함께 일함

제3절 조직구조론

1. 조직구조의 개념

조직은 조직구성원의 행동을 통제하고, 조직 활동을 조정하기 위해서 구조를 창출한다. 조직구조는 크게 다음의 두 가지의 의미로 정의된다.

첫째, 조직구조란 조직구성원의 역할관계에 영향을 미치는 사회적 지위의 배분이라는 것이다. 이 배분은 크게 노동의 분업과 관리통제의 조정이라는 형태로 나타나는데, 지위재직자가 무엇을 어떻게 수행할 것인가에 대한 규칙 및 규제와 관련된 것이다. 가장 일반적인 조직구조의 정의이며, 이 정의에 의하여 조직구조는 복잡성(complexity), 공식화(formalization), 집권화(centralization) 등의 차원으로 분류된다.

둘째, 조직구조를 조직구성원 사이의 상호작용을 통제하는 복잡한 메커니즘으로 보는 것이다. 따라서 조직구조는 조직구성원의 상호작용에 따른 계속적·연속적 매개체라는 것이다. 따라서 조직구조는 고정된 것이 아니며, 조직에서 일어난 일에 의해서 형성되거나 아니면 조직에서 일어난 일을 형성하는 계속적 연속체라는 것이다.

이러한 두 가지 정의를 통하여 알 수 있는 사실은 조직구조는 첫째, 인간의 상호작용을 기본으로 한다는 것이다. 둘째, 이 상호작용이 지속적으로 이루어져야 한다는 거시이다. 셋째, 구조는 이 상호작용을 통제하는 메커니즘이라는 것이다. 넷째, 이 통제는 복잡성, 공식화, 집권화 등의 형태로 나타난다는 것이다.

이러한 의미의 조직구조는 다음과 같은 세 가지 기본기능을 수행한다. 첫째, 조직구조는 조직의 산출물을 낳고, 조직의 목표를 달성하기 위해서 만들어진 것이라는 것이다. 둘째, 조직구조는 조직 내에서 발생하는 개인의 차이를 통제하기 위해서 고안된 것이라는 것이다. 셋째, 조직구조는 권력이 행사되고, 결정이 이루어지며, 조직 활동이 수행되는 장소라는 것이다.

조직구조의 가장 대표적인 형태는 베버의 관료제이다. 그러나 관료제는 그 후 많은 학자들의 논의를 통하여 수정되거나 변형되었다. 번즈(Burns)와 스토커(Stalker)는 조직구조를 기계적 조직구조(mechanical organization)와 유기적 조직구조(organic organization)로 구분하며, Hage & Aiken는 집권화, 공식화, 복잡성 등의 구조적 차원에 따라 조직구조가 다양한 형태를 지님을 지적하고 있다.

2. 조직구조의 차원

조직의 구조를 기술하는 데 가장 정확한 방법은 조직구조가 지니는 특징을 추출하여 이것을 한데 묶는 방법이다. 이것을 조직구조의 차원(dimension)이라 하는데, 일반적으로 복잡성, 공식화, 집권화 등이 널리 꼽히고 있다.

1) 복잡성(Complexity)

복잡성이란 조직 내 분화(differentiation)의 정도를 의미 하는데, 수평적 분화, 공간적 분산으로 구분된다. 일반적으로 분화의 정도가 심할수록 조직의 복잡성은 증가하는 것으로 되어 있다.

수평적 분화는 조직에 의해서 수행될 업무를 수평적으로 나누는 것을 의미한다. 수평적 분화는 업무의 전문화와 부서화의 형태로 나타나는데, 업무의 전문화는 노동의 분업을 의미하고, 부서화는 조직이 전문가 집단으로 나뉘는 것을 의미한다. 수평적 분화에서 흔히 사용되는 것이 바로 이 부서화이다. 일반적으로 대개의 조직은 기능, 제품, 지리적 여건, 과정 등의 부성화 원리에 따라 수평적 분화가 일어난다.

수직적 분화란 조직구조의 깊이를 의미한다. 즉 조직의 계층수를 말한다. 따라서 조직의 계층 수가 많으면 많을수록 수직적 분화의 정도는 크다고 할 수 있다. 수직적 분화와 관련하여 중요한 사실은 권위의 배분이다. 권위는 계층제 하의 수준에 따라 배분되는데, 수준이 높을수록 권위도 커진다는 것이다.

수평적 분화와 수직적 분화는 서로 정반대의 밀접한 관계가 있다. 이 관계를 결정하는 기준이 통솔의 범위(span of control)인데, 통솔의 범위란 상관이 효과적으로 통솔할 수 있는 부하의 수를 말한다. 따라서 모든 조건이 같다고 했을 때 통솔의 범위가 작으면 작을수록(수평적 분화의 정도가 낮을수록), 조직은 키가 큰 조직(수직적 분화의 정도가 큰 조직)이 된다는 것이다.

수직적 분화의 정도가 큰 조직(키 큰 조직)은 엄밀한 감독 및 통제를 행사할 수 있지만, 조정과 의사전달은 어렵다. 반면 수평적 분화의 정도가 큰 조직(평평한 조직)은 의사전달이 용이하지만, 감독 및 승진의 기회는 약하다.

공간적 분산이란 조직의 사무실, 공장, 직원의 위치가 지리적으로 분산되어 있는 정도를 의미한다. 공간적 분산은 수평적·수직적 분산의 연장으로 활용된다. 일반적으로 수평적·수직적 분화의 정도가 일정했을 때, 공간적 분산의 정도가 크면 조직의 복잡성은 증대된다.

2) 공식화(formalization)

공식화란 조직 내 업무가 표준화되어 있는 정도를 의미한다. 공식화는 조직 구성원의 자유 재량권과 밀접한 관계를 가지며, 조직구성원에 대한 통제의 의미도 포함한다. 일반적으로 업무가 고도로 공식화되면 재직자의 자유재량권은 극소화된다. 업무가 고도로 공식화되어 있는 곳에서는 명확한 직무기술, 여러 가지 조직의 규칙, 명확하게 규정된 절차가 있다.

업무가 고도로 표준화되어 있는 곳에서는 조직구성원들이 자신의 노력을 업무에 투입하는 비율이 낮다. 표준화는 조직구성원들이 여러 가지 행동에 참여하는 것을 방지하며, 대안고려에 대한 필요성을 감소시킨다.

일반적으로 공식화는 문서화된 규칙이나 절차만을 포함한다. 즉 공식화는 규칙, 절차, 지시, 의사전달 등이 문서화되어 있는 정도이다. 그러나 공식화는 반드시 문서화되어야 할 필요는 없고, 업무절차와 관련된 조직구성원의 태도 등의 비문서화된 절차도 포함하는 것으로 이해하여야 한다. 그럼에도 불구하고 업무의 문서화 정도가 높고, 업무 간 차이의 범위가 좁을수록 공식성은 높다고 할 수 있다.

이상의 관계를 종합해 볼 때 공식화는 다음의 특징을 지니는 것으로 평가할 수 있다.

첫째, 업무의 전문성과 관련한 결론이다. 즉 업무의 전문화(professionalization)의 정도가 높을수록 공식성은 낮다는 것이다.

둘째, 조직의 계층과 관련한 결론이다. 즉 공식화의 정도는 조직의 상층부로 갈수록 낮고, 하층부로 갈수록 높다는 것이다.

셋째, 업무의 종류와 관련한 결론이다. 즉 생산부서가 판매나 연구부서보다 공식화의 정도가 더 높다는 것이다.

3) 집권화(centralization)

집권화와 분권화는 반비례의 관계에 있다. 즉 집권화의 수준이 높은 것은 분권화의 수준이 낮은 것이며, 집권화의 수준이 낮은 것은 분권화의 수준의 높은 것이다.

집권화는 조직 내의 권력의 배분양태에 관한 것으로서 권력중추로부터 권력이 위임되는 수준을 말한다. 따라서 집권화의 지표로서 가장 중요한 것은 의사결정의 권한이 어느 정도 위임되어 있느냐 하는 것이다. 이러한 위임정도와 관련하여 집권화는 여러 가지 관점에서 정의될 수 있다.

집권화는 조직의 여러 측면과 밀접한 관계를 갖는다. 먼저 집권화와 조직변동 사이의 관계이다. 집권화 수준이 높을수록 조직의 변동률은 낮다는 것이다. 즉 집권화된 조직은 소수에게 권력이 집중되어 있으며, 이들은 자신의 권력을 유지·강화시키기 위해 조직의 변화를 싫어한다는 것이다.

둘째, 집권화에 대한 조직구성원의 반응이다. 인간관계론 이후 조직이론 분야에는 분권화가 집권화보다 조직구성원의 사기를 높이고 생산성을 제고시킨다는 주장이 더 강하였다. 그러나 분권화가 모든 경우에 더 유리하다는 실증적 연구는 없다. Baker & France의 연구에 따르면 집권화된 회사의 구성원들은 집권화된 구조가 더 좋다는 반응을 보였고, 분권화된 회사의 구성원은 자신들의 구조가 더 좋다는 반응을 보였다는 것이다. 즉 집권화와 분권화에 대한 조직구성원들의 만족도는 큰 차이가 없었다는 것이다.

셋째, 집권화와 조직규모 사이의 관계이다. 집권화와 조직규모 사이의 관계에 대한 논의는 대단히 역설적이다. 미국의 주고용 안정 기구에 대한 연구에서 조직규모의 확대는 집권화와 분권화를 동시에 유발한다는 점을 지적한다. 그러나 총체적인 결론에 있어서는 조직규모의 확대는 분권화를 초래한다는 것이다.

이러한 개념정의에 따라 업무의 복잡성(높은 기술수준)은 집권화와 관련되며, 낮은 복잡성은 분권화와 관련된다는 것이다. 즉 업무가 명확하고, 예측가능성이 높으며, 규칙에 의해서 수행될 때, 조직구조는 집권화되며, 반대일 때는 분권화된다는 것이다. 결국 기술수준이 높을수록 집권화되며, 낮을수록 분권화된다는 것이다.

3. 상황변수

1) 조직 환경

(1) 조직 환경의 개념

조직 환경(organization environment)을 한마디로 정의하기는 어렵다. 그러나 일반적으로 조직 환경은 조직의 경계 밖에 존재하면서 조직에 영향을 미치는 모든 요소라고 정의된다. 조직 환경은 다시 과업 환경(task environment)과 일반 환경(general environment)으로 구분된다. 과업 환경이란 조직의 목표설정 및 목표달성과 직접적인 관련을 맺고 있는 환경을 말한다. 반면 일반 환경은 조직에 비정기적으로 그리고 간접적으로 영향을 미치는 환경이다.

조직 환경은 조직의 생존 및 성공과 관련하여 중요한 의미를 지니는데, 그것은 다음과 같은 이유 때문이다. 첫째, 조직은 개방체계이기 때문이다. 즉 환경의 도움 없이 조직은 자급자족적으로 살 수 없기 때문이다. 둘째, 조직을 둘러싼 외부 환경의 수와 질이 계속 변화하고 있기 때문이다. 셋째, 환경의 변화에 적응하기 위한 조직의 구조적 변화가 계속 이루어져야 하기 때문이다.

조직 환경은 다음의 2가지 개념에 의하여 변화될 수 있다. 첫째, 영역(domain)이다. 영역이란 조직이 환경에서 활동하는 행동의 장소를 말한다. 가장 대표적인 영역은 시장(market)이다. 둘째, 분야(sector)이다. 분야란 유사한 요소를 지닌 환경의 하위단위를 말한다. 가령 기술이나 조직규모는 대표적인 분야이다.

(2) 환경의 구성요소

환경의 불확실성의 구성요소에는 다음 두 가지가 있으며, 복잡하고 불안전한 환경은 불확실성이 높은 환경, 단순하고 안정적인 환경은 불확실성이 낮은 환경이다.

첫째, 복잡성이다. 단순성과 반대되는 개념으로 외부요소의 수와 상이성, 다양성, 이질성 등을 의미한다. 둘째, 역동성이다. 안정성과 반대되는 개념으로 외부요소의 변화의 정도를 의미하는 격동성, 불안정성을 의미한다.

① 환경과 복잡성

환경의 불확실성과 복잡성은 직접적으로 관련된다. 즉 환경의 불확실성이 높으면 높을수록 조직의 복잡성은 증대한다는 것이다. 동적이고 복잡한 환경에 대응하기 위해서는 조직은 더욱 분화되어야 할 필요가 있다. 불확실한 환경에 처한 조직은 안정된 환경하에 있는 조직보다 환경을 면밀히 탐지해야 할 필요가 있다. 그것은 조직의 단위를 분화시킴으로써만 가능하다. 따라서 환경이 불확실해질수록 조직의 복잡성은 촉진된다.

② 환경과 공식성

안정된 환경은 공식성을 높이고, 불안정한 환경은 공식성을 낮추는 방향으로 작용한다.

③ 환경과 분권화

환경이 복잡할수록 조직구조는 분권화의 경향을 지닌다. 정적·동적 환경에 상관없이 환경에 이질적인 요소와 성분이 존재하면 이것을 극복하기 위해서 조직은 분권화 전략을 택해야 한다는 것이다. 관리자 혼자서 고도로 복잡한 환경을 전부 다룰 수는 없고, 따라서 정보관리능력을 포함한 상당한 권한이 다른 사람들에게 위임되어야 한다는 것이다.

2) 기 술

(1) 기술의 개념

사전적 의미로 기술(technology)은 산업, 기술, 과학을 위해 인간 사회가 이용할 수 있는 총체적 지식 및 기능을 말한다. 그러나 조직이론에서의 기술은 이것보다는 더 구체적으로 사용된다. 즉 기술이란 조직 내에서 투입을 산출로 바꾸는 데 필요한 정보, 시설, 기법, 과정 등을 의미한다. 따라서 기술이란 결국 투입을 산출로 변형시키는 방법을 지칭한다. 이러한 개념은 기술이 지니고 있는 기계적, 제조업적 의미에도 불구하고 모든 조직에 통용될 수 있다.

그러나 이러한 개념 정의에도 불구하고 문제는 여전히 남는다. 즉 기술을 어떻게 측정할 것인가 하는 것이다. 연구자들은 기술을 측정하기 위해서 업무활동에서 사용된 실제 기술, 원료, 복잡성, 자동화수준, 상호의존성 등을 이용하였다. 그러나 이러한 측정방법도 조직의 유형과 규모, 그리고 분석수준에 따라 달리 나타난다는 것이다.

따라서 여기서는 특히 기술-구조 사이의 관계를 분석하기 위해서 개발된 세 가지 기술관점을 제시하고자 한다. 이들은 주로 조직기술이 지니고 있는 세 가지 특징, 즉 불확실성(uncertainty), 일상성(routineness), 그리고 상호관련성(interdependence)을 중심으로 기술을 측정한 것이다. 오늘날 조직기술에 대한 논의는 대개 조직구조와의 관계에 집중되고 있다.

⑵ 기술의 유형

우드워드(Woodward)는 조직구조의 결정요인으로 조직기술을 꼽은 최초의 사람이다. 생산기술에 초점을 맞춘 우드워드의 연구는 이 기술이 여러 가지 중요한 조직구조의 변수에 영향을 준다는 점을 강조한다.

우드워드가 분류한 세 가지 기술유형은 다음과 같다.

① 단위생산(unit production)(예: 주문생산을 위주로 한 자동차 회사)

② 대량생산(mass production)(예: 대량생산체제의 자동차 회사)

③ 과정생산(process production)(예: 정유공장)

이 기술유형은 ①에서 ③으로 갈수록 복잡해진다.

우드워드가 발견한 사실은 이러한 기술유형이 조직의 관리구조에 실질적인 영향을 미친다는 사실이다. 즉 관리계층의 수, 통솔의 범위, 관리자 대 일반직원의 비율 등 조직구조와 관련된 모든 구조가 기술에 의해서 영향을 받는다는 것이다.

우드워드는 이러한 기술-구조 사이의 관계에서 한걸음 더 나아가, 조직의 성공여부(조직의 유효성)는 기술과 구조 사이의 적합성 여부에 달려있다고 한다. 즉 성공적 조직은 적절하게 구조화된 기술체계를 지닌 조직이라는 것이다. 따라서 조직이 성공하기 위해서는 기술과 조직구조 사이의 관계는 다음과 같이 조합되어야 한다.

ⓐ 대량생산기술－고도의 분화(복잡성), 높은 공식화의 정도, 반면 낮은 수준의 분권화(높은 수준의 집권화)

ⓑ 단위 및 과정생산기술－낮은 분화의 정도, 낮은 공식화 수준, 높은 분권화 수준

톰슨(Thompson)의 연구업적은 기술이 조직의 불확실성을 감소시키는 전략을 선택하는 데 기여한다는 점에 있어서 조직기술론에 기여했다고 볼 수 있다. 그에 따르면 조직의 불확실성을 감소시키는 데 이용할 수 있는 기술은 상호의존성(interdependence)이다. 상호의존성이란 각 부서가 업무를 달성하기 위해서 자원과 정보를 서로 교환하는 것을 말한다.

이러한 상호의존성과 관련하여 톰슨이 제시한 기술은 세 가지이다. 그리고 그들이 사용하는 상호의존성의 방식도 각각 세 가지이다.

① 매개적 기술(mediating technology)

외부환경과 고객을 연결시켜주는 기술이다. 이들은 이러한 연결수단으로 공동적 상호의존성(pooled interdependence)을 이용한다. 은행, 전화국, 고용 및 복지기구, 우체국 등에서 흔히 사용되는 기술유형이다.

② 길게 연결된 기술(long-linked technology)

생산이 연속적 단계로 이루어지는 기술이다. 조직 활동도 연속적으로 이어지며, 따라서 A부서의 산출물이 B부서에 투입이 되고, 다시 B부서의 산출이 C부서에 투입이 되는 단계를 밟는다. 여기서의 연결수단은 일련적 상호의존성(sequential interdependence)이다. 대량생산체제하의 어셈블리 라인(assembly line)과 대다수의 카페테리아 식당이 여기에 해당한다.

③ 집약적 기술(intensive technology)

고객의 변화를 낳기 위해서 특별한 서비스를 집합시키는 기술이다. 각 부서는 고객을 돕기 위해 필요한 전문적 기술을 소유한다. 여기에서 연결수단으로 사용하는 것은 상호보완적 상호의존성(reciprocal interdependence)이다. 병원, 연구소,

군대의 전투부대 등은 이것의 가장 대표적인 예이다.

일반적 의미로 톰슨의 통찰력을 구조적 용어로 전환시킬 수 있다. 즉 기술의 결과로서 의사결정이나 의사결정의 요구는 매개적 기술, 길게 연결된 기술, 집약적 기술의 순으로 증가된다는 것이다. 또한 매개적 기술은 규칙과 절차에 의해서 가장 효과적으로 조정되며, 길게 연결된 기술은 기획과 계획을 통해서, 그리고 집약적 기술은 상호조정을 통해서 조정된다는 것이다. 이상이 의미하는 바는 다음과 같은 기술과 구조의 관계이다.

① 매개적 기술-낮은 수준의 복잡성과 높은 수준의 공식성
② 길게 연결된 기술-복잡성과 공식성의 수준의 중간
③ 집약적 기술-높은 수준의 복잡성과 낮은 수준의 공식성

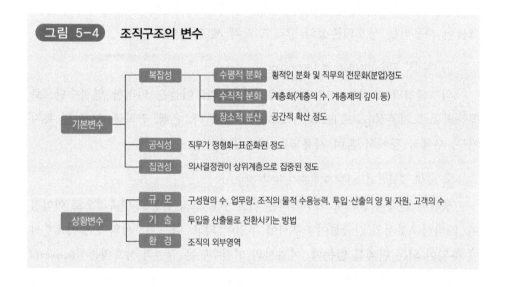

그림 5-4 조직구조의 변수

4. 조직의 원리

1) 계층제의 원리

계층제(hiearchy)란 직무를 권한과 책임의 정도에 따라 등급화하고 상·하계

층간에 지휘·명령 복종관계 또는 단일의 의사결정 중추를 확립하는 것으로 '역할체제'의 일종이다. 계층제의 특징으로는 첫째, 조직의 대규모화와 전문화의 진전에 따라 조직의 계층수도 증가하며 둘째, 계층수준이 높을수록 주요 정책에 관한 비정형적 업무를, 낮을수록 정형적 업무를 담당한다. 셋째, 계층제와 통솔범위의 관계는 통솔범위가 넓어지면 계층의 수는 적어지고, 통솔범위가 좁아지면 계층의 수는 많아지는 상호 역관계이다.

계층제의 순기능으로는 지휘·명령의 통로 및 상·하 간의 의사전달경로, 업무배분경로, 권한과 책임한계의 설정 기준, 내부통제의 경로, 조직 내 분쟁조정 수단, 조직의 통일성과 일체감 유지, 신속하고 능률적인 업무수행, 조직의 안정성 유지 등이 있으며, 역기능으로는 단일의 의사결정 중추에 따른 기관장의 독단적 결정, 역동적·민주적 인간관계 형성 저해, 자아실현인의 활동무대로 곤란, 조직의 경직화, 의사소통의 왜곡, 할거주의, 피터의 원리, 새로운 지식·기술의 신속한 도입 곤란 등이 있다.

2) 명령통일의 원리

명령통일(the unity of command)이란 누구나 한 사람의 상관에게만 보고하고 명령을 받아야 한다는 원리이다. 이는 조직 내 혼란을 방지하고 질서유지 및 책임한계의 명확화, 심리적 안정감 및 업무의 신속성·능률성 확보를 위한 것이다. 명령통일의 원리의 문제점으로는 행정능률과 횡적인 조정 저해, 명령권이 없는 막료기능의 무력화 초래, 명령계통이 일사불란할 경우 분권화의 필요성 저해, 최근 위원회나 매트릭스조직 등 명령계통의 일원화가 지켜지지 않는 유기적 조직들은 명령통일의 원리를 위반하고 있다.

3) 통솔범위의 원리

통솔범위(span of control)란 1인의 상관 또는 감독자가 효과적으로 직접 감독할 수 있는 부하의 수에 관한 원리로서 '통제의 폭'을 의미한다. 고전적 학자들은 인간의 주의력이나 지식·시간에 한계가 있기 때문에 통솔범위는 반드시 일정한 한계를 가져야 한다고 한다. 이러한 좁은 통솔범위는 많은 계층을 만들어 낸다. 통솔범위를 결정자는 요인으로는 시간적 요인, 공간적 요인, 직무의 성질, 감독자와 부하의 능력, 조직의 형태 등이 있다.

4) 조정의 원리

조정(coordination)의 원리란 공동목적을 달성하기 위하여 구성원이 행동통일을 기하도록 집단적 노력을 질서 있게 배열하는 과정을 의미한다. 대규모 조직은 고도로 전문화되고 할거주의, 비협조, 인간소외와 무력감, 구심점의 상실이 야기되므로 전체적인 화합과 갈등해소를 위해 조정이 강조된다.

조정의 방법으로는 권한과 책임의 명확화, 계층제와 위원회에 의한 조정, 목표와 참여에 의한 조정, 정형화 및 표준화(SOP)에 의한 조정, 조정기구에 의한 조정, 구조적 개편에 의한 조정, 이념에 의한 조정 등이 있다.

조정의 저해요인으로는 행정조직의 대규모와, 행정조직의 지나친 전문화와 분업화, 정치적 이해관계의 작용, 이해관계나 목표의 차이, 할거주의, 조정능력 및 장치 결여 등이 있다.

5) 전문화의 원리

전문화(specialization)란 업무를 종류와 성질별로 구분하여 조직구성원에게 가급적 한 가지의 주된 업무를 분담시킴으로써 조직관리상의 능률을 향상시키는 것이다. 전문화의 유형은 수평적 분업(업무성질별)과 수직적 분업(계층제), 상향적 분업과 하향적 분업, 일의 전문화와 공무원의 전문화로 구분된다.

전문화의 문제점으로는 업무수행에 대한 흥미상실 및 비인간화와 인간소외 현상 초래 및 전문가적 편협성과 할거주의로 인해 조직 내의 각 단위의 통합과 조정을 저해한다. 또한 기능중복에 의한 비능률을 초래할 우려도 있다. 전문화의 문제점을 해결하기 위해서는 행정조정이나 직무확장이 필요하다.

5. 애드호크라시

1) 애드호크라시의 의의 및 특징

애드호크라시(adhocracy)는 베니스(Bennis, 1969)의 탈관료제와 토플러(Toffler, 1970)의 미래의 충격에서 처음 사용된 것으로 관료제의 반대 개념으로 관료제가 대규모성·복잡성·표준화된 고정적 구조와 계층적 구조를 가지고 있는데 비해, 애드호크라시는 융통성이 있고 적응도가 높으며 혁신적인 성격을 갖는다. 따라서 관료제를 기계적인 조직에 비유한다면 애드호크라시는 유기적인 조직에 비교할 수 있을 것이다.

애드호크라시는 일반적으로 '특별임시위원회'라고 번역되며, 베니스(Bennis, 1969)는 애드호크라시를 "다양한 전문기술을 가진 비교적 이질적인 전문가들이 프로젝트를 중심으로 집단을 구성하여 문제를 해결하는 변화가 빠르며 적응적이며, 일시적인 체계"로 정의하고 있다. 애드호크라시는 대체로 영구적인 부서나 공식화된 규칙, 그리고 일상적인 문제를 처리하기 위한 표준화된 절차가 없다. 프로젝트에 따라 전문요원들이 팀을 구성하여 상황에 맞게 문제를 해결해 나간다. 애드호크라시에 속하는 조직으로는 매트릭스 조직, 태스크포스, 프로젝트 팀 위원회조직 등이 있다.

애드호크라시 모형의 주요 특징은 ① 임무와 문제해결능력의 중시, ② 비계서적 구조, ③ 잠정성의 강조(조직의 가변성), ④ 경계관념의 혁신, ⑤ 상황적응성의 강조, ⑥ 문제의 집단적 해결, ⑦ 의사전달의 공개주의, ⑧ 임무와 기구의 유동성, ⑨ 수평적 구조와 자기통제, ⑩ 선택적 분권화, ⑪ 행정농도가 높은 조직, ⑫ 낮은 수준의 복잡성, ⑬ 낮은 수준의 공식화, ⑭ 낮은 수준의 집권화 등이 있다.

2) 주요모형

(1) 팀조직

팀조직은 상호보완적인 기능을 가진 소수의 사람들이 공동목표를 달성하기 위해 책임을 공유하고 문제해결을 위해 공동의 접근방법을 사용하는 조직단위이다. 팀조직은 환경변화에 기동성있게 대응하기 위해 기술핵심조직이 유기적인 행태로 운영되고 있으며, 짧은 기간 내에 임시과제를 신속하고 집중적으로 해결할 필요가 있어 설치되는 수평적 임시조직으로 선택과 집중을 강조하는 조직구조이다. 팀조직은 환경대응력과 창의적 문제해결을 목적으로 하므로, 개인의 직무는 다기능화가 요구되며 고정된 기능보다 업무의 흐름에 따른 조직화가 중시된다.

팀조직의 설계원리는 과업 간의 상호의존성에 의해 팀을 구성해야 하며, 교호적 의존관계에 있는 과업부터 팀을 조직화하고, 업무프로세스에 따라 팀을 구성해야 하며, 팀의 업무 자기완결적 조직단위가 되도록 설계해야 한다.

(2) 임시조직(Project Team & Task Force)

프로젝트 팀은 서로 다른 분야에 전문기술을 보유하고 있는 소수의 조직구성원들이 공통된 목표하에 과업을 달성하기 위해 형성하는 조직형태이다. 프로젝트 팀은 태스크포스와 같이 집단 사이의 통합을 위한 것이지만 그 통합이 문제해결을 위한 것이라기보다는 프로젝트 수행을 위한 기능의 통합이라는 데 그 특징이 있다. 이러한 프로젝트 팀은 다양한 부문의 구성원들이 문제를 해결하기 위해 또는 제품이나 용역을 생산하기 위해 서로 밀접한 일을 수행해야 하는 건설·항공·신제품 개발 조직에서 주로 사용한다.

표 5-9 프로젝트 팀과 태스크포스 비교

구 분	Project Taem	Task Force
구조	수평적 구조	수직적, 입체적, 계층적 구조
존속기간	임시적, 단기적 성향	장기적 성향(목표달성 후 존속경향)
설치범위	부문 내에 설치	부문 간에 설치(대규모)
설치근거	법적근거 요하지 않음	법적근거 요함
소속관계	소속기관에서 탈퇴치 않고 일시차출	탈퇴하여 전임제로 근무(파견)
성격	인적 성격이 강함	물적, 조직적 성격 강함
예	FTA협상단, 재난상황실	월드컵조직위, 올림픽조직위

자료: 김준규(2010: 626).

태스크포스는 특정 과업을 수행하기 위해 소집되며 과업이 해결된 후에는 해체되는 임시위원회로서 공식적 또는 비공식적으로 소집된다. 태스크포스는 여러 집단의 대표들로 구성되며 일정 기간 동안 주어진 문제를 집중적으로 연구 검토하여 집단 사이의 견해를 수렴하고 문제의 해결을 모색한다. 이러한 구조는 어떤 과업의 성공 여부가 조직의 생존에 결정적인 영향을 미치는 상황이나 시간적인 제약 때문에 여러 가지 기능을 가진 전문가들이 모여 상호의존성의 효과를 최대한 살려서 과업을 수행해야 하는 상황에 바람직한 조직구조이다.

제6장 인적자원관리

1. 인사행정의 의의

인사행정(public personnel administration) 혹은 공공 인적자원관리(public human re-source management)란 공공부문이나 정부의 목표달성에 필요한 인적자원을 충원하고 유지하며, 근무의욕을 고취하고 행동과 태도를 통제하는 일련의 상호 연관된 동태적인 관리활동이나 체제를 의미한다.

인사행정의 개념과 관련하여 논의해야 할 것은 크게 두 가지가 있다. 그 하나는 인사행정의 범위에 관한 것이고, 다른 하나는 인사행정의 성격에 관한 것이다. 우선 인사행정의 범위를 어디까지로 할 것인가에 관한 논의에서는 여러 가지 제약 조건 때문에 인사행정의 범위를 정부부문에 국한하는 경향이 지배적이다. 다음으로 인사행정의 성격에 관한 것으로 첫째, 인사행정의 필요성은 공공부문이나 정부의 목표를 달성하는 데 인적자원이 매우 중요하다는 인식에서 출발한다. 둘째, 인사행정체계는 행정체제의 하위체제인 동시에 행정체제를 포함한 환경과 상호작용하는 개방체제적 성격을 띠고 있다. 셋째, 인사행정은 정부의 목표달성을 위한 수단적 성격을 가진다.

2. 인사행정의 제도

1) 직업공무원제

(1) 직업공무원의 의의

20세기 행정국가에서는 국가기능의 확대에 따른 행정사무의 양적 증대와 질적 변화에 수반하여 필연적으로 행정의 전문화와 기술화가 요구되고 있다. 그러므로 전문적 지식을 지니고 있는 유능한 인재가 공직에서의 근무를 평생 명예로운 직업으로 생각하는 직업공무원제의 확립이 필요하게 되었다. 직업공무원제(Career Civil Service System)란 '공직이 유능하고 인품 있는 젊은 남녀에게 개방되고 매력적인 것으로 여겨지며 또한 업적에 따라 명예로운 높은 지위에 올라갈 수 있는 기회가 보장되어 공직을 생애를 바칠 수 있는 보람 있는 일로 생각될 수 있는 조치가 마련되어 있는 제도'를 의미하는 것으로 단순히 일생을 공무에 바쳐 봉사하는 것과도 다르며 실적주의와도 다르다.

오늘날 민주정치는 의회정치를 의미하며 의회정치는 곧 정당정치를 지칭한다. 따라서 민주주의 국가에 있어서는 직업공무원제가 정당교체에 따르는 행정의 무정부상태에 대비하기 위한 제도적 안전장치로서 인식되고 있다. 그러나 직업공무원제는 그 제도적인 특징으로 인하여 공무원에 대한 민주통제를 어렵게 하고 관료주의화로 변할 우려가 있다고 지적되기도 하며, 한편으로는 급변하는 사회변동에 대한 적응성이 약하다는 비판을 받기도 한다. 원래 직업공무원제는 계급제(rank system)에 입각하고 폐쇄형(closed system)을 채택하는 유럽에서 확립되었으나 계급제가 발달되었던 유럽제국에서는 제도의 결함을 보완하기 위하여 미국식 직위분류제의 요소를 도입하려고 노력하고 있으며, 미국에서는 계급제의 이점을 가미해 가고 있어 양 제도는 상당히 접근해 가고 있음을 볼 수 있다.

(2) 직업공무원제와 실적주의와의 관계

직업공무원제가 실적주의를 바탕으로 하여 성립된 것은 사실이지만 그렇다고 실적주의가 바로 직업공무원제를 뜻하는 것은 아니며 그 이유는 다음과 같다.

첫째, 미국의 실적주의는 1883년 펜들턴(Pendleton)법의 제정으로 이미 확립되었으나 직업공무원제의 필요성이 강조된 것은 1953년부터이다. 둘째, 실적주의는 반드시 공직이 유능하고 인품 있는 젊은 남녀에게 개방될 것을 필요로 하지 않으나 직업공무원제는 이를 요건으로 한다. 셋째, 서구제국에서는 일찍부터 직업공무원제가 발전되었으나 실적주의의 도입은 근래의 일이었다. 넷째, 실적주의가 확립되었다는 미국에서는 매년 20% 이상의 공직 이탈자가 발생하고 있다. 다섯째, 실적주의는 외부로부터의 임명을 배제하지 않으므로 실적주의에 의하여 공무원의 신분이 보장되어 있다 할지라도 외부인이 공직에 임명될 경우에는 직업공무원제의 확립이 어렵다.

표 6-1 　실적주의와 직업공무원제의 비교

구 분	실적주의	직업공무원제
발달	미국 사회에서 발달 (1883, 펜들턴법 제정으로 확립)	영국, 독일, 프랑스, 일본 (주로 유럽사회에서 발달)
배경	산업사회 바탕	농업사회 바탕
이론	직위분류제(직무중심)이론	계급제(인간중심)이론
형태	개방형(이직률 높음)	폐쇄형(이직률 낮음)
제도	직무중심제도 – 생애성 약함	인간중심제도 – 직무성 약함
보수	직무급 중심(성과급)	생활급 중심(서열급)
인간관	합리적 인간관(객관화·공정화)	비합리적 인간관(협조·조정)
배치	비신축성(전문행정가)	인사배치의 신축성(일반행정가)
경력	경력무시(전문자격행정가)	경력중시(일반만능행정가)

(3) 직업공무원제도의 확립 요건

① 공직에 대한 높은 사회적 평가

정부는 고용주로서의 높은 위신을 지켜 공직이 매력적인 것으로 평가되도록 하여야 한다. 또한 공무원은 공직을 치부의 방법이나 특권향유의 수단으로 생각하는 비민주적 공직관으로부터 공공봉사정신에 의한 민주적 공직관으로 바꾸어야 한다.

② 적절한 임용제도와 절차

유능하고 인품 있는 젊은이들을 채용할 수 있는 제도가 마련되어 가급적이면 학교를 졸업한 후 즉시 공직에 임용될 수 있도록 하여야 한다.

③ 보수의 적정화

보수가 적어도 생활의 안정을 보장할 수 있을 정도로 적정화되어 있어야한다.

④ 연금제도의 확립

공무원이 퇴직 후의 생활에 불안을 느끼지 않고 공직에 봉사할 수 있도록연금제도가 적절히 보장되어 있어야 한다.

⑤ 공무원 교육훈련제도의 확립

공무원 채용시의 유능한 자질을 계속 유지·발전시켜주고 잠재적 능력을 계발·신장시켜 새로운 기술과 능력을 습득시키며 새로운 의욕을 갖게할 수 있도록 교육훈련제도가 확립되어야 한다.

⑥ 인력 수급계획의 수립

발전 지향적인 인력의 수급을 원활히 하고 인사행정의 불공평·침체를 방지하기 위하여 장기적 인력 수급계획이 수립되어야 한다.

(4) 직업공무원제의 장·단점

장점으로는 공직이 하나의 전문직업 분야로 확립하는 데 유리하며, 높은 수준의 봉사정신과 행동규범을 유지하는 데 도움이 되며, 정책결정 및 행정관리기능을 담당하는 고급공무원의 양성에 유리하고, 행정의 계속성과 안정성 및 일관성을 유지할 수 있다.

단점으로는 폐쇄적 임용으로 공무원 집단이 보수적으로 되거나 관료주의화되는 경향이 강하며, 공직의 분위기가 침체되어 공직의 전반적 질적 수준이 저하될 우려가 있다. 또한 신분보장은 외부환경의 급격한 변화에 신속하게 대응하지 못하고 무사안일에 빠지거나 변화에 저항적인 관료적 병리현상을 초래하게 한다. 마지막으로 전문행정가의 양성을 저해함으로써 행정의 전문화 요구에 역행한다.

2) 엽관주의

(1) 의 의

정실주의(patronage), 엽관주의(spoils system)는 동일한 개념으로 '공직에의 임용을 개인의 자격·능력에 두지 않고 정당관계 내지 인사권자와의 개인적 충성·혈연·지연·학연 등 귀속적 기준에 두는 것'을 의미한다.

전통적으로 영국국왕은 정실주의(patronage system)에 입각한 관리임명을 해왔으나 1688년 명예혁명의 결과 국왕에 대한 의회의 우위성이 확고해지고 1714년 이후 의원내각제가 발전됨에 따라 공직에 대한 실권은 의회와 그 다수당이 장악하게 되었다. 이후부터 유력한 정치가들이 선거운동이나 선거자금의 조달방법으로 공직을 제공하는 정치적 정실주의가 자리잡게 되었다.

1850년대부터 정실주의의 폐해를 극복하려는 움직임에 따라 1853년에 트레벨리언과 노스코트(Trevlyan & Northcote)에 의한 보고서가 발표되고, 1855년 추밀원령에 의하여 3명으로 구성된 독립된 인사위원회를 설치하고 자격 있는 공직지원자에게 증명서를 발급함으로써 이것을 임명의 전제조건으로 하는 것 등의 규정을 하였다. 이와 같은 부분적인 정실주의의 제한은 1870년의 추밀원령에 의하여 ① 공무원의 공개경쟁시험, ② 채용시험의 계급별 구분 실시, ③ 재무성의 인사권 강화 등이 규정됨으로써 마침내 실적주의가 확립되었다.

엽관주의가 미국의 인사행정원리를 지배하던 시기는 1820년대부터 약 50년 동안이었다. 엽관주의는 미국에서 시작된 용어로서 'spoil'이란 용어는 '전리품'을 의미한다. 즉 선거전에서 승리한 정당은 패배한 정당의 당원을 행정부에서 몰아내고 자기 정당의 당원을 임용할 수 있다는 것이다.

엽관주의는 잭슨(Jackson) 대통령에 의하여 처음 나타난 것은 아니었으나 잭슨(Jackson)이 시초로 알려져 있는 것은 국가의 공식 인사정책으로 채택할 것을 1892년 대통령교서에서 명시하였기 때문이다. 1829년 잭슨(Jackson) 대통령은 공직에의 문호를 널리 개방한다는 내용의 연두 회견에서 엽관주의를 정식 인사정책으로 채택하였으며 1845년부터 남북전쟁이 끝난 1865년에 이르는 동안 엽관제도가 가장 활발하였다. 엽관주의의 정당성은 정당에 의한 행정공무원의 지배 내지 민주제의 원리를 소박하게 실현하기 위한 것으로서 이는 다수국민의 지지를 획득한 정당에 의하여 행정담당자를 임명하는 것이 합리적 방법이라는 것이다.

미국에 있어서 반엽관주의운동이 전개된 것은 1860년대 후반부터이다. 1881년에 실적주의운동이 전국적으로 확산되고 가필드(Garfield) 대통령이 엽관주의 운동자에게 암살당한 사건은 공무원제도의 개혁에 직접적인 계기를 마련해 주어 1883년 펜들턴법이 제정됨으로써 실적주의가 확립되었다.

(2) 엽관주의의 발달배경

엽관주의는 정당이 바뀌면 재직자도 자리를 내놓는다는 '교체임용주의' (doctrine of rotation)를 의미하며, 미국에서 1820년대부터 약 50년간 지배적인 인사 행정원리로 성립되었고 그 원인은 다음과 같다.

첫째, 정당정치의 발달을 든다. 엽관주의의 확대는 양당제도의 성립과 때를 같이 하는 것으로 정당활동을 통한 정권교체적 정치활동에 대한 보상으로 관직의 소유권을 배분할 수 있다.

둘째, 민주정치의 발전을 든다. 민주정치의 발전에 따른 평등주의(equalitarian)는 공직을 새로운 대중에게 개방하는 것이 정부관료제의 민주화에 기여한다고 생각되었다.

셋째, 행정사무의 단순성을 든다. 당시 행정의 기능은 법질서 유지에 국한된 것으로 건전한 상식을 가진 사람이면 전문적 자격이 없어도 누구나 행정업무를 수행할 수 있었다.

마지막으로 공무원의 충성심 확보를 드는데, 이는 집권정치인들이 국민들에게 공약한 정책을 수행할 공무원들의 높은 충성심의 확보가 가능하였다는 것을 의미한다.

(3) 엽관주의의 문제점

엽관주의적 인사행정을 정당화시켰던 여건의 변화와 직능국가의 다양하고 전문적인 행정업무의 발생에 따라 엽관주의의 전면적 채택에 의한 인사행정은 많은 폐단을 초래하였다.

첫째, 행정능률의 저하와 기강의 문란을 가져왔다는 점이다. 정권교체시 대량의 공무원 경질과 무능한 공무원의 임명으로 인한 행정의 계속성 단절은 능률의 저하와 기강의 문란을 초래하였다.

둘째, 공평한 임무수행의 저해로 책임성이 저하되었으며, 정당의 특수이익과 집권자에 대한 개인적 충성으로 공직자는 공익보다 사익추구에 몰두하게 되었다.

셋째, 불필요한 직위의 남설과 예산의 낭비로서 정당추종자들을 임용하기 위한 불필요한 관직의 설치로 정부재정의 낭비를 초래하였다.

넷째, 신분보장의 불확실로 직무전념이 어렵고 장기적 행정업무 추진이 어렵게 되었다.

다섯째, 행정의 전문성을 저해한다는 점이다. 정당의 특수이익에 연결된 사람은 누구나 관직에 들어갈 수 있으므로 이는 공무원의 전문적 지식과 기술의 확보를 저해하는 요인으로 작용하였다.

(4) 엽관주의의 장·단점

엽관주의의 정부관료제의 민주화에 많은 공헌을 한 것으로 평가되고 있으며, 장점은 다음과 같다.

첫째, 특권적인 정부관료제를 일반 대중에게 개방함으로써 민주정치의 발달과 행정의 민주화에 공헌한다.

둘째, 정당이념의 철저한 실현과 공약의 강력한 추진으로 정당정치의 발달에 공헌한다.

셋째, 선거를 통하여 집권한 정당에 정부관료제를 예속시킴으로써, 국민의 요구에 대한 관료의 대응성을 향상시킨다.

넷째, 공직경질을 통하여 관료제의 특권화(관료주의화)와 침체를 방지해 관료제의 쇄신에 공헌한다.

그러나 엽관주의는 많은 폐단을 야기하였으며, 그 결과 실적주의의 수립을 위한 개혁운동이 전개되었다. 엽관주의의 단점은 다음과 같다.

첫째, 소수의 간부에 의한 정당이 과두적 지배를 촉진하여 공직의 사유화·상품화 경향을 야기함으로써 매관매직이나 뇌물 수수 등의 부패를 초래한다.

둘째, 정권이 교체될 때마다 공무원이 대량 경질되어 정책의 일관성이나 행정의 안정성 및 직업공무원제 수립에 저해가 된다.

셋째, 능력 이외의 요인을 임용기준으로 삼음으로써 전문성과 능률성을 갖추지 못하고 행정의 비능률성을 야기한다.

넷째, 정권창출에 공헌한 사람들을 임용하기 위하여 불필요한 관직을 증설하게 되어 재정상의 낭비를 초래한다.

STUDY @ TIP **엽관주의의 신봉자가 엽관주의자에 의해 살해**

▲ 잭슨(1767~1845)

엽관주의는 미국 건국 초기에 특권층을 이루었던 동부의 보수귀족계급의 공직진출을 위한 통로였다. 서부 개척민들은 사실상 동부 보수계층의 압도적 세력에 눌려 공직진출이 어려웠다. 이러한 계층 간의 갈등이 심화되어 가던 즈음에 영국으로부터의 독립을 위한 뉴올리언즈 전쟁 영웅, 잭슨(Andrew Jackson)장군이 정계에 진출하여 서부 개척민으로서는 처음으로 대통령에 당선되었다. 서부 개척지였던 테니시주 출신의 잭슨은 대통령이 되자 안정적인 동부 귀족계층이 차지하고 있는 공직을 자신의 선거를 도와준 서부 개척민들에게 나누어주어야 하겠다는 생각에서 엽관주의를 강화시켰다. 제퍼슨(Thomas Jefferson) 전임 대통령이 이미 부분적으로 도입한 엽관주의를 강화시킴과 동시에 마시(Marcy) 의원이 주장한 "전리품은 승리자에게 속한다(To the victor belong the spoils)"라는 슬로건을 현실화시키는데 전력투구했다.

1829년 대통령에 당선된 그는 '공직경질의 원칙'을 도입하여 명실상부한 엽관주의를 확립하였다. 서부 개척민은 그 당시 하류층이었으며, 자유와 평등사상을 신봉하며 정치적 민주주의를 갈구하던 일종의 민중세력이었다.

이들에게는 공직경질을 통한 동부 귀족계층에의 대항이 시대적으로 불가피한 선택이었을지도 모른다. 오늘날 미국 민주당의 뿌리는 이렇게 서부 개척민들을 중심으로 이루어졌다는 점에서 당시의 엽관주의 도입은 시대적 당위성을 갖는다고 볼 수 있다. 엽관주의의 신봉자 잭슨은 재선에도 성공하였다.

그 이후 50여 년간 꾸준히 발전해 온 엽관주의는 20대 대통령 가필드(James A. Garfield) 이후 쇠퇴의 길을 걷는다. 가필드 대통령은 잭슨에 버금가는 엽관주의 신봉자였으며, 엽관주의 기대로 열렬히 참여한 선거운동원들 덕분에 대통령에 당선되었다.

그러나 그는 1881년 자신의 선거 운동원이었던 귀토우(Charles Guiteau)변호사에게 취임 후 4개월 만에 암살당하고 만다. 이유는 전리품인 공직배분에 대한 불만이었다.

이를 계기로 2년 뒤에는 실적주의의 주춧돌인 펜들턴법(Pendleton Act)이 1883년 제정되어 엽관주의는 몰락의 길을 걷기 시작한다.

3) 실적주의

(1) 의　의

실적주의(merit system)란 '공무원을 임용함에 있어서 개인의 자격·능력·실적을 기준으로 하는 제도'를 말한다. 그 구체적인 내용은 아래와 같다.

첫째, 임용상 기회가 균등하다. 국민은 어느 누구나 인종·종교·지연·학벌 등의 이유로 공직에 취임하는 데 차별을 받지 아니한다.

둘째, 능력·자격·실적에 의한 인사관리를 한다. 인사행정의 기준이 정실·인연에 의하지 않고 개인의 능력, 자격 및 실적에 의하여야 한다.

셋째, 공무원은 정치적으로 중립을 지켜야 한다. 공무원은 특수한 정당을 위한 정치운동 또는 당파성을 벗어나 공익에 봉사하여야 한다.

넷째, 공무원의 신분이 보장된다. 공무원은 법령의 규정에 의하지 아니하고 신분에 위협을 받는 일이 없어야 한다.

(2) 성립요인

실적주의의 성립요인으로 몇 가지를 들어보면, 첫째, 행정국가의 성립이다. 자유주의의 폐단에 따라 19세기 후반부터 국가의 기능은 행정국가로 변질되어 행정기능의 질적 전환과 양적 증대는 전문적인 능력을 갖춘 관료를 불가피하게 요청하게 되었다.

둘째, 정당의 변질이다. 정당의 규모가 커지고 국민의 정치의식 수준이 향상됨에 따라 금권 또는 정당의 구속으로부터 공무원의 지위보장을 요구하게 되었다.

셋째, 엽관제도의 폐해를 든다. 앞에서 이야기한 엽관주의로 인한 폐단을 극복하기 위해서 실적주의의 채택이 불가피하였다.

성립과정을 역사적으로 살펴보면, 영국의 경우 1853년의 트레벨리안(Sir Charles E. Trevelyan)과 노스코오트(Sir Stafford Northcote)의 보고서가 의회에 제출되고 1855년 추밀원령에 의하여 미온적인 개혁이 있었다. 이후 1870년에 나온 추밀원령에 의하여 영국 공무원 제도의 발전에 획기적인 계기를 마련했으며 내용은 다음과 같다.

첫째, 공무원의 임명은 원칙적으로 공개경쟁시험에 의거한다.

둘째, 서기직을 두 계급으로 분류한다. 제1급은 최고학부를 졸업한 가장 우수한 청년으로 임명되며 정책적 업무를 담당하고 제2급은 기능적·반복적인 업무를 담당한다.

셋째, 재무부가 인사행정상의 통제권을 확보하였다.

미국은 1860년에 이르러 엽관주의의 폐해가 극단에 이르자 이에 대한 개혁이 시도되어 오다가 1881년 가필드(Garfield) 대통령이 엽관운동 실패자의 손에 암살되자 1883년에 획기적인 연방인사법인 펜들턴법(Pendleton Act)을 제정하였고 그 주 내용은 다음과 같다.

① 인사행정은 상원의 인준을 얻어 대통령에 의하여 임명되는 인사위원으로 구성되는 양당적·독립적 인사위원회에 의해 행하여진다.

② 임용은 해당 직위에 적합한 능력의 유무를 테스트하는 공개경쟁시험에 의한다.

③ 임명이 확정되기 전에 시보기간(period of probation)을 둔다.

④ 제대군인에 대한 특혜를 인정한다.

⑤ 정당자금의 공납·정치운동을 금지한다.

(3) 실적주의의 문제점과 개선방향

실적주의는 본래 엽관주의에 대한 반동으로 주장되었던 것이나 지나친 실적주의의 강조는 공무원들로 하여금 의무보다 권리나 물질적 보수에 더 관심을 가지게 하며 적극적으로 창의성을 발휘하려는 의욕을 저해한다는 비판이 가해지게 되었다. 이러한 실적주의의 문제점은 아래와 같다.

첫째, 어떠한 조직이든 모든 직원을 소위 실적에 따라서만 임명한다는 것은 불합리한 결과가 초래된다.

둘째, 실적주의의 발달은 새로운 관료집단의 대두를 보게 되었으며 이들에 대한 민주통제의 필요성은 전 세기에 비하여 더욱 커졌다.

셋째, 선진국·후진국을 막론하고 정책의 큰 변동을 가져올 때에는 이에 찬동하는 고급 공무원이 많이 필요하므로 평상시보다 훨씬 많은 엽관주의에 의한 임명이 요구된다.

따라서 실적주의는 공무원의 당파적 편향을 방지한다는 소극적 기능이 아니라 공무원의 능력을 최대로 발휘할 수 있도록 동기를 부여하고 적극적인 유인을 제공해야 한다는 적극적, 발전적 인사행정으로 변모하게 되었다. 이를 위한 인사행정의 주요한 내용으로는 적극적 모집, 재직자 훈련의 강화, 합리적인 승진 및 전직제도의 수립, 근무환경의 개선이 있다. 특히 엽관주의를 완전히 배제한 철저한 실적주의보다는 실적주의가 부적합한 경우에 엽관주의를 적절히 활용함으로써 조화적 발전을 모색하여야 한다.

4) 대표관료제

(1) 의 의

대표관료제(representative bureaucracy)는 사회를 구성하는 모든 주요집단으로부터 인구비례에 따라 관료를 충원하고, 그들을 정부관료제 내의 모든 계급에 비례적으로 배치하여 정부관료제가 사회의 모든 계층과 집단에 공평하게 대응하게 하는 제도를 말한다. 특히 대표관료제는 이질적인 인종, 종족, 종교, 언어, 문화 또는 지역성으로 인하여 사회집단 간에 심각한 갈등을 겪고 있는 미국과 같은 다민족, 다인종 국가에서는 매우 중대한 문제로 인식되어 많은 연구가 수행되고 있다.[1]

(2) 대표관료제의 기본 전제

대표관료제 이론은 "관료들은 누구나 자신의 사회적 배경의 가치나 이익을 정책 과정에 반영시키려고 노력한다"는 명제를 전제로 하고 있다. 대표관료제의 가정에 대하여 의문을 제기하는 학자들은 대표관료제를 소극적 측면과 적극적 측면으로 구분한다.[2] 이들 논쟁의 초점은 대부분 소극적 대표와 적극적 대표 간의 관계에 대한 가정이 집중되어 있다. 즉 대표관료제 이론은 "소극적 대표는 자동적으로 적극적 대표를 보장한다"는 가정하에 전개되어 왔다. 그러나 공직에 임용되기 이전에 출신집단에 의해 이루어진 사회화와 공직에 임용된 후의 태도나 행태 간의 관계는 구체적으로 입증하기가 어려우며, 아직까지도 명확하게 밝혀지지 않고 있다.

---

1 대표관료제라는 용어를 처음 사용한 킹슬리(Kingsley, 1944)는 대표관료제를 사회 내의 지배적인 세력들을 그대로 반영하도록 구성된 관료제라고 정의하였다. 또한 반 라이퍼(Van Riper, 1958)는 대표관료제의 개념을 확대하여 사회적 특성 외에 사회적 가치까지도 대표관료제의 요소로 포함시키고 있다. 또한 크랜츠(Kranz)는 대표관료제의 개념을 비례대표로까지 확대하여, 정부관료제 내의 출신 집단 비율이 총인구 구성비율과 일치해야 할 뿐만 아니라 나아가 관료제 내의 모든 직무분야와 계급이 인구 비율에 상응하게끔 분포되어야 한다고 주장하였다.

2 대표관료제의 적극적 측면은 관료들이 출신 집단의 이익을 위하여 적극적으로 행동할 것을 기대한다. 반면 소극적 측면은 전체 사회의 인구 구성적 특성과 가치를 반영하는 관료제의 인적 구성을 강조한다.

(3) 효용성 및 비판점

대표관료제는 소극적 대표와 적극적 대표의 논쟁에도 불구하고 다음과 같은 효용성을 지니고 있다.

첫째, 대표관료제는 국민의 다양한 요구에 대한 정부의 대응성을 향상시킨다.

둘째, 대표관료제는 기회균등의 원칙을 보장함으로써 관료제의 국민대표성과 사회적 형평성의 제고라는 민주적 이념을 실현한다.

셋째, 대표관료제는 정부정책에 대한 관료의 책임성을 제고한다.

넷째, 대표관료제는 정부가 민주적인 정책결정을 하도록 도와줄 뿐만 아니라 정부가 더 합리적인 정책을 선택할 수 있게 한다.

다섯째, 대표관료제는 소외집단의 요구에 대한 정부정책의 대응성을 높임으로써 정책에 대한 국민의 신뢰감, 정책대상집단의 순응을 높인다.

대표관료제는 여러 각도에서 비판이 제기되고 있으며 주로 다음 세 가지 문제에 초점이 모아지고 있다.

첫째, 소극적 대표가 적극적 대표를 보장하지 못할 뿐만 아니라 적극적 대표는 민주주의에 위협 요소로 작용할 수 있다.

둘째, 할당제(quota system)를 강요하는 결과를 초래한다. 할당제는 실적주의를 훼손하고 나아가 행정능률을 저하시킨다.

셋째, 할당제는 역차별(reverse discrimination)의 문제를 야기한다.

(4) 한국의 실태와 적용가능성

1990년대 이후 정부는 여성, 장애인, 과학기술 인력, 지방 인재 등 소외집단의 공직임용을 확대하기 위한 노력을 계속하고 있으며, 균형인사라는 이름하에 다양한 정책수단들이 추진되고 있다. 균형인사지침에 포함된 대표관료제의 요소로는 다음과 같은 것들이 있다.

① 양성채용목표제

어느 한 성의 합격자가 채용목표에 미달될 경우 하한 성적 이상인 해당 성의 응시자 중에서 성적순으로 목표(30%) 미달 인원만큼 추가로 합격시키는 제도이다.

② 장애인 의무고용제

장애인을 정원의 3% 이상이 되도록 고용하여야 하고, 장애인을 신규채용인원의 3% 이상 합격시켜야 한다는 제도이다.

③ 기술직·이공계출신 채용목표제

기술직 공무원의 신규채용비율을 단계적으로 확대하기 위한 제도이다.

④ 지방인재채용목표제

행정·외무고등고시 선발예정인원의 20%를 지방대출신(서울소재대학 제외)으로 합격시키도록 하는 제도이다.

⑤ 지역인재추천채용제

지방대 졸업생을 해당 학교장의 추천을 거쳐 견습직원으로 임용한 다음 견습기간 종료 후 정식임용여부를 심사하여 적격자를 일반직 6급 이하 공무원으로 채용하는 제도이다.

⑥ 저소득층 채용목표제

9급 공채시험의 경우 선발예정인원의 1% 이상을 저소득층(국민기초생활보장법상 수급자)으로 채용하도록 한 제도이다.

3. 인사행정기관

1) 중앙인사기관

중앙인사기관은 정부 전체의 인사행정을 총괄하는 범정부적 인사행정기관을 말한다. 중앙인사기관의 소극적 기능은 엽관주의나 정실주의의 폐해를 방지하고 부처 간의 할거주의적 인사행정을 방지하기 위한 전통적 기능을 말하고 적극적 기능은 인사행정의 범정부적 통일성과 인사행정의 과학화와 전문화를 통하여 인사행정의 능률성을 추구하고 국가 최고책임자에게 국정관리를 위한 효율적 수단을 제공하는 등의 현대적 기능을 말한다.

우리나라는 1998년 중앙인사위원회가 설립되었다가 2008년 폐지되어 인사기능이 행정안전부로 통합되었다. 이후 박근혜 정부에서 안전행정부가 가지고 있던 중앙인사기관의 기능을 세월호 사고를 계기로 2014년 11월 인사혁신처[3]를 신설하여 중앙인사기관의 역할을 담당하게 하고 있다.

중앙인사기관의 조직형태는 다양한데, 일반적으로 독립성과 합의성을 기준으로 구분해 볼 수 있다. 즉 중앙인사기관이 행정수반으로부터 어느 정도의 독립성을 갖느냐 하는 것과, 중앙인사기관의 의사결정방법이 한 사람의 관리자에 의하여 이루어지느냐 아니면 몇 사람의 집단의 의사결정방식을 택하느냐의 합의성 유무에 따라 조직형태가 분류된다.[4] 따라서 독립성과 합의성의 기준에 따라 조직형태를 구조화하면 다음 표와 같이 구분된다.

(1) 독립합의형

위원회 형태(commission-type)라고도 하며 인사행정의 엽관주의나 정실주의의 폐해를 방지하고 인사행정의 정치적 중립성을 보장하기 위한 조직형태이다. 독립합의형의 중앙인사기관은 일반적으로 행정부에서 분리되어 있으며, 행정수반으로부터도 독립된 지위를 가진다. 의사결정은 세 명 정도의 위원들에 의해 이루어지며, 임기가 보장되는 초당적 인사들로 위원회가 구성되며, 위원의 임명시기를 다르게 해 업무의 계속성을 확보하도록 한다.

독립합의형의 장점은 실적제를 발전시키는 데 유리하며, 다수의 위원들에 의해 인사행정에 관한 결정을 함으로써 신중한 의사결정을 할 수 있으며, 위원

---

3 인사혁신처는 차관급인 처장을 비롯해 차장, 인재정보기획관, 공무원노사협력관, 기획조정관, 인재개발국, 인사혁신국, 인사관리국, 윤리복무국으로 조직되어 있으며, 소속기관으로는 중앙공무원교육원, 소청심사위원회가 있다.

4 여기서 중앙인사기관의 독립성이라는 것은 중앙인사기관의 정치적 중립성을 보장하려는 기준이며, 합의성이라 함은 독임형 기관장의 전횡과 독단을 방지하기 위한 의사결정방식을 말한다.

표 6-2 중앙인사기관의 조직형태

독립성 \ 합의성	합의성	단독성
독립성	독립합의형	(독립단독형)
비독립성	(비독립합의형)	비독립단독형

의 임명시기를 서로 다르게 함으로써 인사행정의 계속성을 확보하고 여러 집단의 의견을 균형 있게 수용할 수 있다. 그러나 책임소재가 불분명하고, 의사결정이 지연되며, 인사권자의 관리 수단이 박탈되어 자신의 정책을 강력하게 추진할수 없는 단점이 있다.

(2) 비독립단독형

비독립단독형은 집행부형(Executive-Type) 또는 종속단독형 중앙인사기관이라고 한다. 행정수반의 직접적 통제를 받으며, 의사결정도 행정수반에 의해 임명된 한 사람의 기관장이 하는 일방 행정부처와 같은 조직 형태를 말한다.

비독립단독형의 장점은 책임소재가 명확하고, 신속한 의사결정이 가능하며, 행정수반에게 인사관리수단을 제공함으로써 강력한 정책추진이 가능하다. 그러나 독립성의 결여로 인사행정의 정실화가 나타날 수 있고, 기관장의 독선을 견제하기 어렵고, 기관장의 잦은 교체로 행정의 일관성과 계속성을 확보하기 어렵다는 단점이 있다.

(3) 절충형

절충형의 중앙인사기관은 독립단독형 혹은 비독립합의형의 형태를 말한다. 즉 독립성은 있으나 독임제 형태, 행정수반에 종속되어 있으나 합의제 형태를 말한다. 우리나라의 경우 과거 중앙인사위원회와 소청심사위원회, 미국의 연방노동관계청 등이 비독립합의형에 속한다. 그러나 독립단독형은 사례가 거의 없다.

오늘날 대부분의 국가는 비독립단독형의 중앙인사기관을 설치하고 있지만,

일부 국가는 각 형태의 장점을 혼합하기 위한 목적에서 중앙인사기관을 복수로 설치하여 인사기능을 분담 수행하는 방식을 취하기도 한다.

제 2 절 공직의 분류

1. 공무원의 종류

공무원을 분류하는 기준은 임용주체, 소속, 경비부담, 실적, 신분 보장 등을 들 수 있으나 각국의 사정에 따라 여러 기준이 복합적으로 적용되어 분류된다. 한국의 공무원은 임용주체에 의하여 국가공무원과 지방공무원으로 분류하고 다시 실적주의의 적용과 신분보장의 여부에 따라 경력직 공무원과 특수경력직 공무원으로 분류한다.

1) 경력직 공무원

경력직 공무원은 실적·자격에 의해 임용되고 신분이 보장되며 평생토록 공무원으로 근무할 것이 예정되는 공무원을 말한다. 따라서 경력직 공무원은 실적주의와 신분보장이 동시에 적용되는 공무원으로 그 종류는 일반직, 특정직 공무원으로 나뉜다.[5] 일반직 공무원이란 종래 사용되었던 구분으로 기술·연구 또는 행정일반에 대한 업무를 담당하는 공무원으로서 직군과 직렬로 분류되는 공무원을 말한다. 특정직 공무원은 법관·검사·외무공무원·경찰공무원·소방공무원·교육공무원·군인 및 국가정보원의 직원과 특수 분야의 업무를 담당하는 공무원으로서 법률에 의하여 특정직 공무원으로 지정되는 공무원을 의미한다.

---

5 기능직 공무원은 일반직·특정직 공무원과 함께 경력직 공무원에 속하였다. 철도현업·체신현업·토건·전신·기계·선박·화공·농림·보건위생·사무보조 및 방호의 직군으로 분류되었으며, 2013년 12월 12일에 폐지되었고 일반직 공무원으로 통합되었다.

2) 특수경력직 공무원

특수경력직 공무원이라 함은 경력직 공무원 이외의 공무원을 말하며 정무직, 별정직, 계약직, 고용직으로 구분되며 이들은 국가공무원법에 규정된 보수와 복무규범은 공통적으로 적용받으나, 실적주의와 직업공무원제의 적용이 다소 제한적이다. 그 종류는 다음과 같다.

정무직 공무원이란 담당 업무의 성격이 정치적 판단이나 정책결정을 필요로 하는 고위공무원으로 선거에 의하여 취임하거나 임명에 있어서 국회나 지방의회의 동의를 요하는 공무원, 고도의 정책결정 업무를 담당하거나 이러한 업무를 보조하는 공무원으로서 법령 또는 조례가 정무직으로 지정하는 공무원 등을 말한다.

별정직 공무원은 특정 업무를 담당하기 위하여 별도의 자격 기준에 따라 임용되는 공무원으로 법령이나 조례에서 별정직으로 지정하는 공무원을 말하며, 국회 수석전문위원, 국가정보원 기획조정실장·비서관 등이 있다.

계약직 공무원은 국가나 지방자치단체와 채용 계약에 따라 일정한 기간 동안 전문지식·기술이 요구되거나 임용에 있어서 신축성 등이 요구되는 업무에 종사하는 공무원을 말한다. 최근에는 공직의 전문성을 제고하고, 유능한 민간 전문가의 공직진출을 확대하기 위해 고위직의 상당 부분을 계약직으로 충원하도록 하고 있다.

고용직 공무원은 단순한 노무에 종사하는 공무원으로서 현업기관과 국립의료원의 작업현장에서 단순한 노무에 종사하는 공무원을 말하는데, 앞으로 일반직으로 전환될 예정이다. 이러한 고용직에게는 공무원(노조) 활동이 예외적으로 허용되고 있다.

3) 고위공무원단

고위공무원단(senior executive service)은 고위공무원들의 자질향상과 정치적 대응능력을 높이고 업무의 성취동기를 부여하기 위해 국가공무원 체계 중 일부 고위직을 중하위직과 구별하여 운영하는 시스템이다. 실장·국장 및 이에 상당하는 고위급 공직자들의 부처 간 인사교류와 승진을 중앙인사위원회에서 별도로 관리하는 제도이다(국가공무원법 제2조의2).

미국·영국·뉴질랜드·오스트레일리아 등에서는 우수한 외부 인력을 확보하기 위해 일반공무원 보수체계와는 달리 고위공무원에게 비교적 높은 급여를 주는 방식으로 고위공무원단 제도가 운영되고 있다. 이것은 행정의 생산성과 대응성을 높여 정부의 경쟁력을 강화하고 국정목표를 효율적으로 추진하는 동시에 고위공무원 상호 간의 응집력을 강화하는 효과가 있다.

우선 직무분석을 먼저 한 뒤 공무원의 직무수행능력을 평가하여 그 자리에 적격자를 앉히는 제도이다. 국가정책 결정과정에 영향을 크게 미치고 상대적으로 업무 측정이 쉬운 국장급 이상 고위직에 적용한다. 자리가 빌 때 공직 내부에서 공모를 통해 적격자를 충원하는데, 일부 개방형 직위는 공직 밖에서도 충원이 가능하다.

연봉은 업무의 중요도와 난이도에 따라 직무값을 매겨 일정 직위의 그룹별로 상·하한액을 정하고 연봉 범위 안에서 성과에 따라 지급액을 결정한다. 직군이나 직렬이 폐지되어 정부가 통합하여 관리한다. 성과에 따른 계약제로 공무원의 책임의식이 높아지는 장점이 있는 반면, 정치권의 입김에 약한 단점이 있다.

2. 인사체계의 유형

1) 개방형과 폐쇄형

개방형 인사제도(open career system)는 공직의 모든 계층의 직위를 불문하고 신규채용이 허용되는 인사체계이다. 공직의 개방에 따라 외부 전문가나 경력자에게 공직의 문호를 개방하여 새로운 지식과 기술, 그리고 새롭고 참신한 아이디어를 받아들임으로써 공직의 침체를 막고 공직을 새로운 기풍으로 진작시켜 행정의 효율성을 높이려는 의도에서 개방형 인사제도가 요구된다.

이러한 개방형 인사제도는 승진이나 경력 발전의 기회는 상대적으로 크지 않고, 공무원이 한평생 근무할 수 있는 유인도 적으며, 직위나 직무가 없어지면 그 직위나 직무를 맡아 수행하던 공무원도 일반적으로 퇴직한다.

폐쇄형 인사제도(closed career system)는 공직에의 신규채용이 최하위 계층에서만 허용되며 내부승진을 통하여 상위계층으로 이동하는 인사제도이다. 따라서 신규채용은 비교적 젊은 사람에게만 허용되고, 그들의 경력발전과 근속 근무가 장려되는 체계가 폐쇄형이다.

폐쇄형은 계급제에 바탕을 두고 있고, 전문가보다는 일반행정가 중심의 인사체계를 이루며 이들이 관료집단의 핵심을 차지한다. 이러한 폐쇄형은 공무원의 사기를 높이고 장기근무를 장려하므로 행정의 일관성, 일체성, 안정성을 가져오는 데 유리하다. 그러나 폐쇄형은 관료들을 타성과 무사안일에 빠지게 할 수 있어 공직의 침체를 가져오고, 관료가 행정권력을 토대로 특수집단화 할 수 있는 문제점도 가지고 있다.

2) 교류형과 비교류형

교류형은 담당 업무의 성격이 같은 범위 내에서의 기관 간 이동이 자유로운 인사체계를 말한다. 비교류형은 부처 간 인사이동이 제한되어 공무원의 근무와 경력 발전 계통이 하나의 기관에 국한되는 인사체계를 말한다. 교류형에는 중앙부처 간 인사교류, 중앙과 지방 간 인사교류 뿐 아니라 행정기관과 민간기관 간 교류도 포함된다. 인사교류는 공무원의 지식과 기술을 제고하고, 민간의 관리기법을 수용하는 데 기여할 수 있다. 그러나 행정의 전문성을 약화시키고, 행정기관과 특정 기업 간 유착을 야기할 수 있는 문제도 있다.

우리나라는 수시인사교류, 계획인사교류 제도를 도입하여 개인의 적성과 소질을 개발하고 부모봉양, 부부공무원 고충 등 개인의 애로사항을 적극 해결함으로써 공직에 활력 및 생산성을 제고시키고 있다. 교류 유형은 개병형직위제도, 직위공모제도, 계약직제도, 민간전문가 특별채용제도, 민간근무휴직제도 등 다양한 인사제도를 통해 부처 간 인사교류 뿐 아니라 행정기관과 민간기관의 인사교류를 확대해 오고 있다.

3. 공직분류의 방법

인사행정을 효율적으로 수행하기 위하여 어느 나라나 일정한 기준에 의하여 공무원 또는 직위를 분류하고 있다. 계급제는 인간을 중심으로 공무원의 개인의 자격, 능력 등을 기준으로 하여 계급(rank)으로 분류하는 것을 의미하며, 직업을 중심으로 각 직위의 곤란성이나 책임성을 기준으로 하여 등급(grade)으로 분류하는 것을 직위분류제라 한다.

우리나라를 포함한 대부분의 나라들은 계급제나 직위분류제의 원형 그대로 적용하지 않고, 양 제도 중 하나를 주요 기준으로 하고 다른 하나를 부분적으로 도입하여 이를 적절히 조정하여 이용·보완함으로써 조화를 모색하고 있다.

1) 계급제

계급제(rank-in-person system)는 사람이 가지는 개인적 특성, 즉 신분, 학력, 경력, 자격 등을 기준으로 유사한 특성을 가진 사람들을 하나의 범주나 집단으로 구분하여 계급을 형성하는 제도이다. 이는 오랜 관료제 전통을 가진 한국·일본·독일·프랑스 등이 적용하고 있다.

계급제는 사람에 부착된 신분과 같은 속성을 지니므로 다음과 같은 특성을 가진다.

첫째, 4대 계급제이다. 계급제를 채택하는 대부분의 나라들은 계급을 네 개의 계층으로 구분하며, 그 주요 원인은 교육제의 계층과 일치시키려는 데 있다.

둘째, 계급 간의 차별이다. 보통 계급제를 채택하고 있는 나라는 각 계급에 따라 사회적 평가나 보수 등에 차이가 크다. 또한 각 계급 간의 승진을 특별히 어렵게 하고 있어 일생 동일계급에 머물거나 일계급 밖에 승진하지 못하는 것이

통례이다.

셋째, 고급공무원의 엘리트화다. 계급 간의 차이가 심한 국가에서는 고급공무원의 수는 적게 하고 있으며 교육·대우면에서 특별히 고려하고 있다.

넷째, 폐쇄형 충원체제이다. 계급제를 채택하고 있는 나라는 대개 폐쇄형의 충원체제를 유지한다.

다섯째, 일반행정가 지향성이다. 계급제는 공직에 채용된 뒤 다양한 경험과 지식을 축적시켜 조직 전체 혹은 국가 전반의 시각에서 업무를 파악하고 처리하는 일반행정가(generalist)를 지향한다.

이러한 계급제의 장점으로 ① 장래의 발전 가능성과 잠재력을 지닌 사람을 채용함으로써 장기적 관점에서 유능한 인재를 공직에 흡수할 수 있다. ② 공무원에게 경력개발의 기회를 제공하며, 신분보장과 직업공무원제의 확립에 적합하다. ③ 일반행정가 양성에 유리하고 공무원의 일체감과 연대의식을 제고하여 공직의 능률성을 제고할 수 있다. ④ 인력 활용의 융통성과 효율성을 제고할 수 있다. ⑤ 공무원의 시야와 이해력을 넓혀 다른 부서의 공무원과 원활한 협조를 촉진할 수 있다.

반면 단점으로는 동일 노무에 대한 동일 보수라는 직무급 체계를 확립하기 어려우며, 행정의 전문화에 기여하지 못하며, 의사결정의 적실성을 확보하는 데 제약이 되며, 해당 직위의 적임자 임용을 보장할 수 없어 행정의 효율성을 저해하고, 신분보장과 폐쇄형 임용체제로 인해 공직사회의 무사안일을 조장하고, 공무원을 특권집단화할 우려가 높다는 점이 지적될 수 있다.

2) 직위분류제

직위분류제(position classification)란 일과 책임의 단위인 직위를 기초로 그 직위에 내포된 직무의 내용이 동일하거나 유사한 직무를 종류별로 분류하고, 종류별로 분류된 직무를 토대로 각 직무가 내포하고 있는 직무 수행의 곤란성이나 책임성이 동일하거나 유사한 직무로 분류하여 체계화하는 것이다. 미국을 중심으로 캐나다, 필리핀, 중남미 국가 등에서 채택하고 있다. 직위분류제의 적용단계는 '직무조사 → 직무분석과 평가 → 직급명세서 작성 → 정급'의 절차로 이루어진다.

직위분류제의 특징으로는 ① 전문행정가 육성을 위해 전직과 전보가 제약된다. ② 개방형적 충원체제로 모든 계층에서 신규채용이 허용된다. ③ 직무몰입의 일상화로 조직구성원 몰입대상은 자신이 담당하는 직무 그 자체이다. ④ 미약한 신분보장으로 공무원의 신분이 직무의 필요성이나 수요에 따라 탄력적으로 변화한다. ⑤ 보상의 공정성 제고로 직무에 따라 보수 등급에서 차이가 나는 관계로 공무원들이 인식하는 보수의 공정성은 상당히 높다.

직위분류제의 장점은 직무급 체계를 확립하게 해주며, 담당 직책이 요구하는 능력을 소유한 자를 적재적소에 임용할 수 있으므로 채용시험, 전직, 승진 등의 인사관리에 적합한 기준을 제공할 수 있다. 교육훈련의 수요를 쉽게 파악할 수 있고 근무성적평정 기준의 설정에 유리하다. 또한 횡적으로 직책의 한계와 종적으로 지휘감독관계를 비교적 명확히 할 수 있어 조직 관리의 합리성을 제고

표 6-3 직위분류제와 계급제의 특징 비교

구 분	특 징	
	계급제	직위분류제
분류단위	계급	직위
채용기준	일반적 능력	전문능력
경력발전	일반행정가	전문행정가
충원체계	폐쇄형	개방형
신분보장	강함	약함
인사이동	광범위, 신축적	제한적, 경직적
직업공무원제의 확립	유리	불리
공무원의 시각	종합적, 광범	부분적, 협소
행정의 전문화	장애	기여
직무수행의 형평성	낮음	높음
보수	동일계급 동일보수	동일직무 동일보수
인사관리	연공서열 중심	능력·실적 중심

할 수 있다. 그리고 행정의 전문화와 효율적 정원관리에 기여할 수 있다.

한편 단점으로는 일반적 관리능력을 가진 일반행정가의 확보나 양성이 어려우며, 조직의 변화나 직무변화에 신속히 대응하지 못한다. 그리고 전문적 행정관리에 역점을 두므로 상위 직급에서의 업무통합이 어렵고, 인사관리의 탄력성과 신축성이 결여된다. 또한 직업공무원제의 확립을 어렵게 하고, 계급제에 비해 상대적으로 공무원의 신분보장이 위협을 받게 된다.

제3절 임 용

1. 임용의 의의 및 유형

인사행정의 3대 변수는 적합한 인재의 충원, 지속적 능력개발, 근무의욕 제고라고 할 수 있는데, 이 중 유능한 인재를 적재적소에 충원할 수 있는 충원체제의 확립이 매우 중요하다고 할 수 있다. 충원체제는 공직에 결원이 발생했을 때 공공기관 외부에서 새로운 인력을 채용하는 외부임용(신규채용)과 승진·전보 등을 통해 기존 공무원 중에서 선발하는 내부임용으로 구분된다.

임용이란 정부조직에서 사람을 선발하고 움직여 쓰는 활동이며, 공무원 임용령에서도 "임용이라 함은 신규채용·승진임용·전직·전보·겸임·파견·강임·휴직·직위해제·정직·강등·복직·면직·해임 및 파면을 말한다"고 규정(공무원임용령 제2조 제1항)함으로써, 임용의 의미를 외부임용 즉 신규채용뿐만 아니라 내부인사운용과 해직까지를 포괄하는 넓은 의미로 사용하고 있다.

임용의 유형 중 외부임용은 정부조직 바깥에서 사람을 선발하여 쓰는 것을 의미하며, 신규채용의 방법은 공개경쟁채용과 특별채용의 두 가지가 있다. 공직에의 임용 기준을 개인의 업적, 능력, 자격에 두는 실적주의 제도에서는 공개경쟁채용이 원칙이다. 특별채용은 공개채용이 부적절할 경우에 경쟁을 제한하는 등 별도의 선발절차를 거쳐 공무원을 채용하는 것을 말한다.

정부조직 안에서 사람을 움직여 쓰는 내부임용의 유형으로는 전직·전보·파견·겸임 등 수평적 이동, 즉 배치전환과 승진·강등·강임 등 수직적 이동 그리고 휴직·직위해제·정직·면직·해임 및 파면과 복직이 있다.

2. 외부임용

1) 외부임용의 의의 및 유형

외부임용(신규채용)은 행정조직 바깥에서 사람을 선발하여 쓰는 신규채용을 의미한다. 신규채용의 방법으로는 공개경쟁채용과 특별채용의 두 가지가 있다. 공개경쟁채용은 자격 있는 모든 사람에게 평등하게 지원 기회를 부여하고 공개경쟁시험을 통하여 더 많은 수의 사람에게 지원 기회를 부여함으로써 우수한 인력을 흡수하기 위한 제도이다. 공개경쟁을 보장하는 요건으로는 적절한 공고, 지원 기회의 개방, 현실적 자격 기준, 차별금지, 능력 기준의 선발, 결과의 공개 등이 있다.

특별채용은 경쟁을 제한하는 별도의 선발절차를 거쳐 공무원을 신규로 채용하는 것을 말한다. 즉 공개경쟁채용이 부적절하거나 불가능한 상황에서 경쟁이 제한된 별도의 선발절차를 거쳐 임용 후보자를 결정하는 것을 의미한다. 특별채용은 공무원 퇴직자의 재임용과 특정 자격증 소지자, 특수목적학교 졸업자, 외국어에 능통한 자 등으로 그 범위를 제한하고 있다.

2) 외부임용의 절차

신규채용은 일반적으로 ① 모집, ② 채용시험, ③ 채용후보자명부 작성, ④ 임용추천, ⑤ 시보임용, ⑥ 임명 및 보직의 단계를 거쳐 이루어진다. 공개경쟁채용의 일반적인 절차는 아래와 같다.

첫째, 모집이다. 모집은 능력 있는 후보자들이 공직에 지원하도록 유도하는 활동을 말한다. 그동안 정부는 공무원 모집에 소극적 입장이었으나, 경제성장과 함께 유능한 인재의 공직 유치를 위해 다양한 적극적 모집방법을 강구하고 있다. 적극적 모집을 위한 요건으로는 공직에 대한 사회적 평가의 향상 및 고용조건의 개선, 장단기 인력계획의 수립 및 시험의 정기적 실시, 모집공고 방법의 개선, 응시절차 및 수험 준비절차의 간소화, 인력 양성기관과의 연계 강화 등이 있다.

공직후보자의 자격 요건으로는 국적, 학력, 경력, 연령, 거주지 등이 있으나 우리의 경우 최근 법률 개정을 통해 외국인도 공무원에 임용할 수 있고(국가공무원법 제26조의3) 일부 직위를 제외하고는 원칙적으로 학력 요건을 요구하지 않고 있다(공무원임용령 제17조). 연령의 경우도 2008년 헌법재판소가 공채시험의 응시상한 연령이 공무담임권과 평등권을 침해한다는 이유로 헌법에 합치되지 않는다는 결정을 내렸다. 따라서 응시 하한 연령만을 규정하고 있다.

이 밖에 공직 후보자의 결격사유로서 금고 이상의 형을 확정 받고 일정 기간이 경과하지 않은 자, 공무원법상 파면 또는 해임의 징계처분을 받고 일정 기간이 경과하지 않은 자, 금치산자 및 한정치산자와 같이 민사상의 능력이 제한된 자 등은 공직에 취임할 수 없도록 규정하고 있다.

둘째, 채용시험이다. 시험은 많은 지원자 가운데 적격자를 선발하는 수단이다. 시험의 목적은 수험생의 일반적 능력, 특수한 능력 또는 적성, 업적, 건강과 체력, 성격 및 정서 등의 능력과 특성을 파악하는 데 있다. 시험의 종류는 형식을 기준으로 한 분류에는 서류전형, 필기시험, 면접시험, 실기시험이 있으며, 내용을 기준으로 한 분류에는 지능검사, 적성검사, 업적검사, 성격검사, 신체검사 등이 있다. 시험이 효용성을 갖기 위해 갖추어야 할 요건으로는 타당도, 신뢰도, 난이도, 객관성, 실용성 등을 들 수 있다.

셋째, 채용후보자명부의 작성이다. 시험이 끝나고 합격자가 결정되면 시험 실시기관은 이들의 등록을 받아 채용후보자명부(eligible lists)를 작성한다. 채용후보자명부는 직급별로 시험성적순에 의하여 작성하되, 훈련성적, 전공분야 및 기타 사항을 기재하도록 되어 있다.

넷째, 임용추천이다. 채용후보자명부가 작성되면 시험 실시기관의 장은 각

기관의 결원 및 예상 결원인원을 감안하여 채용후보자명부에 등재된 채용후보자를 시험성적, 훈련성적, 전공분야, 경력, 적성 등을 참작하여 임용권자나 임용제청권자에 추천해야 한다. 추천 방법은 단수추천제, 배수추천제, 덩어리추천제, 선택추천제, 전체추천제가 있으며, 우리의 경우 종전에 3배수 추천제도를 채택해 왔으나, 이를 폐지하고 단수추천제와 특별추천제를 채택하고 있다.

다섯째, 시보임용이다. 임용권자는 추천된 임용 후보자 가운데 적격자를 선발하여 일정한 기간 동안 시보공무원(probationer)으로 임명한다. 시보 기간은 후보자의 적격성 여부를 판정하는 선발 과정의 일부이며 시보 기간 중 부적격자로 판정받은 후보자는 정규 공무원으로 임용되지 못한다. 우리의 경우 5급 공무원 신규 채용자는 1년, 6급 이하 공무원은 6개월로 시보 기간을 규정하고 있다. 시보 공무원은 신분 보장이 되지 않아 임명권자가 일방적으로 해임하더라도 소청 등의 구제 수단이 없다.

여섯째, 임명 및 보직이다. 임명은 특정인에게 공무원의 신분을 부여하는 신분 설정행위이며, 보직(placement)은 공무원을 일정한 직위에 배치하는 행정행위이다.

3. 내부임용

내부임용은 정부조직 안에서 사람을 움직여 쓰는 활동을 일컫는다. 내부임용의 유형은 ① 승진·강등·강임 등 수직적 이동과 ② 전직·전보·파견·겸임 등 수평적 이동, ③ 휴직·직위해제·정직·면직·해임 및 파면과 같은 해직과 복직이 있다.

1) 수직적 이동

(1) 승진과 승급

승진(promotion)이란 하위 직급에서 상위 직급 또는 상위 계급으로 이동하는 것을 말한다. 승진은 일반적으로 직무의 곤란도와 책임의 증대를 의미하며 보수의 증액을 수반한다. 승진은 정부차원에서 공무원 능력을 적절하게 평가하여 적재적소에 배치함으로써 효율적인 인력활용을 가능하게 하고 공무원 개개인의 기대 충족을 통해 이직을 방지함으로써 직무만족과 조직몰입을 제고할 수 있고, 승진과 병행한 전보를 통해 인적자원 활용의 효율성을 제고할 수 있다.

승진의 종류는 일반승진과 특별승진으로 구분된다. 일반승진은 임용권자가 승진후보자명부의 순위에 의하여 적격자를 승진임용하는 방법이다. 특별승진은 포상을 받은 공무원이나 소속 장관에 의하여 특별한 공적이 있다고 인정받거나 행정 발전에 지대한 공헌이 있다고 인정받은 공무원 등에 대하여 승진소요 최저연수의 단축 또는 승진시험 우선 응시 권한을 부여하거나 승진후보자명부의 순위에 관계없이 승진임용하는 방법을 발한다.

승진 후보자를 선발하는 기준은 대부분 국가에서 실적과 경력을 이용한다. 실적은 시험성적, 근무성적, 교육훈련성적 등을 의미하며, 경력은 근무연한, 학력, 근무경력 등을 나타낸다.

승급(within-grade salary increase)은 같은 계급 또는 등급 내에서 호봉이 높아지는 것을 말한다. 승급은 계급이나 직책의 변동을 수반하지 않기에 승진과 구분되며, 승급이 근무의욕 고취의 수단이 될 수 있다는 점에서 넓은 의미의 승진에 포함시킬 수 있다.

(2) 강등과 강임

강등은 파면과 해임 다음으로 징계 수준이 높은 중징계 종류 가운데 하나이다. 강등된 자는 1계급 아래로 직급을 내리고 공무원 신분은 보유하나 3개월간 직무에 종사하지 못하며 그 기간 중 보수의 전액이 삭감된다.

강임(demotion)은 하위 직급으로의 이동하는 것을 말한다. 일반적인 강임은 동일한 직렬 내에서 하위 직급으로 이동하는 것을 말하나, 동일한 직렬 내에 하위 직급이 없으면 다른 직렬의 하위 직급으로 이동하거나, 고위공무원단에 속하는 일반직 공무원을 고위공무원단 직위가 아닌 하위 직위에 임명하는 것을 말한다. 강임은 직제 변경 등으로 자리가 없어졌을 경우 퇴직을 피하는 수단으로 활용된다.

2) 수평적 이동

(1) 전직과 전보

전직은 상이한 직렬의 동일한 계급 또는 수평 이동하는 것을 말한다. 예컨대, 행정사무관이 외무사무관으로 임명되는 것과 같은 것이며, 전보는 동일 직렬, 동일 직급 내에서 직위만 변경하는 것을 말한다. 이와 같이 동일한 계급 내의 수평적 인사이동을 배치전환(reassignment and transfer)이라고 한다.

전직과 전보의 합리적 용도는 적재적소 배치, 능력발전과 교육훈련, 조직 침체의 방지와 근무 의욕의 자극, 할거주의의 타파와 부처 간 협력의 조성 등이다. 전직과 전보의 오용과 남용을 방지하기 위해 일정한 제한 규정을 두고 있으며, 전직을 위해서는 일부 예외 규정을 제외하고는 전직시험을 거쳐야 하며, 전보 및 전직을 위해서는 최저 재임기간을 채워야 한다.

(2) 겸임과 파견

겸임은 직위 및 직무 내용이 유사하고 담당 직무 수행에 지장이 없다고 인정되는 경우에 대통령령등으로 정하는 바에 따라 한 사람의 공무원에게 둘 이상의 직위를 부여하는 것을 의미한다. 우리나라에서 일반직 공무원은 대학교수 등 특정직 공무원이나 관련 연구교육기관 및 단체의 임직원과 서로 겸임하게 할 수 있다. 또한 관련 연구교육기관 및 단체의 임직원은 특수 전문 분야의 별정직 공무원으로 겸임시킬 수 있다.

파견은 국가적 사업의 수행을 위하여 공무원의 소속을 바꾸지 않고 일시적으로 다른 기관이나 국가기관 이외의 기관 및 단체에서 근무하게 하는 것을 말한다. 파견권자는 파견 사유가 소멸하거나 파견 목적이 달성될 가망이 없으면 그 공무원을 지체 없이 원래의 소속 기관에 복귀시켜야 한다. 공무원을 파견근무하게 하거나 국가기관 외의 기관·단체의 임직원을 파견받아 근무하게 하는 경우 그 사유·기간·절차, 파견된 자의 인사교류를 위한 신규채용, 파견된 자의 승진임용, 파견근무 중 복무, 그 밖에 필요한 사항은 대통령령등으로 정한다.

3) 해직 및 복직

(1) 휴직·직위해제·정직 및 복직

휴직은 일시적인 사정으로 공무원의 직무를 일정 기간 떠나 있는 것을 말한다. 휴직 중 공무원은 공무원으로서의 신분을 보유하나 직무에 종사하지 못한다.

직위해제는 직무수행 능력이 부족하거나 근무성적이 극히 나쁜 자, 파면·해임·강등 또는 정직에 해당되는 징계의결이 요구중인 자, 형사사건으로 기소된 자 등 공무원에 대하여 직위를 계속 유지시킬 수 없다고 인정되는 사유가 있는 경우에, 임용권자가 공무원으로서의 신분은 보존시키되 직위를 부여하지 않는 임용행위를 말한다.

정직은 직무 수행을 일시적으로 정지시키는 중징계처분의 한 종류이다. 정직처분을 받은 공무원은 공무원의 신분을 보유하지만 직무에 종사하지 못하며, 정직의 기간은 1개월 이상 3개월 이하이며, 정직 기간 중에는 보수의 전액을 감하도록 되어있다(국가공무원법 제80조).

복직은 휴직 또는 직위해제 중인 공무원을 직위에 복직시키는 것을 말한다. 휴직 기간이 끝난 공무원은 30일 이내에 복직신고를 함으로써 당연히 복직되며, 휴직 기간 중 그 사유가 소멸되면 해당 공무원은 30일 이내에 그 사유를 임용권자에게 신고해야 하고 임용권자는 지체 없이 복직을 명해야 한다.

(2) 직권면직·해임 및 파면

직권면직은 직제·정원의 개폐, 예산의 감소 등에 의해 폐직 또는 과원이 되었을 때, 휴직기간이 끝나거나 휴직 사유가 소멸된 후에도 직무에 복귀하지 아니하거나 직무를 감당할 수 없을 때, 대기 명령을 받은 자가 그 기간에 능력 또는 근무성적의 향상을 기대하기 어렵다고 인정된 경우, 전직시험에서 세 번 이상 불합격한 자로서 직무수행 능력이 부족하다고 인정된 때 등 본인의사와 무관하게 임용권자가 공무원의 신분을 박탈하여 공직으로부터 배제되는 제도를 의미한다.

해임된 공무원은 3년 동안 공무원으로서 다시 임용될 수 없으며, 파면된 경우에는 5년 동안 공무원으로 임용될 수 없다. 그리고 해임의 경우는 공무원연금법상 불이익이 없으나 공금횡령 및 유용 등으로 해임된 경우 퇴직급여의 1/8~1/4이 감액되며, 파면의 경우는 퇴직급여액의 1/2이 감액(5년 미만 근무자의 경우 4분의 1이 삭감)된다.

제4절 경력개발제도

1. 경력개발제도

경력개발제도(career development program: CDP)란 조직 속의 구성원이 장기적인 경력목표를 설정하고 이를 달성하기 위한 경력계획을 수립하여 자신의 능력을 개발하여 나가는 활동으로서 개인과 조직의 발전에 대한 욕구를 동시에 충족시켜 주는 제도를 말한다. 경력개발제도는 1955년 미국 연방정부에 최초로 도입되었고, 우리나라는 2005년 12월 공무원임용령을 개정하여 공무원 경력개발제도를 도입하였다.

경력개발제도의 과정은 '직무설계 → 경력설계 → 경력관리 → 평가 및 보완'의 네 단계로 나누어 볼 수 있다. 직무설계단계는 기존의 직무분석 자료와 신규 직무기술서를 활용하여 직무를 분석하고, 전문 분야를 분류하는 작업을 수행한다. 경력설계단계는 자신의 희망·적성·역량 등 자기 진단을 행한 후, 자기 진단에 부합되는 경력목표를 설정하고, 이에 이를 수 있는 경력경로를 설계하는 단계를 말한다. 경력관리는 경력설계가 승인되면 그 경력경로에 따라 직위를 부여하는 것을 말한다.

경력개발의 기본 원칙으로는 적재적소의 원칙, 승진경로의 원칙, 인재양성의 원칙, 직무와 역량 중심 원칙, 개방성 및 공개경쟁 원칙, 자기 주도의 원칙 등을 들 수 있다. 이에 따라 구성원들에게 자신의 역량과 적성을 파악하도록 하고, 선호하는 직위와 비선호 직위 간의 형평성을 확보해야 하며, 조직은 사전에 경력 정체에 대한 대비방안을 마련해야 한다. 그리고 통합인사정보시스템이 마련되어야 하며, 경력개발제도와 다른 인사제도와의 연계를 강화하는 방안을 적극 모색해야 한다.

2. 교육훈련

교육이란 특정한 직책과는 직접적인 관련성을 갖지 않는 개인의 일반적인 잠재능력을 종합적으로 발전시키는 것을 말하며, 반면에 훈련은 공무원이 맡은 바 직책을 수행하는 데 필요한 지식과 기술을 연마하는 것을 의미한다. 과거에도 공무원의 능력발전에 관해서 별로 관심이 없었거나 있었다 하더라도 직책과 관련된 한정된 기술개발이 고작이었으나 오늘날에는 공무원의 능력 발전이 중요한 문제로 인식되어 교육과 훈련은 밀접한 관련성을 갖게 되었으며 교육훈련은 개인의 모든 능력을 발전시키는 포괄적인 개념으로 이해되기에 이르렀다. 특히 행정국가의 대두와 더불어 행정의 전문화·기술화의 경향과 급변하는 환경변동은 새로운 적응능력의 배양을 요구하므로 공무원 훈련의 중요성이 더욱 고조되고 있다.

훈련의 내용은 일반적으로 업무 수행에 필요한 지식·기술 및 가치관 등이지만, 대상자와 목적에 따라 달라질 수 있다. 공무원 교육훈련은 크게 첫째, 처음 공무원에 임용된 자에게 부여된 직무내용과 특성을 파악하고 공직환경에 적응할 수 있게 하는 적응훈련, 둘째, 공무원 재직 중 변화된 환경에 따라 요구되는 새로운 지식과 기술 등을 습득하게 하는 일반 재직자 훈련, 셋째, 경찰·소방 등 정부 고유 업무 담당자 훈련, 넷째, 감독자 훈련, 다섯째, 관리자 훈련으로 구분해 볼 수 있다.

훈련의 목적에 따라 훈련 방법을 분류해 보면 ① 지식의 습득을 위한 방법

으로 강의, 토론회, 사례연구, 시찰, 시청각 교육, 사이버 강좌 등이 있으며, ②
기술 연마를 위한 방법으로 사례연구, 모의연습, 현장훈련, 전보·순환보직, 실무
수습, 시청각 교육 등이 있고, ③ 태도·행동의 교정을 위한 방법으로 사례연구,
역할연기, 감수성훈련 등이 있다.

성공적 교육훈련을 위해서는 꼭 필요한 내용을 피교육자의 수준에 맞게 적
절한 수준의 교과를 편성해야 한다. 훈련방법으로는 일반적 교육에서 사용되는
모든 방법이나 기법이 활용될 수 있는데 훈련의 목적, 경비, 피훈련자 특성 등을
종합적으로 고려하여 선택해야 할 것이다. 그리고 반드시 교육훈련 결과에 대한
사후평가를 실시해야 한다. 이를 위해 명확하고 타당성 있는 평가기준과 평가방
법을 마련하는 것이 중요하다.

3. 공무원평정제도

1) 근무성적평정

근무성적평정은 공무원의 근무성적·능력·가치관 등을 객관적으로 판정·
기록하여 이를 인사관리에 활용하는 절차를 말한다. 현대 인사행정의 경향이 공
무원의 적극적인 능력 발전과 행정의 객관화를 강조함에 따라 공무원들의 근무
성적·능력·가치관 등을 정확히 알아야만 그들의 능력을 발전시키고 실적에 따
른 공정한 대우를 할 수 있으며, 또 행정의 능률도 향상시킬 수 있으므로 근무
성적평정은 인사행정의 필수적인 조건으로 간주되고 있다. 그러나 근무성적평
정 과정에는 다양한 오류발생 가능성이 있기 때문에 평정자에 대한 철저한 사전
교육, 객관적이고 타당성 있는 평정척도의 개발, 평정결과에 대한 합리적 이의
제기 절차 마련 등이 필요하다고 할 수 있다.

근무성적평정의 목적은 다양하지만 다음과 같이 네 가지로 묶어 범주화 해
볼 수 있다.

첫째, 인사행정의 기준 제공이다. 근무성적평정은 공정한 인사 처리의 기준

을 제시해준다. 즉 근무성적평정의 결과는 승진·승급·면직·감원·보수·보직관리 및 교육훈련 수요 파악의 결정 기준이 된다.

둘째, 공무원의 능력 발전이다. 근무성적평정제도는 자신의 장·단점을 감독자·동료·하급자·고객 등이 지적해 줌으로써 능력 발전을 촉진하고 약점을 극복하게 해준다.

셋째, 공무원의 근무 능률 향상 및 의사전달 개선이다. 공무원 개개인이 자신의 장·단점을 기술적으로 지적받아 개선할 경우 근무 능률의 향상을 가져올 수 있다.

넷째, 시험의 타당도 측정의 기준을 제공한다. 신규채용시의 시험성적을 임용 후의 근무성적과 비교하여 상관관계를 밝혀 보면 채용시험의 타당도를 측정할 수 있다.

근무성적평정의 유형은 방법 및 평정자를 기준으로 구분할 수 있다. 먼저 방법을 기준으로 보면 우리나라에서 5급 이하 공무원 평정에 사용되는 도표식 평정척도법, 성적분포 비율을 사전에 정해 놓은 강제배분법, 평정과 관련된 사실을 자세히 기록하는 사실기록법, 근무성적을 서열로 표시하는 서열법, 표준행동 목록을 미리 작성해서 그 목록에 가부를 표시하는 체크리스트법 등이 있다.

근무성적평정과정에는 평정결과를 왜곡시키는 여러 가지 오류가 개재될 가능성이 있다. 평정상의 오류는 대부분 평정방법과 평정자에 기인하므로 평정방법의 개선과 평정자 훈련을 통하여 오류의 가능성을 줄일 수 있다. 평정과정에서 발생하는 오류는 한 평정요소에 대한 평정자의 판단이 연쇄적으로 다른 요소의 평정에도 영향을 주는 연쇄효과(halo effect), 평정자가 모든 피평자들에게 대부분 중간 수준의 점수를 주는 심리적 경향인 집중화 경향, 평정결과의 분포가 우수한 쪽에 집중되는 관대화 경향, 평정결과의 점수 분포가 낮은 쪽에 집중되는 엄격화 경향, 초기 업적과 최근의 실적이나 능력을 중심으로 평가하는 경향인 시간적 오류 등이 있다.

2) 다면평가제도

다면평가제도란 직속상관 뿐만 아니라 동료, 부하 및 고객 등 다수의 평정자가 다양한 방면에서 피평정자의 역량과 실적을 평가하는 방식을 말한다. 성공적 근무성적평정을 위해서는 객관적이고 공정하며, 형평에 적합한 제도를 창출하는 것이 중요하다. 이에 따라 김대중 정부에서 평가의 객관성과 신뢰성을 보완하고, 학연·혈연·지연 등에 의한 평가의 왜곡과 정실인사의 문제를 방지하기 위한 보완적 방법으로 다면평가제도를 도입하였다.

다면평가제도의 장점으로 첫째, 다수의 평가자들로부터 입체적 평가가 이루어져 평가의 신뢰성과 공정성을 제고할 수 있다. 둘째, 조직구성원들로 하여금 조직 내 상하 간, 동료 간, 부서 간에 적극적 의사소통과 상호작용을 증진시켜 업무의 효율성을 제고할 수 있다. 셋째, 피평가자가 자신의 장·단점을 환류받음으로써 자기역량 강화의 기회를 마련할 수 있다. 넷째, 조직의 계층적 구조가 완화되고 팀워크가 강조되는 새로운 조직 유형에 부합한다.

그러나 다면평가제도는 자칫 능력보다는 인간관계를 중심으로 평가하여 인기투표로 전락할 수 있는 우려가 있고, 이로 인해 상급자들이 업무추진능력이나 실적보다 부하의 눈치를 보는 폐단이 나타날 수도 있다. 또한 평가항목이 유사하여 부처별, 직급별, 직종별로 특성에 따른 다양하고 적합한 평가가 이루어지지 않을 경우 자칫 다면평가의 본래 목적달성을 저해할 수도 있다. 또한 계서제적 문화가 강한 조직에서 상관과 부하의 갈등을 조장하는 문제도 있다.

3) 직무성과관리제도

공직의 경쟁력 제고를 위해서는 국정목표·해당 부처의 비전 등과 연계된 체계적 목표를 설정하고 이를 적극적으로 수행하는 노력이 필요하며, 이를 위해 직무성과관리가 중요하다. 직무성과관리를 위해서는 표방하는 국정목표와 조직목표를 조직구성원의 성과평가로 전환할 수 있는 능력과 모든 구성원들의 조직목적 달성에 대한 기여도를 파악할 수 있는 체제를 구축해야 한다.

직무성과관리제도는 직무분석을 통해 도출된 성과책임을 바탕으로 성과목표를 설정·관리·평가하고, 그 결과를 보수 혹은 처우 등에 적용하는 일련의 인사관리과정을 말한다. 이 제도에서는 성과책임을 바탕으로 구성원과 상급자가 상호 합의하여 당해 연도의 사업목표와 달성수준을 설정하고, 성과평가에서도 상관과 부하가 함께 평가에 참여하여 실적으로 점검하는 것을 특징으로 한다.

현재 공무원평정규칙 제4조에 의한 '성과계약 등 평가'의 형태로 운영되며, 평가결과는 공무원임용령 제37조 제2항에 의한 목표달성도의 평가결과에 사용하며, 별도의 인사관계 법령이 적용되는 특정직 공무원에 대해서는 해당 법령의 규정에 의한 목표달성도의 평정점수로 간주한다. 각 부처는 조직의 실정에 맞게 직무성과관리계획을 수립하여 운영하고, 직무성과관리제도에 심사분석, 부서별 평가제도 내지 다면평가제도 등에 의한 평가결과를 반영할 수도 있다.

제 5 절 동기부여

1. 공무원의 사기

사기(morale)란 조직의 구성원들이 소속된 조직 내에서 조직목표를 인식하고 그 목표를 달성하려는 개인의 자발적인 근무의욕이나 정신적 만족감 또는 집단의 단결력을 의미한다. 행정학에서 사기의 개념은 인간관계론의 영향을 받아 처음에는 집단 내의 형상으로 파악되었으며 레이톤(Leighton)은 사기란 자발적 협력성에 기인한 지속적 근무의욕이며, 단순한 개인적 만족감의 총합이 아닌 그 이상의 단체성과 협동성을 가진 창의적인 근무의욕이라고 하였다.

사기의 결정요인은 첫째, 경제적 요인으로 주로 보수, 안전, 연금, 근무여건 등으로 가장 일차적이자 물리적 욕구이다. 신생국에서는 생리적인 생존에 직격되는 보수문제 즉 경제적 욕구가 사기의 제1차적 결정요인이다. 둘째, 사회적 요인으로서 집단에 소속하여 동료의식을 느끼려는 귀속감·일체감 및 원만한 대인

관계를 유지하려는 욕구이다. 셋째, 심리적 요인으로 인정감·성취감, 성공감, 참여감과 관련된 욕구이다.

사기관리를 위한 인사행정수단은 매우 다양하며 주로 심리적 측면에 토대를 둔 제도로는 고충처리제도와 제안제도 등을 들 수 있다. 고충처리는 불만이 인지된 상태에서 이를 해소하기 위한 제도이며, 제안제도는 보다 적극적 차원에서 구성원의 성취욕구를 자극하여 사기를 앙양하기 위한 제도이다.

고충처리제도(adjustment of grievances)는 조직구성원이 근무조건·인사관리·신상문제나 직장생활과 관련하여 표시하는 불만인 고충을 심사하고 그 해결책을 강구하는 것을 말한다. 우리나라는 대통령령인 공무원고충처리규정을 두어 이를 처리하고 있다. 규정에 의하면 고충처리 심사대상은 근무조건, 인사관리 및 기타 신상문제이며, 처리는 각급 고충심사위원회에서 담당한다. 고충심사위원회의 결정은 기속력이 없으나 임용권자에게는 결정 결과에 따라 고충해소를 위한 노력을 기울일 의무가 부여된다.

제안제도(suggestion system)는 직무수행과정에서 예산의 절약과 행정능률의 향상을 가져올 수 있는 사항에 대하여 이를 제안하도록 하고 그것이 행정의 능률화와 합리화에 공헌할 수 있다고 인정되는 경우에 그 정도에 따라 표창하고 상금을 지급하는 제도이다. 제안의 종류는 대상의 선정을 자유로 하는 자유제안, 정부가 과제를 지정하는 지정제안, 직무수행과정에서의 창의성을 발휘하여 현저한 개선효과를 가져온 경우 소속 기관장의 추천에 의하는 직무제안 및 추천제안 등이 있다.

2. 공무원의 보수

1) 공무원 보수의 개념 및 특징

보수는 일반적으로 공무원의 직무수행에 대한 반대급부라는 노동의 대가인 동시에 생활보장적 급부라는 양면적 성질을 내포한다. 공무원 보수는 가장 기본적인 근무조건일 뿐만 아니라 공무원의 사기 및 행정능률과 직결되며 또한 부정부패와 밀접한 관련이 있는 인사행정상 가장 중요한 요수 중의 하나이다.

공무원 보수는 통상 기본급(봉급)과 부가급(수당)으로 구성된다. 봉급은 직책·능력·자격에 따라 일률적으로 지급받는 부분이며, 수당은 특별한 사정에 의해 받는 부분이다. 공무원 보수는 법령을 근거로 정책에 따라 결정되는데, 정부 업무의 성과를 금전적으로 환산하는 기준이 모호하기 때문에 공무원의 보수는 다음과 같은 특성을 지닌다.

첫째, 공무원의 보수는 국민의 세금으로 충당되어 인상억제 요구가 강하기 때문에 일반적으로 사회 여타 직업의 보수 수준보다 낮다. 둘째, 공무원의 근로대가나 경제적 가치는 정확히 화폐로 표현하기가 곤란하기 때문에 비시장성을 띤다. 셋째, 공직의 직종이 다양하고 생활여건이 달라 동일직무 동일보수의 지급인 직무급 구현이 곤란하다. 넷째, 공무원은 노동 3권의 제약으로 처우개선 등 스스로의 권리 증진이 곤란하다. 이 밖에도 우리나라에서는 공무원에 대한 청백리 상으로서의 기대, 물가인상 우려 등도 일반적으로 공무원 보수 수준을 낮추는 요인으로 작용하고 있다.

2) 보수의 결정요인

공무원의 보수 수준은 각 국가의 상황에 따라 다양한데 납세자의 압력을 의식하여 가능한 한 낮은 수준에서 책정할 수도 있고, 반대로 민간부문보다 높은 수준으로 책정할 수도 있으며, 민간부문과 비교하여 적정 수준에서 지불하는 방식을 채택할 수도 있다. 많은 선진국들이 세 번째 방식을 채택하고 있으며, 우리나라도 이러한 방식을 지향하고 있으나 아직까지 공무원 보수 수준이 사회일반에 비해 낮다는 인식이 보편적이라고 할 수 있다. 보수 수준 결정의 기본원칙은 다음 다섯 가지로 구분할 수 있다.

첫째, 대외적 균형의 원칙이다. 공무원의 경우 해당 직위에 대한 시장가격 결정이 어렵기 때문에 민간기업 보수의 평균치를 기준으로 보수 수준을 결정하는 것이 일반적이다. 그러나 이 경우에도 공무원과 민간기업의 직종이 다르고 직급이 상이하기 때문에 기준 설정이 쉽지 않다. 따라서 비교기준 설정을 위해 일정한 기간과 시기를 정하여 비교적 행정직의 대표 직급의 선정과 비교대상 기업의 산업별·규모별·지역별 평균치를 설정하는 경우가 많다.

둘째, 대내적 균형의 원칙이다. 이는 상·하위 직급 간 보수의 차이를 통해 능력 발전과 근무의욕 제고를 유도할 수 있다는 점을 가정한다. 그 차이는 너무 작아도 반대로 너무 커도 동기부여 유인으로 작용하기 어렵기 때문에 적정 수준의 차이가 요구된다.

셋째, 보수법정주의의 원칙이다. 이는 공무원 보수는 법령에 명확한 근거를 두어야 함을 의미한다.

넷째, 중복지급 금지의 원칙이다. 이는 겸직시 이중으로 보수를 지급하여서는 안 된다는 원칙이다.

다섯째, 직무급의 원칙이다. 이는 공무원의 보수는 업무의 곤란도나 책임도에 상응해야 한다는 원칙이다.

3) 연봉제와 성과상여금제도

연봉제란 개인의 능력·실적·공헌도에 대한 평가를 통해 1년 단위의 계약에 의해 임금 수준을 결정하는 보수체계를 말한다. 이는 능력주의 임금체계로서 기존의 연공급제하에서는 매년 정기승급이 이루어져 보수가 성과 향상에 대한 인센티브로서의 역할을 제대로 수행하지 못했다. 그러나 직무급 혹은 성과급을 기초로 하는 연봉제하에서는 개인의 능력과 업적에 대한 평가를 기초로 임금수준이 결정되기 때문에 보수가 성과 향상의 유인으로 작용할 수 있다.

최근 우리나라에서도 공직사회의 경쟁력을 제고시키기 위해 계급과 연공서열 중심의 인사관리체계에서 직무와 성과 중심의 유연한 인사관리체계로의 전환이 이루어지고 있다. 이에 따라 1998년 말 국장급 이상 공무원에게 연봉제를 도입하였고, 2000년부터는 호봉의 승급 대신 전년도의 성과를 토대로 연봉을 조정하고 있다. 특히 외무공무원의 경우 계급제와 이에 기초한 연봉제를 폐지하고, 직무분석을 통해 각 직위별 직무값과 달성된 성과에 따라 연봉을 결정하는 직무성과급적 연봉제를 2002년부터 도입했으며, 적용대상도 과장급까지로 확대하였다.

한편 공직사회의 성과경쟁을 도입하기 위해 성과상여금제도(과장급 미만)와 직무성과계약제(과장급 이상)가 도입·운영되고 있다. 즉 공무원 인사와 급여체계를 연공 중심에서 성과와 능력 중심으로 개선하기 위해 연봉제와 함께 성과급제도가 도입되었다. 중앙행정기관을 중심으로 운영되고 있는 성과상여금제도는 모든 직종의 과장급 이하 공무원에게 적용되며, 직무성과계약제는 장·차관 등 기관 책임자와 실·국장, 과장 간 합의하여 작성된 직무성과계약에 근거하여 당해 연도의 성과달성도를 평가하여 성과급 지급 등에 반영하는 제도를 말한다.

4) 공무원연금

공무원연금제도(Government Employees Pension Scheme)는 국가의 책임하에 운영되는 공적연금으로 1960년에 도입되어 공무원연금법 및 공무원재해보상법 제1조에 명시된 바와 같이 공무원의 퇴직 또는 사망과 공무로 부상·질병·장애에 대하여 적절한 급여를 지급함으로써 공무원 및 그 유족의 생활안정과 복리향상에 이바지함을 목적으로 하고 있다.

공무원연금의 내용을 보면 주된 기능인 퇴직연금 등 소득보장 급여뿐만 아니라 근로보상적 성격의 퇴직수당, 업무상 재해에 대한 보상급여, 부조적 성격의 급여 등 다양한 형태의 사회보장급여를 제공하고 있다.

공무원연금법상의 각종 급여는 공무원 본인이 매월 기준소득월액의 일정비율을 불입하는 기여금과 국가 또는 지방자치단체에서 보수예산의 일정비율을 부담하는 연금부담금 및 정부가 고용주로서 일부 급여의 지급에 소요된 비용을 부담하는 제 부담금(퇴직수당부담금, 재해보상부담금) 등을 재원으로 하고 있다. 기여금은 공무원연금법의 적용을 받는 모든 공무원을 대상으로 매월 보수지급 시에 연금취급 기관에서 원천징수하며, 부담금은 국가 및 지방자치단체가 연 4기로 나누어 부담(납부)하고 있다.

공무원연금법상 급여는 소득보장 성격의 퇴직(유족)급여, 근로보상 성격의 퇴직수당, 공무상 부상·질병·장애·사망의 재해보상급여, 상호부조 성격의 부족

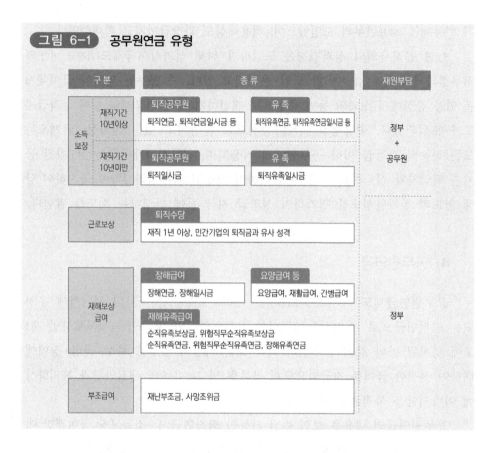

그림 6-1 공무원연금 유형

구분		종류		재원부담
소득보장	재직기간 10년이상	**퇴직공무원** 퇴직연금, 퇴직연금일시금 등	**유족** 퇴직유족연금, 퇴직유족연금일시금 등	정부 + 공무원
	재직기간 10년미만	**퇴직공무원** 퇴직일시금	**유족** 퇴직유족일시금	
근로보상		**퇴직수당** 재직 1년 이상, 민간기업의 퇴직금과 유사 성격		
재해보상급여		**장해급여** 장해연금, 장해일시금	**요양급여 등** 요양급여, 재활급여, 간병급여	정부
		재해유족급여 순직유족보상금, 위험직무순직유족보상금 순직유족연금, 위험직무순직유족연금, 장해유족연금		
부조급여		재난부조금, 사망조위금		

급여로 구성되어 있고, 이는 연금제도의 본래기능인 소득보장 외에 근로보상 및 재해보상까지 포함된 공무원 및 유족에 대한 종합복지 제도로서 운영되고 있다.

3. 신분보장과 징계

1) 공무원의 신분보장

공무원은 법에 정하는 사유에 의하지 않고는 자신의 의사에 반하는 신분상의 불이익 처분을 받지 않아 신분보장이 비교적 철저하다. 공무원의 신분을 법률로 보장함으로써 국민에 봉사하는 높은 동기부여가 될 수 있다. 물론 신분보장이 지나치게 높으면 통제가 어렵고, 지나치게 낮으면 업무상 자율성을 상실할 우려가 있기 때문에 적정한 수준의 신분보장이 필요하며, 이에 대한 결정은 전문직업화의 정도에 따라 달라지게 된다. 공무원의 신분보장은 정치적 환경의 변화가 공무원의 신분에 영향을 미치는 것을 방지하기 위한 실적주의 인사제도의 발전에 따라 그 중요성이 증가하게 되었다. 「국가공무원법」과 「지방공무원법」 모두 공무원으로서의 결격사유가 없으면 본인의 의사에 반해 법에 정하는 이유 없이 휴직·강임·면직 등의 신분상 불이익을 줄 수 없도록 규정하고 있다.

2) 신분의 제약

(1) 징 계

징계는 공무원의 제반 의무 위반에 대한 제재로서 높은 동기부여 수단이 될 수 있다. 징계는 단순한 범법행위나 직무태만의 결과를 처벌만 하자는 것이 아니고 그러한 사유가 발생하게 된 원인을 파악하고 이를 예방하는 목적도 갖고 있다. 우리나라 「국가공무원법」에는 징계사유를 법령의 위반, 직무상의 의무위반 및 태만, 위신 손상 행위 등으로 규정하고 있다. 그런데 이는 다소 추상적이고 광범위한 것으로 실제 징계사유의 발생을 파악하기도 어렵고, 실제 징계사유가 발생해도 극소수만 그것도 솜방망이 처벌하는 문제를 야기하고 있다.

한편 징계의 유형으로 파면·해임·강등·정직·감봉·견책 등을 규정하고 있으며, 중징계는 파면·해임·강등·정직이며, 경징계는 감봉·견책이다.

먼저 중징계인 파면과 해임은 공무원의 신분을 면탈하는 징계이며 파면은 5년간 재임용이 불가하며, 퇴직급여의 1/4~1/2이 감액 지급된다. 해임은 공직관계에서 3년간 공무원 재임용이 불가하며, 퇴직급여의 제한은 없다. 다만 공금횡령 및 유용 등으로 해임된 경우에는 퇴직급여가 1/8~1/4이 감액된다. 강등은 1계급 아래로 직급이 내려가고 3개월간 직무수행이 정지되며, 그 기간 동안 보수의 전액을 감해진다. 정직은 1개월 이상 3개월 이하의 기간 동안 공무원의 신분은 유지한 채 직무에 종사하지 못하며 1년 6개월간 승진 및 승급이 제한되며, 기간 중 보수의 전액이 감액된다.

경징계인 감봉은 1개월 이상 3개월 이하의 기간 동안 보수의 1/3을 감하고, 1년간 승진 및 승급이 제한된다. 견책은 전과에 대한 훈계 및 회개를 의미하며, 6개월간 승진 및 승급이 제한된다. 이러한 공무원 징계는 이것이 비록 직접 실행되지 않더라도 공무원들의 행동규범 준수를 위한 예방적 기능을 수행하기도 한다. 따라서 징계 자체보다 이러한 사유가 발생하지 않도록 사전에 점검하고 대비하는 것이 중요하다.

(2) 정년과 감원

징계의 사유가 아니면서 공무원에 대해 신분상의 제약을 주는 경우가 있는데, 대표적으로 정년과 감원을 들 수 있다. 정년은 행정 능률의 향상을 목적으로 직종별, 직급별, 근무 연한별로 일정한 연령에 도달하면 강제로 이직시키는 제도이다. 명예퇴직과 같이 자발적 퇴직을 하는 경우도 있다. 그 동안 공무원 정년은 직급에 따라 달리 규정되었으나 2007년 12월 14일 체결된 정부와 공무원노조의 단체협약에 따라 다른 법률에 특별한 규정이 없는 한 60세로 통일되었다.

한편 감원은 개인에게는 아무런 사유가 발생하지 않았음에도 불구하고 조직규모 감축이나 조직통합 등 정보의 사정에 의해 퇴직을 하게 되는 경우이다. 감원은 정년과 달리 예측가능성이 낮고, 본인의 귀책사유 없는 사유로 인해 이루어지기 때문에 신분상의 불안을 야기할 수 있다.

(3) 소 청

소청심사제도는 징계처분이나 강임·휴직·직위해제 또는 면직처분과 같이 본인의 의사에 반하는 불이익 처분을 받은 공무원이 이에 불복해 이의를 제기하고 이를 심사해 구제하는 신분상 제약의 구제절차를 말한다. 소청은 불이익 처분을 받은 공무원이 위법한 사항에 한해 제기할 수 있으며, 위법사항이 아닌 단순히 부당한 사항은 고충상담처리 대상이 된다.

소청심사위원회의 결정은 불이익 처분을 한 행정기관을 기속하며, 위원회의 결정이 부당하다고 여길 때 인사혁신처장은 재심을 요구할 수 있다. 또한 소청심사절차에서 징계대상자에게 반드시 진술의 기회를 부여해야 하고, 소청의 처리가 진행되는 동안에는 후임자를 결정하지 못하게 함으로 공무원의 권익을 보호하도록 되어 있다.

4. 공무원단체

공무원단체란 공무원의 근무조건을 유지·향상시키기 위하여 조직하는 단체를 말한다. 공무원단체는 광의로 이해하면 비공식 자생단체까지를 포함하는 개념이지만 일반적으로 노동조합의 형태를 갖추는 공식적 집단만을 의미한다. 공무원의 사기앙양과 행정능률 향상에 기여하는 공무원단체는 본래 사기업 부문의 노동운동에 자극을 받아 발전하여 온 것으로 그 필요성은 아래와 같다.

첫째, 공무원의 집단이익을 표시하고 관리층과 입법부에 전달함으로써 근무조건의 향상과 복리증진을 도모한다.

둘째, 자체활동을 통한 참여의식·인간의 가치결정·귀속감 등의 충족을 통하여 일체감을 높이며 사기의 앙양을 꾀할 수 있다.

셋째, 관리층과의 협상과정에서 상호이해의 증진·관리층의 횡포통제 등을 통한 대내행정의 민주화에 공헌한다.

넷째, 실적주의의 강화 및 하의상달을 통한 행정개선·질적 향상·부패방지에 공헌한다.

우리나라는 노무현 행정부에서 2006년 1월 헌법의 규정에 의한 공무원의 노동기본권을 보장하고 근무조건의 개선과 사회적·경제적 지위의 향상을 기하기 위하여 공무원의 노동조합 설립 및 운영, 단체교섭, 분쟁조정절차 등에 관한 사항을 정한 「공무원의 노동조합 설립 및 운영 등에 관한 법률」을 제정하여 6급 이하 일반직 공무원에 대한 공무원노조를 인정하고 있다.

5. 공무원의 정치적 중립

공무원의 정치적 중립(political neutrality)이란 '공무원은 정권의 봉사자가 아니라 국민전체의 봉사자로서 그 직무를 수행함에 있어서 어떤 정당이 집권하더라도 공평무사하게 봉사해야 하는 것'을 의미한다. 공무원의 정치적 중립이란 일당이 지배하는 사회에서는 존립할 수 없는 것이며, 다수당이 존재하는 민주정치 체제하에서 그 의의가 있는 것이다.

민주정치는 정당정치이며, 정권교체를 전제로 하는 까닭에 새로이 정권을 장악한 정당을 관료제를 그들의 전리품으로 취급하였던 관행이 근대민주국가 초기에 지배하였다. 여기에서 비롯된 행정의 비능률과 낭비, 그리고 불안정과 부패를 개혁하려는 움직임이 곧 실적주의 제도를 확립하였고 실적주의의 본질적 내용의 하나는 공무원의 정치적 중립의 문제였다.

정치적 중립의 필요성은 ① 실적주의와 행정의 능률성 및 전문성 확보, ② 행정의 공평성·불편부당성, ③ 엽관주의의 방지, ④ 행정의 안정성 및 계속성 확보, ⑤ 공무원의 도구성과 동일공평성, ⑥ 정치체제의 세력균형과 민주정치의 기본질서 확립, ⑦ 정치로부터의 자율성 확립 등이 있다.

정치적 중립성의 문제점은 다음과 같다.

첫째, 공무원의 기본권 제한이다. 공무원은 헌법과 법률의 기본적 이념에 따라 시민으로서의 기본권은 물론 직업에 따르는 이익을 추구할 수 있어야 한다. 공무원의 본질상 기본권의 제한과 중립적 입장의 강요는 민주정치의 원칙에 위배되는 것으로 비판을 받고 있다.

둘째, 정당정치의 발달을 저해한다. 정당정치하에서 정책결정권자는 선거공약의 강력한 추진을 위해 인재 등용에 있어 어느 정도 엽관주의의 인사가 필요하다.

셋째, 참여관료제의 저해이다. 참여관료제란 공무원이 정책결정에 참여하여 자기의사를 개진할 수 있는 관료제를 의미한다. 그러나 지나친 정치적 중립성은 공무원들을 폐쇄집단화시켜 정치적 무감각을 조장하고 참여적 관료제를 저해한다.

정치적 중립을 확립하기 위해서는 공무원의 정치활동을 금지하는 법규를 만들고 그에 위반하는 행위를 통제하는 절차의 수립·신분보장의 제도화, 제반 인사절차에 대한 정치적 영향력의 금지 등 법규의 정비가 정치적 중립의 확보를 위하여 필요하다.

1. 재정과 예산의 개념

재정은 일반적으로 정부가 공공욕구를 충족하기 위해 필요한 재원을 조달하고 관리 및 지출하는 경제활동을 의미한다. 정부의 경제활동이라고도 정의된다. 즉 정부가 가계와 기업으로부터 징수한 조세수입 등을 기반으로 공공재와 공공서비스 제공을 위한 지출활동을 하는데 이러한 정부부문의 경제활동을 총칭하여 재정(public finance)이라고 한다.

재정활동이란 정부가 조세(국세와 지방세)·세외수입·부담금·기여금 등의 징수, 보유자산(주식, 부동산 등)의 매각 및 유지 국·공채 발행 등으로 조성한 재원을 토대로 국방·외교·치안 등 국가유지, 경제성장을 위한 기반조성, 교육 및 사회복지 서비스 제공 등의 역할을 하는데 이처럼 화폐단위로 표시될 수 있는 정부의 수입과 지출활동을 포괄하는 개념이다.

또한 예산1이란 화폐단위로 표시한 일정기간(1회계연도)의 세입·세출에 관한

---

1 예산은 영어로 budget라 부르는데 그 어원은 돈주머니라는 뜻인 고대 프랑스 말의 bougette(가죽여행 가방)에서 유래된 것이다. 영국에서는 과거부터 재무장관이 의회에서 재정에 관한 설명을 할 때에 서류를 넣어가지고 가는 가방을 budget라 하였다. 그리고 재무관련 서류를 넣은 '가방을 열다'는 말인

계획으로서, 정부가 수행해야 할 국가재정활동의 지침 내지 사업계획의 윤곽을 나타내는 것이다. 즉 예산은 소요자원과 가용자원의 추계를 포함하여 정부목적과 관련되는 사업의 수행계획이다. 예산의 형식적 개념은 법률적 개념을 말하는데, 이는 입법부가 행정부에 대하여 재정권을 부여함으로써 행정기관이 예산을 지출할 수 있는 권한을 인정받는 동시에 예산의 목적·금액의 범위 내에서만 지출하여야 하는 법적 구속을 받는다는 것을 의미한다. 이에 대해 예산의 실질적 개념이란 국가의 재정수요와 이에 충당할 재원을 비교하여 배정한 1회계연도에 있어서의 세입·세출의 예정적 계산을 말한다. 이 경우 예산에는 일반회계, 특별회계는 물론 기금까지 포함되는 개념이다.

2. 재정의 기능과 유형

1) 재정의 기능

정부예산이란 일정 기간동안 국가의 수입과 지출에 관한 예정서로서, 민주주의 국가에서 의회가 행정부에 대하여 재정적 활동을 허용하는 하나의 형식이다. 이러한 예산내용의 결정과 집행은 다음의 네 가지 기능을 수행한다.

(1) 정치적 기능

예산상의 자원배분은 단순히 합리적·과학적·총체적으로 결정되는 것이 아니고, 다양한 이해관계의 조정과 타협으로 결정되는 것이다. 윌다브스키 (Wildavsky)는 예산의 정치적 기능을 특히 강조하였는데, 예산은 ① 의회의 행정부 통제수단이 되고, ② 단순한 국가의 수입과 지출의 계획안이 아니라 정치적 투쟁의 결과를 의미하며, ③ 행정부의 신임정도를 알 수 있는 척도가 된다.

---

opening the budget는 재정연설을 뜻하였다. 이러한 말이 변천하여 budget는 가방 속에 들어 있는 서류, 즉 오늘날의 예산을 뜻하는 말이 되었다.

(2) 법적 기능

예산은 입법부가 행정부에 대해 재정권을 부여하는 하나의 형식이다. 예산이 법률의 형식을 띠지 않더라도 입법부의 승인을 받음으로써 강제적으로 집행해야 할 의무를 안게 된다. 세입예산은 추계치에 불과하고, 실제 징수는 예산의 영향을 받지 않지만, 세출예산은 그 집행에 보다 엄격하게 구속을 받는데, 의회승인액 보다 많은 지출을 하려면 이용·전용 등의 다양한 절차를 거쳐야 가능하다. 그리고 예산외 지출은 금지되며, 새비목설치도 금지된다.

(3) 행정적 기능

쉬크(Schick)는 예산의 기능을 예산제도의 발전과 관련하여 통제, 관리, 계획으로 구분하였다. 1980년대 이후의 행정적 기능으로 감축기능을 포함시키기도 한다.

첫째, 통제적 기능으로 예산 총규모 및 세부 예산액에 대한 민주적 통제, 즉 재정민주주의(fiscal democracy)를 의미하며, 여전히 중요하다. 예산과정에 있어서 주로 예산의 배정·재배정 등 집행기능 및 회계검사와 관련된다.

둘째, 관리적 기능으로 행정부가 가용자원을 효과적으로 동원하여 각종 사업계획을 뒷받침하기 위하여 가능한 한 최대의 경제성·능률성을 고려하면서 예산을 관리하는 기능이다. 관리기능은 예산과정의 모든 단계와 관련된다.

셋째, 계획기능을 통하여 조직목표가 결정되고 대안이 평가되어 사업이 선정되며 목표달성을 위한 자원이 확보·배분될 수 있다. 장기적인 계획과 단기적인 예산의 연계를 의미한다. 이러한 계획기능은 예산안 편성단계와 밀접하게 관련된다.

넷째, 감축기능으로 자원난시대에 들어와 사업의 우선순위에 따라 원점에서 예산을 배분하려는 기능(영기준예산)과 관련된다.

(4) 경제적 기능

예산이 국민경제에 미치는 영향을 고려하여, 재정정책의 수단으로 활용하는 것을 말하며, 머스그레이브(Musgrave)가 강조하였다.

첫째, 경제안정기능으로 예산은 재정정책의 도구로서 물가·고용 등 경기불안시 공채발행이나 통화량 조절 등을 통하여 경제를 안정화시키는 전략적인 대책기능을 수행한다.

둘째, 경제성장촉진기능으로 정부예산이 국민경제의 구조적 개선과 경제성장을 촉진시키는 중요한 역할을 한다는 뜻이다. 즉 장기에 걸쳐 거액의 자금을 필요로 하는 민간사업이나 사회간접자본에 대하여 정부예산이 직접 투자되거나 융자됨으로써 경제성장을 촉진시킨다.

셋째, 소득재분배기능으로 예산이 국민의 소득 및 부의 균등분배의 기능을 가진다는 뜻이다. 자본주의 사회에서는 어느 나라이든 여러 가지 원인에 의하여 국민 소득의 분배가 균등하게 이루어지지 못하고 있는 것이 사실이다. 이와 같은 소득분배의 불균등을 바로 잡는 데 예산이 한 몫을 담당한다.

넷째, 자원배분기능으로 예산이 무한한 여러 수요에 한정된 자원을 적절히 배분한다는 뜻이다. 예컨대 세입면에서 사치품에 대해서는 높은 세율을, 생활필수품에 대해서는 낮은 세율을 부과한다든가, 세출면에서 보다 주요한 산업을 지원하기 위해 다른 부문에 쓸 자원을 돌려 씀(전용)으로써 자원을 보다 효율적이고 합리적으로 배분하는 일이 그것이다.

2) 재정의 분류

정부 재정은 첫째, 재정 운용주체를 기준으로 보면 중앙정부재정과 지방정부재정으로 구분된다. 중앙정부재정은 중앙정부를 단위로 이루어지는 재정활동을 의미하고, 지방정부재정은 지방자치에 기초한 지방자치단체의 재정활동과 교육자치에 기초한 지방교육재정을 포괄한다.

둘째, 재정운용 수단에 따라 분류하면 재정은 예산(일반회계 및 특별회계)과 기금으로 구분할 수 있다.

셋째, 재정활동의 성격에 따라 수입활동과 지출활동으로 구분할 수 있다. 예산과 기금 등 모든 재정운용 수단은 수입과 지출로 구성된다. 특히 국가재정

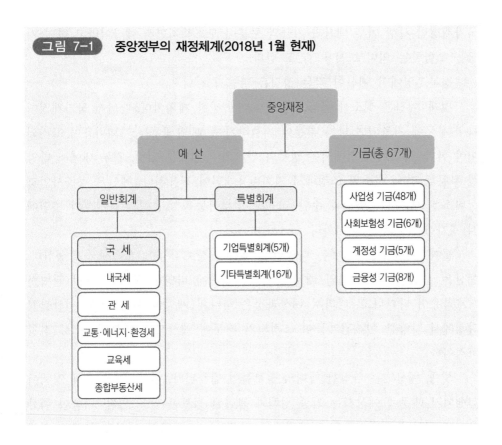

그림 7-1 중앙정부의 재정체계(2018년 1월 현재)

법에서는 예산의 수입은 세입, 지출은 세출로 규정함으로써 기금의 수입·지출 활동과 구분하고 있다.

3. 예산의 개념과 특성

예산이란 정부가 한 회계연도 동안 징수할 수입(세입)과 공공서비스 제공을 위해 지출(세출)할 경비의 내역과 규모에 대한 국가재정계획을 의미하며, 이를 공식화한 것이 예산서이다. 예산서에는 사업의 우선순위, 사업의 목적, 공공서비스의 전반적 수준 등이 나타난다. 예산을 좁은 의미로 보면 기금은 제외되지만 국가재정법 시행 이후 예산과 기금의 구분이 모호해지면서 예산이라고 하면 기금을 포함하는 의미로 사용되기도 한다.

정부운영에서 예산이 갖는 성격은 다음과 같다.

첫째, 예산은 희소한 공공재원의 배분에 관한 계획이다. 따라서 국가재정이 특정 부문에 지출되면 다른 부문에 지출하지 못해 발생하는 기회비용이 고려되어야 한다. 즉 예산과정에서는 정부와 민간의 자원배분 기준, 정부 내에서 다양한 부문들 간 우선순위 조정에서 기회비용개념이 적용된다. 예산은 공공사업과 서비스를 제공하는 방법과 수단, 그리고 정부활동을 효율성과 공평성의 측면에서 평가하는 기준을 제시한다.

둘째, 예산결정과정에는 다양한 주체들의 상호작용이 계속해서 발생한다. 예산은 한정된 정부재원의 배분계획이기 때문에 다양한 주체들 간의 권력적 상호작용이 나타나고, 따라서 예산과정은 하나의 게임이 된다. 또한 예산결정과정에서 다양한 이해관계들이 조정되기 때문에 예산과정은 본질적으로 정치과정이다.

셋째, 예산에는 다양한 형태의 정보들이 집적된다. 예산운용을 통해 정책이 집행되기 때문에 예산서는 각종 정책과 관련된 정보를 담고 있다. 더욱이 예산은 중앙정부나 지방정부의 경제정책을 조정하는 도구로서 예산을 통해 자원배분, 소득재분배, 경제안정 및 성장을 위한 재정정책이 구현된다.

넷째, 예산은 매년 일정한 과정을 거쳐 결정·집행된다. 대부분의 정부활동은 예산이 뒷받침되어야 하고, 예산집행은 현장에서의 정책 수행으로 직접 연결된다. 따라서 예산구조의 급격한 변화는 정책에서의 직접적인 변화를 창출하기 때문에 일시에 모든 것을 전면 조정하기 힘들다. 따라서 예산에서는 전년 대비 일정 비율의 변화를 추구하는 점증주의적 결정이 두드러지게 나타난다.

다섯째, 예산은 정부자금의 지출 통로이며, 관료들의 집행책임성을 부여하는 회계도구이다. 예산과정을 통해 정부정책의 산출을 평가하고 측정할 수 있다. 정부 생산성은 투입 예산을 기준으로 창출된 구체적 성과를 측정하는 것이다. 이에 따라 최근 정부개혁에 있어 예산개혁이 중요하게 취급되고 있다.

4. 재정관련 기관 및 법체계

우리나라 「헌법」 제54조는 예산안의 편성권을 정부에, 심의·확정권을 국회에 부여하고 있다. 정부의 예산안 편성은 각 중앙관서의 장의 예산요구서를 기초로 기획재정부장관이 총괄하여 수행한다. 국회는 소관 상임위원회와 예산결산특별위원회의 심사를 거쳐 본회의에서 예산을 확정하며, 이 과정에서 국회예산정책처가 국회심의와 재정관련 의정활동을 지원하고 있다.

1) 행정부: 기획재정부, 중앙관서, 감사원

첫째, 기획재정부는 예산·기금의 편성·집행·성과관리 등에 사무를 관장하는 기관으로서 예산안 편성 및 결산을 총괄한다. 기획재정부장관은 각 중앙관서의 장이 제출한 예산요구서 및 세입세출결산보고서에 따라 예산안 및 결산을 작성하며, 정부는 이를 국회에 제출한다. 기획재정부장관은 확정된 예산을 각 중앙관서의 장에게 배정하는 업무도 수행한다. 예산안의 편성 및 예산배정 과정에서 기획재정부장관은 예산편성지침 및 예산집행지침을 통해 조정·통제의 역할을 수행한다. 또한 각 중앙관서의 장의 예산 전용·이용에 대하여 승인 또는 위임절차를 통해 통제한다. 그 밖에 대규모사업에 대한 예비타당성 조사, 예비비의 관리 등의 업무를 담당하고 있다.

둘째, 중앙관서의 장은 소관 예산을 각각 집행한다. 즉 세입세출예산은 독립기관(국회, 대법원, 헌법재판소, 중앙선거관리위원회) 및 중앙관서의 소관별로 구분 편성되며, 중앙관서의 장은 「국고금관리법」 제6조 및 제19조에 따라 그 소관 수입의 징수·수납과 지출에 관한 사무를 관리한다. 중앙관서란 「헌법」 또는 「정부조직법」 등의 법률에 따라 설치된 중앙행정기관(부·처·청 등)을 의미한다. 그리고 중앙관서의 장은 예산안 편성과정에서는 예산요구서, 예산집행과정에는 예산배정요구서, 결산과정에서는 세입세출결산보고서를 작성한다. 독립기관의 경우에는 국회사무총장, 법원행정처장, 헌법재판소사무처장, 중앙선거관리원회 사무총장이 각각 이러한 역할을 담당한다.

셋째, 감사원은 「헌법」 제99조 및 「감사원법」 제21조에 따라 국가의 세입·세출의 결산을 검사·확인하며, 이는 결산절차의 필수과정이다. 감사원은 수입과 지출, 재산의 취득·보관·관리 및 처분 등의 검사를 포함하는 회계검사를 실시하고, 그 결과에 의하여 결산을 확인하며, 이를 통해 결산의 합법성과 정확성을 점검한다. 감사원은 검사결과에 따라 변상책임의 판정, 징계·문책 요구, 시정·개선요구, 고발 등의 조치를 하게 된다. 또한 국회가 결산 관련 감사청구를 하는 경우 감사를 실시하고 그 결과를 국회에 보고해야 한다.

2) 국회: 상임위원회, 예산결산특별위원회, 본회의, 국회예산정책처

첫째, 예산안 및 결산은 예산결산특별위원회의 심사 전에 소관 상임위원회에 회부하여 예비심사를 거친다. 상임위원회의 예비심사는 예산결산특별위원회의 심사에 앞선 예비적인 심사의 성격을 가지므로 예산결산특별위원회를 구속하지 못하지만 예산결산특별위원회는 상임위원회의 예비심사내용을 존중해야 한다. 특히 상임위원회에서 삭감한 세출예산 각 항의 금액을 증액하거나 새 비목을 설치할 경우에는 소관 상임위원회의 동의를 얻어야 한다.

둘째, 예산결산특별위원회는 예산안·결산·기금운용계획안 및 기금결산을 심사하는 상설특별위원회이다. 예산결산특별위원회의 심사는 제안설명과 전문위원의 검토보고를 듣고, 종합정책질의, 부별심사 또는 분과위원회 심사, 예산안 조정 소위원회 심사 및 찬반토론을 거쳐 표결하는 절차를 거친다. 또한 예산안 및 기금운용계획안에 대해 공청회를 개최해야 하며, 예결위의 심사가 끝난 예산안과 결산은 본회의에 부의하여 심의하게 된다.

셋째, 본회의는 국회의 의사를 최종적으로 결정하는 회의이다. 예산안도 다른 의안과 마찬가지로 예결위의 심사를 마친 후 본회의에 상정되면 예산결산특별위원장의 심사보고를 듣고, 심의·의결하는 절차를 거친다. 예산안이 본회의에서 의결되면 그 예산안은 예산으로 확정되며, 국회의장은 이를 지체 없이 정부에 이송해야 한다. 결산도 마찬가지로 예결위의 심사를 거쳐 본회의에서 의결한다.

넷째, 국회의 예산결산·기금 심의 등을 지원하기 위한 기관으로 국회의장 소속의 국회예산정책처가 있다. 국회예산정책처는 행정부와 독립된 시각에서 중립적으로 조사·연구·분석함으로써 국회가 재정통제권을 실질적으로 행사할 수 있도록 지원하는 역할을 수행한다.

제2절 예산의 원칙과 유형

1. 예산의 원칙

1) 전통적인 예산 원칙

전통적 예산의 원칙으로 제시된 공개성의 원칙, 명확성의 원칙, 완전성의 원칙, 단일성의 원칙, 통일성의 원칙, 사전승인의 원칙, 정확성의 원칙, 한정성의 원칙, 명료성의 원칙 등은 입법부 우위의 기조위에서 통제 지향적으로 예산과정을 운영하기 위한 규범들이며, 대체로 9가지 정도가 제시되고 있다. 이러한 원칙들을 준수하여 예산의 편성·심의·집행 활동이 수행되면, 국민의 대표기관인 입법부가 행정부의 예산운영을 철저하게 감독하고 통제할 수 있으며, 이를 통해 재정민주주의를 구현할 수 있게 된다.

(1) 공개성의 원칙

모든 예산은 공개되어야 한다는 원칙을 말한다. 즉 예산절차의 주요 단계(편성, 심의, 집행, 회계검사)는 국민에게 공개되어야 한다는 것이다. 우리나라에서는 매년 「예산개요」를 발간하고 이를 인터넷에 공개하여 원칙을 지킨다. 예외적인 경우로는 국방비, 국가정보원 예산 등은 안보를 이유로 공개하지 않는다.

(2) 명확성의 원칙

예산구조나 과목은 국민들이 쉽게 이해하도록 명확해야 한다는 원칙을 말한다. 즉 예산은 합리적으로 분류되고, 금액이 정확히 계상되며 수입, 지출의 근거와 용도를 명확히 함으로써 국민에게 쉽게 이해될 수 있어야 한다는 것이다. 예외적인 경우로는 항목별로 예산을 구분하지 않는 총액배정예산도 있다.

(3) 사전성의 원칙

예산은 미리 결정되어 회계연도가 시작되면 바로 집행할 수 있도록 해야 한다는 원칙이다. 우리나라 국회는 다음 회계연도 개시 30일 전까지 예산안을 의결해야 한다. 예외적인 경우로 재정상의 긴급명령을 인정하고 있다.

(4) 정확성의 원칙

정부는 국민에게 필요 이상의 돈을 거두어서는 안 되며, 계획대로 정확히 지출해야 한다는 원칙이다. 회계연도가 끝난 후 집행내역을 정리한 결산과 당초 계획했던 예산이 꼭 일치할 수는 없지만, 가능한 수치의 추계가 정확해야 한다.

(5) 한계성의 원칙

예산은 주어진 목적, 규모, 그리고 시간의 한도에 따라 집행되어야 한다는 원칙을 말한다. 즉 예산은 사용하는 목적, 주체, 기간에 있어서 명확한 한계가 있어야 한다는 것이다. 사용기간의 한정성(회계연도 독립의 원칙)에 대한 예외로서는 이월(명시이월, 사고이월), 계속비 등이 있다. 사용목적에 있어서 한정성의 원칙에 대한 예외에는 이용(장·관·항 등 입법과목 간의 상호융통)과 전용(세항·목 등 행정과목 간의 상호융통), 예비비 등이 있다. 사용주체에 있어서 한정성 원칙의 예외가 되는 것에는 이체가 있다.

(6) 통일성의 원칙

국가의 모든 수입은 일단 국고에 통일되게 편입되고 여기서부터 모든 지출이 이루어져야 한다. 자기목적 구속금지의 원리라고도 하며, 정부예산은 특정한 세입이 특정한 세출로 직접 연결시켜서는 안 된다는 것이다. 예외로는 특별회계 등이 있다.

(7) 단일성의 원칙

예산은 가능한 단일회계 내에서 정리되어야 한다는 원칙을 말한다. 즉 예산은 국고통일주의, 회계통일주의에 따라 구조면에서 단일해야 한다는 것이다. 예외로는 특별회계, 특별기금 등이 있다.

(8) 완전성의 원칙

모든 세입과 세출은 예산에 명시적으로 나열되어 있어야 한다는 원칙이다. 즉 예산에 정부의 모든 수입과 지출이 빠짐없이 포함됨으로써 예산에는 모든 정부활동이 반영되어 있어야 한다는 원칙으로서 소위 총계예산주의라고 한다.

(9) 회계연도 독립의 원칙

모든 예산은 정해진 회계연도 내에 징수되고 집행되어야 한다는 원칙이다. 다만 예외로서 명시이월과 사고이월을 포함한 이월, 계속비 제도 및 차년도 세입을 미리 앞당겨 사용하는 충당·사용 등이 있다.

2) 현대적 예산원칙(Smith의 원칙)

행정기능이 확대·강화되는 가운데 예산의 관리적 기능이나 계획적 기능의 중요성이 증대되는 상황에 대응하기 위하여 제시된 현대적 예산원칙은 행정부의 재량성과 책임성을 인정하는 것이다.

(1) 계획과 책임의 원칙

행정부 사업계획을 반영하고, 총액배정·자율편성을 허용한다는 원칙을 말한다.

(2) 다원적 절차, 시기신축성의 원칙

예산집행에 대한 통제를 통한 책임성의 실현도 중요하지만, 환경변화에 대응하는 신축성을 부여하기 위해 다원적 절차와 시기신축성을 허용한다는 원칙이다.

(3) 성과책임의 원칙

예산집행의 통제요소를 줄이고 자율성을 부여하는 대신, 결과에 대한 책임을 부여한다는 원칙이다.

(4) 상호교류와 학습의 원칙

중앙예산기구와 부처예산기구의 상호교류 및 학습을 활성화해야 한다는 원칙이다.

(5) 신축성 수단구비의 원칙

정부는 재정통제 및 신축성 유지를 위한 수단을 준비해야 한다는 원칙이다.

2. 예산의 유형

1) 세입·세출의 성질에 따른 유형: 일반회계, 특별회계, 기금

일반회계는 일반세입으로 일반적 지출을 담당하는 회계이다. 일반회계는 국가예산의 근간이 되는 것으로서 일반회계 규모, 세입 구성내역, 세출 우선순위 등은 재정운영 방향의 지표가 된다. 통상 예산이라고 하면 이러한 일반회계를 지칭한다.

특별회계는 국가 재정사업의 특성상 집행부의 재량을 확대하거나 국가의 필요에 따라 한시적으로 집중적인 재정지원이 요구되는 사업을 수행하기 위해

표 7-1 일반회계·특별회계·기금의 비교

구 분	예 산		기 금
	일반회계	특별회계	
설치사유	국가 고유의 일반적 재정활동	특정 세입으로 특정 세출 충당	특정 목적을 위해 특정 자금을 운용
재원 조달 및 운용형태	공권력에 의한 조세 수입과 무상급부원칙	일반회계와 기금의 운용형태 혼재	출연금, 부담금 등 다양한 수입원으로 융자 사업 등 기금 고유사업 수행
확정절차	부처의 예산요구 기획재정부가 정부 예산안 편성 국회 심의·의결로 확정	좌동	기금관리주체가 계획안 수립 기획재정부장관과의 협의·조정 국회 심의·의결로 확정
집행절차	합법성에 입각하여 엄격히 통제 예산의 목적 외 사용금지 원칙	좌동	합목적성 차원에서 상대적으로 자율성과 탄력성 보장
수입/지출연계	특정한 수입과 지출의 연계 배제	특정한 수입과 지출의 연계	좌동
계획변경	추경예산의 편성	좌동	주요 항목지출 금액의 30% 초과 변경시 국회심의·의결 필요
결산	국회의 결산심의와 승인	좌동	국회의 결산심의와 승인

별도의 예외적인 정부자금을 관리하기 위해 설치되는 것이다. 즉 별도의 재원으로 별도의 세출에 충당하는 것으로서 특정 사업을 안정적으로 추진할 수 있고 특정 사업의 성과와 경영실태를 명백히 할 수 있는 장점이 있다. 반면, 특정 세입을 특정 지출에 국한하여 사용해야 하므로 '재정의 칸막이 현상'에 따른 재정의 경직성을 심화시키고 유사기능을 서로 다른 회계에서 중복 수행하거나 일반회계와 특별회계, 특별회계 상호 간 등 내부거래 증가로 재정활동의 투명성·효율성을 저하시키는 단점도 있다.

　　정부의 재정활동은 주로 일반회계와 특별회계로 구성된 예산에 의해 이루어지고 있다. 그러나 특정한 분야의 사업에 대하여 지속적이고 안정적인 자금지원이 필요하거나 사업추진에 있어서 탄력적인 집행이 필요한 경우에는 예산과 별도로 개별 법률에 근거하여 기금이 설치·운영되고 있다. 기금의 경우 그 동안 국회 심의 대상에서 제외되어 재정운용의 신축성이 매우 높았으나, 기금관리기본법 제정 이후 예산과 같이 국회 심의를 받게 되었다. 그럼에도 여전히 예산에 비해 여러 법률의 적용에서 제외되어 있어 기금의 경우 예산에 비해 신축성과 재량성이 비교적 높다고 할 수 있다.

2) 예산절차상 특징에 따른 유형: 본예산, 수정예산, 추가경정예산

본예산이란 정기적으로 매년 다음 해의 총세입·세출을 예산으로 편성하여 다음 회계연도가 시작되기 90일 전에 제출하는 것을 말하고, 수정예산이란 행정부에서 예산안을 국회에 제출하기는 했으나 아직 심의가 끝나기 전에 제출되는 것을 의미한다. 그리고 추가경정예산은 국회에서 예산이 의결·성립된 후에 생긴 사유로 인하여 본예산에 추가 또는 변경을 가한 예산이다. 일반적으로 예기치 못한 사유가 발생하여 예산 변경이 필요한 경우에는 예비비로 충당하거나 이용·전용을 통해 대응하는 것이 적절하나 이것으로 감당하기 어려운 경우에는 추가경정예산 편성의 사유가 된다.

3) 예산 불성립시의 예산집행 장치: 준예산, 잠정예산, 가예산

준예산이란 새로운 회계연도가 개시될 때까지 예산안이 성립되지 못할 경우 정부로 하여금 국회에서 예산안이 심의·확정될 때까지 특정 경비에 한하여 전년도에 준하여 지출할 수 있도록 허용하는 제도이다. 잠정예산은 몇 개월의 잠정적인 예산을 편성하여 입법부의 승인을 받는 방식이고, 가예산은 부득이한 사유로 인해 예산이 의결되지 못한 때에는 국회는 1개월 이내의 가예산을 의결하고 그 기간 내에 예산을 의결하는 방식이다.

4) 재정정책 지향적인 예산: 조세지출예산, 지출통제예산, 통합예산

조세지출예산은 조세감면의 정치·경제적 효과를 검토하기 위하여 조세감면을 정부의 지출로 파악하는 것을 말한다. 지출통제예산은 총액만을 승인하고, 구체적인 항목별 구분 없이 각 부처의 재량으로 행해지는 총액배정예산을 말한다. 통합예산은 공공부문의 모든 기금과 수입, 지출을 망라하는 예산을 말한다.

[제3절] 예산결정이론

1. 예산결정에 관한 이론

Key가 적시한 바와 같이 예산결정에 있어 핵심적인 문제는 "왜 X 달러가 A 사업 대신에 B 사업에 배정되어야 하는가"에 대한 기준을 제시하는 것이다. 합리모형과 점증주의모형은 바로 이러한 예산결정기준에 관한 이론적 관점이다.

1) 총체주의(합리모형): 합리적 분석에 의한 예산배분

합리주의(rationalism)란 합리적 분석에 의한 예산결정방법을 말한다. 합리모형은 후생경제학적 이론을 배경으로 하여 순수한 합리성 또는 경제적 합리성의 관점에서 예산결정기준을 제시하고 있는 이론이다. 합리모형에서 제시하고 있는 예산결정의 규범적 기준은 사회적 편익 또는 효용의 극대화이다.

합리주의에 의한 예산배분 결정 절차는 i) 바람직한 목표의 설정, ii) 대안의 모색, iii) 각 대안에 따른 비용과 편익의 예측, iv) 대안의 비교 및 선택의 과정을 거치게 된다. 이러한 과정을 거쳐 과학적 분석과 자원배분의 합리성을 기하여 예산을 편성하는 대표적인 예로는 계획예산(PPBS)과 영기준예산(ZBB) 등이 있다.

합리적인 예산결정 과정에서 나타날 수 있는 문제점은 다음과 같다.

첫째, 합리주의에서 가정하는 것처럼 모든 정보를 다 파악할 수 없다.

둘째, 과학적 분석과 계량화를 통해 예산을 결정하지만 계량화가 쉽지 않은 경우도 있다.

셋째, 경제적 합리성을 너무 많이 강조하게 될 경우 정치적 합리성이 경시된다.

2) 점증주의: 정치적 과정에 의한 예산 배분

점증주의(incrementalism)란 전년도의 예산액을 기준으로 다음 해의 예산을 결정하는 방법을 말한다. 점증주의 방식에서는 전년도 예산이 다음 해의 예산의 규모와 내용을 결정짓는 가장 중요한 기준이 된다. 점증주의 모형은 인간의 인지능력의 한계와 다원주의적 정치과정을 전제로 하여 정치적 합리성 또는 제한된 합리성을 추구하는 예산결정 모형이다. 점증주의 예산결정이론은 기본적으로 결정의 내용을 설명하는 이론이라기보다는 예산에 대한 정책결정의 스타일을 설명하는 하나의 접근방법이라고 할 수 있다.

이러한 점증주의 모형은 다음과 같은 장점을 지닌다.

첫째, 전년도 결정에 의존하기 때문에 규모와 내용에 큰 변화가 없으므로 예측가능성이 높다.

둘째, 정책 이해 당사자 간의 협상과 타협을 통한 예산결정이 이루어지게 되므로 갈등을 최소화할 수 있다.

셋째, 정책 이해 관련 당사자의 이해를 조정하여 협의를 도출하므로 안정성이 높다.

그러나 점증주의 모형은 혁신적인 문제해결 방식은 아니며, 보수적이라는 한계가 있다. 윌다브스키(Wildavsky)가 주장하는 바와 같이, 실제적으로 점증적인 경우(0~10%)가 많은 것은 사실이지만, 중간적인 경우(11~30%)와 비점증적인 경우(31% 이상)도 적지 않다. 점증주의자들은 점증주의의 실증적 근거를 제시할 때 분석단위로써 부처수준을 사용하지만, 같은 부처예산도 사업별로 분석해 보면, 사

표 7-2 예산배분의 경제원리와 정치원리

구 분	경제원리	정치원리
초 점	"어떻게 예산상의 이익을 극대화할 것인가?"	"예산상의 이익을 누가 얼마만큼 향유할 것인가?"
목 적	효율적인 자원배분 : 파레토 최적 달성	공정한 몫의 배분 : 균형의 달성
기 준	경제적 합리성 : 효율성	정치적 합리성 : 형평성, 정당성
방 법	분석적 기법 계획된 행동 체계적 결정	정치적 과정 : 협상, 타협 모색에 의한 결정 단편적 결정
행동원리	시장감각 : 최적화 원리	게임감각 : 균형화 원리
행 태	사회후생 극대화	몫(득표)의 극대화
이 론	총체주의	점증주의
개혁목표	예산배분의 효율성	재정민주주의

업에 따라 예산액에 상당한 기복이 있으며 점증주의와는 거리가 멀다는 것을 발견할 수 있다.

3) 예산결정이론의 평가

정부 행정서비스의 수요는 늘고 있지만, 재원부족으로 행정서비스는 줄여야 하는 감축관리 시대에서 예산결정이론을 재조명해 보는 것은 의미 있는 일이다. 점증주의와 합리주의의 쟁점은 복잡한 문제들이 내포하고 있는 가치의 처리방법에서 비롯되며, 어느 한 모형이 일방적으로 타당하다고 볼 수는 없다. 실증적인 관점에서는 현실적으로 점증주의 방식의 설명력이 높지만 규범적인 관점에서는 합리모형이 갖는 장점을 무시할 수도 없는 것이다. 바버(Barber)의 실증적 연구에 의하면 점증주의와 합리주의는 동시에 일어나고 있는바, 점증주의와 합리주의의 문제는 점증주의와 합리주의의 비율적 적용에 관한 문제라고 할 수 있다.

2. 예산제도

1) 품목별예산제도

품목별예산제도(Line Item Budget System)는 지출대상을 품목별로 세분화하여 예산을 편성하고 운영하는 제도이다. 품목별예산제도는 당초 예산 낭비와 부패를 방지하고 예산에 대한 통제를 확보하기 위하여 도입되었다. 즉 품목별예산제도는 지출대상을 품목별로 세분화하여 지출대상과 그 한계를 명확히 규정함으로써 예산집행시에 유용이나 부정을 방지하려는 예산제도이다. 여기서 지출대상을 품목별로 세분화 한다는 것은 품목별 분류방식에 따라 예산을 편성하고 운영한다는 의미이다.

품목별예산제도는 지출대상과 금액을 세분하여 규정함으로써 행정부 예산집행 과정에서의 유용이나 남용을 방지할 수 있고, 행정권을 제한하여 입법권을 강화시킬 수 있다. 또한 지출을 기록하고 통제하며, 회계검사를 하는 구체적인 계정을 설치함으로써 예산의 통제와 예산편성에 필요한 자료를 제공할 수 있다. 아울러 지출항목과 지출금액이 명백하기 때문에 회계책임을 명백히 할 수 있는 장점이 있다.

그러나 품목별예산제도는 서비스의 산출이 아니라 투입요소에 초점을 맞춤으로써 재정관리를 신축적이고 효율적으로 운영하거나 미래 서비스 수요에 대한 계획을 수립하는 데 도움을 주기 어렵다. 또한 지출대상으로 구분되는 경비 항목만으로는 정부가 수행하는 사업의 목적을 알 수 없으며, 이로 인해 정책 및 사업의 우선순위를 등한시하는 문제점이 있다. 아울러 품목별예산제도에서는 편성된 지출항목과 정책목표 달성과의 관련성을 알 수 없으며, 기획과 정책형성, 예산편성, 재정적·행정적 통제의 통합을 어렵게 만드는 한계를 내포하고 있다. 이 밖에 품목별예산제도는 지출항목을 세분하고, 지출항목에 따라 예산을 집행하기 때문에 예산운영의 신축성을 제약하고 있다. 품목별예산제도가 안고 있는 이러한 단점은 예산개혁론자의 주요 표적이 되어 왔다.

2) 성과주의예산제도

성과주의예산제도(Performance Budget System)는 예산을 기능별, 사업계획별, 활동별로 분류하여 예산의 지출과 지출에 의한 성과와의 관계를 명백히 밝히기 위한 예산제도이다. 즉 사업이 달성하는 산출에 관한 정보를 기준으로 의사결정이 이루어지는 예산제도이다. 따라서 성과주의예산제도는 측정 가능한 성과에 기초하여 자원배분을 결정하는 제도이다.

성과주의예산제도에서 예산편성은 "업무측정단위량×단위원가＝예산액"이라는 방식으로 이루어진다. 이를 위해서는 우선 정부기능에 의거하여 주요 사업을 분류한 다음에 주요 사업을 다시 세부사업으로 나누고, 세부사업별로 업무측정단위 또는 성과단위를 선정하는 것이 필요하다. 이어서 업무측정단위를 1개 생산하는 데 소요되는 단위 원가를 산출하여야 한다. 그런 다음에 세부사업별로 수행 또는 달성하고자 하는 업무측정 단위의 양을 결정하여야 한다.

일반적으로 성과주의예산은 자금이 배정되는 목적과 대상을 제시하고 그러한 목적을 달성하기 위한 사업과 활동에 소요되는 비용을 검토하며 업무성과를 측정하는 양적인 자료를 확인하고 분석한다. 이러한 성과주의 예산제도가 지향하는 주된 목적은 관리개선과 능률성의 제고에 있었다. 성과주의 예산제도는 업무 달성도와 그 비용, 성과기준에 의해 측정한 결과를 확인함으로써 관리의 책임을 확보하려고 한다. 따라서 성과주의예산제도는 효율적인 행정관리수단을 제공하며, 행정의 성과 향상을 도모하는 데 기여할 수 있다.

그러나 성과주의예산제도를 적용하는 데 있어 가장 큰 어려움은 업무측정단위 선정 및 단위 원가 계산이 용이하지 않다는 점이다. 또한 정부부문에서는 성과를 측정하는 데 도움을 줄 수 있는 비용회계를 채택하고 있지 않기 때문에 적용하기가 어려운 점이 있다. 이 밖에 행정조직 간에 책임이 모호해지고, 회계책임을 명확하게 하는 것이 어려운 단점이 있다.

3) 계획예산제도

계획예산제도(Planning Programming Budgeting System)는 미국 케네디 행정부의 국방장관인 맥나라마가 국방부에 최초로 도입하였고(1950년대에 미국 국방부의 요청으로 RAND연구소에서 연구개발), 1965년에 존슨 대통령이 연방정부의 모든 부처에 도입하도록 하였다.

계획예산제도는 장기적 계획수립(planning)과 단기적 예산결정(budgeting)을 프로그램 작성(programming)을 통해 유기적으로 연결시킴으로써 자원배분에 관한 의사결정의 일관성과 합리성을 도모하려는 예산제도이다.

첫째, 기획은 목표를 설정하고, 확립된 목표를 달성하기 위한 여러 가지 대안을 평가하고 선택하는 과정이다. 따라서 장기적인 시계를 가지고 장기간에 걸친 비용과 편익 또는 효과를 중요하게 고려한다.

둘째, 프로그램 작성은 결정된 계획(plan)을 실행하기 위한 구체적인 활동을 결정하는 과정이다. 장기적인 계획 기간 동안에 기대되는 성과와 비용을 감안하여 사업의 세부적인 시행계획 또는 일정을 정하는 것이다. 이 과정에서 하나의 목적을 달성하거나 사업을 수행할 수 있는 여러 가지 대안을 비교 검토하여 그 중에서 가장 효과적이고 능률적인 대안을 선택하는 것이다. 이렇게 작성된 계획은 장기적인 사업·재정계획으로 종합된다.

셋째, 예산결정은 목적 달성을 위한 활동에 대해서 자금 지출을 체계적으로 관련시키는 의사결정과정을 지칭한다. 사업·재정계획을 기초로 하여 연도별 예산을 편성하여 집행하는 과정이다.

계획예산제도는 이러한 세 가지 과정을 유기적으로 연계시켜 자원배분의 효율성과 장기적인 목표달성을 도모하려는 것이다. 따라서 계획예산제도는 명확한 목표의 제시(목표의 구조화), 대안의 체계적인 검토(분석체계), 장기적인 시계(정보체계) 등의 3대 기본요소를 포함하고 있다. 그 결과 하나의 예산제도인 계획예산은 의사결정제도, 중장기계획, 정책분석 및 정책평가 등의 속성을 동시에 갖추고 있다.

계획예산제도가 지니는 장점은 다음과 같다. 첫째, 국가목표를 보다 정확하게 파악할 수 있게 된다. 둘째, 국가목표 중 가장 우선적인 것을 파악할 수 있게 된다. 셋째, 국가목표를 실현하는 가장 효율적인 수단의 분석을 가능케 한다.

　　그러나 계획예산제도를 실제 운영하는 과정에서는 사업구조, 결정과정 등 여러 측면에서 의사결정의 집권화를 초래하였고, 계선 관료와 입법부의 재량권을 제한하게 되었다. 그 결과 미국의 경우 동 제도의 도입에 의회가 소극적이었다. 또한 계획예산제도의 과목구조는 품목별예산제도와 근본적인 차이가 있기 때문에 예산편성과 집행과정에 있어서 복잡한 비용환산 작업이 필요하여 대규모 인력과 시간이 소요되는 한계도 있다.

4) 영기준예산제도

　　1970년대의 세계적인 경기침체에 따른 정부의 재정압박에 대응하여 감축관리를 모색하는 과정에서 새로 등장한 예산제도가 영기준예산제도(zero-base budgeting)이다. 영기준예산제도는 예산편성시에 기존 사업을 근본적으로 재검토하여 예산의 삭감은 물론 사업의 중단이나 폐지도 고려할 수 있는 예산결정방식이다. 일반적으로 정부기관이 예산을 요구할 때는 전년도 예산을 기초액(base) 또는 기본액으로 생각하고, 여기에 얼마를 더 추가할 것인가 또는 어떤 신규사업을 추진할 것인가 하는 방식에 의해 예산을 결정한다. 이에 비해 영기준예산제도는 예산기초를 '0'으로 돌리고 모든 사업의 목적, 방법 및 자원 등을 완전히 재평가하여 예산을 편성하는 방법이다.

　　기존 예산제도에서는 일반적으로 기존 사업예산은 인정하고, 신규사업에 대해서만 엄밀한 조사를 하여 기존 사업예산에 신규 사업예산을 추가하는 방식으로 예산결정이 이루어져 왔다. 이에 비해 영기준예산제도는 점증주의적 예산편성에서 탈피하여 전년도 예산을 기준으로 하지 않고 모든 사업을 원점에서 새로 분석·검토하고 우선순위를 결정하여 예산을 편성·심의·결정하는 방식이다. 따라서 영기준예산제도는 점증주의 예산 또는 전년도 답습주의 예산을 시정하고자 했던 최초의 노력으로 평가된다. 또한 이 제도는 기획과 분석을 강조한다는 점에서는 계획예산제도와 비슷하고, 능률적인 관리를 위하여 구성원의 참여

표 7-3	예산제도의 비교			
비교기준	품목별예산	성과주의예산	계획예산	영기준예산
예산기능	통제기능	관리기능	계획기능	평가·감축관리기능
정책결정	점증적	점증적	총체적	부분적, 총체적
기획책임	부재	분산적	중앙집중	분산적
시계	단년도	단년도	다년도	다년도
예산기관 관심	재정적 적법성	능률성	계획·정책	정책의 우선순위
주요정보	투입요소	기능, 활동, 사업	부처의 목표	사업계획, 단위 사업의 목표
분석초점	지출대상	지출과 성과와의 관계	대안평가와 계량적 분석	대안분석과 예산 증감
필요한 지식	회계학	행정학, 경영학	경제학, 기획론	행정학, 기획론
예산구조와 일치여부	일치	일치	불일치	불일치

를 촉진한다는 점에서는 목표에 의한 관리(MBO)와 비슷하다.

영기준예산제도는 산출 및 결과지향적 예산제도로서 예산의 경직성을 타파하여 우선순위에 입각한 사업의 폐지 또는 삭감을 통한 재원의 합리적 배분을 유도할 수 있다. 따라서 재정압박에 대비하고 감축관리에 적합한 제도적 장치이다. 또한 예산결정과정에서 하의상달 및 조직구성원의 참여를 촉진할 수 있고, 기존의 어떠한 예산제도와도 공존할 수 있는 운용상의 신축성을 발휘할 수 있는 장점도 있다.

영기준예산제도를 운영하는 과정에서는 단위사업 분석표 작성에 많은 시간과 노력이 투입되어야 하며, 우선순위 결정에도 많은 어려움이 수반된다. 또한 새로운 사업을 제안하는 것이 곤란하고 예산편성이 통제 지향으로 흐를 가능성이 있는 가운데 장기적인 목표가 경시될 수 있는 우려도 있다. 그러나 보다 본질적인 한계는 점증주의적 예산결정의 한계를 극복하기 위해 등장하였던 동 제도하에서도 기득권자들의 저항, 매몰비용의 문제, 시간부족 등으로 인하여 여전히 점증적 예산결정 행태가 존속된다는 것이다. 영기준예산제도의 비판자들은 이를 위장된 점감적 예산운영(decremental budgeting)으로 지적하고 있다.

5) 자본예산제도

자본예산제도(Capital Budget System)란 예산을 경상예산과 자본예산으로 각각 구분하여 운영하는 제도이다. 이때 경상적 지출은 경상적 수입(조세)에 의해 충당하고, 자본적 지출은 자본적 수입으로 충당하되 부족하면 공채발행으로 충당하여 운영하도록 하는 제도를 말한다.

자본예산제도는 본래 스웨덴에서 1937년 처음으로 도입되었고, 미국에서는 1930년대 공황을 배경으로 1940년대에 확립되었다. 현재의 우리나라 정부예산에는 일부 자본예산적 요소가 포함되어 있다. 현행 일반회계는 경상예산적 성격이 강한 반면에, 특별회계는 자본예산적 성격이 있기 때문이다. 하지만 자본예산제도가 정식으로 도입된 것은 아니다.

자본예산제도는 전통적인 균형예산의 관념에서 벗어나 자본예산의 적절한 운용으로 불경기의 극복 또는 공공사업의 확충을 위하여 활용되는 제도이며, 경기불황시에는 공채를 발행하고, 적자예산을 편성하여 경기가 회복된 후에는 흑자예산으로 상환케 하는 제도이다.

자본예산제도는 정부의 재정구조, 순자산상태를 명확하게 파악하는 데 용이하고, 장기적 재정계획수립에도 도움을 줄 수 있으며, 공채발행을 통한 적자재정 운영에 대한 정당성의 근거를 제공할 수 있다.

그러나 자본예산은 경상비의 적자를 은폐하기 위한 수단으로 사용될 우려가 있다. 스웨덴 등 일부 국가들이 자본예산을 채택하였다가 이를 폐기한 이유나 미국 연방정부가 이의 도입을 포기한 이유도 여기에 있다. 또한 인플레를 조장할 수 있는 우려가 있고, 경상계정과 자본계정을 구분하는 기준이 명확하지 않은 문제도 있다.

현재 우리나라 정부 예산에는 자본예산적 요소가 포함되어 있는데, 현행 일반회계는 경상예산적 성격이 강한 반면에, 특별회계는 자본예산적 성격이 짙다.

특히 공기업 특별회계는 주로 자산의 형성과 운영을 다루고 있어 자본예산과 비슷하다. 또한 2005년 이후 복식부기·발생주의 회계제도의 도입으로 자본예산제도의 기본 전제조건 중 하나를 충족하고 있다.

6) 조세지출예산제도

기존의 예산제도는 정부의 직접 지출을 대상으로 예산결정의 기준과 방법 등을 제시하고 있는 것이다. 이에 비해 조세지출예산제도는 조세지출, 즉 간접 지출을 대상으로 한 예산제도이다. 동 제도는 1959년 독일이 처음 채택한 이래 미국(1968), 영국(1979), 캐나다(1979) 등으로 확산되어 현재에는 OECD 주요 국가 대부분이 채택하고 있다.

조세지출예산제도(Tax Expenditure Budget)는 조세지출의 규모와 내용을 예산 형식으로 표현하여 국회의 심의·의결을 받게 하는 제도이다. 여기서 조세지출 은 국가가 특정 정책 목적을 달성하기 위해서 거두어들일 세금을 거두지 않고 비과세, 감면 등의 형태로 지원해 주는 것을 의미한다. 우리나라의 경우 조세지 출에는 소득공제, 세액공제, 특별상각, 준비금, 저율과세, 비과세 등이 포함된다. 이러한 조세지출은 직접지출이 달성할 수 있는 정책목표를 동일하게 달성할 수 있으므로 직접지출(보조금)의 대체적인 정책수단이라고 할 수 있다. 이런 관점에 서 서레이(Surrey)는 조세지출을 각종 사회적·경제적 목표를 달성하기 위하여 세제를 통하여 이루어지는 정부지출을 지칭하는 것으로 정의하고 있다.

조세지출예산제도는 방만한 조세지원을 체계적으로 관리, 통제하게 해줌으로써 세수를 증대시킴과 동시에 조세지원으로 복잡해지는 세제를 단순화시키고 조세의 중립성을 확보하는 기능을 수행한다. 또한 조세지출에 대한 지속적인 평가를 통해 정부가 특정 목표를 달성하기 위해 사용할 수 있는 각종 정책수단의 유용성이 평가될 수 있어 특정 목표에 가장 적합한 지원정책을 선택할 수 있다. 아울러 조세지출을 직접 세출활동과 연계시킴으로써 재정운영의 효율성을 제고 할 수 있다. 이 밖에 조세지출의 내역이 밝혀지고, 규모가 추정됨으로써 전체 정 부활동의 내역과 규모를 정확히 파악할 수 있으며, 재정운영의 투명성 제고에도 기여할 수 있다.

7) 목표관리제도

목표관리제도(MBO: Management by Objectives)는 상급자와 하급자가 공동으로 목표를 확인하고, 효과적인 관리를 통해 이 목표를 달성하고자 하는 것으로 목표의 달성을 관리적 측면에서 다루는 전략이다. 관리기법인 동시에 예산기법(구성원의 참여에 의한 예산편성)이다. 우리나라는 1999년 김대중 정부에서 성과관리의 일환으로 목표관리제를 도입하였으나, 사실상 목표관리제(MBO)가 유명무실해짐에 따라 2004년 10월 노무현 정부에서 직무성과계약제로 대체되었다.

목표관리제의 장점은 참여적 관리를 가능케 하므로 상향적, 자기통제적 관리체계를 수립할 수 있게 해준다. 한계점으로는 단기간에 손쉽게 달성할 수 있는 목표에 치우치기 쉽다는 점과, 이윤을 추구하지 않는 공조직에는 적용하기 힘든 점을 들 수 있다.

제 4 절 예산과정과 예산집행의 신축성

1. 예산의 과정

1) 예산과정의 의의

일반적으로 예산과정은 편성, 심의, 집행, 결산 및 회계검사의 4단계로 이루어진다. 예산의 과정은 예산기능의 변화에 의하여 영향을 받는다. 전통적 통제지향의 예산기능에서는 회계책임을 분명하게 하기 위해 품목을 세분하였으나, 계획지향 예산기능 밑에서는 중장기 국가계획의 수립이 예산편성의 핵심이 된다. 현대행정학에서는 계획과 예산의 유기적 연계가 더욱 강조된다.

2) 예산과정의 특징

첫째, 예산과정은 일정한 사회적 목적 달성을 지향한다. 여기서 말하는 사회적 목적은 사전적으로 주어져 있는 것으로 볼 수도 있으며, 또는 예산 배분과정의 참여자들이 표현하는 것으로 이해할 수도 있다.

둘째, 예산과정은 일정한 시간선상에서 반복적으로 진행되는 동태적인 과정이다. 예산과정은 일정 기간 내에 완결되어 그치고 마는 일회적인 현상이 아니라 시간선상(회계연도)에서 지속적으로 진행되는 동태적인 과정이다. 예산과정의 4단계가 시간적 차원에서 단계적으로 반복되는 과정을 예산주기(budget cycle)라고 한다. 우리나라의 경우 3년을 단위로 하여 예산주기가 반복된다. 즉 예산편성과 심의는 전 회계연도에 이루어지고, 예산집행은 당해 회계연도에 이루어지며, 결산 및 회계연도는 다음 회계연도에 이루어지는 것이다. 이처럼 예산주기가 반복되기 때문에 예산과정에 새로운 정보를 흡수하고, 그것을 사업의 제안과 심사에 반영할 수 있으며, 그렇게 함으로써 정부의 책임을 물을 수 있다.

셋째, 예산과정은 기본적으로 제도적으로 나누어진 권한과 책임(권력배분)을 토대로 하여 예산과정에 참여하는 사람들의 상호작용 속에서 진행되는 정치적 과정으로서의 성격을 띠고 있다. 즉 예산결정 과정에서는 경제적 합리성을 확보하기 위해 분석적·계량적 방법이 활용된다. 그러나 이에 못지않게 여러 참여자들 사이에서 영향력의 균형 및 상호조정을 통하여 의사결정이 이루어지는 정치적인 성격을 농후하게 띠고 있다.

넷째, 예산과정은 기본적으로 정책결정과정 또는 정책과정으로서의 성격을 강하게 내포하고 있다.

3) 우리나라의 예산과정

우리나라의 예산과정은 행정부의 예산편성 및 국회 제출, 국회의 예산안 심의·확정·정부 부처의 예산집행을 거쳐 국회의 결산 승인으로 종료되며, 이러한 일련의 연속적인 순환과정은 매 회계연도마다 반복적으로 이루어진다. 우리나라의 경우 예산편성권은 행정부에 있으며, 국회는 행정부로부터 제출된 예산안을 심의·확정하게 된다. 예산집행 결과인 결산은 국회의 결산심의로 종결된다.

2. 예산과정의 4단계

1) 정부의 예산안 편성

(1) 예산편성의 의의 및 절차

예산편성은 다음 회계연도에 있어서 정부 운영 및 사업을 추진하기 위하여 필요한 세입과 세출에 관한 세부적인 계획을 작성하여 국회의 승인을 받기 위하여 예산안을 제출하기까지의 과정을 말한다. 예산편성 과정에서는 정부 재정규모의 총액과 사업수준에 관한 의사결정이 이루어진다. 이러한 예산편성 절차는 사업계획 수립과 조정, 그리고 재정적 한계와 무한한 욕구와 요구의 조정 등을 효과적으로 수행하기 위해 필요하다고 할 수 있다.

오늘날 대부분의 국가에서는 예산편성의 책임을 행정부가 맡는 행정부 제출예산제도를 채택하고 있다. 행정부 제출예산제도를 채택하고 있는 이유는, 예산의 대부분을 행정부가 사용하고 있을 뿐 아니라 그 내용을 가장 잘 알고 있기 때문이다. 또한 국회는 감독과 통제가 본래의 임무이기 때문이다.

우리나라의 예산편성 절차는 각 부처의 5년 단위의 중기사업계획서(국가재정운용계획) 제출, 기획재정부의 예산편성지침의 통보, 각 부처의 예산요구서 제출, 기획재정부의 정부예산안 편성, 국무회의 의결을 거친 정부예산안의 국회제출로 마무리된다.

기획재정부장관은 매년 4월 30일까지 각 중앙관서의 장에게 예산안편성지침을 통보하고, 이를 국회예결위에 보고하는데 이때 중앙관서별 지출한도를 포함할 수 있다. 각 중앙관서의 장은 이 편성지침에 따라 소관 부처의 세입세출예산, 계속비, 명시이월비 및 국고채무부담행위 요구서를 작성하여 6월 30일까지 기획재정부장관에게 제출한다. 기획재정부장관은 회계연도 개시 90일 전까지 국회에 13가지 서류와 함께 정부예산안을 제출한다. 첨부서류 중 재정혁신 조치를 반영한 대표적인 문서로 성과계획서, 성인지예산서(gender cognitive budget), 조세지출예산서(tax expenditure budget), 국가채무 관리계획서 등이 있다.

한편 우리나라는 국회·대법원·헌법재판소·중앙선거관리위원회 등 헌법상의 독립기관에 대해 자율적인 예산편성권을 부여하지 않고, 정부가 예산안을 편성하고 있다. 다만 「국가재정법」은 독립기관의 의견존중, 사전협의, 의견청취 등을 의무화함으로써 권력분립의 원리에 따른 예산편성의 자율성을 어느 정도 보장하기 위한 규정을 일부 마련하고 있다. 그러나 영국, 프랑스, 미국 등 주요국의 경우 행정부가 독립기관의 예산편성과 집행에 간여할 수 없는 것과 비교하면 우리나라는 독립기관의 예산상 자율성이 매우 낮다고 할 수 있다.

(2) 우리나라 예산안 편성과정의 특징

예산안 편성은 청와대와 중앙예산기관을 중심으로 한 정부의 재정정책과 관련한 예산운영 전반에 대한 거시적 예산결정과 각 중앙부처의 관할 사업들에 대한 재원배분과 관련된 미시적 예산결정으로 구성된다. 이 과정에서 청와대, 중앙예산기관인 기획재정부, 각 부처, 정당, 그리고 여러 이익집단들이 공식적·비공식적으로 참여하게 된다. 특히 행정의 전문성이 강화되면서 예산이 관료정치 과정의 부처별 권력관계에 따라 편성되는 모습을 보이고 있다. 각 부처 및 이익집단이 예산 주창자의 특성을 보이고 중앙예산기관은 예산 방어자로서의 특성을 보이는데 각 부처는 다음과 같은 행태를 보인다.

첫째, 각 부처는 관련 단체의 반발과 요구를 빌미로 사업의 필요성을 강조하면서 자기 부처에 더 많은 예산을 배분할 것을 요구하는 경우가 많다.

둘째, 대통령이나 장관의 역점과제임을 강조하기도 한다. 특히 국정과제의 세부사업들을 구성하는 과정에서 각 부처의 전략사업들이 포함되도록 노력한다.

셋째, 중앙예산기관에서 사업을 제대로 검토하지 못하도록 하는 전략을 구사해 사업을 추진하기도 한다.

넷째, 새롭거나 문제 있는 사업을 인기 있는 프로그램과 결합하는 소위 끼워팔기식 예산편성을 추구하기도 한다.

다섯째, 위기 시에 평소 승인받기 어려웠던 새로운 사업을 시작하기도 한다.

마지막으로 일단 적은 예산이라도 새로운 사업을 시작하여 나중에 이를 확대시키는 전략을 채택하기도 한다.

2) 국회의 예산안 심의

(1) 예산심의의 의의와 절차

예산심의란 국민의 대표기관인 입법부가 행정부에서 제출한 예산안을 국가적 차원에서 심의·의결하는 것을 의미한다. 정부가 편성한 예산안을 국회에서 심의하는 이유는 정치권력의 분립과 견제 및 균형관계 속에서 정치와 행정의 반응성과 책임성을 확보하기 위한 것이다. 국회의 예산심의가 수행하는 역할은 크게 재정민주주의 실현, 정책결정기능, 행정의 감독기능으로 구별해 볼 수 있다.

첫째, 국회의 예산심의 과정을 통해 국민의 요구와 선호가 보다 직접적으로 반영될 수 있으며, 행정부의 재정정책결정에 대한 통제기능이 수행된다(재정민주주의의 실현).

둘째, 국회는 예산심의를 통해 정부의 정책과 사업계획, 개별 사업별 예산배분 수준, 국민의 조세부담 수준, 예산규모의 총액 등을 검토하여 결정하는 과정에서 사업계획, 재정정책, 조세정책 등을 결정하게 된다. 환언하면, 예산심의 과정에서 국회는 국민의 부담이 되는 세입규모를 결정하고, 그와 관련하여 세출규모를 결정하며, 각 분야별로 자원을 배분하여 사업별 수준을 결정하게 된다(정책결정기능).

셋째, 국회에서 예산안을 검토하는 과정은 행정부 활동의 질과 성격을 검토하는 주요 계기가 된다. 입법부가 행정을 감독하기 위하여 사용해 온 전통적인 방법 중의 하나가 바로 예산내용을 지출대상의 항목별로 분류케 하는 것이다. 또한 입법과정, 전년도 예산심의과정, 결산심의 또는 국정감사시에 제시된 국회의 의도 등이 행정부에 의해 잘 구현되고 있는지를 예산안 심의 과정에서 확인하여 정치적 통제를 가하게 된다(행정감독기능).

정책결정과정 측면에서 보면, 예산심의과정에서 행정부와 입법부의 상호작용은 의회와 행정부 간에 정책의 우선순위를 결정을 위한 갈등이며 최종적으로 확정된 예산은 이러한 갈등을 통한 투쟁의 산출물이다. 정책결정 과정에서 갈등의 합리적인 해결 혹은 합의를 정치라고 할 때, 예산심의는 예산의 결정과정에 참여하는 관료와 의회 혹은 정당과 정당 사이의 가치 및 이해관계의 상호작용 결과가 반영되는 정치적 과정이며, 이러한 정치적 과정 속에서 예산액의 증감에 대한 결정이 이루어진다. 따라서 예산심의가 권력행사에 영향을 미치게 되고 권력배분구조가 예산심의에 있어 가장 중요한 과정인 예산액 증감 결정의 핵심적인 요소가 된다. 다른 한편으로 예산심의는 원칙적으로 경제적 합리성 가치에 초점을 두고 정책을 결정하는 행정부와 정치적 이익 중재를 상대적으로 강조하는 국회를 절충하는 정치 경제적 의사결정과정이라고 할 수도 있다. 합리주의에 따른 정부의 정책결정은 대등한 논리를 가진 다양한 이해관계자들 간의 갈등을 창출하게 된다. 이에 대해 국회는 정치적 고려와 국민적 합의를 강조하고 이해갈등을 중재하면서 정부정책에서 대한 사회적 정당성을 제도화시켜 결정된 정책에 대한 시민사회의 자발적인 순응을 유도하는 역할을 수행한다.

한편 예산심의과정에서의 국회 역할 중에는 특히 야당의 역할이 중요하다. 왜냐하면 여당은 예산편성과정에서의 당정협의를 통해 다수의 요구사항을 투입하여 예산안에 반영할 수 있으나, 야당의 경우에는 국회 심의과정에서 이러한 기회를 갖게 되기 때문이다. 실제의 예산심의과정에서도 야당의 의견과 이해관계가 집중적으로 반영되고 투입되는 활동이 이루어지고 있다.

「국회법」 등에서 규정하고 있는 예산안 심의절차를 보면 정부 예산안이 10월 2일까지 국회에 제출되면 정부의 시정연설, 상임위원회 예비심사, 예산결산특별위원회의 종합심사를 거쳐 12월 2일까지 본회의에서 심의·의결한다. 그런데 예산안 심의에 앞서 국정감사를 통해 정부의 예산운영 실태를 조사하게 된다. 정부예산안이 소관 상임위원회를 거쳐 예결위에 회부되면 기획재정부장관이 제안 설명을 하고, 예결위원회 전문위원이 예산안 검토보고를 한다. 그 다음 예결위원들의 정책질의를 하고, 부별 심사를 실시한다. 이후 계수조정위원회에서 계수 조정을 하면서 실질적으로 예산안 심의가 마무리되고 국회 본회의에서 승인을 받는 형식을 취한다.

그런데 「국회법」은 정기국회 기간 중에는 원칙적으로 예산안과 예산안 처리에 부수하는 법률안만을 상정하도록 하고 있다. 이는 법률안들이 정기국회에 집중적으로 제출됨으로써 심도 있는 심사가 곤란하고, 또한 예산안 심의마저 소홀해지는 문제를 개선하기 위해 2003년 2월 법제화한 것이다. 이를 통해 법률안의 연중 분산심사를 유도하고, 정기국회에서는 예산안 심의에 주력하도록 하였다. 그러나 예산안을 다른 법률안과 연계 처리하려는 관행 등으로 예산안이 법에 정해진 12월 2일을 경과하여 확정되는 경우가 비일비재하게 발생하고 있다.

(2) 우리나라 예산심의의 특징

첫째, 의원내각제와 달리 대통령중심제를 채택하고 있어서 예산안 심의과정이 상대적으로 엄격하게 진행된다. 의원내각제의 경우 의회 다수당이 행정부를 구성하기 때문에 예산안 심의가 비교적 느슨하다고 할 수 있다.

둘째, 다른 의안과 마찬가지로 본회의 중심이 아니라 상임위와 예결위 중심으로 예산안 의결이 이루어진다. 법률안, 예산안 등 대부분의 중요한 의안이 상임위와 예결위에서 심도 있게 다루어지고, 본회의는 형식적으로 운영된다.

셋째, 우리나라 국회는 단원제를 채택하고 있어 양원의 갈등문제는 나타나지 않고 있다. 양원제를 채택하는 국가의 경우 미국은 양원의 권한이 동등한 반면, 영국은 하원이, 일본은 상원이 우선권을 갖는다.

넷째, 미국은 예산을 세출예산법(Appropriation Act)의 형식으로 의결하는 반면 우리나라는 법률보다 효력이 낮은 예산의 형식으로 의결한다.

다섯째, 국회는 정부의 동의 없이 금액을 증가시키거나 새로운 비목을 설치하지 못한다. 금액 증가나 비목신설이 행정부에 새로운 재정 부담을 유발하기 때문에 정부의 동의를 얻도록 하고 있다.

여섯째, 국회는 정부예산을 통제·감독할 것으로 기대되었지만 현실적으로는 상임위원회에서 소관 부처의 이해관계를 대변하여 정부예산안보다 예산을 증액하는 경우도 있다.

3) 예산의 집행

(1) 예산집행의 의의

예산의 집행은 입법부에서 확정한 예산에 따라 수입을 조달하고 경비를 지출하는 여러 재정활동을 의미한다. 이는 단순히 예산으로 정해진 금액을 수납하고 지출하는 것만이 아니라 수입의 조정, 예산 및 자금의 배정, 지출원인행위의 실행, 국채의 발행, 일시차입금의 차입, 세출예산의 이용·전용·이체, 계약의 체결 등을 모두 포함하는 활동이다.

예산의 집행은 예산의 배정에서 시작된다. 예산배정은 확정된 예산을 계획대로 집행할 수 있도록 예산집행기관에게 허용하는 일종의 승인이다. 기획재정부장관은 분기별 예산배정계획을 작성하여 국무회의 심의와 대통령 승인 후에 각 중앙관서의 장에게 예산을 배정하며, 배정된 예산은 계속 하급기관으로 내려가면서 재배정된다. 예산의 배정은 국가의 예산을 회계체제에 따라 질서 있게 집행되도록 하기 위한 내부통제의 기능을 가지고 있다.

정부는 경기부양이나 경제안정화시책의 추진을 위해 예산의 배정 시기를 조정하기도 한다. 배정된 예산은 「국고금관리법」에 따라 기획재정부장관이 작성·통지한 월별 세부자금계획의 범위 안에서 그 정한 목적과 용도에 따라 소정의 절차에 의해 집행된다. 세출예산의 경우, 각 수요부서에서 예산집행요구를 하면 재무관이 계약체결 등 지출원인행위를 한 후 관계서류를 지출관에서 송부하고, 지출관은 채권자 또는 국고금의 지급사무를 수탁하여 처리하는 자의 계좌로 이체하여 지급하는 절차를 거치게 된다.

(2) 예산집행의 통제장치

행정부는 국회가 승인한 예산의 범위 내에서, 그리고 정해진 재정한계를 준수하면서 사업을 수행해야 한다. 이를 위해 다양한 예산집행의 통제장치들이 마련되어 있다.

첫째, 배정과 재배정제도이다. 이는 예산집행을 분기별, 월별로 통제하여 수입과 지출의 균형을 유지하고 자금의 흐름과 사업의 진도를 일치시키는 제도이다.

둘째, 정원 및 보수를 통제하여 경직성 경비의 증대를 억제한다. 예산의 효율적인 운용을 위해 정원과 보수를 통제하여 예정된 사업에 대한 직접투자 비중을 높이도록 하는 것이다. 이에 따라 공무원정원규정과 공무원보수규정에 의해서 각 중앙관서의 정원과 보수가 통제되고 있다.

셋째,「국가계약법」등과 같은 법률을 통해 계약의 방법과 절차에 대한 규정을 마련해 일정액 이상의 계약에 대해서는 상급기관의 승인을 거치도록 하여 수입과 지출의 균형을 유지하고 사업의 품질을 통제한다.

넷째, 기록과 보고제도를 체계화하여 예산집행과정을 투명하게 한다. 각 중앙관서의 장은 수입과 지출에 관한 내용을 장부에 기록·보관하고, 동시에 월별로 기획재정부장관에게 재정보고서를 제출해야 한다.

다섯째, 각 중앙관서의 장은 2년 이상 소용되는 사업으로서 대통령령이 정하는 대규모사업에 대해 사업규모·총사업비 및 사업 기간을 정해 미리 기획재정부장관과 협의해야 한다. 협의를 거친 사업규모·총사업비 또는 사업기간을 변경할 때에도 그러하며, 국회 의결로 요구하는 사업에 대해서는 사업 타당성을 재조사하도록 하고 있다.

4) 결산절차

결산은 1회계연도의 세입과 세출 예산의 집행 실적을 예산과목구조에 따라 확정된 계수로 표시하는 것으로서 국회의 심의를 받도록 되어 있다. 결산결과는 감사원의 검사를 통해 집행의 적법성 등을 검증받으며, 예산당국은 결산결과를 포함한 집행 상황을 예산편성에 활용하고 있다. 결국 결산은 한 회계연도에 있어서 정부의 수입과 지출의 실적으로, 예산과 결산의 일치여부, 예산집행의 적정성·적법성 등을 심사하여 정부의 예산집행에 대한 사후감독과 정부의 국회 예산심의권 침해를 방지하기 위한 통제장치이다.

결산절차는 정부의 결산절차와 국회의 결산심의 절차로 구분할 수 있다. 먼저 정부의 결산절차는「국가재정법」과「국고금관리법」에서 규정하고 있는데,

출납사무완결, 각 부처의 결산보고서 등의 작성 및 제출, 기획재정부의 정부결산서 작성 및 국무회의 심의, 감사원의 결산검사, 결산의 국회제출 등의 순으로 이루어진다. 다음 「국회법」에 규정된 국회의 결산심의 절차를 보면 5월 31일까지 전년도 정부 결산보고서가 국회에 제출되면 상임위원회 예비심사, 예산결산특별위원회 종합심사를 거쳐 정기국회 개회 전까지 본회의 심의·의결이 이루어지도록 하고 있다.

예산에 대한 사후적 통제단계라고 할 수 있는 국회의 결산심사는 예산감독 기능상 중요함에도 불구하고 여건 미성숙 및 인식부족 등으로 인하여 제대로 그 기능을 수행하지 못하고 있다. 현행 우리국회의 결산심사단계의 문제점은 다음과 같다.

첫째, 결산을 심사하는 전담위원회가 없다. 예산심의와 결산심사 기능이 동일위원회에서 수행되고 있어 상대적으로 결산심사에 대해서는 관심이 적은 편이다.

둘째, 감사원과의 연계기능이 미흡하다. 회계검사권을 가진 감사원은 행정부 소속이며, 의회는 감사원에 대해 상시적 회계검사를 요구할 권한을 가지고 있지 못하다. 또한 특정 문제에 대해 감사원에 감사를 요구하거나 보고서 제출을 요구할 수 있는 권한도 가지고 있지 못하다.

셋째, 결산심사가 형식적으로 이루어져 사업평가의 예산에의 환류가 이루어지지 않고 있다. 사후적 통제인 결산심사에 대한 의원들의 관심이 적고, 관련 심사정보도 충분치 않으며, 행정기관에 대한 정치적 책임만을 묻기 때문에 예산감독상 실효성이 떨어지고 있다.

3. 예산집행의 신축성

예산집행에 있어 행정부를 통제하려는 재정민주주의 이념과 상황변화에 신축적으로 대응하도록 하는 능률성 개념이 동시에 요구된다. 물론 예산집행과정에서 상황의 변화에 따른 신축적인 예산 운용은 예외적인 조치이므로 집행의 엄격성이 전제되어야 하지만, 예산집행의 신축성을 부여하기 위해 다양한 제도들이 운영되고 있다.

1) 예산의 이용

예산의 이용은 예산구조상 정한 장·관·항 간에 각각 상호 융통하는 것을 말하는데, 이는 입법과목, 즉 의회의 의결과목인 장·관·항에 대한 조치이므로 원칙적으로 허용되지 않는다. 다만 예산집행상 필요에 의하며 미리 예산으로 국회의 의결을 얻고 기획재정부장관의 승인을 얻으면 가능하다.

2) 예산의 전용

예산의 전용은 행정과목, 즉 행정부의 결정과목인 세항·목 간에 금액을 상호 융통하는 것을 말하는데, 예산전용의 목적은 예산집행에서의 경직성 문제를 해결하고 신축성을 부여하려는 데 있다. 예산의 전용범위를 너무 축소하면 신축성이 감소되고 너무 확산하면 예산책임 확보에 문제가 된다.

3) 예산의 이체

예산의 이체는 정부조직 등에 관한 법령의 제정·개정 또는 폐지로 인하여 그 직무와 권한에 변동이 있을 때 예산도 그에 따라 변경시키는 것을 말한다(기관 간 상호사용). 예산의 이체를 하고자 할 때에는 이체 받을 중앙관서의 장이 이체하여야 할 중앙관서의 장과 합의하여 이체과목과 금액을 명확히 한 서류를 기획재정부장관에게 제출하여 그 승인을 얻어야 한다.

4) 예산의 이월

예산의 이월은 세출예산 중 연도 내 미지출액을 당해 연도로 넘겨 다음 연도의 예산으로 사용하는 것을 말한다. 이월은 회계연도 독립의 원칙에 대한 예외로서 한국이나 일본에서 채택하고 있다.

명시이월은 세출예산중 경비의 성질상 연도 내에 그 지출을 끝내지 못할 것이 예측될 때에는 특히 그 취지를 세입세출예산에 명시하여 미리 국회의 승인을 얻어 다음년도에 이월하여 사용할 수 있도록 한 제도이다.

사고이월은 연도 내에 지출원인행위를 하고 불가피한 사유로 인하여 연도 내에 지출하지 못한 경비와 지출원인행위를 하지 아니한 그 부대경비의 금액을 다음 연도에 이월하여 사용할 수 있는 제도이다.

5) 계속비

계속비는 완성에 수년을 요하는 공사나 제조 및 연구개발사업의 경우 경비의 총액과 연부액을 정하여 미리 국회의 의결을 얻은 범위 안에서 수년도에 걸쳐 예산을 지출할 수 있는 예산을 말한다. 계속비는 회계연도 독립의 원칙에 대한 예외를 인정함으로써 예산집행의 신축성을 유지하기 위한 제도적 장치라고 할 수 있다.

6) 예비비

예비비는 예측할 수 없는 예산외의 지출 또는 예산초과지출에 충당하기 위하여 세입세출예산에 계상한 금액이다. 예비비제도는 국가 활동을 수행함에 있어서 예측할 수 없는 불가피한 지출소요에 대비하게 함으로써 예산운용의 탄력성을 부여함은 물론 국가사업의 효율적인 추진을 도모하기 위한 제도이다.

7) 예산집행 신축성 확보의 문제점 및 개선방안

우리나라 예산제도는 아직도 통제 위주의 성향이 남아있는 것이 문제점이다. 현대행정 기능은 복잡화·다양화되고 있어서 예산집행의 신축성(융통성)이 급속히 확대될 것을 요청하고 있어 제도개선이 요구되고 있다. 하지만 이러한 신축성의 확대에 비례하여, 행정인의 책임성의 향상 및 민주적 통제와 같은 조치들이 수반되어야 할 것이다.

제5절 국가예산제도 개혁

예산제도 개혁은 재무행정 부문에서 예산운영의 신축성을 제고하고, 시장원리를 적용함으로써 예산의 융통성(효율성)과 책임성(민주성)을 동시에 확보하기 위한 제도 개혁을 말한다. 아래에서는 산출예산제도, 다년도 예산계획, 복식부기 및 발생주의 예산제도 등을 살펴본 후 참여정부 들어와 개혁되기 시작한 국가예산제도에 대해서 살펴보기로 한다.

1. 산출예산제도

1) 의   의

산출예산제도(Output Budgeting System)는 각 부처에서 생산하는 재화 및 서비스의 산출에 초점을 두고 각 부처의 산출물별로 소요 비용을 산정하는 예산제도를 말한다. 즉 각 부처의 산출물 단위별로 직접비용과 간접비용을 구분하고, 이를 다시 인건비·운영비·감가상각비 등으로 비용 내역을 분류하는 예산제도를 말한다. 산출예산제도는 복식부기 및 발생주의 회계방식이 사용된다.

2) 성과주의예산제도와의 비교

산출예산제도는 성과주의예산제도(PBS)에서와 마찬가지로 사업성과의 예산을 연계시키지만, 투입요소인 예산이 아니라 산출요소인 사업성과를 중심으로 예산을 운영하는 데 초점을 맞춘 것으로, 산출이 가져오는 근원적인 성과 즉 결과를 강조하는 '새로운' 성과주의예산제도를 말한다. 또한 산출예산제도에서는 복식부기 및 발생주의 회계원칙을 도입하고, 이를 디지털 예산회계시스템에 자동으로 계상하게 함으로써, 예산집행의 투명성과 책임성을 확보할 수 있게 해준다.

우리나라에서는 2006년 5월 품목별예산과목 기준으로 결산하던 방식에서 사업성과(산출물)를 중심으로 결산하는 방식으로 개정하는 국가재정운용체제의 변화에 관한 법률을 입법예고함으로써, 산출예산제도에 대한 도입기반을 마련하였다. 또한 국가재정운용계획을 공개토론회를 거쳐 5년 단위로 편성하고 있는데, 국가재정운용계획은 산출의 총 가치를 예상하여 정책의 우선순위를 정한다는 점에서 산출예산제도(New Performance Budget System)의 한 형태로 볼 수 있다.

3) 특징 및 장·단점

산출예산제도의 특징은 첫째, 각 부문별·사업별로 산출물이 결정되고 산출물을 중심으로 예산이 배정되고 집행된다. 둘째, 비용을 산정함에 있어 직접비와 간접비를 구분하고 감가상각으로 고려하여 모든 비용을 포함한다.

또한 산출예산제도는 산출물을 구체화하는 과정에서 정책입안, 정책집행 등에 대한 구분이 명확해지므로 정부기능을 정책단위로 바꾸는 것이 용이해진다. 또한 산출물을 구체화함으로써 책임관계와 성과관리가 명확하게 이루어지는 장점이 있다. 그러나 이러한 장점에도 불구하고 산출물을 구체화하는 작업이 어렵고, 공공부문에서 감가상각을 완벽하게 계산하는 것이 불가능하다는 한계가 있다.

2. 다년도 예산계획

1) 의 의

다년도 예산계획(Multiyear Budget Prgjection)이란 장기적인 관점에서 정책을 설계해 예산을 신축성 있게 운영하기 위해, 예산을 단일 연도가 아닌 다년도로 짜는 것을 말한다. 지출 및 수입에 관한 다년도 예산계획은 통상 5년 정도를 대상기간으로 한다. 이 제도는 장기적인 안목으로 예산을 운영하면 정책결정자들이 자원 제약을 인식해 정부 지출의 팽창을 억제할 수 있다는 취지에서 도입되고 있다. 미국에서는 다년도 예산계획을 1961년부터 도입했는데 1974년 의회 예산 및 지출유보 통제법에서는 다년도 예산계획을 제도화하고 있다. 우리나라에서는 재정 동원과 재정 배분을 기획하고 예산과 계획을 일치시키려는 목적에서 1982년부터 중기재정계획을 시행하고 있다.

2) 한계점

우리나라에서 시행하는 다년도 예산계획은 단일연도 예산제도에서 벗어나 예산의 단위기간을 1년에서 다년도로 연장하는 것을 의미하지는 않는다. 정부가 매년 국회로부터 그 다음 회계연도의 지출에 대해 승인을 얻어야 하므로, 지출 승인에 있어서는 단년도 예산제도이며, 예산계획에 있어서만 다년도 예산계획제도이다. 이는 다년도 예산제도를 채택한 대부분의 OECD 회원국에 있어서도 마찬가지인데, 이때 다년도 예산제도는 단년도 예산제도를 대체하는 개념이라기보다는 장기전망의 다년도 시각을 반영하는 다년도 예산계획제도에 의의를 둔다.

3. 복식부기 및 발생주의 회계제도

1) 의 의

과거 정부가 사용하던 현금주의, 단식부기 회계제도는 재정 상태에 대한 일목요연한 정보 제공 및 성과 중심의 재정운용 체계 구축에 한계가 있었다. 이에 국가회계법(2007년 10월 공포)은 2009년 1월 1일부터 정부 부문에 복식부기, 발생주의 회계제도를 도입하도록 규정하였다. 기존의 현금주의 회계에서는 현금의 수입·지출이 일어날 때를 거래로 보았으나, 발생주의 회계에서는 경제적·재무적 자원의 변동이 일어나는 시점을 거래로 보고 회계처리를 한다. 또한 단식부기는 수입·지출의 결과만을 기록하는 반면 복식부기는 경제적 거래나 사건이 생기면 자산·부채, 수익·비용의 변동을 서로 연계시켜 동시에 기록·관리한다. 따라서 국가 전체의 재정 현황을 종합적·체계적으로 파악하고, 사업별 투입 원가 정보를 산출하여 성과 중심의 재정운용 체계를 구축함은 물론 정보 이용자에게 양질의 투명한 재정정보를 제공할 수 있다.[2]

2) 목 적

복식부기제도의 목적은 첫째, 재정의 효율성과 건전성을 확보한다. 복식부기제도는 발생주의 인식기준에 기초하여 자산 및 부채의 종합관리를 통해 재정 상태와 운영실적을 파악할 수 있게 한다. 둘째, 재정의 회계책임성을 보장한다. 복식부기제도는 정부의 재정 상태를 종합적으로 판단할 수 있게 해준다. 셋째, 재정의 투명성을 확보한다.

---

2 단식부기는 채권, 채무 등을 대상으로 발생된 거래의 한쪽 면만을 기록하는 방식이며, 복식부기는 왼쪽(차변: 자산)과 오른쪽(대변: 부채)에 이중으로 기록하는 회계방식을 말한다. 또한 현금주의는 현금이 유입되면 수입으로, 현금이 유출되면 지출로 인식하는 기준인 데 반해, 발생주의는 경제주체의 경제적 자원의 변동에 따라 거래가 발생한 시점에 자산, 부채, 비용을 인식하는 기준이다.

PART
03

행정의 실제

3

Public
Administration

제8장 정책이론

1. 정책의 의의

1) 정책과학의 등장

원래 정책이라는 말의 'policy'는 'polis'라는 그리스어를 그 어원으로 하고 있으며, 이 polis의 원뜻은 도시국가를 의미하는 말이었다. 그러나 이 말은 근래에 들어와 더욱 그 의미가 다양해짐으로써 "공사에 대한 처리", "공사문제에 대한 신중하고 지혜로운 관리", "정부, 단체, 개인 등이 선택한 일정한 행동경로 내지 방법으로써 현재와 미래의 지침"의 뜻으로 사용되기도 하며, 국리민복을 증진시키려고 행하는 "시정의 방향", "정치상의 방책"이라는 뜻으로 사용되기도 한다. 요컨대 정책이라는 말은 어원적으로는 도시국가(polis), 경찰(police), 정치 (politics)와 같은 뜻을 가지고 있다,

현대적 정책학은 크게 두 가지 이유에 의해 등장했다고 할 수 있다. 첫 번째는, 라스웰(Lasswell, 1951)의 「정책지향(Policy Orientation)」이란 연구이다. 그는 이 연구에서 기존의 연구가 관념론적인 정치학과 미시적인 행태과학 및 관리과학을 중심으로 이루어지고 있다고 비판하면서, 정책중심의 연구가 이루어져야 한

다고 주장하였다. 그러나 그의 주장은 당시의 미국 사회과학을 풍미하고 있었던 행태과학의 위세에 밀려나고 말았다. 두 번째는 후기행태주의의 등장이다. 1960년대 말 미국사회가 흑인폭동과 월남전의 여파로 인해 격동기의 혼란을 겪게 되자 존슨(Johnson) 행정부가 '위대한 사회' 건설과 함께 대대적인 사회복지정책을 추진하면서 이스턴(Easton)은 정치학의 새로운 혁명으로서 후기행태주의를 선언하였다. 후기행태주의는 적실성(relevance)의 신조와 실천(action)을 핵심요소로 행정이 행태론을 탈피하고 정책과 가치를 지향할 것을 요구하였다.

2) 정책의 개념

정책의 개념은 정책학자에 따라 다소 상이하게 규정되고는 있지만 여기서는 정책을 '문제해결 및 변화유도를 위한 공적 수단으로서, 현재 및 미래에 관한 정부의 활동지침'이라고 규정하기로 한다. 정책의 개념을 이렇게 규정할 때 그 속에 내포되는 정책의 속성들은 다음과 같다.

첫째, 정책이란 그 주체가 개인이나 사적 집단이 아닌 정부나 정부의 공공기관이라는 점이다. 물론 경우에 따라서는 정부당국에 의해 권한을 위임받은 개인이나 집단도 정책의 주체가 될 수는 있지만 그럴 경우에도 종국적인 정책의 주체는 그 권한을 부여한 정부당국이라고 보아야 할 것이다.

둘째, 정책은 임기응변적인 조치나 우연한 행동이 아니라 일정한 의도를 가진 정부당국의 목표지향적인 활동이라는 점이다.

셋째, 정책을 통해 구현하려는 가치는 기존 문제의 해결뿐만 아니라 장래에 예측되는 문제에 대한 해결이나 변화까지 유도하려는 것이다.

넷째, 이러한 정책은 주로 복잡하고 동태적 정치·행정적 과정을 통하여 이루어지는데, 이들 과정 속에는 무수한 이해관계자와 변수들이 다양하게 작용하여 정책의 운명을 좌우하게 되는 것이다. 이렇게 볼 때 정책은 규범지향성, 가치지향성, 미래지향성, 변화지향성, 정치성, 행동지향성, 가변성 등의 다양한 성격을 내포하고 있다고 보아야 할 것이다.

3) 정책의 구성요소

일반적으로 정책은 그것을 통해 달성하려는 정책목표와 그 정책목표를 달성하기 위해 이용될 정책수단, 그리고 그 정책이 대상으로 하는 사회 내 특정한 지역이나 계층, 혹은 집단 등의 정책대상으로 구성된다. 이를 흔히 정책의 3대 구성요소라고 부르기도 한다. 다음은 이들 각 요소에 대해 간략하게 설명하기로 한다.

(1) 정책목표

정책목표란 정책을 통해 달성하고자 하는 미래의 바람직한 상태를 의미한다. 정책목표는 시간적으로는 미래의 특정 시점에 목표를 맞추고 있으며, 그러한 목표를 향한 방향과 지침을 제공한다. 즉 현재 상태로 방치한다면 결코 도달할 수 없는 상태를 정책을 통해서 실현시키고자 하는 의도적인 활동내용을 의미한다. 따라서 정책목표는 정책 그 자체의 존재이유가 되기도 한다. 정책을 집행한 결과 나타나는 정책결과(policy outcome)에는 정책효과(policy effect), 부수효과(side effect), 부작용, 정책실현을 위해 지불한 사회적 비용도 포함된다.

(2) 정책수단

정책수단이란 정책목표를 달성하기 위해서 사용하는 인적·물적자원은 물론 전략과 기술 등 유형·무형의 조건을 의미한다. 이러한 정책수단은 국민들에게 직접 영향을 미치기 때문에 이를 둘러싼 이해관계자의 갈등은 치열하다. 즉 정책목표달성을 위해 어떠한 정책수단을 사용할 것인가의 문제는 사용될 정책수단의 성격에 따라 대상집단은 물론 일반 국민들에게도 상당한 영향을 미칠 수 있기 때문에 이들 간의 이해관계에 따라 상당한 갈등이 야기될 수 있는 것이다. 이러한 정책수단은 실질적 정책수단과 실행적 정책수단 그리고 보조적 정책수단 등이 있다.

(3) 정책대상(집단, 지역, 계층)

정책은 이상과 같은 정책목표와 정책수단 이외에도 당해 정책의 적용을 받게 되는 집단이나 지역 혹은 계층 등이 또한 정책의 주요 구성요소가 된다. 이를 흔히 정책대상집단(policy target group)이라고 하며, 이들은 당해 정책으로부터 혜택을 받는 집단과 그 정책 때문에 손해나 희생을 받는 집단으로 구분된다. 이처럼 정책으로부터 혜택을 받는 자들을 정책수혜집단이라고 하며, 정책 때문에 희생을 당해야 하는 사람들을 정책비용부담집단이라고 한다.

2. 정책의 유형

1960년대 전개된 정책유형론은 정책의 유형과 성격에 따라 정책과정이 달라진다고 보고 정책을 독립변수로, 정책환경이나 과정을 정책의 종속변수로 보고 정책의 유형을 연구하였다. 정책을 기능과 영역에 따라 구분하면 문화정책, 경제정책, 교통정책, 교육정책, 통일정책, 외교정책, 국방정책 등으로 분류할 수 있으나 일반적으로는 정책의 성격에 따라 다음과 같이 분류하고 있다.

표 8-1 정책의 성격과 내용에 따른 분류

학 자	정책분류
앨먼드(Almond) & 파월(Powell)	배분정책, 규제정책, 추출정책, 상징정책
로위(Lowi)	배분정책, 규제정책, 재배분정책, 구성정책
솔리스버리(Salisbury)	분배정책, 규제정책, 재배분정책, 자율규제정책
리플리(Ripley) & 프랭클린(Franklin)	분배정책, 경쟁적 규제정책, 보호적 규제정책, 재분배정책

1) 기능적 정책유형

정책의 유형을 기능에 따라 분류한다는 것은 주로 정부의 부처별 기능과 관련하여 정책을 분류하는 것으로서 가장 전통적이고 보편적인 정책의 분류방식인 것이다. 즉 이는 정책의 유형을 안보정책, 노동정책, 외교정책, 복지정책, 농업정책, 통일정책, 상공정책, 건설정책 등으로 분류하는 방식을 말한다. 이러한 분류방법은 이미 우리가 잘 알고 있는 입법부(의회 내의 각 상임위원회)나 행정부(행정 각 부처)의 조직을 반영하는 것으로서 우리의 경험과 상식을 정리하는 분류방법인 것이다. 그러나 정책의 유형을 이렇게 분류하는 경우 정책에 따라서는 그 기능이 정부의 어느 부처에 속하는지 알 수 없는 것이 있을 수 있고, 처음부터 2가지 이상의 다목적 기능을 수행하도록 의도한 정책들이 많아지고 있기 때문에 정확한 분류가 어려운 것이다. 이러한 어려움 때문에 정책유형에 관한 또 다른 분류방법이 필요하게 된 것이다.

2) 성격에 따른 정책유형

(1) 분배정책(distributive policy)

분배정책이란 특정한 사회부문에 대하여 정부가 서비스나 혜택(권리나 이익)을 분배하는 것을 내용으로 하는 정책이다. 분배정책에서는 포크배럴(pork barrel)[1] 이나 로그롤링(log rolling)[2]과 같은 정치적 현상이 나타난다.

그 효과가 주로 경제적이라는 점, 유사한 요구를 하는 모든 개인이나 집단에게 혜택을 준다는 점에서, 한쪽에서 받아 다른 한쪽에 주는 재분배정책과는 다르다고 하겠다. 예컨대 정부보조금, 국유지, 권리, 지위, 이전지출(transfer payments) 등을 어떤 집단이나 계층에 얼마나 분배하느냐 하는 내용의 정책이 분배정책인 것이다.

이는 정부에 의한 고속도로, 항만건설 등의 사회간접자본 구축이나 기업에 대한 수출보조금, 융자금지원, 농어촌소득증대사업지원, 무의촌에 대한 보건진료, 국공립학교를 위한 교육서비스의 제공 등이 모두 여기에 해당된다고 하겠다.[3] 분배정책에서는 비수혜 집단의 반발이 제한적이기 때문에 역설적으로 기존

---

1 포크배럴(pork barrel politics)은 구유통 정치 또는 돼지고기통 정치라고도 하며 국가예산으로 사업을 집행하는 분배정책에서 흔히 발생하며, 정치인들이 인기에 민감한 나머지 지역구민에 대한 선심사업을 위해 예산을 많이 확보하려는 갈라먹기 전략이다.

2 로그롤링(log-rolling)은 협력하여 통나무를 굴리는 현상에서 비롯된 의미로 특정 사업을 통과시키기 위한 '투표의 거래' 또는 '투표의 담합'이라고도 하며 자신의 선호와는 무관한 대안에 투표하는 행동을 보이는 집단적 의사결정을 말한다.

3 분배정책은 자원이 불특정 다수로의 국민들로부터 확보되기 때문에 재원 부담자의 저항이 강하지 않다.

수혜집단의 혜택이 쟁점화되지 않은 채 안정적으로 지속될 수 있다. 특히 의회 (소위원회), 정부(관료), 이익집단 간 상호이해가 견고하게 형성된 하위정부모형이 형성될 때 이러한 현상은 더욱 분명해진다.

(2) 규제정책(regulative policy)

규제정책이란 개인이나 집단에 대해 정부가 가하는 규제나 통제·간섭 등과 관련된 정책을 뜻한다. 이러한 정책의 내용은 규제받는 행동의 종류와 수, 피규제집단의 특성, 시행상에 나타나는 절차적 제약, 그 정책에 대한 집행상의 순응 확보전략으로서의 처벌의 유형과 강도 등에 따라 특징 지어진다. 그 결과 규제정책에서는 누가 손해를 보고, 누가 혜택을 보는지를 놓고 벌이는 이해당사자 간의 제로섬(zero sum) 게임이 벌어지고 참여자들 간에 갈등이 발생할 가능성이 높다. 리플리(Ripley)와 프랭클린(Franklin)은 이러한 규제정책을 보호적 규제정책과 경쟁적 규제정책으로 양분하고 있다.

① 보호적 규제정책

보호적 규제정책은 최저임금제, 각종의 가격통제 그리고 식품 및 의약품에 대한 사전허가제 등과 같이 사회 속의 제반 공사활동에 대해 특정의 조건을 설정하여 국민의 생활을 보호하고자 함을 목적으로 하는 정책을 뜻한다. 즉 대기오염, 위험한 작업조건, 불공정한 작업조건, 불공정한 노동쟁의 등과 같이 국민에게 해로운 것으로 여겨지는 활동 및 조건을 규제·금지·보호하는 정책을 말한다.

② 경쟁적 규제정책

여기서 경쟁적 규제정책이란 정부가 특정한 재화나 용역을 제공할 수 있는 권리를 수많은 잠재적 혹은 실제적 경쟁자들 중에서 특정한 사인이나 권리를 지정·선택하여 부여하는 것과 같은 규제정책을 의미한다. 이러한 경쟁적 규제정책의 대상이 되는 재화나 용역은 그것의 희소성 때문이나, 그것의 할당방식에 관한 일반대중의 이해관계가 대립되어 있으므로 정부의 개입·규제가 요구되는

따라서 자원을 분배받지 못한 집단이 비용을 더 부담하는 것은 아니기 때문에 경쟁 당사자 간 제로섬 (zero sum) 게임의 승자-패자식 대립관계는 드물다.

것들이다. 예컨대 정부가 특정한 항공회사로 하여금 특정한 노선을 운영할 수 있도록 한다든가, 특정한 이동통신회사나 방송국으로 하여금 무선통신주파수나 TV채널을 사용할 수 있도록 허가해 주는 것과 같은 경우이다.

이와 같은 경쟁적 규제정책의 규제방식은 정부가 특정한 업자에게 그러한 권리를 부여하는 데 요구되는 특정한 자격이나 기준을 제시한다든가, 그러한 권리를 향유할 수 있는 일정한 기간을 설정함으로서 경쟁을 정규화·정기화시키는 것이다. 그리고 권리를 따내기 위한 경쟁에서 승리자에 대해서는 그 권리행사가 제대로 수행되고 있는가를 정기적으로 감사하는 방법을 통해 규제하기도 한다.

③ 자율적 규제정책

규제 대상이 되는 당사자 또는 집단이 그 활동에 대해 스스로 규제 기준을 설정하고 집행까지 할 수 있도록 하는 정책을 말한다. 즉 특정한 전문인 집단에게 자율성과 함께 필요한 규제까지 동시에 부과하는 것을 말한다. 예컨대 변호사, 약사, 미용사 등과 같이 영업 활동에 대한 규제 내용을 업종에 종사하는 회원의 단체가 스스로 정하고 감시하는 정책유형이다.

(3) 재분배정책(redistributive policy)

재분배정책이란 예컨대 불우계층을 위한 직업훈련사업, 실업자 구제사업, 누진세 제도의 실시, 기초생활 보호대상자들을 위한 의료보호 등과 같이 사회 내의 주요 계급이나 계층, 혹은 집단 간에 나타나 있는 부, 재산, 권리 등의 분포 상태를 재정리·변화시키고자 하는 정책을 뜻한다. 즉 이러한 정책은 어떤 집단의 희생하에 다른 집단에게 가치를 이전하는 정책이므로 일반적으로 고소득층의 부나 소득을 저소득층에게 이전시켜 주거나, 저소득층에 유리한 각종의 사회적 급부를 제공해 줄 것을 목적으로 하는 경우가 많다. 재분배정책은 사회적으로 강한 갈등이나 이해관계의 대립이 발생하기 때문에 규제정책보다 갈등이 더 가시적이다.[4]

---

4 재분배정책은 일반적으로 제로섬(zero sum) 게임 또는 win-lose 게임으로 인식된다. 즉, 비용을 부담하는 집단과 수혜집단 간에 첨예한 대립을 야기하기 쉽다.

(4) 구성정책(constituent policy)

구성정책이란 정치체제의 조직변경 또는 정부기관의 신설 및 변경 등에 관한 정책을 말한다. 다시 말해 정부의 부처를 신설하거나 선거구의 조정, 중앙과 지방 혹은 정부부처의 상호 간의 역할배분 등 정부기구의 구조나 기능변화를 목적으로 하는 정책을 의미한다. 정책유형 분류에서 구성정책을 제시한 로위(Lowi)는 정책을 분배정책, 규제정책, 재분배정책, 구성정책으로 유형을 분류했으나 그 개념이나 내용 등에 관해서는 뚜렷한 설명을 하지 않고 있다. 요컨대 구성정책이란 정치체제의 기능을 조직화하고 체제의 구조와 운영에 관련된 정책이라고 할 수 있다.

(5) 추출정책(extractive policy)

추출정책이란 조세나 병역, 그리고 노역정책 등과 같이 국내 및 국제 환경으로부터 각종 인적·물적 자원을 동원·추출하는 것과 관련된 정책을 의미한다. 따라서 추출정책은 정부가 동원·추출하는 추출물의 종류와 양, 그리고 추출의 대상은 물론 그 방법 및 절차 등이 신중히 검토되어야 한다. 예로는 징세, 징집, 노력 동원, 모집, 성금모금, 준조세, 토지나 물자수용 등이 있다.

(6) 상징정책(symbolic policy)

상징정책이란 정부의 정책결정체제가 국내 및 국제사회에 공표하는 상징적인 판단, 가치선택, 결정 등과 관련된 정책을 말한다. 즉 정부에 의한 가치의 확인, 국기게양, 각종의 군대 및 관공서의 의식, 외국에 대한 합법적 정부의 인정, 정치지도자들에 의한 정책의 천명 등을 말한다. 이러한 정책들은 대부분 그 집행을 위한 정부의 비용을 요구하지는 않지만 국민의 가치나 사고, 행동 등에 상당한 영향을 미치게 된다. 예로는 국경일, 국기·국화의 제정, 동상, 특정 인물의 영웅화, 2002년 월드컵, 숭례문 복원 등이 있다.

한편 윌슨(Wilson)은 정부규제로부터 감지되는 비용과 편익의 분포 특성에 따라 정책유형을 네 가지로 구분하고 각 정책유형별로 규제정치 상황의 차이점을 논의하였다. 윌슨의 규제정치이론은 비용과 편익을 중심으로 한 정치적 상황과 원인에 관심을 가진다.

첫째, 고객정치(client politics)는 수입규제와 같이 정부규제로 인해 발생하게 될 비용은 상대적으로 작고 이질적인 불특정 다수인에게 부담되지만 그것의 편익은 대단히 크며 동질적인 소수인(혹은 소수의 기업)에 귀속되는 상황이다. 규제기관은 조직화된 소수의 피규제산업(편익집단)에 의하여 포획(적극 찬성)당하는 반면, 다수의 비용부담집단에서는 집단행동의 딜레마가 일어나 가장 쉽게 규제가 이루어진다. 즉 조직화된 소수가 다수를 이용하는 미시적 절연(micro decoupling)이 발생한다. 수입규제, 직업면허, 택시사업 인가 등 대부분의 협의의 경제규제가 해당된다.

둘째, 이익집단정치(interest group politics)는 한·약분쟁의 경우처럼 정부규제로부터 예상되는 비용과 편익이 모두 소수의 동질적인 집단에 국한되고 쌍방이 모두 막강한 조직적인 힘을 바탕으로 첨예하게 대립하는 경우로서 규제기관이 어느 한 쪽에 장악될 가능성이 약하다. 노사규제, 의약분업규제, 중소기업 간 영역규제 등이 해당된다.

셋째, 기업가적 정치(entrepreneurial politics)는 환경오염규제처럼 비용은 소수의 동질적 집단인 오염업체에게 집중되고 편익은 불특정 다수인 일반시민들에게 분포되는 경우를 말한다. 이때 정책선도자들이 집단행동의 딜레마에 빠져 모래알처럼 흩어진 시민들의 의사를 결집하여 환경규제에 저항하는 오염업체에 대한 비판활동을 하는 것이다. 의제 채택이 가장 어려우며 극적인 사건이나 재난, 위기 발생이나 기업가(운동가)의 활동에 의해 규제가 채택된다. 환영오염규제, 안

표 8-2 Wilson의 규제정치모형

구 분		감지된 편익	
		집 중	분 산
감지된 비용	집중	이익집단정치	기업가적 정치
	분산	고객의 정치	대중적 정치

자료: Wilson(1986: 430).

전규제, 약자보호규제 등이 해당된다.

넷째, 대중적 정치(다수의 정치)는 규제비용과 편익이 모두 이질적인 불특정 다수에게 미치지만 개개 기업 혹은 개인으로 보면 그 크기는 작은 경우이다. 규제의 필요성이 공익단체에 의해 제기되며, 독과점 규제, 낙태 규제, 종교활동 규제, 신문이나 방송 규제 등이 해당된다.

3. 정치체제와 정책환경

정책은 정치체제의 산물이므로 정치체제가 갖는 다양한 특성에 의해 영향을 받는다. 또한 정치체제를 둘러싸고 있는 외부환경도 정책에 영향을 미친다. 체제론적 관점에서 보면 정부는 외부로부터 요구와 지지를 받아들여 그에 걸맞은 결과를 정책으로 산출하는 체제라고 할 수 있기 때문이다. 즉 정책은 정치체제의 특성에 의해 영향을 받을 뿐만 아니라 경제여건, 사회상태, 문화수준, 자연환경 등과 같은 외부환경들에 의해서도 영향을 받는다.

정책환경은 정치체제에 여러 요소들을 투입함으로써 정책에 영향을 미친다. 그런데 정책환경의 투입(input)은 요구(demand)와 지지(support)로 나뉜다. 첫째, 정치체제에 대한 환경의 요구는 사회문제의 해결을 요구하는 형태로 나타난다. 예를 들면 주택문제, 교통문제, 환경문제 등을 해결해 줄 것을 요구하는 것이다. 이는 정책과정의 출발점으로서 이러한 환경으로부터의 요구가 있게 되면 정치체제의 정책활동이 시작된다.

둘째, 정책환경의 요구가 아무리 강해도 정치체제가 이를 해결할 능력이 없으면 정치체제는 이에 상응하는 정책을 산출할 수가 없다. 따라서 정치체제가 정책환경의 요구에 부응하는 정책을 제공하기 위해서는 이에 필요한 능력을 정책환경이 제공해 주어야 한다. 이를 '지지'라고 한다. 이는 정치적 지지를 비롯하여 정치체제의 활동에 필요한 인적자원과 물적자원의 제공을 포함한다.

4. 정책결정요인론

정책결정요인론이란 정책을 종속변수로 보고 정책의 내용을 결정하는 요인이 무엇인지를 규명하는 이론이다. 정책에 영향을 미치는 요인이 정치적 변수라는 미국 내 정치학자들의 입장과 경제사회적 환경이라는 경제학자들의 주장이 상호 논쟁을 벌이게 되면서 정책결정요인론이 대두되었다.

이러한 논쟁은 행정학자들이 환경의 중요성을 강조한 생태론 및 비교행정론 등에서 전개되었고 정치학자들은 참여경쟁모형을 통해 정치적 변수(정당 간 경쟁, 투표율, 선구구역 획정의 공정성)가 정책에 영향을 미치는 변수임을 강조하여 여러 정치학자들의 지지를 확보하였다.

그러나 1950년대 페브리칸트(Fabricant)는 미국 주정부의 예산을 분석하여 1인당 소득, 인구밀도, 도시화 등의 변수가 주정부 예산지출의 결정요인이라고 주장하였다. 또한 브레이져(Brazer)는 미국의 462개 도시를 대상으로 연구한 결과 사회·경제적 요인 중 인구밀도, 가구소득, 다른 정부기관으로부터의 보조 등이 시정부의 지출에 가장 큰 영향을 미친다고 주장하였다. 경제학자들의 이러한 연구는 정치적 요인(정치체제)보다 사회·경제적 요인(정책환경)의 중요성을 역설하고 이를 입증함으로써 정치학자들에게 큰 충격을 주게 되었다.

특히 경제학자뿐만 아니라 1960년대 정치학자들의 연구 결과도 정치적 변수보다 사회·경제적 요인이 더 중요한 변수임을 입증함으로써 이들의 주장은 설득력을 얻게 되었다. 도슨과 로빈슨(Dawson & Robinson)은 1963년 정당 간 경쟁이 치열할수록 사회복지비는 증가하지만 이것은 도시화, 산업화, 소득이라는 사회·경제적 변수가 작용했기 때문이라고 주장하였다.

하지만 정책결정요인론은 몇 가지 비판점을 가지고 있다. 첫째, 변수 선정의 부적설성으로 계량화가 곤란한 중요한 정치적 변수(규제정책, 노사교섭, 단체행동 등)가 연구에 포함되지 않았다. 둘째, 정치적 변수의 과소평가로 계량화가 곤란한 정치적 변수는 과소평가하고 계량화가 가능한 사회·경제적 변수만 과대평가되었다. 셋째, 정책이나 정치체제가 거꾸로 환경에 영향을 미칠 수 있는 있음을 고려하지 않았다. 넷째, 정치체제가 중개경로의 역할을 할 수 있다는 점을 간과하였다.

비록 정책결정요인론이 방법론적 한계로 인해 정치·행정학자들에 의해 비판을 받고 있지만 정책환경이 정책의 전반적 내용에 영향을 미친다는 것은 부인하기 어렵기 때문에 정책환경의 중요성을 부각시켰다는 점에서 의의를 찾을 수 있다.

5. 정책과정

정책은 그것이 정책으로 작성되고 집행을 거쳐 그 본래의 목적을 달성하기까지는 복잡하고 다양한 과정을 거치게 되는데 이러한 과정을 정책과정(policy process)이라고 한다. 즉 정책은 문제의 발생단계에서부터 정책의제의 채택을 거쳐 정부당국에 의한 정책의 결정, 그 정책의 집행, 집행결과에 대한 평가, 평가결과의 환류 등과 같은 일련의 복잡하고 동태적인 과정을 밟게 되며 이러한 일련의 연속·순환과정을 정책과정이라고 하는 것이다. 그러나 현실적으로 하나의 정책이 출발에서부터 결과에 이르기까지 밟게 되는 단계는 그렇게 간단하거나 식별이 용이한 것이 아니며 전·후가 분명한 순차적 과정을 거치는 것도 아니다. 정책과정은 그 정책의 유형이나 내용에 따라서는 물론 참여자나 환경적 여건에 따라서도 상당히 달라질 수 있다. 이처럼 정책과정은 개별정책에 따라 그 과정의 양상도 현저하게 달라질 뿐 아니라 그 내용이나 성격도 달라지는 것이다. 이러한 일련의 정책과정은 정책의제설정 → 정책결정 → 정책집행 → 정책평가라는 4개의 과정으로 구분하여 이해할 수 있다.

정책의제설정(policy agenda setting)은 다양한 사회문제 중에서 일정한 문제들이 정책적 해결을 요구하며 정부정책결정기구의 관심대상으로 부각되고, 그것이 정책결정체제의 정책결정대상 항목으로 선정 혹은 채택되는 과정을 뜻한다. 이 과정은 정책과정 중에서도 가장 첫 번째 단계의 과정이며 정치세계와 정부의 정책결정체제가 접합되는 연결점인 것이다. 특히 의제형성과정은 사회문제의 정책화를 요구하며 그 문제를 주도해 나가는 주체가 다름에 따라 그 과정의 양상도 현저하게 달라진다.

정책결정(policy makings)은 정책의제로 채택된 주제에 대하여 최상의 정책을 결정하는 단계이다. 이 과정은 공식·비공식 참여자와 다양한 압력주체들이 상호 영향을 주고받는 매우 동태적 과정이며 정치권력의 영향력이 함께 작용하는 정치적 과정이기도 하다. 또한 이해관계를 달리하는 수많은 개인 및 집단들이 보다 자기들에게 유리하게 정책이 결정될 수 있도록 갖가지 전략과 수단을 동원해 나가는 경쟁과정의 속성도 나타내고 있다. 그리고 이 정책결정과정은 다시 i) 문제의 정의 및 정책목표의 설정 ii) 정보 및 자료의 수집·분석 iii) 정책대안의 탐색 iv) 정책대안의 미래예측 v) 대안의 비교 및 평가 vi) (최적)대안의 선택이라는 과정으로 세분되는 것이다.

정책집행(policy implementation)은 정책결정체제가 산출한 정책을 정책집행기관이 실현시켜 나가는 과정이다. 이 과정은 다시 정책집행의 준비단계와 실행단계로 나뉘며 집행준비단계는 집행계획의 수립, 집행담당 조직구성, 인사·예산배정, 기타 관련자원의 지원 등을 뜻하며, 실행단계는 집행계획과 주어진 자원을 활용하며 이를 행정활동으로 옮겨 나가는 것을 말한다. 집행과정 역시 집행담당자와 다양한 이해관계자들, 그리고 수혜집단과 비용부담집단들 간의 경쟁과 대립이 활발히 전개되는 동태적 과정인 것이다.

정책평가(policy evaluation)는 집행이 이루어지고 난 정책에 대해 본래의 정책목표를 달성했는가에 대한 평가와 피드백이 이루어지는 과정이다. 정책이 의도한 효과를 보이고 국민의 지지를 받은 경우에는 그 생명이 지속되겠지만 그렇지 못한 경우 정책의 내용이 수정되거나 심지어 정책의 생명을 다하는 정책종결을 맞게 된다. 이 과정은 평가체제의 위치에 따라 내부평가와 외부평가로 구분될 수 있으나 양자는 평가기준에 차이가 있을 뿐, 그 세부과정에는 큰 차이가 없으며 정보자료의 수집 → 평가기준설정 → 평가 및 시정조치 → 환류 등으로 이루어진다.

제2절 정책의제설정과 정책목표

1. 정책의제설정

1) 정책의제의 의의

정책형성은 정책을 만들어 공급하는 과정이다. 정책이 정치·경제적 상호작용의 결과물이라는 것은 곧 정책이 복잡한 다수 이해관계자들의 지속적인 협상의 결과물임을 의미한다. 따라서 정책형성과정은 정치·경제적 수용성을 확보하는 데 중요한 의미를 갖는다.

정책형성과정은 정책문제의 발견과 정부 개입의 정당성을 확인하는 일련의 활동을 포함한 정책의제설정과정, 정부 개입의 정도와 실현 가능한 문제 해결 목표의 설정과정, 이들 목표를 실천적으로 구현할 수 있는 적절한 대안을 분석하고 채택하는 과정으로 구분된다.

정책과정의 첫 번째 단계인 정책의제설정과정은 1960년대 대규모 흑인폭동을 계기로 특정 사회문제가 왜 정책문제화 되지 못하는가에 관심을 가지면서 연구의 대상이 되었다. 정책문제(policy problem)란 사회 내의 수많은 쟁점적 문제들 중에서 정부의 정책적 고려의 대상이 되어야 할 문제를 말하며, 정책의제(policy agenda)란 그러한 정책문제들 중에서도 정부의 정책결정체제가 실제의 구체적인 정책으로 다루기 위해 공식적으로 채택한 문제를 말한다. 이를 콥(Cobb)과 앨더(Elder)는 체계적 의제(systemic agenda)라 부르고 이스턴(Easton)은 공중의제라 불렀다. 이 중 정책의제란 정책담당자들의 토의안건으로서 여러 경로를 거쳐 정책담당자들의 의사결정 영역에 포함된 의제를 말한다.

2) 정책의제설정의 중요성과 3종오류

정책의제설정은 문제해결의 첫 단계이자 가장 많은 정치적 갈등이 발생되는 단계로 정책목표나 정책대안의 실질적인 제한과 범위의 한정이 여기서 이루어진다. 어떤 문제가 정부 관료제에 의해 정식 논의대상으로 채택되느냐 되지 못하느냐의 문제이므로 매우 중요한 단계이다. 즉 정책의제설정은 정책과정을 태동시키는 과정이며 기능적으로는 정책체제에 대해 환경으로부터 이루어지는 요구 및 지지의 투입과정이 된다. 또한 정책의제설정은 정책체제의 입장에서 보면 정책환경의 요구와 지지를 수용하는 과정이기 때문에 결국은 환경과 정책체제가 상호 접목하는 과정이 되는 것이다. 따라서 정책의제설정과정은 거버넌스로서의 행정현실에서 정치영역과 행정영역을 연결해주는 가장 핵심적인 부분이며 정책과정의 최초단계로서 다른 어느 단계에 못지않게 중요한 것으로 인식되고 있다.

정책문제의 정의는 정책목표를 설정하고 정책대안을 탐색하는 등 1차적인 정책내용의 범주를 결정해 준다. 따라서 정책목표를 설정하고 수단을 탐색하는 것은 정책문제의 원인이 어떻게 규정되느냐에 달려있다. 이러한 관점에서 바람직한 문제정의를 위해서는 먼저 문제의 정확한 파악이 선행되어야 한다. 그리고 정책문제의 결과를 감안하여 중요하다고 판단되는 구성요소를 선정하고 그것에 대한 원인과 결과를 규명해야 한다.

그러나 현실적으로 이러한 작업이 제대로 수행되지 못하고 문제의 구성요소들 중에서 해결되어야 할 것을 잘못 선택함으로써 문제를 잘못 정의하는 근원적인 오류가 발생한다. 이처럼 문제의 구성요소 중에서 해결해야 할 문제를 잘못 파악하여 잘못된 구성요소를 선택하고 그것에 대한 문제정의에 따라 정책이 결정되는 것을 정책의 3종오류(meta error)라고 한다.

이와 더불어 정책대안의 선택과정에서 발생하는 오류로 1종오류(α error), 2종오류(β error)가 있다. 1종오류는 정책의 효과가 없는데 있다고 판단하는 오류이며 틀린 대안을 채택하는 오류를 의미한다. 즉 귀무가설[5]이 옳은데도 그것을

---

5 설정한 가설이 진실할 확률이 극히 적어 처음부터 버릴 것이 예상되는 가설을 의미한다.

표 8-3 정책오류의 유형

제1종오류(α error)	제2종오류(β error)	제3종오류(meta error)
틀린 대안 선택하는 오류	옳은 대안 선택하지 않는 오류	정책문제를 잘못 인지하여 발생하는 근원적 오류
옳은 귀무가설 기각하는 오류	틀린 귀무가설 선택하는 오류	
틀린 대립가설 선택하는 오류	옳은 대립가설 기각하는 오류	
귀무가설: '차이가 없다' 또는 '효과가 없다'라는 가설		

기각하는 경우이다. 제2종 오류는 대안의 정책효과가 있는데 없다고 판단하는 오류를 의미한다. 즉 귀무가설이 옳지 않은데도 그것을 채택하는 경우를 말한다.

3) 정책의제설정의 유형

정책의제설정은 수많은 사건과 사태 등의 복잡한 변수들이 다양한 모습으로 작용함으로써 실상을 파악하기 어려우며, 설사 동일한 문제라고 하더라도 때와 상황, 관련된 사람들 등에 따라 그 양상을 달리함으로써 의제설정과정을 명확하게 파악하기란 여간 힘든 상황이 아니다.

Cobb & Ross 등은 정책의제의 형성과정을 쟁점이나 정책제안(policy proposal)의 제기(initiation)단계로부터 출발하여, 그것에 관한 구체화(specification)단계, 확산(expansion)단계, 그리고 정부에 진입(entrance)단계 등의 4가지 과정으로 이루어진다고 주장한다. 이들은 또한 쟁점이나 정책안의 성격 및 그것이 공식의제로 채택되는 접근양상의 차이에 따라 외부주도형(outside initiative), 동원모형(mobilization), 내부접근모형(inside access model)과 같이 3가지 모형으로 분류하고 있다.

첫째, 외부주도형은 공식적 정부구조의 외부집단에 의해 쟁점이 제기되어 공중에게 확산됨으로써 일차적으로는 공중의제(formal agenda)가 되고 최종적으로 공식의제로 채택되는 정책의제형성과정을 거치는 모형을 말한다. 즉, 외부주도형의 의제형성과정은 사회문제 → 사회적이슈 → 공중의제 → 정부의제라는 과정으로 진행된다. 이 모형은 주로 다원화된 선진국에서 일반적으로 나타난다.

둘째, 동원모형은 어떤 쟁점이 정부 내부에서 제기되었을 때 거의 자동적으로 공식의제로 채택되는 과정과, 그것이 정책으로 입안되고 난 후 성공적인 집행을 위해서 공중의 지지와 협조가 필요함에 따라 이를 위해 정부의제를 역으로 이슈화 및 공중의제화 하는 모형이다. 전문가의 영향력이 크고 정책결정과정과 내용이 분석적이다. 민간의 지지가 낮을 때 정부가 민간의 힘을 동원하는 모형으로 외부주도형에 비해 비교적 쉽게 의제설정이 이루어진다. 동원모형의 의제형성과정은 사회문제 → 정부의제 → 사회적 쟁점 → 공중의제 등의 과정으로 세분화될 수 있다.

셋째, 내부접근형은 불만이나 정책제안이 정부영역 내부에서 제기되어 공식의제로 채택되는 경우를 설명하는 모형이지만, 동원모형과는 달리 주창자들이 그 쟁점을 정부영역 밖의 일반대중에게 확산시키기를 바라지 않기 때문에 공중의제화의 단계를 거치지 않고 바로 정부의제로 채택하도록 하는 경우를 설명하는 모형이다. 내부접근형은 사회문제 → 정부의제의 과정을 거치며 공중의제가 형성되지 않는다.[6] 즉 의제형성과정은 많은 다양한 사회문제들이 정부의 정책적 조치에 의해 처리·해결되기를 요구하면서 정책결정체제로 투입되어 가는 과정을 의미하는 것이다.

4) 정책의제설정의 영향요인

정부의 정책결정체제 내부에서 정책의제형성에 영향을 미치는 요인들은 일일이 열거할 수 없을 정도로 다양하다. 가장 위로는 통치이념에서부터 통치구조, 그리고 그 구조를 기능화시키는 정치·행정인은 물론이고, 정책결정기구의 지위·법제·절차 및 동원 가능한 자원의 양과 질 등 복합적인 역학관계가 작용한다. 이를 몇 개의 영향요인으로 분류해 살펴보면 다음과 같다.

첫째, 정책문제의 성격이다. 어떠한 정책문제가 사회에 미치는 영향이 크고 넓을수록 의제화 가능성이 높다. 또한 정치체제가 안정될수록 관례화된 정책문제는 거의 자동적으로 의제화된다. 정책문제의 해결 가능성도 영향을 미친다.

---

6 외부주도형은 의사결정비용은 증가하나 집행에 대한 순응 확보를 위한 노력이 필요 없게 되므로 집행비용은 감소한다. 동원형은 정부가 의제를 일방적으로 채택한 후 문제를 행정PR 등에 의하여 이슈화 및 공중의제화 한다.

정책담당자가 충분히 이해 가능하고 해결이 용이할 때 의제화가 쉬운 반면 정책문제가 복잡하면 의제화는 어려워진다. 또한 관련 집단들에 의해 예민하게 쟁점화된 것일수록 갈등해결의 필요성이 높아져 의제화 가능성이 크다.

둘째, 정치체제의 특성이다. 의제설정권자가 독단적이고 권위적일수록 자신의 뜻에 맞는 것만을 정책의제로 채택하려 할 것이다. 반면에 민주적이고 관용적일수록 외부집단이나 부하들의 의견에 따른 의제화가 이루어질 수 있다. 또한 상부기관의 지시와 통제가 잦을 때, 그리고 지시가 포괄적인 경우보다 구체적일 때 의제설정권자의 영향이 크다. 한편 민주적인 조직일수록 하의상달이 잘될 수 있는데, 이렇게 되면 하위 조직원들도 의제설정에 영향을 미칠 수 있다.

셋째, 정책 이해관계자의 특성이다. 이해관계자는 정책으로 인해 이익을 얻거나 손해를 감수해야 하는 집단을 의미한다. 이들 집단 중 정책의제화를 요구하는 집단의 규모가 클수록, 그리고 정책 영향력이 클수록 정책의제화될 가능성이 높다. 정책이해관계자의 조직화 정도도 영향을 미친다. 조직화 정도가 높은 경우에는 조직비용이 낮기 때문에 상대적으로 쉽게 의제화된다. 특히 문제인지 집단의 자원, 즉 재원, 인력, 네트워크, 이용 가능한 수단들이 많을수록 의제화 가능성이 높아진다.

넷째, 정치적 요인이다. 정치체제의 구조가 집권적 체제하에서는 동원형 또는 내부접근형이 일반적이고 분권적 체제하에서는 외부주도형이 일반적이다. 대체로 민주적인 정치체제일수록 공공문제가 정책의제화될 가능성이 높으며, 정치이념이 사회주의에 비해 자유주의일 경우 정책의제 설정이 좀 더 개방적으로 나타날 수 있을 것이다. 또한 사회적 관심을 불러일으킬 정치적 사건은 정책의제설정과정에서 점화장치(triggering device)의 역할을 하게 됨으로써 공공문제가 정책의제로 설정되는 데 중요한 요인으로 작용한다.

2. 정책의제설정에 관한 접근이론

1) 다원주의, 조합주의

다원주의(pluralism)는 소수의 개인이나 집단이 아니라 다수의 집단이 정책결정의 장을 주도하고 이들이 정치적 조정과 타협을 거쳐 도달한 합의가 정책이 된다고 본다. 사회는 다양한 이해를 중심으로 조직화된 이익집단에 의해서 구성되고 이들 집단은 자신들의 이익을 정부정책에 반영시키기 위하여 상호 간에 견제와 경쟁을 한다. 이 과정에서 각 집단의 힘이 동등하지는 않지만 많은 집단이 권력을 분점하고 있기 때문에 어느 한 집단의 이익만이 지배적으로 반영되지 않고 적당한 균형점을 찾아 합의에 이른다. 단순히 어떤 이익에 대한 합의뿐만 아니라 이들은 그런 합의에 도달하는 과정에 대한 게임의 법칙에도 합의가 이루어져 이해조정 과정상의 질서가 유지된다고 본다. 즉 정부는 이익집단과 동등한 하나의 집단으로서 이익을 조정하는 중개인이나 게임을 진행하는 수동적(중립적)인 심판관 역할을 수행한다.

신다원주의(neopluralism)는 순수다원주의를 부분적으로 비판하면서 무의사결정론, 신엘리트이론의 요소를 부분적으로 수용하는 관점으로서 정부가 좀 더 전문적·능동적으로 기능한다고 본다. 신다원주의의 특징은 첫째, 자본주의 국가에서는 기업집단에 특권을 부여할 수밖에 없다. 둘째, 정부는 중립적 조정자가 아닐 수 있으며, 전문화된 체계를 갖춘 능동적 개입자로 전제된다. 따라서 특수이익집단(기업이익)의 우월적 존재가능성을 인정한다. 셋째, 선거 등의 외적 요인보다는 국가관료 간의 내적 견제, 정부기구의 분화를 통한 민주주의 확립의 필요성을 강조한다.

조합주의(corporatism)는 다원주의에 대한 반발로 나타난 국가주의의 일종으로 1920~30년대 이탈리아 파시스트조합주의가 그 전형적 유래이며, 2차대전 후 미국과는 다른 자본주의체제를 구축해 온 서유럽국가들에서 나타난 모형으로 정부주도의 관료적 경제기획체제를 강조한다. 조합주의의 유형은 크게 두 가지로 구별된다. 먼저 국가조합주의는 일반적이고 전형적인 조합주의로 제3세계 및 후진자본주의에서 국가가 일방적으로 주도하는 이익대표체계로서 이탈리아 파시스트 조합주의가 대표적이다. 사회조합주의는 이익집단의 자발적 시도에 의한 것으로 서구선진자본주의의 의회민주주의에서 나타난 자유주의적 조합주의이다.

조합주의의 특징은 정부가 집단 간 이익의 중재에 머물지 않고 국가이익이나 사회의 공동선을 달성하기 위해 중요 이익집단과 우호적인 협력관계를 유지하며 정책을 주도해 나간다. 즉 기업가, 노동자, 정부대표의 3자연합이 주요 경제정책을 결정하지만 정부와 이익집단 간 '공식합의'를 중시하므로 이익집단의 자율성은 제약된다. 따라서 이익집단은 구성원의 이익증진과 함께 국가가 강요하는 사회적 책임도 중시해야 한다.

2) 엘리트주의

조합주의와 또 다른 차원에서 다원주의와 경쟁관계에 있는 이론이 엘리트주의이다. 엘리트이론은 사회를 권력을 가진 자와 가지지 못한 일반대중으로 구분하며, 소수 관료나 저명인사 등 사회지배계급(엘리트)에 의하여 정책문제가 일방적으로 채택된다는 이론으로, 정치적으로 무능한 일반대중을 지배하는 엘리트중심의 계층적·하향적 통치질서를 중시한다. 엘리트는 정부와 군대 그리고 사회적 영향력을 가진 대기업이나 사회조직의 지도층으로서 이들은 권력이나 재력과 같은 사회의 중요한 가치를 지배하는 계층이다. 엘리트주의 시각에서 이들은 사회의 다원화된 이익을 대변하는 것이 아니라 자신들의 이익을 추구한다. 심지어 무의사결정처럼 자신들의 이익이 침해될 수 있는 문제가 가시화되는 것을 적극적으로 막으면서 정책의제를 지배하는 것으로 이해한다.

엘리트이론은 고전적 엘리트론과 미국의 엘리트론으로 구분할 수 있다. 먼저 고전적 엘리트론은 소수의 동질적이고 폐쇄적인 정치지도자가 다수의 일반대중을 지배하며, 엘리트는 자율적이고 다른 계층에 책임지지 않으며, 사회전체나 일반대중의 이익보다는 자신들의 이해관계를 고려하여 정책을 결정한다는 이론이다. 미국의 엘리트론은 밀스(Mills)의 지위접근법과 헌터(Hunter)의 명성접근법 등이 있다. 밀스(Mills, 1956)는 지위접근법에서 미국사회 전체를 지배하는 권력엘리트는 정치적으로 중요한 기관의 지도자로서 군–산업엘리트복합체가 정책결정에 중요한 역할을 수행한다고 했다. 또한 헌터(Hunter)는 사회적 명성이 있는 소수자(기업인, 변호사, 고위관료 등)들이 담배연기 자욱한 방에서 결정한 정책을 일반대중은 조용히 수용한다는 입장을 강조한다.

3) 철의삼각, 하위정부, 이슈네트워크

철의삼각(iron triangle)은 정책과정에서 이익집단·관료조직·의회 위원회가 상호 간의 이해관계를 보호하기 위해 밀접한 동맹 관계를 형성하고 있는 현상을 가리키는 개념이다. 철의삼각 개념은 하위정부(subgovernment) 또는 하위체제(subsystem)와 거의 동일한 의미를 지닌다. 즉 정부관료, 선출직 위원, 이익집단 간의 3자가 강철과 같은 장기적이고 안정적이며 우호적인 삼각관계의 연합을 형성하면서 정책결정을 지배하는 것으로 본다.[7]

하위정부(subgovernment)는 철의삼각과 같이 정부관료, 선출직 의원, 이익집단의 역할에 초점을 맞추지만 이들의 입장이 보다 다양하고 연합이 느슨해진 상태를 말한다. 하위정부이론에서는 철의삼각과는 달리 세 주체들이 공감하는 폐쇄적인 정책결정의 장에 집착하지 않고 언론, 의회 내 다른 의원, 다른 부처의 견해에도 관심을 가지고 이를 반영하려는 노력을 한다. 따라서 참여자들 간에 정책목표나 이를 달성하기 위한 수단에 있어 이견이 노출된다. 미국에서 담배 산업의 경우 1960년대 중반 흡연이 폐암과 관계가 있다는 보고서가 발표되자 일반 국민, 의회 내 다른 소위원회 의원, 타 부처 공무원, 시민단체 등에서 목소리를 내기 시작하였다. 동일한 하위정부가 모든 정책분야에 지배적인 영향력을 행사하는 것은 아니고 정책분야별로 다양한 하위정부모형이 형성되며 결정권이 다양한 하위정부에 분산되어 있다고 보므로 다원론적 관점이 강하다. 하위정부는 주

---

7 대표적 사례로 드는 것이 미국의 담배산업관련 정책결정이다. 1960년대 중반까지 미국에서 담배 관련 정책은 담배산업 이해집단의 로비스트, 의회의 소관 위원회 의원, 농림부 공무원에 의해 조용하게 결정되었다. 의원들은 대부분 담배경작을 주로 하는 지역구 출신이었으며 농림부 공무원도 담배경작 정책의 집행을 책임지고 있었다.

로 대통령의 관심이 덜하고 일상화 수준은 높은 분배정책에 영향을 미친다.

하위정부보다 참여자의 범위가 확대되고 참여자 간 연대가 쟁점과 시간에 따라 유동적인 상태를 이슈네트워크(issue network)라 한다. 이슈네트워크는 공통의 기술적 전문성을 가진 다양한 견해의 대규모 참여자들을 함께 묶는 불안정한 지식공유집단이며 특정한 경계가 존재하지 않는 광범위한 정책연계망이다. 이슈네트워크에서는 참여자가 다양하고 이들 간의 관계도 지속적이지 못하기 때문에 정책결정의 장에서 주도적인 역할을 구분해 내기가 곤란하고 합의 도출도 어려워진다. 대신 정책결정의 장이 항상 개방되어 있고 이슈별 이해관계에 따라 그때그때 협력적인 네트워크가 형성된다. 이슈네트워크는 쟁점이 소멸되면서 연대는 해체되고 네트워크는 함께 행동한 참여 간 연락망이 유지되는 정도의 느슨한 형태로 남는 것이 일반적이다(Dubnick & Romzek, 1991: 193).

4) 정책공동체

정책공동체(policy community)란 1980~1990년대 본격 논의된 모형으로 정책결정에 필요한 전문지식은 전문가, 학자, 행정관료들의 상호 접촉과 의견교환에 의해 획득되며, 각 정책 분야별로 이러한 사람들의 접촉은 공식적인 학회나 자문회를 통하거나 비공식적인 의견교환을 통해서 이루어지는데 이러한 공식·비공식 접촉과 의견교환이 이루어지는 장소가 바로 정책공동체이다.

이러한 입장은 개인주의를 토대로 한 미국식 다원주의가 아니라 이해집단과 정부와의 사회적 합의를 중시하는 유럽식 사회조합주의와 맥을 같이 한다. 의회정치와 이익집단정치가 활발하고 상대적으로 관료제가 약한 미국과 달리 관료제의 적극적인 역할을 인정하는 것도 유럽의 시각을 반영한다.

정책공동체는 특정 정책문제에 대한 전문성을 가진 사람들이 상호 이해를 공유하고 나아가 생산적이고 협력적인 파트너 관계를 유도하는 장으로 이해할 수 있을 것이다. 여기에는 행정부 관료, 정치인, 이익집단, 대학 및 연구기관의 전문가 집단, 시민단체, 그리고 언론을 포함시킬 수 있다.[8]

8 영국을 배경으로 정책공동체를 개념화한 Rhodes & Marsh는 정책공동체에서 의회와 시민단체를 배제

5) 신엘리트이론(무의사결정론)

무의사결정이론(non-decision making theory)이란 정책의제설정에서 지배엘리트의 이해관계와 일치하는 사회문제만 정책의제화된다는 이론으로 정책의제로 채택되기를 바라는 문제를 방해하거나 방치하는 일체의 행위를 포함하는 결정이라고 하겠다. 무의사결정이론의 개념을 최초로 구성한 바흐라흐(Bachrach) & 바라츠(Baratz)는 무의사결정을 정책결정자의 이익과 가치에 대한 도전을 억누르거나 방해함으로써 사전에 이를 봉쇄하는 결정으로 보고 있다. 즉 사회 속에 존재하는 기존의 특권과 편익배분에 대한 변화에의 요구가 표면화되거나 관련 정책결정기관에 접근하기도 전에 미리 그것을 봉쇄해 버리는 수단을 의미한다고 했다. 요컨대 무의사결정이란 현상의 유지에 의해 이익을 얻고 있는 개인 및 집단들이 그들 때문에 피해를 입고 있는 다른 개인 및 집단들로부터 제기되는 현재의 가치배분에 대한 변화의 요구를 사전에 억제하는 것으로써, 정부정책결정의 범위를 편견의 동원(Mobilization of Bias)을 통해서 자기들에게 유리한 문제로 제한하려는 것이다. 이것은 권력의 양면성(Two Faces of Power)에 기인하는 것으로서 체제를 위협하는 문제가 정책결정단계에 이르지 못하도록 하거나, 그것이 실패하면 계속해서 그 다음 단계인 결정, 집행단계에서 그 문제의 해결을 방해, 억제하는 현상으로서 주로 현존의 가치배분상태로부터 이익을 얻고 있어 변화를 원하지 않는 개인 및 집단에 의해 행해지는 것이다.

다이(Dye)는 무의사결정의 발생 원인을 크게 3가지로 분류하고 있다. 하나는 지배엘리트들이 어떤 문제에 공중의 주의가 집중된다면 발생하게 될 어떠한 사실을 두려워하거나 이미 발생한 사실들이 그들에게 이익이 되지 않을 것을 두려워하여 공개적으로나 은연중에 그러한 문제를 억압할 때 발생하며, 둘째는 정치입후보자들이나 행정관료들이 그들의 상관인 엘리트들이 어떤 독특한 아이디어를 좋아하지 않을 것이라고 예측함으로써 그러한 아이디어를 기각시켜 버릴 때 무의사결정이 발생된다고 보았고, 끝으로 정치체제는 그 자체가 어떤 종류의

시키고 있다. 그러나 한국에 이 개념을 도입할 때에는 국민의 신뢰가 높은 시민단체는 물론 국회의원과 보좌관을 포함하여 이해하는 것이 일반적이다.

문제에 대해서는 해결을 촉진하고, 다른 종류의 문제에 대해서는 방해하도록 구조화되었기 때문에 일어난다는 것이다.

무의사결정의 수단 및 방법으로 바흐라흐와 바라츠(1976)는 다음 네 가지를 제시하고 있으며, 아래로 갈수록 더 온건하고 간접적·우회적인 방법이다.

첫째, 폭력의 사용이란 현존질서의 변화를 요구하는 문제나 기득권을 가진 사람들을 위협하는 갈등이 공중이나 정부의 정책결정기관에 도달하는 것을 물리적인 힘이나 강제를 통해 이를 저지하는 것을 뜻한다. 이처럼 폭력에 호소하는 가장 극단적이고 직접적인 무의사결정의 예는 미국의 남부 흑인민권운동가들에 대한 백색테러리즘을 들 수 있다.

둘째, 권력의 행사방법이다. 무의사결정의 수단으로써 권력을 행사한다는 것은 현재 권력을 가진 자나 기득권 내지 편익을 누리는 자들이 그들을 위협하는 갈등을 방해하거나 억제하기 위해 갈등을 주도하거나 주도하려는 자들에 대하여 실제 합법적인 제재를 가하거나 제재를 가하겠다고 위협함으로써 이들의 행동을 통제하는 것을 뜻한다.

셋째, 위장합의의 방법이다. 이것은 정책결정자들이나 기득권자들의 새로운 갈등주도자들에 대한 일종의 기만행위에 속한다. 형식적으로는 현존 가치배분체제의 변화, 요구에 동조하는 것처럼 행동하나, 실질적으로는 그것을 이용하여 더욱 현존상태를 확고히 하기도 한다.

넷째, 편견의 동원이다. 이것은 무의사결정의 간접적인 수단으로 볼 수 있는 것으로 기존의 편견을 동원하여 변화에의 요구를 억압해 버리는 것이다. 예컨대, 기존의 편견을 가치배분체제에 대한 변화요구를 비민주적, 비도덕적이라든가, 혹은 확립된 절차나 규칙을 침해한다는 이유를 들어 억압해 버리는 방법을 말한다.

3. 정책목표

1) 정책목표의 의의

정책의 내용은 주로 정책목표와 정책수단으로 구성되어 있으므로 정책을 결정한다는 것은 결국 정책목표와 정책수단을 결정한다는 것을 의미한다. 정책목표는 정책을 통해 구현하고자 하는 미래의 이상적인 상태이며 정책의 존립근거가 된다. 즉 정책목표는 시간상으로 볼 때 미래에 도달하고자 하는 바람직한 상태이며(미래지향성), 정책적 수단을 강구하지 않을 경우 도달할 수 없는 상태를, 정책을 통해 실현하고자 하는 발전지향적 성격을 가지고 있다. 또한 정책수단은 정책목표를 달성하는 가능한 최선의 도구로 구성되어 있어야 하기 때문에 결국 정책목표 정책수단을 포함한 정책의 내용까지 규정하게 된다. 그러므로 정책목표는 최선의 정책수단을 선정하는 기준이 되며 정책집행의 지침, 정책평가의 기준이 된다. 따라서 정책목표가 바람직하고 분명하게 설정되지 못하면 정책수단은 물론 정책효과까지도 잘못될 수 있기 때문에 정책목표의 바람직한 설정은 정책대안의 탐색단계와 함께 정책결정과정의 가장 핵심 분야인 것이다. 그러나 정책목표를 설정하는 것은 정책문제를 얼마나 잘 정의하느냐와 직결되어 있으며, 정책문제를 바람직스럽게 정의한다는 것은 정책문제의 구성요소를 어떻게 파악, 결정하느냐에 달려있다.

2) 목표의 적절성 제고

정책문제의 정의가 잘못되어 당연히 해결해야 할 문제의 중요한 구성요소를 빠뜨리게 되면 전술한 3종오류를 범하게 되고, 결과적으로는 잘못된 정책목표를 설정하게 된다. 그리고 달성해야 할 가치가 충분한 여러 가지 경쟁적 목표들 중에서 가장 바람직한 목표를 설정하지 못하면 정책목표는 적합성을 잃게 된다. 따라서 바람직한 정책목표를 설정하기 위해서는 첫째, 정책문제의 구성요소에 대한 충분하고 완전한 파악과 정의를 통하여 3종오류를 범하지 않도록 해야 할 것이다. 둘째, 달성해야할 만한 가치 있는 여러 가지 목표들 중에서 가장 바람직한 목표를 선택하여 정책목표의 적합성을 높여야 한다. 셋째, 정책목표가 달성하고자 하는 수준이 지나치게 높거나 낮지 않고 적당한 수준을 설정함으로써 정책목표의 적절성을 높여야 할 것이다.

3) 정책목표의 변동

정책목표 역시 다른 목표들과 같이 시간의 경과, 여건의 변화, 과학·기술의 발전 등에 따라 수정·변동하게 된다. 이처럼 정책목표를 변동시키는 요인들은 무수히 많을 수 있으나 일반적으로는 ① 환경적 요인과 ② 정책 그 자체의 요인, ③ 정책담당기관의 내부요인 등으로 볼 수 있다. 여기서 환경적 요인이란 경제여건의 변화, 정치상황의 변화, 기술발전, 문화변동 등을 뜻하고, 정책자체의 요인이란 정책문제의 자동해결, 정책문제의 부분해결, 문제해결 가능성의 소멸 등을, 그리고 정책담당체제의 내부요인으로는 자원의 부족, 정치적 계약, 체제구조의 개편 등을 뜻한다. 정책목표의 변동유형은 ① 상위목표를 버리고 하위목표를 채택하는 목표의 전환(대체), ② 목표의 달성이 불가능한 경우 새로운 목표를 찾아 정책목표로 삼는 목표의 승계, ③ 목표의 범위나 수를 덧붙이거나 축소하는 목표의 확대·다원화·축소 등이 있다.

1. 정책대안의 개발과 결과예측

1) 의의 및 절차

　　정책대안의 탐색·개발이란 정책목표달성을 위해 필요한 일련의 정책수단의 조합을 개발하고 찾아내는 작업을 뜻한다. 대부분의 정책목표는 2가지 이상의 다원적 정책수단들로 구성되며 그러한 정책대안 역시 목표달성의 방향·시간·가치·수준 등에 따라 여러 가지 대안이 작성될 수 있는 것이다. 그러므로 최선의 정책대안을 선택하기 위해서는 가능한 많은 대안들을 광범하게 탐색하고 개발해야 한다.

　　이와 같은 대안의 개발·탐색은 ① 목표달성을 위한 가능한 모든 수단의 창출 ② 수단의 조합으로 대안의 구성 ③ 구성된 대안의 스크린(screen)과 세부적 설계 ④ 대안의 작성 등의 단계로 작업이 진행된다. 그리고 이러한 작업과정에서도 정책수단을 창출해 내는 아이디어의 창출단계가 가장 핵심을 이룬다. 그러나 실제 작업과정에서 정책대안의 탐색·개발은 여러 요인들에 의해 많은 제약을 받기 때문에 충분한 대안을 개발하지 못해 소수의 대안만 비교·평가되고 있다. 이러한 제약요인들은 정책결정자 및 그 관련자들의 능력부족, 정치적 영향력 및 지지의 부족, 이해관계집단들의 압력 등을 들 수 있다.

2) 정책대안 개발의 소재(source)

　　정책대안을 탐색·개발함으로써 대안을 작성함에 있어 가장 중시되는 것은 정책수단의 창출이며, 이러한 정책수단을 포함하여 다양한 아이디어와 기초자료들이 주어져야만 훌륭한 정책대안이 작성될 수 있다. 이러한 기초자료 내지 아이디어의 출처를 정책대안의 소재 혹은 원천(source)이라고 한다. 호그우드

(Hogwood)와 건(Gunn, 1984)은 대안의 원천으로 ① 창의적 사고, ② 집단토의(brain storming) 같은 적절한 절차, ③ 기업 혹은 지방정부의 과거경험, ④ 과학기술의 발달 등을 제시하고 있다. 또한 정정길 교수는 ① 과거에 채택해 봤던 정책 및 현재의 정책, ② 타정부나 타국가의 정책, ③ 이론이나 모형으로부터의 창출, ④ 이해관계자나 전문가집단에 의한 주관적·직관적 방법을 들고 있다. 여기서는 두 학자들의 견해를 종합하여 중요한 것만을 간단하게 검토해 보기로 한다.

(1) 창의적·독창적 사고

정책대안의 개발을 위한 소재중의 하나는 정책전문가나 정책결정자의 창의적·독창적 사고를 들 수 있다. 즉 정책문제를 해결하고 정책목표를 달성하는 방법은 그 문제에 가장 적합한 독창적인 아이디어가 개발될 때 가장 바람직스럽게 문제를 해결할 수 있다. 사회에서 발생하는 문제는 비록 비슷한 문제들이 많다고는 하지만 정확하게 똑같은 문제란 있을 수 없다. 과거에 유사한 경험에 의해 문제의 해결책을 찾는 방법은 이러한 독창적·창의적 아이디어를 개발할 수 없을 때 차선책으로 사용된다.

(2) 과거 및 현재의 정책

정책대안 개발의 또 다른 소재로는 현실적으로 가장 많이 이용되고 있는 것으로서 과거 및 현재의 정책을 들 수 있다. 정책결정자들이 정책대안을 개발·탐색하고자 할 때 가장 우선적으로 고려하는 것이 과거의 정책경험과 현존하는 정책이며 그것으로부터 아이디어를 얻게 된다. 물론 이러한 정책들은 자기기관의 정책뿐 아니라 외국정부의 정책이나 다른 기관, 다른 지방정부의 정책을 포함한다.

(3) 과학기술 및 이론과 지식

정책대안 개발의 중요한 소재로 과학과 기술 등 이론과 지식을 들 수 있다. 원래 사회의 모든 문제는 과학과 기술에 관한 지식을 통해 해결되는 것이 가장 바람직하다. 물론 사회문제에 따라서는 관습·전통·규범 등에 의해서 해결될 수 있는 것도 많다. 그러나 오늘날 정책당국에 의해 해결되기를 바라는 많은 정책 문제들은 2가지 이상의 수많은 복합요인들로 구성된 것들이 많기 때문에 과학적인 지식과 이론을 통하여 체계적으로 분류하고 원인과 결과를 따져가면서 대안을 개발·탐색해야 한다.

⑷ 주관적·직관적 방법

정책대안 개발을 위한 현실적으로 중요한 소재로서 정책문제에 대한 이해관계자들의 주관적·직관적 의견을 이용하는 방법을 들 수 있다. 정책대안은 정책문제에 의하여 영향을 받을 것으로 예상되는 이해관계들을 찾아내고 이들에 대한 문제해결책을 물어봄으로써 그들의 의견을 정책대안 작성의 기초자료로 이용할 수 있다.

이와 같이 이해관계자들의 주관적·직관적 판단을 이용하여 정책대안을 개발·탐색하거나 정책대안의 결과를 예측하는 방법으로는 흔히 집단토의(brain storming)와 정책델파이(policy delphi) 방식이 있다.

집단토의(brain storming)라는 것은 어떤 문제의 해결책에 대하여 즉흥적이고 자유분방하게 여러 가지 기발한 아이디어를 창안하는 활동이다. 즉 집단토의는 가능한 많은 아이디어를 얻기 위하여 개발된 방법이기 때문에 여러 사람을 모아서 집단적 토의를 하게된다. 이 때 집단에는 전문가뿐 아니라 창의적인 사람 또는 정책에 직접 관련되는 사람들까지 포함시키는 것이 바람직하다. 아이디어를 얻는 방법은 처음에는 모든 아이디어들이 아무런 구애를 받지 않고 제시되도록 하고, 충분한 생각이나 대안들이 제시되고 나면 그 다음 단계에 가서 아이디어와 대안들에 대한 종합·평가를 하여 몇 가지 대안을 선정하는 것이다.

정책델파이(policy delphi) 방식이란 전문가들의 주관적 판단에 의한 미래예측을 통하여 의견을 제시토록 하고 그 의견들을 종합하여 보다 합리적인 아이디어를 얻으려고 하는 방법이다. 그런데 본래 전문가란 집단적 토의를 기피하는 경향이 있기 때문에 다음과 같은 독특한 의견 취합방법을 사용한다. ① 전문가들의 의견은 서면으로 제시하도록 한다. 즉 전문가들 상호 간에는 누가 어떠한 의견을 제시했는지 모르도록 한다. ② 제시된 의견들을 다른 모든 전문가들에게 제공한다. 전문가들은 다른 사람들의 의견을 검토하고 각자 다시 자신의 의견을 제시한다. 그리고 이러한 과정을 몇 차례 반복한다. ③ 몇 차례의 의견제시와 회람을 반복한 후에 결국은 전문가들이 합의하는 아이디어를 만들어 내도록 유도한다. 이상과 같은 두 가지 방법은 문제해결 및 목표달성을 위한 대안의 탐색에도 이용되지만 정책대안이 초래할 미래의 상태도 예측할 수 있는 미래예측방법으로도 이용된다.

3) 정책대안의 예비검토와 스크린(screen)

정책대안들이 작성되면 그 다음 단계는 그 대안들 중에서 중요한 몇 개의 대안들만을 골라내는 작업이 수행되어야 한다. 즉 대안의 개발·탐색단계에서 작성되는 정책대안의 수는 매우 많을 수 있다. 그러나 수많은 대안들을 모두 분석·평가한다는 것은 사실상 어려우며 그렇게 바람직한 작업도 못된다. 따라서 많은 정책대안들 중에서 몇 개의 중요한 대안들만을 골라내어 그것들에 대해서만 집중적으로 분석할 필요가 있는 것이다. 여기서 정책대안의 예비검토와 스크린이란 바로 이러한 작업을 수행하기 위하여 행하는 단계적인 것이다. 수많은 정책대안들 중에서 몇 개의 중요한 대안들만을 가려내기 위해서는 각 대안들에 대한 예비검토를 수행해야 하고 그 중에서 대안들을 골라내는 데 필요한 일정한 기준이나 척도를 개발해 내야 한다. 여기서 예비검토는 정책결정자들의 판단과 능력에 따라 다양하게 수행될 수 있지만 대안의 스크린에 이용되는 기준은 보통 실현가능성과 지배의 가능성을 들 수 있다.

정책대안의 실현가능성이란 그 대안이 정책으로 채택되고 또 그것이 집행될 수 있는 가능성을 뜻한다. 즉 대안의 채택가능성과 집행가능성을 동시에 내포하고 있는 개념이다. 정책대안의 실현가능성은 다음과 같은 다섯 가지가 제시되고 있다.

① 기술적 실현가능성: 정책대안이 현재 이용 가능한 기술로서 실현이 가능한 정도를 말한다.

② 재정적 실현가능성: 정책대안이 실현되는 데 소요되는 비용을 현재의 재

정적 수준 또는 이용가능한 자원으로 부담할 수 있는 정도를 의미한다.

　③ 행정적 실현가능성: 정책대안의 집행을 위해 필요한 행정조직, 인력 등의 이용가능성을 의미한다.

　④ 법적 실현가능성: 정책대안이 다른 법률의 내용과 모순되지 않을 가능성을 의미한다.

　⑤ 윤리적 실현가능성: 정책의 실현이 도덕적·윤리적 제약을 받지 않을 가능성을 의미한다.

　⑥ 정치적 실현가능성: 정책대안이 정치체제에 의해 정책결정과정에서 정책으로 채택되고 이것이 집행될 가능성을 의미한다.

　지배가능성이란 하나의 정책대안이 다른 대안에 비해서 대안이 가져올 결과가 우월할 때, 한 대안이 다른 대안을 지배하게 되는 것이다. 이때 지배당하는 대안은 제외하는 것이 시간과 노력을 절약시켜 준다. 수많은 정책대안들을 세밀히 분석하여 모든 정책대안의 결과를 예측·평가한다는 것은 시간과 노력의 희생이 지나치게 크다. 따라서 예비검토를 통하여 정책대안을 선별함으로써 실현가능성이 없거나 지배당하는 대안은 제외시키는 것이 바람직하다.

4) 정책대안의 결과예측

　선별된 정책대안들에 대하여 장차 그것이 정책으로 채택되어 집행 또는 구체화되었을 경우에 나타날 결과들을 미리 예측해 보는 것을 정책대안의 결과예측이라고 한다. 정책대안이 야기할 정책결과를 예측하는 작업은 정책결정과정 중에서도 가장 어려운 작업에 속하며, 예측을 위한 각종의 기술과 방식들을 개발·이용해야 하는 복잡한 단계이다.

　미래에 나타날 정책대안의 결과예측 방법으로 첫째, 주관적 판단에 의한 예측방법이 있다. 이는 개인적 또는 집단적으로 이루어지는데 정책델파이, 집단토의, 자유토론, 유추, 비계량적 각본(시나리오) 작성 등이 있다.

　둘째, 기존 자료를 통해 일정한 경향을 파악함으로써 미래를 예측하는 통계적 방법으로 시계열 자료에 의한 예측방법이 있다. 시계열 예측에서는 자료가 충분해야 하고, 그 자료가 어떤 경향성을 띠고 있어야 바람직하다. 여기서 경향성은 자료가 순환, 증가, 감소, S자의 성장곡선들의 형태를 보임을 말한다.

셋째, 인과관계를 통한 예측방법으로 일정한 독립변수들을 토대로 이론과 모형에 입각해서 종속변수의 변화를 예측하는 방법이다. 이들 인과관계는 비교적 정교한 수학적인 모형일 경우도 있지만 때로는 비계량적인 이론일 경우도 있다. 여기에 속하는 예측기법으로는 회귀모형, 투입-산출분석, 상호영향분석, 구조방정식모형, PERT, CPM 등이 있다.

2. 정책분석의 유형과 차원

1) 정책분석의 의의 및 중요성

정책분석의 개념은 학자에 따라 다소의 차이가 있다. 정책분석의 개념을 광의로는 바람직한 정책결정을 위하여 정책결정자가 활용하는 판단의 모형을 질적으로 향상시킬 수 있도록 적절한 정보를 수집·제공해주는 합리적이고 체계적인 도구로 이해할 수 있다. 한편 협의로 해석하면 정책형성단계에서 요구되는 정책관련 지식을 생산하고, 비판적으로 평가하는 활동을 말한다. 정책분석은 정책결정단계에서 사실의 발견 외에 바람직한 가치와 행동노선에 대한 정보를 산출하는 데 그 목적이 있다. 이상의 정의들의 공통된 내용을 통해 보다 간단하게 이를 정의하면 정책분석이란 정책목표달성을 위한 최선의 대안을 선택하는 데 도움을 주는 분석이라고 할 수 있을 것이다.

2) 정책분석의 3차원

대안을 비교·평가하는 광의의 정책분석에는 세 가지 차원의 분석이 있다. 이들은 정책분석(PA)〉체제분석(SA)〉관리과학(OR)의 관계이며 대체로 정책분석(PA) 쪽으로 갈수록 정치적 고려가 많아지는 상위차원의 분석으로 공공부문에 적합

표 8-4	정책분석·체제분석·관리과학의 비교			
분석모형	가치차원		분석의 초점	분석의 형태
정책 분석	당위성 (정치적 합리성 + 기능적 합리성 + 경제적 합리성)		기조방향 (Where)	질적분석 (판단)
체제 분석	실현가능성 (기능적 합리성 + 경제적 합리성)		정책목표나 대안선택(What)	질적 + 양적 (판단 + 계산)
관리 과학	능률성 (경제적 합리성)		집행계획 (how)	양적분석 (계산)

하고, 관리과학(OR)쪽으로 갈수록 기술적으로 정밀한 계량적 분석으로 민간부문에 적합하다.

3) 비용편익분석(Cost-Benefit Analysis)

(1) 의 의

비용편익분석은 어떤 공공사업이 소요비용보다 기대편익이 큰가를 비교하는 것을 말한다. 즉 공공사업의 경제적 타당성을 알아보기 위한 기법으로 경쟁적인 공공투자기회의 긍정적인 효과·편익과 이에 필요한 비용을 계량적으로 비교·평가하여 가장 경제적이고 합리적인 대안을 선택하는 공공경제학의 기법이다.

비용편익분석은 원래는 경제학의 영역에서 개발되었으며, 화폐가치를 대상으로 시장경제를 전제로 하여 출발했었다. 그러나 오늘날에는 같은 기법을 행정에도 적용하는 경우가 많다. 행정에서도 기업적 성질을 가진 것들에 대해서는 이윤의 이론을 적용할 수 있을 것이다. 비용편익분석은 초창기에는 댐의 건설과 수자원공급에 적용되어 수력, 발전, 홍수조절, 관광 등의 비용과 편익을 측정했었다. 근래에는 교통, 보건, 인력개발, 도시재개발 등에까지 사용된다.

(2) 특 징

① 비용편익분석은 그 사업으로 인해서 발생하는 모든 비용과 편익을 측정

하려고 한다. 따라서 금액으로 측정할 수 없는 불가시적 요소까지도 측정하고자 한다.

② 비용편익분석은 경제적 합리성을 가장 중시한다. 따라서 경제성 또는 경제적 능률성이라는 기준을 가장 많이 사용한다.

③ 비용편익분석은 사경제시장을 정책건의를 위한 분석의 기준으로 사용한다. 기회비용도 사경제부문에 투자했더라면 얻을 수 있었을 순편익에 입각하여 계산한다.

(3) 비용과 편익의 유형

① 내부비용과 외부비용

정책의 대상 집단 또는 영역에서 편익이나 비용이 발생하는 것인지 또는 그밖에서 발생하는 것인지의 구분이다. 물론 분석가가 어디까지를 경계로 보는가에 따라서 차이가 생긴다. 만일 사회전체를 대상으로 잡는다면 외부비용이나 편익은 없어지게 된다. 그러나 사회 내의 특정집단이나 지역이면 내부적인 것과 외부적인 것이 생긴다. 외부적인 것이라는 것은 대상 집단이나 지역 밖에서 생기는 부수효과를 말한다.

② 직접측정비용과 간접측정비용

비용과 편익이 가시적이냐, 불가시적이냐에 관한 것이다. 가시적이라는 것은 비용이나 편익이 알려진 시장가격으로 직접 측정할 수 있다는 것을 의미한다. 불가시적인 것은 분석가가 그의 가치에 대하여 주관적으로 판단해서 정하는 것으로서 잠재가격이라 부른다.

③ 원초적 비용과 2차적 비용

비용이나 편익이 그 정책의 직접적 결과인가, 간접적 결과인가를 따진다. 원초적 비용이나 편익은 정책의 중심목표와 관련된 것들이고, 2차적 비용이나 편익은 정책의 주변목표에 관련된 것들이다.

(4) 비용편익분석의 절차

① 목적의 규정

이것은 목표를 직접적으로나 간접적으로 측정할 수 있는 것으로 바꾸는 것을 말한다.

② 대안의 식별

목적이 규정되면 그의 달성을 위하여 신중하게 대안들을 발상하고 규정해야 한다. 그리고 이 과정은 처음부터 문제의 구성을 어떻게 형성했는가에 따라서 달라진다.

③ 비용·편익의 확인 및 측정

각 대안이 초래할 결과를 결정하게 된다. 즉 각종의 비용과 편익을 예측하고 유리한 정책에 대한 비용과 편익의 자료를 수집하고 또 자기가 내세운 안에 대한 타당성을 검토한다.

④ 할 인

장래의 총비용과 총편익을 현재가치로 교환시키는 할인율을 적용한다.

⑤ 민감도 분석

대안의 우선순위에 영향을 줄 수 있는 파라미터나 상황변수(통제불능변수)의 변화에 따른 비용·편익의 영향을 계량적으로 측정한다.

⑥ 대안의 우선순위 제시

분석가의 마지막 과업은 주어진 기준에 입각하여 최선의 대안을 제시하는 것이다.

(5) 비용과 편익의 할인

① 의 의

각 대안마다 시점의 차이에 따라서 비용과 편익도 달라진다. 지금부터 10년

뒤의 비용이나 편익은 그 동안의 인플레나 이자를 계산한다면 현재의 가치와 같을 수 없다. 할인(discount)이란 장래 발생할 비용이나 편익을 현재의 가치로 환산하는 것을 말하며, 할인율(discount rate)이란 장래 투입될 비용이나 장래 발생할 편익을 현재가치로 표시하기 위한 교환비율(이자율과 반대방향의 개념이지만 값은 동일하다)이다. 이자율이 높아지면 미래가치가 커지고 할인율이 높아지면 현재가치는 작아진다.

② 할인율의 종류

첫째, 민간할인율은 민간시장에서의 이자율(시중금리)을 근거로 정하는 것으로 높은 불확실성으로 인하여 대체로 높다. 둘째, 사회적 할인율은 전체사회의 입장에서 본 할인율로서 민간할인율보다 낮다. 공공할인율은 정부가 돈을 빌릴 때의 비용을 근거로 한 할인율로서 사회적 할인율에 가깝다. 셋째, 자본의 기회비용은 공공사업의 자원을 민간사업에 사용하였을 때 획득할 수 있는 수익률로서 일반적으로 민간부문의 전체산업 평균수익률을 적용한다.

③ 할인율의 적용

사회적 할인율은 민간할인율보다 높아야 한다는 주장도 있지만 공공재의 외부효과 등을 감안하여 낮아야 한다는 주장이 더 지배적이다. 미국 등 선진국(7~10%)보다 한국 등 개도국(10~15%)의 사회적 할인율이 대체로 더 높다는 주장도 있지만, 개발도상국에서 정부역할을 강조하는 경우 낮은 사회적 할인율을 적용해야 한다는 주장이 더 지배적이다.

(6) 비용편익분석의 평가기준

① 순현재가치(Net Present Value: NPV)

편익의 현재가치에서 비용의 현재가치를 뺀 개념으로 경제적 타당도를 평가하는 최선의 척도이며, 가장 널리 이용되는 정확하고 보편적인 기준이다. *NPV*(B−C)〉0 이면 사업의 타당성이 있다고 보며, 한계순현재가치 즉 편익의 현재가치의 증분에서 비용의 현재가치의 증분이 0보다 클 때에도 사업채택이 가능하다. 흔히 칼도−힉스기준(Kaldor-Hicks criterion)이라고 부른다. 이것은 영국의 경제학자인 칼도(Nicholas Kaldor)와 힉스(John Hicks)에 의해 고안된 것인데, 그 기본적인 생각은 공공프로젝트로 인하여 득을 보는 사람들의 편익이 손해보는 사람들의 비용을 보상할 수 있을 정도로 충분히 커서 보상하고도 여전히 득을 누릴 수 있을 경우 그러한 프로젝트는 타당하다는 것이다.

자원의 제약이 없을 경우 주로 이용하며, 자원의 제약이 있더라도 규모가 동일한 사업 간에는 순현재가치를 이용한다. 그러나 사업의 규모가 다를 경우 이 기준은 한계를 지닌다. 규모가 클수록 순현재가치가 크게 나타나 대규모사업에 유리하게 되는 단점이 있기 때문이다.

② 편익비용비(Benefit-Cost ratio: BCR)

편익의 현재가치를 비용의 현재가치로 나눈 비율로서 수익률지수라고 한다. 편익비용비(BCR)의 기준은 어떤 프로젝트의 BCR이 1보다 크면 그 프로젝트는 타당한 것으로 간주하는 것이다. 즉 BCR이 1보다 크다는 것은 분자가 분모보다 크다는 것이고, 결국 NPV가 0보다 크다는 것을 뜻하게 되어 전술한 칼도-힉스기준과 동일한 분석결과를 초래한다고 생각할 수 있으나 반드시 동일한 결과가 초래되지는 않는다.

BCR은 예산의 제약으로 인하여 순현재가치가 큰 대규모사업을 채택하기 어려울 때 적절히 사용되며, 순현재가치 기준은 대규모사업이 유리해지는 한계가 있으므로 이러한 한계를 보완하기 위해 사업의 규모가 다를 경우 BCR기준을 보조적으로 이용한다.

③ 내부수익률(Internal Rate of Return: IRR)

프로젝트의 내부수익률이란 편익의 현재가치와 비용의 현재가치를 같도록 해주는 할인율, 즉 NPV가 0, BCR이 1이 되도록 하는 할인율로서 투자원금에 비하여 매년 몇 %의 이득을 되돌려 받느냐 하는 투자수익률의 개념이다. 어떤 프로젝트의 IRR이 적정 할인율보다 높은 경우에는 그 프로젝트는 타당성아 높아 선택된다. 즉 어떤 프로젝트의 수익률이 자금을 빌린 이자율보다 높거나 또는 의사결정자가 적절하다고 생각하는 이자율보다 높을 때에는 그 프로젝트가 선택되어야 한다는 것이다.

[제4절] 정책결정

1. 정책결정의 개념과 성격

정책결정(policy making)이란 정부기관이 현재 및 미래의 문제를 해결하기 위하여 주요한 행동지침을 결정하는 것을 의미한다. 이러한 정책결정은 국가목적이나 공익실현을 위한 수단을 결정하는 것으로서, 복잡하고 동태적인 과정을 거쳐 최선의 행동대안을 선택하는 것이다. 즉 정책결정이란 "문제해결 및 변화유도를 위한 공적 수단으로서 미래에 관한 정부의 제반 활동지침을 만들어 내는 것"을 말한다고 할 것이다. 이러한 정책결정은 따라서 다음과 같은 특징을 갖는다. 첫째, 정책결정은 공공성과 정치성, 복잡성과 역동성을 띠고 있다. 둘째, 정책결정은 단속적인 활동이 진행되며 시간에 따라 변동하는 동태적 과정이다. 셋째, 정책결정은 공식적·비공식적 성격을 가진 하위구조가 관련되는 다원적 구조요소로서 이루어진다. 넷째, 정책결정은 의사결정의 한 형태로써 의사결정에 관한 이론이 적용되는 부분이 많다. 다섯째, 정책결정은 세밀한 지시가 아니라 일반적 주요지침을 결정하는 것이다. 여섯째, 정책결정은 의도·감정이 아니라 행동으로써 나타난다. 일곱째, 정책결정은 예측이 어려운 장래를 지향하는 활동이다. 여덟째, 정책결정은 주로 정부의 공공기관에 의해 이루어진다. 아홉째, 정책결정은 공익의 실현을 의도하며 가능한 최적·최선의 수단에 의한다.

2. 정책과정의 참여자

1) 정책과정

정책과정은 정책이 산출되고 실행되는 일련의 절차를 말한다. 일반적인 정책과정은 다섯 단계로 구분할 수 있다. 즉 ① 정부가 정책적 해결을 위해 사회문제를 정부의제로 채택하는 정책의제설정단계(agenda-setting), ② 정책목표를 설정하고 이 목표를 달성할 여러 정책수단들을 탐색·분석하여 하나의 정책대안을 채택하는 정책분석 및 정책결정단계(policy-making), ③ 정책내용을 현실세계에 구체적으로 실현하는 정책집행단계(policy-implementing), ④ 정책목표와 정책수단 간 인과관계에 관한 가설을 검증하는 정책평가단계(policy-evaluating), ⑤ 정책학습과 정책변동을 통해 정책을 지속·발전시키거나 종결시키는 단계(policy-feedback)로 구분할 수 있다.

이러한 정책과정에는 다양한 공식·비공식 참여자들이 개입하여 여러 가지 영향력을 행사한다. 정책과정의 참여자는 다양하지만 지금까지의 연구 내용들을 종합해 보면 대체로 공식적 참여자와 비공식적 참여자로 구분할 수 있다. 공식적 참여자는 입법부, 행정부, 사법부의 모든 기관이 해당된다. 비공식적 참여자는 정부조직 밖에 있으면서 정책과정에 직·간접적으로 참여하는 집단으로 정당, 이익집단, 일명 국가의 제4부로 불리는 언론기관, 전문가 및 학자, 일반시민과 시민단체 등을 들 수 있다.

2) 중앙정부의 공식적 참여자

(1) 행정수반

현대는 행정우위의 시대이다. 따라서 정책과정에서도 행정수반이 중요한 기능을 담당할 수밖에 없다. 미국과 같이 권력분립이 엄격하고 입법부가 강력한 영향력을 발휘하는 국가에서도 행정수반이 정책과정에서 중추적 역할을 담당하고 있다. 의원내각제하에서는 대통령중심제의 경우처럼 행정수반이 단독으로 영향력을 행사하는 것은 아니지만 총리가 내각과 협의하여 주도권을 행사한다고 볼 수 있다.

리플리(Ripley)는 행정수반이 정책형성과정에서 영향력을 많이 행사하는 부분은 "재분배정책", "전략정책", "위기정책"이라고 주장한다. 정책과정의 각 단계에서 행정수반의 역할을 간단히 살펴보면, 첫째, 의제설정과정에서 행정수반의 역할이 크지 않으며, 특히 다원론이나 상향모형에선 특히 그렇다. 둘째, 대안형성과정에서 행정수반의 역할은 그다지 크지 않으며 관료제가 핵심역할을 담당한다. 셋째, 정책채택과정에서 역할은 상당한 영향력을 발휘한다. 특히 최종적으로 정책을 채택하는 단계에서는 행정수반이 핵심적인 영향력을 행사한다. 정책집행과정에서 역할은 행정수반이 특별히 관심을 가지는 정책이나 사업은 순조롭다는 것은 많은 사례를 통해서 알 수 있다. 마지막으로 정책평가과정에서 역할은 행정수반이 직접평가에 관여하는 경우는 드물다고 하겠다.

(2) 입법부(국회의원)

일반적으로 입법부는 보호적 규제정책, 재분배정책, 전략정책에 깊은 관심을 표명하고 있으며, 입법부는 정책과정에서 다음과 같은 역할을 수행할 수 있다. 첫째, 의제설정과정에서 의원들의 역할은 국민이 인식하고 있는 사회문제를 정책의제로 채택하는 데 큰 역할을 한다. 그러나 상대적으로 그 역할이 크지 않는 것이 현실이다. 둘째, 대안형성과정에서 역할은 대단치 않다. 셋째, 정책채택과정에서 입법부의 영향력이 많이 강화되고, 특히 공식적 결정 단계에서는 입법부가 중추적인 기능을 수행한다고 하겠다. 넷째, 정책집행과정에서 역할은 집행과정에서 간헐적으로 감시함으로써 관여한다고 볼 수 있다. 다섯째, 정책평가과정에서의 역할은 회계검사기관이 입법부 소속인 까닭에 입법부가 정책평가과정에도 참여하게 된다.

(3) 행정기관과 관료

행정기관과 관료의 공식적 권한은 의회가 법률이 형태로 결정한 정책과 대통령이 결정한 주요 정책을 충실히 집행하는 것이다. 그러나 관료정치모형에 의하면 행정환경이 복잡해지고, 기술이 발전함에 따라 행정기관의 역할이 점차 확대되면서 이들은 정책과정에서 실질적으로 많은 영향력을 행사한다. 이처럼 관료들의 정책과정에 대한 영향력은 매우 강력해서 주도하거나 보좌하는 입장 모두 결국은 관료들의 의도대로 반영되는 경향이 있다.

정책과정에서 관료의 권한이 확대되는 이유는 첫째, 사회가 발전함에 따라 입법활동의 기술적 복잡성이 제고되었고, 둘째, 정책의 주도자인 행정수반의 역

할이 증대되었으며, 셋째, 일단 법률이 제정된 후에도 위임입법을 통해 정책과
정에서 공무원들에게 실질적인 정책결정권을 부여하고 있기 때문이다.

(4) 사법부(헌법재판소)

사법부는 정책과정에서 제외되기 쉬우며, 일반적으로 개발도상국에서 사법
부의 기능은 미약하다. 정책형성과정에서 사법부의 역할은 법원의 법률에 의한
위헌심사권 보유 여부와 이의 적극적 활동 여부에 달려 있다고 하겠다. 현행 헌
법은 법원에 위헌법률심사제청권만 부여하고 법률의 위헌심사는 헌법재판소에
부여하고 있다. 정책집행과정에서의 기능은 사법부가 명령심사권, 행정재판권을
보유하면서 정책집행과정에 관여하고 있다.

3) 지방정부의 공식적 참여자

(1) 자치단체장

자치단체장의 기능이나 역할은 행정수반의 기능과 역할과는 성질이 다르
나, 관할구역 내의 행정업무를 총괄지휘·감독하는 것은 비슷하다고 볼 수 있다.
자치단체장은 새로운 정책을 형성하고 기존의 정책을 수정·보완하는 과정에서
상당한 영향력을 행사할 수 있다.

(2) 지방의회

지방의회는 지역주민을 대표하여 자치단체장이나 지방공무원의 활동을 감
시·감독할 수 있다. 특히 예산·결산의 승인을 통해 행정기관의 업무를 통제할
수 있다. 의회의 승인을 요하는 중요한 정책에 대해서는 사전에 심사하고 의결
하는 권한을 갖고 있다. 우리나라의 경우 아직 지방자치의 역사가 길지 않아 지
방의회의 기능이 미약한 편이다. 가장 큰 이유는 지방회의가 관여할 수 없는 중
앙정부로부터의 위임사무가 많고, 의원들이 중앙의 소속정당에 예속되어 있기
때문이다.

(3) 지방공무원

지방공무원은 정책집행의 일선 현장에서 업무를 구체화하면서 정책을 구현하기 때문에 모든 국가정책은 실질적으로는 지방공무원에 의해 구체화된다. 분권적인 정부운영 기조에서는 일선관료로서 지방공무원의 정책집행 재량이 확대되는 경향이 있다. 또한 지식기반 학습행정체제에서는 중앙의 전략기획을 효과적으로 추진하기 위해 현장의 집행단계에서 세부계획들을 수립·집행하는 과정에서 상호 학습을 통한 결과지향적 정책창출이 중요하게 부각된다.

(4) 특별지방행정기관

중앙의 여러 부처들은 자기의 독립된 일선 지방행정기관을 가지고 있는데 이것이 특별지방행정기관이다. 현재 우리나라는 행정각부뿐만 아니라 독립외청 등 여러 중앙부처들이 일선행정기관을 설치하여 정책집행기능을 수행하고 있다. 이로 인해 특별지방행정기관과 지방자치단체 간 업무 중복 등의 문제가 제기되어 일선행정기관 기능의 지방자치단체로의 이양 문제가 제기되고 있다.

4) 비공식적 참여자

(1) 정 당

정당은 선거에 승리한다는 공개적 목표를 위해 단결한 비교적 동질적인 사람들로 구성된 조직을 의미한다. 정책과정에서 정당의 기능은 한 마디로 말해서 이익결집이라고 할 수 있다. 더욱 최근 매니페스토(Manifesto)운동 등을 통해 유권자들은 수많은 정책 중 보다 확실하고 실현가능한 정당정책을 선호하는 경향이 더욱 강해졌다. 정책과정에서 정당의 역할은 이익결집과 이익표명 기능을 수행한다. 이익결집이란 각종 요구들을 정부의제에 반영하기 위해 종합하는 것이고, 이익표명이란 결집된 이익을 행정 및 정치체제에 정책대안으로 전환시키는 것을 말한다. 정당이 선거시 제시하는 공약사항 또는 정강정책들이 정당에 의한 이익결집 및 이익표명기능의 대표적인 예이다.

(2) 이익집단

이익집단(interest group)이란 공동의 이익이나 이념을 지니는 사람들을 대변하는 집단이라 할 수 있다. 이익집단과 정당과의 차이점은 정당이 정권의 장악을 목표로 삼고 있는 데 비하여, 이익집단은 정부에 영향력을 행사하는 것을 목표로 삼고 있을 뿐 정권장악을 염두에 두지는 않는다는 것이다. 정책형성과정에서의 이익집단의 기능은 '이익표명'이라는 말로써 표현된다. 정책집행과정에서의 활동은 정책집행을 저지하거나 지연시키는 경우가 있는가 하면 정책형성과정에서 승리한 집단이 그들이 지지한 정책이 소기의 목적을 달성하도록 개입하는 경우도 있다. 정책평가과정에서의 활동은 이익집단이 집행기관의 업적을 비판하는 연구결과를 발표하거나, 특정 정책에 대한 평가를 요구하거나 유도하는 경우가 있는가 하면, 특정 정책의 수혜집단이 주도적으로 평가연구를 실시하는 경우도 있다.

(3) 전문가와 지식인

다른 분야의 경우와 같이 정책형성과정이나 집행·평가과정에서도 외부 전문가를 개인적 또는 집단적으로 활용하는 경우가 많다. 전문가와 지식인은 정부정책에 대한 비판, 평가 및 해결책(대안)을 제시한다. 정책과정에서 전문가의 활용을 필요로 한 이유를 살펴보면 첫째, 정책결정이나 평가가 복잡하고 전문적 지식을 필요로 하는 경향이 증대되어 특수한 전문성을 지닌 외부 전문가에 의존할 수밖에 없는 경우가 많다. 둘째, 객관성 또는 공신력의 확보를 위해 제3자의 입장에서 평가할 수 있는 외부 전문가를 활용하는 경우가 많다. 셋째, 정부기관이 필요할 때 외부 전문가를 계약제나 다른 방법으로 단기간 활용하는 것은 관료제의 팽창도 막을 수 있는 하나의 방법이 된다.

(4) 시민단체(NGO)

최근 거버넌스적 정부운영이 강조됨에 따라 정책과정에서 공익을 지향하는 시민단체 혹은 일반시민의 참여가 증가함으로써 정책과정에 큰 변화가 초래되고 있다. 시민단체들은 시민여론을 동원해 정책의제설정에 영향을 미칠 뿐 아니라 정책대안의 제시, 집행활동의 감시 등을 통해 정책과정 전반에 걸쳐 영향력을 행사한다. 또한 이들은 사적 이익을 목표로 하는 특수 이익집단의 횡포 가능성을 줄이는 데도 기여하고 있다. 그리고 이들은 정부기관의 행정 비리나 부조리를 감시하거나 예산집행의 감시, 정부의 정책활동 결과에 대한 평가 등을 통해 정책내용은 물론 정책담당자에 대한 비판과 감시활동을 수행하고 있다.

(5) 언론기관

신문, 방송, 인터넷, 포털사이트 뉴스 등 언론기관은 대중매체를 통해 여론을 형성하고 사회문제를 제기하거나 각종 정보나 주요사건을 국민에게 널리 알려줌으로써 정책형성과정에서 중요한 역할을 한다. 즉 언론기관은 정책의제설정 및 정책결정을 유도하는 여론형성자 및 여론지도자로서의 역할을 담당한다.

3. 정책결정모형

1) 합리모형(rational model)

합리모형 혹은 합리포괄모형은 정책결정자가 이성과 고도의 합리성에 따라 행동하고 결정한다고 보며, 목표나 가치가 명확하고 고정되어 있다는 가정하에 목표달성의 극대화를 위한 합리적 대안의 탐색·선택을 추구하는 이상적·규범적 모형이다. 합리모형은 정책결정자가 분석적 절차를 의식적으로 밟아야 한다고 보는 입장이며, 문제정의 → 목표설정 → 대안탐색 → 결과예측 → 비교 평가 → 대안선택의 과정을 거친다. 합리모형의 특징은 "전지의 가정"하에 모든 문제가 목표를 완전히 파악하고, 가능한 모든 대안을 포괄적으로 탐색·평가하여 가장 합리적인 최적대안을 선택할 수 있다고 보는 이론이다.

합리모형에 대한 비판으로는 첫째, 정책결정자가 전지전능한 것처럼 가정

제 3 편 행정의 실제

하지만 인간은 문제해결능력의 한계를 가지고 있다. 둘째, 정보의 부족으로 실적으로 필요한 정보지식을 충분히 수집하는 경우는 드물다. 셋째, 정보수집 및 광범위한 대안의 선택·비교는 많은 비용을 수반할 것이 분명한데 현실적으로 철저한 분석이 이루어질 수 있겠는가가 지적된다. 넷째, 평가기준의 다양성으로 평가기준에 대한 합의를 이끌어내기가 어렵다. 결론적으로 합리모형은 기술적·실증적 이론으로서 타당성이 적다고 할 수 있으며, 합리모형을 비판하는 학자들은 현실성이 결여된 모형으로 낙인찍고 있다.

2) 만족모형(Satisficing model)

만족모형은 결정자의 사회심리학적 측면을 중시하는 현실적·실증적 접근 이론이다. 합리모형에서 가정하는 '경제인'이 아닌 '행정인'의 가정에 기초하여 복잡한 상황을 단순화시키는 '제한된 합리성'하에서 이루어지는 의사결정을 추구한다. 사이몬(Simon)은 인간이 갖고 있는 인지능력의 한계, 시간, 비용, 자원 등의 제약 때문에 최적대안이 선택되기는 현실적으로 불가능하고 차선책으로 제한된 합리성을 추구하게 되면 최선을 대안을 선택하기보다 만족할만한 대안을 선택하게 된다고 주장한다.

만족모형의 장점으로는 첫째, 실제의 정책결정을 비교적 정확하게 설명하고, 둘째, 합리모형의 비현실성을 체계적으로 지적한다. 셋째, 대안탐색비용을 강조하고, 정책결정과정 자체의 경제적 합리성을 강조해 실증적 연구에 커다란 공헌을 한 점이다. 단점은 첫째, 만족할만한 대안을 찾았을 때 더 이상 대안을 탐색하지 않아 훌륭한 대안이 있을 수 있는데 대안탐색이 중단된다는 점이다. 둘째, 만족할만한 대안이라는 판단은 다분히 주관적이고 기대수준이 정책결정자마다 다르고 유동적이라는 점이다.

3) 점증모형(Incremental Model)

린드블럼(Lindblom), 윌다브스키(Wildavsky) 등이 주장한 이론으로서 그들은 합리모형의 절차에 따라 정책결정이 이루어지기는 어렵다는 것을 지적하고, 현실적으로 나타나는 정책결정 현상을 이해하려는 노력의 일환으로 이 이론을 제시하였다. 점증주의도 만족모형과 마찬가지로 합리모형의 비현실성을 비판한다. 그러나 점증주의에서는 다수의 정책관련자들의 가치판단이나 문제 상황의 복잡성, 정책결정이 갖고 있는 정치적 의미에 관심을 갖고 있다. 점증주의는 대충 헤쳐 나가는 학문(The Science of Muddling Through)이라는 린드블럼(Lindblom)의 논문 제목에서도 알 수 있듯이 기존 정책에서 획기적으로 벗어나는 정책대안을 찾는 것이 아니라 조금씩 기존 정책을 수정·보완해 나가는 수준에서 정책결정을 하는 계속적인 정책결정을 함축하고 있다.

점증주의의 내용을 몇 가지 살펴보면 다음과 같다. 첫째, 기존정책이 갖고 있는 근본적인 내용은 바꾸지 않고 적절치 못한 지엽적인 부분만을 수정·보완해 나가는 것이 바람직하다고 본다. 둘째, 기존 정책의 소폭 변화만을 고려하기 때문에 제한적인 대안의 탐색과 분석을 한다. 셋째, 조금씩 정책을 수정·보완해 가는 것이 합리적이라고 주장한다. 넷째, 정책대안의 탐색과 분석이 구성원들 사이에서 부분적·분산적으로 이루어진다.

점증주의에 대한 비판은 첫째, 안정된 사회를 위한 모형이며, 일부 선진국에서 사용가능하며 개발도상국에서는 적합하지 않다. 둘째, 가장 근본적 비판은

표 8-5　합리모형, 만족모형, 점증모형의 비교

	합리모형	만족모형	점증모형
초점	정책결정자체	인지능력한계	(비교적)정책결정자체
합리성	완전한 합리성	제한된 합리성	제한된 합리성 + 정치적 합리성 + 정치적 실현가능성
접근	규범적, 이상적 접근	현실적, 실증적 접근	현실 실증적 + 규범적, 이상적 접근
선택기준	최선의 대안	만족스러운 대안	현재보다 약간 향상된 대안
범위	모든 대안의 결과 고려	중요한 대안 결과 고려	중요한 대안과 중요한 결과 무시할 가능성
인간관	경제인	행정인	정치인

점증주의가 지나치게 보수적이며 쇄신을 저해한다는 것이다. 셋째, 무사안일을 정당화하고 안이한 정책결정을 조장을 우려가 있다. 넷째, 점증주의는 당파 간 협상과 상호조절을 강조하는데 이러한 과정에서는 강자가 유리하고 약자가 불리해지게 마련이다.

4) 혼합탐사모형(mixed scanning model)

에치오니(Etzioni)가 주장한 것으로 합리모형의 비현실적 측면과 점증주의의 보수적 측면을 보완하기 위해 제시된 모형이다. 에치오니(Etzioni)는 합리모형과 점증모형 양자의 장점을 살리고 단점을 보완하는 제3의 모형 제시하며 이를 혼합탐사모형이라고 하였다. 그는 결정을 근본적 결정과 세부적 결정으로 구분하고, 근본적 결정은 큰 줄기에 해당하는 결정으로 대안 고려에서나 대안의 결과 평가에서 중요한 것만 핵심적으로 고려하는 것으로서 합리모형 방식을 적용한다. 세부적 결정은 근본적 결정에서 설정된 테두리 안에서 세밀하게 탐색하는 것을 의미한다. 이때는 근본적 결정을 기준으로 하되 점증적 방식을 적용하여 조금씩 변화된 대안을 마련하고, 그 대안들에 대한 세밀한 분석을 실시한다.

5) 회사모형(firm model)

사이어트(Cyert)와 마치(March)가 주장한 것으로, 느슨하게 연결되어 있는 조직의 의사결정을 다루고 있다. 연합모형(coalition model)이라고도 한다. 많은 조직은 각 단위사업 부서별로 준독립적인 운영이 이루어지는 경우가 많은데 이런 조직에선 다른 부서의 상황을 고려하면서 조직 전체의 목적을 극대화하는 결정을 해야 한다. 이 모형의 특징은 다음과 같다.

① 갈등의 준해결: 조직을 서로 다른 목표들을 지닌 대등한 구성원들의 연합체로 가정하고 이들 목표들 간에 갈등이 일어날 수가 있는데 이들 갈등·모순되는 목표들을 하나의 기준으로 통합할 방법이 없다. 갈등의 완전한 해결은 불가능하며 '준해결'에 머문다.

② 불확실성의 회피: 결정자들은 문제 상황의 복잡성과 동태성 때문에 조직은 불확실성을 '극복'하려는 것이 아니라 불확실성을 '회피'하려는 경향을 가진다.

③ 문제 중심의 탐색: 결정자들은 시간과 능력의 제약 때문에 모든 상황을 다 고려하기보다는 특별한 관심을 끄는 부분에 대해서만 고려한다.

④ 조직의 학습: 결정 작업이 반복되는 과정에서 결정자들은 점차 많은 경험을 쌓게 되고, 이에 따라 결정은 좀 더 세련되고 목표달성도는 높아진다.

⑤ 표준운영절차(SOP): 조직은 경험이 축적되어 감에 따라 가장 효율적이라고 생각되는 결정 절차를 마련해 두고 이를 활용해 결정을 한다. SOP의 발견이 회사모형의 최종목표이다.

6) 최적모형(optimal model)

드로(Dror)는 합리모형의 결정방식이 지나치게 수리적 완벽성을 추구해 현실성을 잃는 것을 경계하고, 반대로 점증주의는 타성에 젖게 하는 반혁신적인 정책결정모형이라고 비판하면서 제시한 모형이다. 특성을 보면 첫째, 합리적 요소뿐 아니라 직관, 통찰력 같은 초합리적 요소의 중요성을 강조했다. 둘째, 양적 분석뿐만 아니라 질적 분석도 동시에 고려해야 한다고 주장했다. 셋째, 합리성을 중시하되 대안탐색, 대안의 비교 평가, 대안선택 등에서 시간과 자원의 제약을 감안한 '경제성을 감안한 합리성'을 주장한다.

정책결정과정은 ① 초정책결정단계: 초합리성이 중요시되는 가장 중요한 단계 결정, ② 정책결정단계: 본래 의미의 정책결정단계로 주로 합리성이 적용, ③ 정책결정 이후단계: 작성된 정책을 실제에 적용하기 위해 정책집행과 결과 평가, ④ 커뮤니케이션과 환류: 평가결과 나타난 정보 교류 과정으로 구분된다.

7) 관료정치모형(bureaucratic politics model)

엘리슨(Allison, 1971)은 쿠바 미사일 위기 당시 미국이 '왜 해상봉쇄라는 대안을 채택할 수밖에 없었는가'의 과정을 설명함으로써 집단의 특성에 따라 의사결정모형이 달라져야 함을 강조하며, 세 가지 상호배타적인 모형(합리모형, 조직모형, 관료정치모형)을 제시하였다. 모형 I 은 합리적 행위자 모형(rational actor model)으로 정부를 잘 조정된 유기체로 간주하고 합리모형의 논리를 국가정책결정에 유추한 것으로 합리모형과 특징이 동일하다. 모형 II 는 조직과정모형(organizational process model)으로 정부를 반독립적인 하위조직들이 느슨하게 연결되어 있는 집합체로 간주하고 조직모형과 회사모형의 논리를 그대로 이용한다. 모형 III은 관료정치모형(bureaucratic politics model)으로 정부를 서로 독립적인 정치적 참여자들의 집합체로 간주하고 정부의 정책결정은 참여자들 간에 갈등과 타협, 흥정에 의하여 이루어지는 것으로서 결국 정치적 활동으로 보는 모형이다.

8) 쓰레기통모형(Garbage Can Model)

코헨(Cohen), 마치(March), 올슨(Olsen) 등이 고안한 모형으로 극도로 불확실하고 불합리하며 구성원의 응집성이 약한 복잡하고 혼란스러운 상황, 즉 조직화된 무정부 상태 속에서 조직이 어떠한 결정행태를 나타내는가에 연구의 초점을 둔 모형이다. 전제조건으로 문제성 있는 선호(불분명한 선호), 불명확한 기술(인과모형), 수시적 참여자가 있다. 의사결정에 필요한 네 가지 요소는 문제, 해결책, 선택기회, 참여자의 네 요소가 독자적으로 흘러 다니다가 어떤 계기로 교차하여 만나게 될 때 결정이 이루어진다고 한다. 이때 참여자들은 순환보직이나 임기 만료에 의해 일시적으로 결정에 참여하게 되는 경우가 많아 지속적으로 결정에 관여하지는 못한다는 한계를 지니고 있다. 의사결정방식은 날치기 통과나 진빼기 결정 식으로 이루어진다.

1. 정책집행의 의의

정책집행이란 정책이 의도하는 목표달성을 위하여 이를 실천에 옮기는 것을 말한다. 그러나 사회과학에서의 많은 개념들이 그러하듯 정책집행에 관한 개념정의 역시 학자들에 따라 상이한 정의를 내리고 있다. 첫째, 프레스맨(Pressman)과 윌다브스키(Wildavsky)는 "예견된 결과를 달성할 수 있는 능력"이라고도 하고 "목표의 설정과 이를 달성하기 위한 활동 간의 교호작용"이라고 정의하며, 둘째, 반메터(Van Meter)와 반호른(Van Horn)은 "정책결정에 의하여 미리 설정된 목표를 달성하기 위한 민간부문 및 정부부문의 개인이나 집단이 행하는 활동"이라고 정의한다. 그 외에도 여러 학자들이 각자 나름대로 정책집행의 개념을 규정하고 있으나 그 어느 것도 독자적으로 주어진 임무를 기계적으로 수행하는 단일적·순차적인 과정이 아니고 동태적 순환과정인 것이며 정책결정자와 정책집행자, 정책집행의 주체와 대상집단, 환경과 조직, 그리고 인적·물적 자원으로서의 정책집행수단이 상호 복잡하게 얽혀서 작용하는 복합적·동태적 과정이란 점을 감안한다면 이들 정책집행의 개념들은 모두가 부분적인 타당성 밖에는 갖지 못한다고 하겠다.

따라서 여기서는 정책집행의 개념을 "정책의 목표달성을 위해 취해지는 정책의 제반실천과정"이라고 규정하기로 한다. 이러한 개념은 정책집행이 첫째, 정책목표의 달성을 위하여 환경의 조작이나 조직구조의 변개나 수단으로서의 인적·물적 자원의 동원과 배분을 가능케 하는 상호적응과정이라는 속성을 설명하고 있을 뿐 아니라, 둘째, 정책목표의 달성을 위해 때로는 정책집행자가 정책결정과정에도 참여해야 하며, 때로는 집행된 정책의 평가과정까지도 고려해야하는 순환적 과정의 속성은 물론, 셋째, 정책과정의 초기단계부터 각종의 요구를 투입해 온 수많은 이익집단들은 물론, 의제설정과정에서나 정책결정과정에서 자기들의 이익을 충분히 반영시키지 못한 이해관계자들, 그리고 정책집행으로 인해 피해를 받게 된 또 다른 개인 및 집단들이 참여하여 서로의 이익을 대변하게 되는 정치적 과정의 성격도 동시에 내포하게 되는 광의의 개념이라고 하겠다.

2. 정책집행 연구의 접근방법

1) 하향적 접근방법

초기의 많은 정책집행연구가 하향적 접근방법에 속한다고 볼 수 있다. 하향적 접근방법은 정책집행자와 대상집단의 행동이 정책에 관한 결정과 어느 정도 부합되는가를 규명하고 이어서 정책목표가 얼마나 달성되었는가를 검토한다.

하향적 접근방법에 대해서는 여러 가지 비판이 가해지고 있으며 자체적인 반성도 있다. 첫째, 하향적 접근방법은 중앙의 정책결정자의 관점에서 출발하기 때문에 다른 정책관련자들을 지나치게 등한시 한다는 것이다. 즉 민간 부문, 일선관료, 지방의 집행담당자의 역할을 소홀히 여기게 된다는 것이다. 둘째, 핵심적인 정책이 없으며, 정부의 지침이 다양하고, 많은 행위자가 참여하거나 어느 하나도 지배적인 위치에 있지 못하는 상황에서는 하향적 접근방법을 사용하기 어렵다는 것이다. 셋째, 하향적 접근방법은 정책목표의 달성을 어렵게 하거나 정책을 그들의 특수 이익의 추구를 위하여 활용하고자 하는 일선관료들이나 대상집단의 전략을 무시하고 과소평가하는 우려가 있다. 넷째, 하향적 접근방법이 전제로 삼고 있는 정책형성과 정책집행의 구분이 어려운 비판도 있다.

2) 상향적 접근방법

상향적 접근방법은 1970년대 후반에 시작하여 1980년대에 걸쳐서 전개되었으며 하향적 접근방법의 결함을 시정하기 위해서 등장했다. 상향적 접근방법은

표 8-6	하향적·상향적 접근방식의 비교	
	하향적	상향적
출발점	정부정책결정에서 출발	정책분야와 관련된 지방집행구조
주된 행위자	정책결정자, 집행담당조직, 최고관리층	정책전달자, 대상집단, 민간조직
평가기준	목표달성도, 효과성	평가자가 생각하는 것이 평가기준
전체적 초점	집행체제운영	다수 행위자들의 전략적 상호작용
상황	비교적 구조화된 상황	상황에 알맞은 접근방법

서비스를 대상집단에게 전달하는 집행담당자로부터 출발하여 그들의 목표, 전략, 활동, 접촉자 등을 규명하고 관련된 정부프로그램, 비정부프로그램, 기획, 재정적 뒷받침을 제공하여 집행을 담당하는 지방자치단체나 중앙정부 관련자들에 대한 고찰을 한다는 것이다. 즉 일선관료들로부터 출발하여 정부부문이나 민간부문의 최고정책결정자로 거슬러 올라가는 방법이다.

상향적 접근방법의 비판점으로는 첫째, 주변부의 역할과 중요성을 지나치게 강조하고 있다는 비판을 받고 있다. 둘째, 집행구조의 현재 참여자만을 중시하고 과거 참여자들의 역할을 등한시 하는 경우가 많다. 셋째, 참여자들의 행태에 간접적으로 영향을 미치는 요인이라든가, 참여자들이 인지하지 못하는 요인들에 대해 제대로 분석하지 못하고 있다는 점이다. 넷째, 집행담당 조직의 하위층이 중요한 역할을 담당하는 사실을 연구하는 것은 좋으나, 집행담당 조직의 말단에 있는 임명직 공무원이 정무직 공무원보다 더 중요한 역할을 담당해야 한다는 사실은 민주적 통제라는 관점에서 문제가 있다.

3. 정책결정자와 정책집행자의 관계

나카무라와 스몰우드(Nakamura & Smallwood)는 정책결정자와 정책집행자의 관계에 착안하여 정책집행을 다섯 가지 유형으로 나누고 각 유형별로 집행에 차질이 일어난다면 그 원인이 무엇인지에 대해서 상세히 검토하고 있다.

1) 고전적 기술관료형

고전적 기술관료형(classical technocrat)은 정책결정자가 구체적 목표를 수립하고 목표달성을 위한 기술적 권한만 집행자에게 위임하면, 정책집행자는 정책결정자가 수립한 목표를 그대로 받아들이고 목표를 달성하기 위한 기술적인 방안을 강구한다. 이 유형은 정책결정자가 집행과정에서 강력한 통제력을 행사하며, 집행자는 기술적 부분에서 다소 간의 재량권을 가질 뿐이다. 이 유형을 고전적 기술관료형(기술자형)으로 부르는 이유는 행정학에서 말하는 고전적인 집행의 특징을 가지고 있기 때문이다.

2) 지시적 위임형

지시적 위임형(instructed delegates)은 고전적 기술관료형의 경우보다 정책집행자에게 더 많은 권한이 위임되는 유형이다. 정책결정자들은 정책목표를 수립하고 대체적인 방침만 정하고 나머지 부분은 집행자들에게 위임하는 유형이다.

이 유형의 특징은 첫째, 정책결정자가 명확한 목표를 수립하면 집행자는 목표필요성에 합의한다. 둘째, 정책결정자는 정책집행자에게 목표달성을 지시하고 광범위한 행정적 권한을 부여한다. 셋째, 정책집행자는 목표달성에 필요한 기술적·행정적 협상적 권한을 보유한다.

3) 협상가형

협상가형(bargainer)은 정책결정자와 정책집행자가 목표나 수단에 대해서 반드시 합의를 하고 있는 것이 아니라는 점이 특징이다. 협상가형은 정책결정자가 목표를 수립하나 그러나 반드시 합의하고 있는 것이 아니며 정책집행자는 정책결정자와 목표나 수단에 관해 협상 권한을 가지게 된다. 협상 결과는 누구의 힘이 더 강력한가에 따라 달라진다.

4) 재량적 실험가형

재량적 실험가형(discretionary experimenters)은 정책결정자가 구체적 정책을 결정함에 있어서 광범위한 재량권을 정책집행자에게 위임하는 유형이다. 재량적 실험가형의 특징은 첫째, 공식적 정책결정자가 추상적 목표를 지지하며 구체적 목표는 제시하지 못한다. 둘째, 정책결정자는 정책집행자가 목표를 구체화하고 목표달성을 위한 수단을 강구할 수 있도록 광범위한 재량권을 집행자에게 부여한다. 셋째, 집행자가 이러한 과업을 수행할 것을 수락한다.

5) 관료적 기업가(정책활동가)형

관료적 기업가형(bureaucratic entrepreneurs)은 정책집행자가 정책결정자의 권력을 장악하고 정책과정을 지배하는 유형이다. 특징으로는 첫째, 정책집행자가 정책목표를 수립하고 힘을 동원해 공식적 정책결정자에게 목표 수용을 종용한다. 둘째, 정책집행자가 정책결정자와 협상하여 정책목표 달성에 필요한 수단을 확보한다. 셋째, 정책집행자가 목표달성을 원할 뿐만 아니라 달성할 능력도 보유하고 있다.

4. 정책집행의 영향요인

1) 정책의 유형

정책의 내용과 정책문제의 성격이 여하한가에 따라 정책집행에 커다란 영향을 미친다. 첫째, 정책이 규제하고자 하는 행태나 변화시키려고 하는 행태가 다양할수록 효율적 집행은 어려워진다. 따라서 가능한 규제대상으로서의 행태나 변화대상으로서의 행태는 단순하고 가벼운 것일 때 집행은 용이해진다. 둘째, 정책집행의 대상 집단이 그 규모가 클수록 정책집행의 효율성을 제고하기는 어려워진다. 셋째, 대상 집단의 행태변화를 요구하는 범위가 넓고 그 정도가 심각할수록 그 정책은 집행에 많은 시간과 노력이 소요될 것이며, 효율성의 문제에는 어려움이 따를 것이다.

2) 정책의 성격

집행은 정책의 내용을 구체화하는 활동이므로 결정된 정책의 성격에 따라 집행의 성공 여부가 크게 달라진다. 정책의 성격을 좌우하는 요인은 명확성, 일관성, 소망성 등이 있다. 첫째, 명확성으로 정책의 목표와 수단이 추상적이어서는 안 되고, 목표나 수단들이 상호 모순되거나 대립되지 않고 명확해야 한다. 둘째, 일관성으로 정책의 목표와 수단 간의 우선순위가 분명하고 이러한 우선순위가 시간의 경과에도 크게 변화되지 않아야 한다. 셋째, 소망성으로 집행과정에 관여하는 사람들이 정책의 내용을 바람직한 것으로 인식해야 한다.

3) 집행주체

정책집행에서 가장 중요한 위치에 있는 것이 집행주체로서, 집행주체의 노력에 따라 결정과정에서의 모호한 정책이 더욱 구체화되며 때로는 결정과정에서 만들어진 정책의 방향을 집행 상황에 맞게 조정하기도 한다. 집행주체의 정책집행역량은 첫째, 집행기관의 구조로 집행기관의 내부구조, 관료제의 할거, 표준운영절차(SOP) 등이 문제로 등장한다. 계층제의 특징이 희박해지는 조직이 집행을 담당할 때 집행력이 떨어진다는 것이다. 둘째, 집행책임자의 적극성 유무이다. 집행기관의 책임자가 정책목표 실현을 위해 얼마나 열성적 리더십을 어떻게 발휘하는가에 따라 정책집행이 달라질 수 있다. 셋째, 담당공무원의 성향이다. 담당공무원이 정책목표에 적극적으로 찬동하고 목표달성에 능동적으로 나서지 않으면 집행이 좋은 성과를 거둘 수 없다. 넷째, 집행기관들 간의 관계이다. 집행기관들 간의 관계가 정책집행에 큰 영향을 미칠 수 있다.

4) 정책대상집단

정책대상집단의 문제는 대상집단의 대응 행태와 이에 대한 집행주체의 협상전략에 관한 문제이다. 정책대상집단은 수혜집단과 희생집단(비용부담집단)으로 구분되고 성공적인 정책집행을 위해서 집행주체는 정책대상집단에 대해 도덕적 설득과 같은 부드러운 방법에서부터 유인, 강제, 처벌, 강압과 같은 다양한 방법을 상황에 맞게 적절히 동원함으로써 효과적 협상 방법을 개발해야만 집행과정상의 난관을 극복할 수 있다.

5) 환경적 요인

환경적 요인에도 여러 가지가 있으나 여기서는 사회·경제적 상황, 상급기관의 지원, 이익집단의 지원, 일반 대중의 지지 등을 살펴보기로 한다. 첫째, 사회·경제적 상황의 변화는 특정한 정책의 중요성에 대한 인식을 감소시킬 수 있고 따라서 집행을 어렵게 만들 수 있다. 또한 지역 간 사회·경제적 수준의 차이가 효율적인 집행에 지장을 줄 수 있다. 둘째, 법적·재정적 지원을 장악하고 있는 상급기관의 지원이 정책집행에 큰 영향을 미친다. 셋째, 이익집단의 지원은 대중매체나 국민들의 관심은 늘 새로운 문제에 쏠리게 마련이다. 시간이 흐름에 따라 기존의 정책은 대중의 관심에서 멀어진다. 이런 경우 관련 단체를 결성하여 그들의 지원을 받을 필요가 있다. 이러한 관련 이익집단은 정책집행과정에서 여러 방법으로 개입할 수 있으며, 집행기관을 상대로 견해를 표명하거나 자원의 뒷받침, 기관의 성과를 비판하거나 찬양할 수 있고 여론을 환기시키기도 한다. 넷째, 일반 대중의 지원으로 특정한 정책에 대한 일반대중의 관심은 시일이 지남에 따라 변할 수 있으며 지역에 따라 그 강도가 차이가 있는데 이러한 일반 대중의 관심과 지지는 정책집행에 영향을 미친다. 특히 정책집행을 방해하려는 특정한 세력이 있을 때 일반 대중의 지지가 그 정책집행에 큰 힘이 되는 경우가 많다.

1. 정책평가의 의의

정책평가란 정책이 결정된 후 그 정책의 집행과정과 집행결과를 사후적으로 검토·평가하는 활동이다. 즉 정책대안이 결정된 후에 집행과정에서 의도한 대로 능률적으로 집행되었는지 점검하고 정책이 집행된 후에 설정된 목표를 효과적으로 달성했는지를 평정하는 활동을 의미한다. 정책평가에서 산출된 자료는 새로운 정책의 결정, 정책의 집행, 종결에 관한 정보를 제공하게 된다. 정책평가를 과정평가와 사후결과평가로 나눈다면 일반적으로는 이 양자를 포함하는 총괄평가를 정책평가라고 한다. 총괄평가의 입장에서 정책평가란 "정책이 집행된 이후 그 정책이 사회에 미친 영향(impact)을 추정·판단하는 활동"을 뜻한다.

정책평가는 1960년대 후반에 접어들자 급속도로 활발하게 되었는데 그 이유로는 첫째, 미국 연방정부에서 "위대한 사회"의 건설을 위하여 대대적으로 추진한 사업들이 의도했던 효과를 거두지 못하고 있다는 지적이 빈번하게 있었기 때문이다. 둘째, 1960년대 후반에 시도했던 PPBS 도입 실패에서 평가의 필요성이 절실하게 인식되었기 때문이다. 그 후 1970년대에 폭발적으로 과학적인 정책평가가 증가되자 정책평가활동에 대한 연구, 즉 정책평가론도 급속하게 발전하게 되었다. 처음에는 총괄평가를 중심으로 시작되어 이제는 과정평가도 포함하게 되었다.

2. 정책평가의 목적 및 필요성

정책평가의 목적은 평가주체 즉 평가자의 의도에 따라 다를 수 있지만 일반적으로는 정책결정과 정책집행과정에 정보를 얻기 위해서, 정책과정상의 책임확보를 위해서 그리고 정책연구를 위한 이론형성에 도움을 받기 위해서 평가를 수행한다.

정책평가의 필요성은 첫째, 의도와 다른 집행현실로 정책집행과정에 불응이 생기거나 정책변화가 발생하거나 집행되지 않아 정책실패 사례가 현실적으로 나타나 각각에 대한 원인규명을 위해서, 둘째, 정책과정의 복잡·다양화와 관련변수의 증대로 복잡한 정책과정에 대한 이해를 증진시키고 정책의 효과를 체계적·과학적으로 분석해 내기 위해서, 셋째, 정부활동의 능률성·효과성의 강조로 한정된 자원으로 가장 능률적으로 정책을 운영하여 최대의 서비스를 제공하기 위해서, 넷째, 정부활동에 대한 책임확보요구의 증대, 다섯째, 기타 자료나 정보의 필요성 증대로 인해 정책평가의 필요성이 생긴다.

3. 정책평가의 유형

1) 총괄평가와 과정평가

목적을 기준으로 총괄평가와 과정평가로 분류된다. 총괄평가는 정책결과를 평가대상으로 한 것이며, 과정평가는 집행과정을 평가대상으로 한 것이다. 따라서 평가대상을 기준으로 한 분류라고도 할 수 있다. 총괄평가는 정책의 효과가 어느 정도인지를 파악하는 것이 핵심이나, 비용까지도 감안하여 능률성을 평가하는 것도 포함된다. 과정평가는 집행과정을 검토하여 정책효과의 발생의 과정을 밝히고 바람직한 집행전략을 수립하는 데 그 목적이 있다.

2) 총괄평가와 형성적 평가

평가의 시간을 중심으로 총괄평가와 형성적 평가로 분류할 수 있다. 총괄평가는 정책집행이 끝날 때 내리는 평가이며, 형성평가는 집행 도중에 이루어지는 평가로서 집행의 관리와 전략의 수정·보완이 목적이다. 이 형성평가는 과정평가와 중복되는 것이 많다.

3) 내부평가와 외부평가

평가주체에 따라 내부평가와 외부평가로 분류할 수 있다. 내부평가는 자체
평가라고도 하며 정책결정, 집행담당자들이나 체제 내부의 구성원들이 하는 평
가이며, 담당기관 이외 외부인의 평가를 외부평가라고 한다.

4) 사전평가·사후평가·계속적 평가

사전평가란 정책집행이 이루어지기 전에 하는 평가를 말한다. 평가의 대상
이 될 결과가 발생하기 전에 이루어지는 프로그램의 분석을 평가라고 부를 수
있겠느냐는 의문을 제기하는 사람도 있으나, 전략평가나 사전평가도 평가의 개
념에 포함시키는 사람이 많다. 사후평가란 집행이 이루어진 후에 실시되는 평가
를 말한다. 계속적 평가란 사전에 프로그램의 개선을 위하여 평가를 실시할 뿐만
아니라 사후에 그 프로그램이 가치 있는 것이었는가를 평가하는 것을 말한다.

5) 과정평가·효과평가

과정평가는 정책의 집행과정에서 정책을 평가한다는 의미와 정책의 집행과
정에 관하여 평가한다는 뜻을 포함하고 있다. 과정평가는 다시 형성적 평가, 평
가성 검사, 빠른 피드백 평가, 모니터링으로 세분된다. 효과평가는 정책평가를
좁은 의미로 해석해서 효과의 평가만에 초점을 두는 것이다.

4. 정책평가의 기준

정책평가의 기준에 대해서는 여러 학자들이 언급하고 있다. 먼저 나카무라
(Nakamura)와 스몰우드(Smallwood)는 정책평가의 기준으로서 ① 정책목표의 달성,
② 능률성, ③ 지지자의 만족 등 세 가지를 제시하고 있다. 그리고 스치맨(Suchman)

은 주로 보건 프로그램의 성과를 평가하기 위한 기준으로서 ① 노력, ② 성과, ③ 적절성, ④ 능률성, ⑤ 과정 등의 다섯 가지를 들고 있다. 이에 비해서 프로혹(Frohock)은 명시적은 아니지만 정책평가의 기준으로서 ① 형평성, ② 능률성, ③ 파레토의 최적화 기준, ④ 공공의 이익 네 가지를 제시하고 있다. 그리고 던(Dunn)은 정책분석의 입장에서 정책평가의 기준을 ① 효과성, ② 능률성, ③ 적당성, ④ 형평성, ⑤ 대응성, 그리고 ⑥ 적절성 등의 여섯 가지를 제시하였다.

5. 정책평가의 과정

1) 목표의 확인

정책평가에 착수하려면 우선 정책목표를 확인하는 일이 필요하다. 정책이나 사업의 목적이 애매모호하거나 다양할 경우 이 목적들이 달성된 정도에 대해 평가하는 일은 매우 어렵다. 이와 같이 정책의 목표가 명백하지 못하고 한정되지 못하거나 또는 측정이 가능하지 않은 경우 과학적인 평가연구를 수행하는 것은 아무런 의미가 없다. 사업의 목적을 식별하는 데 도움이 되는 몇 가지 절차와 고려에 대해 살펴보면 첫째, 정책목표를 당면한 목표, 중간목표, 궁극적 목표 등으로 구분하여 파악하는 것이 유용하다. 둘째, 사업의 주체에게 사업의 목적을 한정하도록 문의하고 요청하는 것이다. 셋째, 목표의 식별을 위해서 가장 중요한 것으로서는 사업의 초기 단계에 평가자가 사업관련자와 협조하는 것이다.

2) 평가성 사정

정책평가를 본격적으로 착수하기 전에 조망적 차원에서 평가를 기획하는 착수직전분석[9]이 이루어진다. 이러한 단계에서 이루어지는 평가성 사정은 본격

---

9 착수직전분석(front-end analysis)은 새로운 정책을 집행하기 전에 수행하는 평가이다. 따라서 일반적인 평가가 정책의 집행 후에 수행되는 것과는 반대로 미래지향적 평가이다. 그러나 정책분석에서 행하는 정책대안의 비교·평가와는 달리 여러 가지 대안을 비교하기 위한 것이 아니라, 채택된 정책에 필요

적인 평가를 수행하기 전에 평가의 유용성과 실행가능성을 검토하는 평가이다. 다시 말해서 앞으로 진행될 평가가 유용한 것이 될 것인지, 평가가 과연 실행 가능한 것인지 미리 점검하는 일종의 예비평가적 성격을 갖는다. 평가성 사정은 과거의 평가결과가 정책을 개선하는 데 활용되지 못하였다는 점과 정책관련자 들이 평가를 백안시하고 비협조적인 태도를 보였다는 점을 감안하여 개발된 방 법이다.

3) 평가기준의 선정

평가를 수행하는 데에는 기준이 있어야 한다. 평가기준도 여러 가지가 있는 데 평가대상에 따라서 기준의 적용가능성이 결정된다. 효과성과 능률성은 목표 를 계량화하기 어려운 일부 분야를 제외하고는 대부분의 정책에 적용될 수 있다.

효과성을 기준으로 선정하더라도 산출, 결과, 영향 중에서 어떤 것을 지표 로 선정할 것이냐 하는 문제를 결정해야 한다. 주민의 만족도, 수혜자의 대응성, 형평성, 충족성 등은 주로 보건·교육 등과 같은 사회정책 분야에 적용되며, 체 제유지는 외교정책·국방정책 분야에 적용될 수 있을 것이다.

4) 인과모형의 작성

목표가 식별되고 난 후, 평가자는 정책이 목표를 어느 정도 달성했는가에 관한 증거를 제공할 수 있는 사실적 인과모형을 작성할 수가 있다. 인과모형은 특정의 정책이 사회 구성원의 행태변화를 초래하는 과정을 인과적 논리체계로 설명하기 위한 과학적인 정책연구 노력의 한 형태라고 할 수 있다. 모형의 설정 은 연구대상이 되는 문제와 관련이 있는 변수들의 선정, 변수 간의 중요한 관계 의 설명, 이러한 관계의 성격에 관한 명제의 설정이라는 세 가지 단계를 거쳐서 이루어진다.

한 정책수요나 실현가능성(행정적 차원), 재정적 지원 등을 재확인하여 집행계획을 정교하게 다듬는 데 필요한 정보를 얻고자 하는 평가이다.

5) 연구설계의 개발

일단 인과모형이 완성되고 나면 평가연구자는 자료의 모집, 측정, 분석, 그리고 해석의 과정을 구성하는 작업에 들어가게 된다. 그리고 이와 같은 것들이 바로 평가연구의 목표이다. 이러한 평가연구는 연구의 여러 단계에서 평가자를 인도하는 지침이 되는 논리적 모형이다.

6) 자료수집

평가연구의 자료는 여러 가지의 다양한 출처로부터 다양한 방법으로 얻어질 수가 있다. 가장 대표적인 자료원으로 면접, 설문조사, 관찰, 문헌과 정부자료, 자료은행 등을 들 수 있겠다. 평가연구에서 사용할 자료의 형태는 정책의 본질, 정책의 변수들, 그리고 평가설계에 따라 다르다. 따라서 평가자는 모든 자료들과 자료수집 방법들의 장점과 단점에 관해 파악해 둘 필요가 있다.

7) 자료의 분석과 해석

사회과학에서는 자료 분석기법을 결정함에 있어 평가설계에 따라 하기도 하지만 관습에 의해서 하는 경우도 있다. 정책평가에서는 변화, 예측, 그리고 인과성이 주요 관심사이므로 회기분석이 적절하고 효과적인 기법이라 할 수 있다. 그리고 이와 같은 회기분석 모형은 독립변수인 정책변수가 종속변수인 목표변수에 변화를 초래하고 또한 다른 정책변수에도 영향을 미치는 인과모형을 시험하는 기법으로 유용하다. 인과모형과 정책모형의 관점에서 평가연구의 발견사항을 해석함으로써 연구는 끝나게 된다.

6. 정책평가의 논리와 방법

1) 정책평가의 논리

(1) 인과적 추론

정책평가에서는 인과성 개념이 중요하다. 정책이란 정책결정자가 의도한 목적을 달성하고 대상집단의 행태를 변화시키기 위한 수단이다. 이때 정책은 원인(독립변수)이 되며, 정책의 산출물은 결과(종속변수)가 된다. 따라서 정책평가는 정책목표와 수단 사이의 인과관계에 대해 설정한 가설을 검증하려는 과학적 조사·연구라고 할 수 있다.

그러나 정책 A가 집행되었고, 목표 B가 달성되었다고 해서 반드시 인과관계가 존재한다고 단정할 수는 없다. 예를 들어 정부가 범죄통제정책을 집행하고 있는데 어떤 사람이 범죄를 저지르지 않았다고 해서 그것을 정책의 효과로 단정할 수는 없다. 왜냐하면 당초부터 그 사람은 범죄의 의도가 없을 수도 있기 때문이다. 또한 만일 그 사람이 범죄를 저지르려고 했다가 저지되었다고 하더라도 그것이 구속이나 처벌의 가능성 때문인지 아니면 다른 요인들, 즉 동료집단의 영향이나 기회의 결여 때문인지 단정하기 어렵다.

요컨대 정책의 실시와 정책목표의 달성이 일어났다고 해도 두 사건 간에 인과관계를 단정하기 위해서는 적어도 세 가지 조건이 충족되어야 한다. 첫째, 정책(독립변수)은 목표달성(종속변수)보다 시간적으로 선행해야 하고(시간적 선행성), 둘째, 정책과 목표달성은 모두 일정한 방향으로 변화해야 하며(공동변화), 셋째, 그 정책 이외의 다른 요인이 목표달성에 영향을 미치지 않았음을 입증해야 한다(경쟁가설 배제 혹은 비허위적 관계).

(2) 평가의 타당성

평가의 타당성이란 평가의 실행과 결과가 정확하고 객관적이며 유의하게 이루어졌느냐를 의미한다. 따라서 실제로 정책의 효과가 있을 때 효과가 있다고 평가하고, 효과가 없을 때 효과가 없다고 평가할 수 있다면 그 정책평가는 타당성이 높다고 할 수 있다.

  정책평가의 타당성은 ① 처리, 결과, 모집단 및 상황들에 대한 이론적 구성요소들이 성공적으로 조작화된 정도를 의미하는 '구성적 타당성', ② 만일 정책의 결과가 존재하고 이것이 제대로 조작되었다고 할 때 이에 대한 효과를 찾아낼 만큼 충분히 정밀하게 연구설계가 이루어진 정도를 의미하는 '통계적 결론의 타당성', ③ 특정한 상황에서 얻은 정책평가가 다른 상황에도 그대로 적용될 수 있는 정도, 즉 평가결과를 일반화할 수 있는 정도인 '외적타당성', ④ 해당 정책에 의한 순수한 효과라고 단정할 수 있는 정도를 의미하는 '내적 타당성(internal validity)' 등 네 가지로 구분할 수 있다.

  이 중 내적 타당성은 정책의 효과가 다른 경쟁적 원인들보다는 당해 정책에만 기인하는 것이라고 판단할 수 있는 정도를 의미한다. 내적 타당성을 위태롭게 하는 요소들은 외재적인 요소들과 내재적 요소들로 구분되는데, 이들은 개별적 혹은 복합적으로 내적 타당성을 저해할 수 있다. 외재적인 요소란 실험집단과 통제집단을 구성할 때 두 집단에 서로 다른 개인들을 할당함으로써 발생하게 되는 편견으로 선발요소라고 부르기도 한다. 내재적인 요소들은 정책을 집행하는 동안에 평가과정에 스며들어 나타나는 변화를 의미하며 ① 역사적 요소(history), ② 성숙효과(maturation), ③ 피실험자 상실(experimental mortality), ④ 측정요소(testing), ⑤ 통계적 회귀(regression artifact), ⑥ 측정도구의 변화(instrumentation) 등이 있다.

(3) 평가의 신뢰성

  신뢰도는 측정도구가 어떤 현상을 되풀이해서 측정했을 때 얼마나 일관성 있게 측정할 수 있느냐 하는 정도를 말한다. 다시 말하면 동일한 측정도구를 반복해서 사용했을 때 동일한 결과를 얻을 확률을 의미하며, 신뢰도에 대한 기준은 평가의 신빙성과 안정성의 측면을 나타내는 것이다. 신뢰도를 측정하는 방법으로 재검사법, 복수양식법, 반분법 등이 이용되고 있다.

2) 정책평가의 방법

(1) 진실험적 방법

진실험적 방법(true experiment)은 실험집단과 통제집단의 동질성을 확보해 행하는 실험적 평가방법으로 실험실 실험이라고도 한다. 즉 평가대상을 무작위로 두 집단에 배정해 두 집단의 동질성을 확보한 후 한 집단은 비교를 위해 사용하며(통제집단), 다른 집단(실험집단)에만 일정한 처치를 가한 후 결과변수상에서 나타나는 두 집단의 차이를 처치(정책)의 효과로 추정한다.

따라서 진실험의 경우 실험집단의 비동질성으로 인한 내적 타당성의 여러 문제를 극복해 주지만, 외적 타당성 및 실행가능성의 문제가 심각하다. 진실험이 준실험과 다른 것은 실험집단과 통제집단의 완전한 동질성을 확보한다는 점이다. 실험집단과 통제집단을 서로 동질적인 것으로 구성하기 위해서는 평가대상들을 두 집단에 무작위적으로 즉 어떤 대상이 실험집단이나 통제집단에 배정될 확률을 동일하도록 하는 조건하에서 배정해야 한다.

(2) 준실험적 방법

진실험적 방법에서와 같이 실험집단과 통제집단의 동질성을 확보하는 즉 무작위 배정에 의해 평가하기 어려운 경우에 준실험적 방법에 의한 정책평가를 하게 된다. 준실험적 방법은 무작위 배정방법이 아닌 짝짓기 방법 등을 사용하여 두 집단이 비동질적일지라도 가능한 한 유사한 실험집단과 비교집단을 구성하려고 노력한다. 정책평가에서는 진실험에 의한 방법이 이상적이기는 하나 여러 가지 문제점 때문에 현실적으로 준실험이 많이 사용되고 있다. 준실험적 평가방법에는 비동질적 통제집단 설계에 의한 평가, 사후측정 비교집단설계, 회귀불연속설계, 단절적 시계열설계 등이 있다.

(3) 비실험적 방법

비실험적 방법의 경우 진실험적 방법 및 준실험적 방법의 경우와 같이 비교집단이 구성되지 않는 인과추론방법이라고 할 수 있다. 사실상 대다수의 정책효과에 대한 평가에 있어서 비실험적 방법이 많이 활용되고 있다. 통계적 통제에 의한 평가, 인과모형에 의한 평가, 포괄적 통제와 잠재적 통제에 의한 평가 등이 대표적이라고 할 수 있다.

7. 정책평가의 한계와 과제

정책의 영역이 확대됨에 따라 그 효과성에 대한 평가가 중요하게 부각되고 있지만 정책평가는 아직도 소홀히 취급되고 있고, 이론적으로는 과학적이고 전문적인 면에서 타당성이 낮다는 문제가 제기되고 있다. 또한 실무적으로도 평가의 중복, 평가기준의 자의성과 과다, 평가절차의 복잡성과 평가시기의 중첩 등으로 인한 피평가자의 업무과정의 문제 등이 제기되고 있고, 평가자의 능력과 윤리적 책임성의 문제 등도 쟁점이 되고 있다.

한편 평가대상, 기준 및 평가방법상 다음과 같은 쟁점도 제기되고 있다. 첫째, 정책평가의 대상을 무엇으로 하고, 어디까지 한정할 것인가가 중요하다. 둘째, 평가기준을 정책 일반에 공통적으로 적용할 기준으로 할 것인지, 정책영역별로 차별화 될 수 있는 기준을 적용할 것인지도 중요하다. 셋째, 평가방법에 있어 양적 지표와 질적 지표의 적절한 배분, 인과적 추론의 타당성, 질문지 조사의 타당성과 신뢰성, 주관적 판단의 효용과 한계 등도 논란이 되고 있다.

이러한 정책평가의 한계를 극복하기 위해 프로그램 논리모형에 입각한 평가, 평가종합(evaluation) 혹은 메타분석(meta analysis) 등 다양한 평가기법들이 개발되고 있다. 평가종합 혹은 메타분석이란 기존의 평가문헌들을 수집하고, 연구결과들을 조합하여 해석하는 과학적 방법을 말한다. 평가종합은 양적 방법과 질적 방법을 포함하는 데 반해 메타분석은 주로 통계적 방법을 사용한다.

이와 함께 정책평가를 현장 중심으로 체계화하고, 평가의 종류를 최소화하여 정책담당자들의 부담을 줄일 필요가 있다. 이를 위해 정책담당자들에 의한 자체평가를 강화하고, 또한 정책집행과정 평가가 강화될 필요가 있다. 다른 한편 정책평가의 종류를 줄이는 대신 정책평가의 질을 향상시켜 핵심적 평가만으로 필요한 모든 정보를 얻을 수 있도록 해야 한다. 또한 정책평가에 대한 관리를 강화함으로써 평가결과의 활용성을 제고할 수 있어야 한다. 정책평가를 통해 얻은 정보의 활용은 정책의 결정, 수정, 보완, 종결, 정책집행상의 관리능률 향상 등 다양한 목적을 지니기 때문에 정책평가를 위한 설계와 이들 평가에 사용되는 방법 등도 평가의 목적에 적합하게 사용해야 한다.

제9장 지방**자치**론

제1절 지방자치의 기초이론

1. 지방자치의 개념

　　지역에 대한 통치제도는 첫째, 중앙정부가 지방에 자기의 하급기관을 설치하고 그것으로 하여금 중앙 및 지방사무를 처리하게 하는 방식과, 둘째, 지방주민들이 스스로 자기들의 대표자를 선출하고 그들로 하여금 지방자치단체를 구성하게 하여, 지방의 사무를 주민들의 의사와 책임하에 처리하게 하는 두 가지 방식으로 대별할 수 있다. 전자를 중앙정부에 의한 관치(행정) 또는 국가의 지방행정이라고 하며, 후자를 자치(행정) 또는 지방자치라고 한다. 이렇게 볼 때 지방자치란 "일정한 지역의 주민들이 그 지역의 공공사무를 그들 스스로의 의사와 책임하에 처리하는 것"이라고 말할 수 있다.

　　오늘날의 지방자치라는 개념 속에는 언제나 두 가지 측면이 복합적으로 내포되어 있음을 간과해서는 안 된다. 하나는 일정한 지역 내의 주민들이 자신들이 구성한 지방정부(지방자치단체의 기관)와 주민들 자신과의 관계이며, 다른 하나는 중앙정부가 지방자치법에 의해 만든 지방자치단체와 국가와의 관계라는 두 측면이 그것이다. 전자를 주민자치라고 하고 후자를 단체자치라고 한다. 그리고

- 425 -

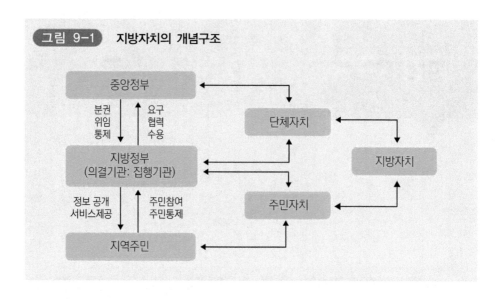

그림 9-1 지방자치의 개념구조

전자는 영국을 중심으로 발달되어 왔으며, 후자는 유럽대륙의 독일과 프랑스를 중심으로 발달되어 온 지방자치제도이다. 오늘날의 지방자치제도는 이들 두 유형의 지방자치가 복합되어 발달해 오고 있으므로 이를 지방자치의 이념, 관념, 계보라고 부르고 있다.

2. 지방자치의 구성요소

지방자치제도는 그것이 본래의 기능을 발휘하기 위해서는 제도의 주요 내용을 구성하는 여러 가지 요소들이 바람직하게 정립되어야 하고, 이들 상호 간에 유기적인 관계가 원활하게 이루어져야 한다. 이러한 지방자치제도의 주요 내용으로는 '일정한 지역과 그 주민들을 기초로 하는 지방자치단체가, 지역 내의 공공사무를 자기의 사무로 하여, 국가로부터 수여 받은 자치단체 자신의 권한과 책임하에, 주민이 선출한 자신의 기관(의결기관과 집행기관)을 통하여, 주민이 부담한 자주적 재원을 주축으로 처리하는 제도' 등이다. 이렇게 볼 때 지방자치제도의 주요 구성요소로는 i) 지방정부(지방자치단체의 기관), ii) 지방자치권, iii) 구역과 주민, iv) 지방의 공공사무, v) 주민들의 정치행정참여, vi) 자주재원 등을 들 수 있다.

1) 지방정부(지방자치단체의 기관)

지방자치제도의 중요한 구성요소 중의 하나인 지방정부는 지방자치단체의 기관으로서 국가로부터 자치권을 부여받은 일정한 지역의 주민들이 선출하고 구성하게 된다. 지방정부는 지방자치단체의 의결기관(지방의회)과 집행기관(지방자치단체의 장)으로 구성되고, 이들 양 기관은 주민들의 선거에 의해 선출된 지역주민의 대표로 구성된다. 의결기관과 집행기관은 나라에 따라서 서로 독립시키는 경우도 있고(기관분리형), 통합시키는 경우도 있다(기관통합형). 지방자치단체는 독립된 통치주체로서 법인격을 부여하는 나라도 있고, 그렇지 않은 국가도 있지만 우리나라의 지방자치단체는 법인격을 가지고(公法人), 기관분리형을 채택하고 있다. 요컨대 지방자치단체는 일정한 지역과 주민 그리고 지방자치권을 구성요소로 한다. 그러나 지방자치단체는 주민들이 선출하고 구성한 의결기관과 집행기관으로 구성되는 지방정부가 이를 운영하므로 지방정부는 지방자치의 필수불가결한 구성요소이다.

2) 지방자치권

지방자치제도의 핵심적인 구성요소는 자치를 할 수 있도록 해주는 지방자치권이다. 지방자치권이란 일정한 지역의 주민들이 국가로부터 상대적으로 독립하여 중앙정부의 감독과 통제를 받지 않고, 지역 내의 공공사무를 주민들의 의사와 책임하에 자율적으로 처리할 수 있도록 한 권한이다. 따라서 주민의 선거에 의해 구성된 지방정부는 지역 내 공공사무를 처리함에 있어서는 언제나 주민들의 의사를 기초로 하고 이를 존중해야 한다. 이러한 지방자치권의 종류에는 i) 자치입법권, ii) 자치조직권, iii) 자치행정권, iv) 자주재정권 등이 있다. 그러나 이러한 자치권은 어디까지나 국가 전체적 통일성의 유지와 효율적인 통치방안의 일환으로 인정된 권력이기 때문에 전반적 국법질서를 벗어날 수 없다는 한계가 있다. 문제는 우리나라와 같이 중앙정부의 국법체계가 지방을 지나치게 통제

제3편 행정의 실제

하여 지역발전을 저해하거나, 시대착오적으로 변화에 둔감하여 국제경쟁력이 상실되고 국가전체적 발전이 침체될 경우에도 지방은 맹목적으로 중앙정부에 복종해야만 하는가? 하는 의문이 제기될 수 있다.

3) 지역(자치구역)과 주민

지방자치는 일정한 지역 즉 자치구역과 그 지역의 주민을 불가결의 요소로 하고 있다. 지방자치단체는 국가 아래서 영토의 일부를 그 구역으로 하고 있으며, 국민의 일부를 그 주민으로 하고 있다. 이처럼 자치구역이란 "지방자치단체의 통치권이 미치는 지역적 범위"를 의미한다. 지방자치단체의 인적 구성요소로서의 주민은 그 지역 자치권의 주체이며, 권리의무의 대상, 지방자치단체의 기관구성에 직접 관여하는 자치단체의 최고선임기관으로서의 지위를 갖는다. 주민은 지역 내 주소를 가지는 자로서 국적, 성, 연령, 행위능력여부(미성년자, 한정치산자, 금치산자 등)를 불문하며, 자연인과 법인을 포함한다.

4) 지방의 공공사무

지방자치는 일정한 지역에 있어서의 공공사무를 그 지역주민들의 의사와 책임하에 처리하는 제도이므로 지방적 공공사무를 그 구성요소로 하고 있다. 여기서 공공사무란 특정한 개인이나 집단의 문제해결을 위한 사무가 아니라, 불특정 다수 주민의 일반이익을 위한 사무를 의미한다. 이러한 지방자치단체의 사무에는 단체자신의 고유사무인 자치사무와 중앙정부나 상급자치단체로부터 위임받아 처리하는 위임사무가 있고, 이 위임사무는 다시 자치단체에 위임된 단체위임사무와 집행기관에게 위임된 기관위임사무로 나뉜다.

5) 주민의 정치행정참여

지방자치는 지방주민들의 정치 및 행정참여를 불가결의 요소로 한다. 주민들은 지방정부의 의결기관과 집행기관을 구성하는 선거참여로부터 지방정부의 정책결정과 집행에 참여하는 행정참여에 이르기까지 광범한 영역에서 다양하게 참여한다. 지방자치는 이처럼 주민들이 지방정치는 물론 지방행정에도 적극적으로 참여할 것을 전제로 하고 있는 제도이다.

6) 자주적 재원

지방자치는 그것을 위해 소요되는 비용을 원칙적으로 주민이 부담한 세금으로 처리할 것을 전제로 하고 있다. 지방자치의 개념에서 " … 주민이 부담한 자주적 재원을 주축으로 … "라는 표현이 바로 이것을 의미하고 있다. 사실 지방자치제도가 아무리 완벽하게 정비되어 있다고 하더라도 지역 내 공공사무를 처리할 만한 자주재원이 마련되지 못한다면 지방자치는 한낱 이상으로 그칠지도 모른다. 그렇기 때문에 자주재원은 지방자치의 성패를 좌우할 만큼 중요한 요소인 것이다. 물론 모든 지방자치단체가 자주재원을 충분히 확보할 수 있기 때문에 지방자치를 실시하는 것은 아니며, 대부분의 지방자치단체들은 중앙정부의 재정지원을 받고 있는 것이 현실이다. 그럼에도 불구하고 지역경제가 활성화되고 그에 따라 지방자치단체의 재정적 자주성이 충분히 확보될 수 있을 때 지방자치는 보다 활발히 추진될 수 있다.

제2절 국가와 지방자치단체와의 관계

1. 중앙집권론과 지방분권론

중앙집권과 지방분권은 중앙과 지방의 정치적 영향력의 크기에 의해 좌우된다는 정치적 권력게임의 속성을 지니고 있다. 그러나 중앙집권과 지방분권의 논리는 단순히 중앙정부의 권한과 기능을 지방정부로 이양하거나, 반대로 지방정부의 그것을 중앙으로 이전하는 세력경쟁의 차원을 극복함으로써, 중앙과 지방 간 역할 재배분을 통하여 기능의 효율성을 회복하고 증진한다는 관점에서 접근되어야 할 것이다. 때문에 이러한 분권화 추진과정과 역할 재배분 과정에서는 소위 보충성의 원리[1]가 엄격히 적용되어야 한다.

중앙집권(centralization)이란 국가의 여러 기능과 활동이 체제의 중심부에서 집중적으로 이루어지는 것을 말하고, 지방분권이란 이와 반대로 여러 기능과 활동이 원심적으로 이루어지는 것을 말한다.

한편 집권과 분권은 단순한 통치기술상의 문제가 아니고 하나의 정치원리이기는 하지만 다같이 일국의 정치적 통일을 무시할 수 없는 한, 중앙과 지방의 관계는 필연적으로 상대적 관계에 있다고 보아야 할 것이다. 그러나 비록 중앙과 지방의 관계가 상호 밀접 불가분의 관계가 있다고 하더라도 중앙정부에 의한 지방의 권한을 부정하고 지방의 고유권한을 강조하는 입장도 있다. 후자의 입장은 지방분권은 중앙집권에 대칭되는 개념으로 사용되고 있지만 본래 중앙정부가 가지고 있는 권한을 지방에 나누어 줌으로써 성립된 것이 아니라 지방이 본래부터 가지고 있는 권한을 확인한다는 것이다. 이러한 주장은 프랑스의 뚜레(Thouret) 등에 의해 강조되었던 이른바 지방권 사상(Pouvoir Municipal)에 그 뿌리를 두고 있다.

2. 신중앙집권론과 신지방분권론

18세기의 절대군주체제하에서는 강력한 중앙집권적 행정이 강조되었고, 19세기에는 자유방임사상과 민주행정사상에 따라 지방분권적 행정이 강조되었다.

---

1 보충성의 원칙이란 사회의 활동은 보완성을 가지기 때문에 작은 하위구성단위가 스스로 어떤 업무를 잘 수행할 수 없는 경우에만 상위의 공동체가 개입할 수 있다는 원칙이며, 상위구성단위의 활동은 하위단위의 활동을 충분히 지원해야 하고, 하위단위의 활동을 대체하거나 인수해서는 안 된다는 것이다. 즉 첫째, 지방에서 처리되는 사무는 특별한 이유가 없는 한 지방의 사무로 보아야 하고, 둘째, 만일 지방정부소관의 업무를 중앙정부의 업무로 이관하고자 할 경우, 중앙정부는 지방정부가 그 업무를 처리할 수 없다는 증명을 해야 하며, 셋째, 중앙정부가 지방정부에 사무를 이양하는 경우에도 지방자치단체의 규모와 능력에 따라 차등적으로 배분해야 한다는 등의 원칙을 말한다.

그 후 20세기 초엽부터 세계의 주요 각국들은 다시금 중앙집권화 경향을 나타내게 되었는바, 이를 소위 신중앙집권화(New Centralization) 현상으로 표현하고 있다. 이처럼 신중앙집권화 현상이란 전통적으로 지방자치가 잘 발전되어 온 나라들에서 행정능률향상, 복지국가의 실현, 현대적 지방자치제도 개편 등에 따라 중앙정부의 역할과 권한이 점차 증대되어가는 현상을 의미한다. 오늘날 세계 각국에서 거의 공통적 현상으로 나타나는 신중앙집권화 현상은 18세기와 같이 지방행정에 대한 권력적 통제나 중앙정부의 절대권한의 확대강화를 의미하는 것은 아니다. 이것은 중앙과 지방 간 권력재조정을 통한 새로운 협력체제의 구축으로 이해되어야 한다. 신중앙집권화의 대표적 현상으로 파악할 수 있는 내용은 중앙정부의 지방정부에 대한 지식적 관여이다. 지방정부에 대한 중앙정부의 지식적 관여는 중앙과 지방의 유대를 촉진하고 지방행정의 수준을 향상시키는 데 그 의미가 있다. 이런 점에서 신중앙집권화 현상은 중앙과 지방의 지식과 정보 및 기술상의 관계로서 상호 협력과 지원관계로 이해되어야 한다.

위에서 설명한 바와 같이 신중앙집권화 현상이 진행되는 가운데 한편으로는 그것이 드러내는 문제점과 한계가 노정되기 시작하였다. 그리고 이러한 문제점과 폐해를 개선하기 위한 노력도 함께 진행되어 왔다. 즉 신중앙집권화라는 경향을 악용하여 과잉집권을 자행하고 있는 중앙정부를 견제하고, 권력적·악의적 중앙집권화라는 과거의 잘못된 역사를 되풀이 하지 않기 위한 다양한 노력들이 세계 도처에서 지속적으로 추진되어 왔다. 이러한 노력들을 신지방분권화(new decentralization) 현상이라고 한다. 21세기 지구촌 사회의 지방분권운동은 바로 이러한 신지방분권운동으로 이어질 것으로 예상된다.

1. 지방자치단체의 개념

  지방자치단체란 "국토의 일부인 일정한 지역을 관할구역으로 하여, 그 지역
주민들에 의해 선출된 기관(지방정부)이 그 지역의 공공사무를 자주적으로 처리
할 수 있는 권리능력(법인격)을 가진 공공단체"를 말한다. 즉 이것은 일정한 지역
의 사회경제적 생활권을 함께하는 주민들에게, 그 지역의 공공사무를 중앙정부
로부터 상대적으로 독립하여, 주민들 스스로의 의사와 책임하에 자율적으로 처
리할 수 있도록 법률로 그 지역의 통치권한을 부여한 공공단체라 할 수 있다.
그리하여 지방자치단체는 국토공간의 일정한 지역인 자치구역을 기본적 요소로
하며, 그 구역 내에서 살아가고 있는 지역주민, 지방자치단체를 실제로 경영하
는 기관(지방정부) 그리고 그러한 자치기능을 수행할 수 있도록 중앙정부로부터
수여받은 자치권(지방자치권) 등을 불가결의 요소로 한다.

  우리나라 현행 지방자치법에서 사용하고 있는 지방자치단체라는 용어는,
현실에서는 자치단체, 지방공공단체, 지방단체, 공공단체 등 다양하게 불리고 있
으나 정확하게는 법률용어인 지방자치단체가 바른 용어이다. 그러나 일상적으
로는 대부분 지방이라는 말을 생략하고 그냥 자치단체라고 사용하고 있다. 그리
고 지방자치단체라고 하면 엄격히 말해 보통지방자치단체와 특별지방자치단체
를 내포하는 용어지만 일상에서 지방자치단체라고 하면 특별자치단체를 제외한
보통지방자치단체만을 의미한다.2

---

2 흔히 지방자치단체와 지방정부라는 용어를 구별하지 못하는 경우가 많은데, 지방정부란 지방자치단체의
 공공사무를 처리하는 기관, 즉 의결기관과 집행기관을 의미한다. 지방자치단체는 법률상 용어지만 지방
 정부는 법적 용어가 아닌 학문적 용어 내지 일반용어로 보아야 할 것이다.

2. 지방자치단체의 구성요소

1) 주　민

주민이란 지방자치단체의 존립요건이 되는 기본적 구성요소이다. 지방자치
단체의 주민은 "당해 자치단체의 구역 안에 주소를 가진자"를 말하며, 당해 자
치단체의 주권자로서 스스로 또는 대표자를 선출하여 자치단체의 기관 즉 지방
정부를 구성하고 운영하는 지방자치의 주체이다. 주민은 당해 자치단체의 구역
안에 주소를 가지는 것만으로 법률상 당연히 주민의 자격을 가지며, 본인의 주
거의사나 기타 행정상 요식행위(공증 혹은 등록 등)를 필요로 하지 않는다.

2) 자치구역

지방자치구역이란 지방자치단체의 지역적 구성요소로서 자치단체의 자치
권이 미치는 지역적 범위를 말한다. 따라서 지방자치단체의 구역은 단순한 행정
구역과는 달리 자치단체구성의 기초가 되는 지역이며, 적극적으로는 그 지역 내
에 주소를 가진 자를 당연히 단체의 구성원으로 하고, 그 지역과 일정한 장소적
관계를 가진 국민을 그 단체의 권능에 복종시키는 동시에 그 자치단체의 권능을
지역적으로 한정시킨다. 우리나라에서는 지방자치단체의 구역과 명칭을 변경하
거나 분합하고자 할 때에는 법률로서 사전에 관계 지방의회나 주민의 의사를 청
취하여 처리하도록 하고 있다.

3) 자치권

자치권이란 지방자치권을 의미하며 지방자치권이란 지방자치단체가 그 존
립목적을 실현하기 위하여 가지는 일정한 범위의 권리능력을 말한다. 즉 지방자
치권은 "헌법과 법률이 인정한 일정한 범위 내의 독자적 권리이며, 법인격을 가
진 지역통치단체로서 스스로의 창의와 책임하에 그 구역과 주민을 지배하고, 그

관할 사무를 처리할 수 있는 법적인 권리능력"을 말한다. 자치권의 핵심적 요소
는 '국법이 인정한 범위'라는 한계성과 '독자적 권리'라는 자주성이라고 볼 수 있
다. 이런 의미에서 자치권은 지방자치단체의 주요 구성요소인 일정한 구역, 주
민, 기관과 함께 지방자치단체의 주요 구성요소에 해당된다. 자치권은 자치입법
권, 자치행정권, 자치조직권 그리고 자치재정권으로 구분된다.

4) 기관(지방정부)

지방자치단체의 기관은 단체의사를 결정하는 의결기관과 결정된 단체의사
를 집행하는 집행기관으로 구성되어 있는 예가 많다. 의결기관으로는 지방의회
가 있고, 집행기관으로는 일반집행기관과 교육·학예집행기관이 있으며, 일반집
행기관은 다시 지방자치단체의 장과 그 보조기관, 소속기관, 하부행정기관 등으
로 구분된다.

3. 지방자치단체의 종류

우리나라의 지방자치단체는 크게 두 가지, 즉 일반지방자치단체와 특별지
방자치단체로 나눌 수 있다. 일반지방자치단체란 흔히 보통지방자치단체라고도
불리며, 그 존립의 목적과 조직 및 권능이 일반적 성격을 가진 자치단체를 말한
다. 일반지방자치단체는 계층을 기준으로 상급(혹은 광역)자치단체와 하급(혹은 기
초)자치단체로 나눈다. 우리나라의 특별시·광역시·도와 시·군·자치구 등이 그
것이다. 특별지방자치단체란 자치행정을 수행하는 과정에서 특정한 목적을 수
행하거나 특정한 사무처리 혹은 사무의 공동처리를 위하여 정책적 필요에 의해
설치되는 지방자치단체를 말한다. 따라서 그 목적이나 기능 그리고 구역이나 권
한 및 조직 등이 특수하여 특별지방자치단체의 설치와 운영은 예외적이고 특별
한 경우가 보통이다.

4. 지방자치단체의 계층

1) 자치계층의 개념

지방자치단체의 계층이란 지방자치단체와 중앙정부 간의 연결 구조를 말한다. 지역에서 수행되는 자치행정 업무는 매우 복잡하고 다양하기 때문에 이를 어느 한 계층의 지방자치단체나 행정기관만으로 처리하기에는 한계가 있다. 어떤 업무는 비교적 좁은 지역을 단위로 수행될 수 있는 데 비하여, 어떤 업무는 보다 광역적인 지역을 대상으로 처리되는 것이 보다 효율적일 수 있다. 이처럼 지방자치단체의 계층은 지방자치단체 상호 간 기능배분의 문제와 밀접한 관련을 가지며, 자치구역의 문제와 맞물려 있다.

일반적으로 보통지방자치단체는 일정한 구역과 주민을 구성요소로 하여 비교적 제한적이지 않은 범위의 사무를 처리하는 까닭에 일정한 구역에 1개만 설치되어 있으면 된다. 이를 단층제(singer-tier system)라고 한다.

그러나 실제적으로는 광역지방자치단체의 지리적 범위 안에 기초지방자치단체들이 설치되어 있어서 상호 중첩현상을 나타내는 경우가 많다. 이를 중층제(multi-tier system)라고 한다. 중층제에 있어서는 주민들과 직접 접촉하는 가장 소구역을 기초로 지방정부를 기초자치단체 또는 제1차적 자치정부라고 하며, 중앙정부와 기초자치단체의 중간에 위치하는 넓은 구역의 자치단체를 광역자치단체 또는 제2차적 자치정부라고 한다.

현행 지방자치단체의 행정계층은 특별시, 광역시, 도, 특별자치도, 특별자치시로 구성된 광역자치단체와 시, 군, 구로 이루어진 기초자치단체, 일반 지방행정기관인 행정구, 읍, 면, 동, 리 등으로 구성되어 있다. 이러한 지방행정 구조는 자치계층과 행정계층의 이원적 구조를 가지고 있다. 자치계층은 광역자치단체와 기초자치단체로 구분하고 있고, 행정의 능률성을 제고하기 위해 기초자치단체의 하부행정기관으로 읍·면·동을 두고 있는 것이다.

이에 따라 현행 우리나라의 지방행정구조는 광역자치단체로 1특별시, 6광역시 8도 1특별자치시, 1특별자치도를 두고 있으며, 기초자치단체로 74시, 84군,

69자치구를 두고 있다. 또한 그 하부 행정기관으로 216읍, 1,198면, 2,071동을 설치하고 있다.

2) 계층구조의 유형

지방자치단체 간의 계층구조는 국가에 따라서 다양한 모습으로 나타나고 있다. 즉 당해 국가의 정치형태·국토면적·인구수·국가발전의 경험 등에 따라서 차이가 있을 뿐만 아니라, 최근에 이르러서는 교통·통신·정보의 발달 정도에 따라서도 차이가 나타나고 있다. 물론 동일 국가 내에서도 시대 및 정권의 변화에 따라서 상당한 차이를 보이고 있다. 즉, 지방자치단체의 계층구조는 정치적 논쟁의 대상이 되고 있다.

지방자치단체의 계층구조를 크게 2가지로 구분할 수 있다. 즉 단층구조형 (singer-tier system)과 중층구조형(multi-tier system)이 이에 해당된다. 여기서 말하는 단층구조형은 특정 행정구역 내에 오직 하나의 지방자치단체만을 설치·운영하는 것이며, 중층구조형은 특정 행정구역 내에 다양한 모습의 지방자치단체를 설치·운영하는 것을 의미한다.

한편 중층구조형의 경우는 다시 2층 구조형과 3층 구조형으로 재구분할 수 있는데, 최근에는 2층 구조형이 주류를 이루고 있다. 지방자치단체 간의 계층구조가 중층구조형을 이루고 있는 경우, 지역주민에게 가장 가까이 존재하는 최하위층의 지방자치단체를 일반적으로 기초자치단체라고 하며, 그 상층에 존재하는 지방자치단체에 대해서는 중앙정부와 기초지방자치단체 간의 중계 역할은 물론 면적 및 인구에서도 기초지방자치단체를 사실상 포괄한다는 의미에서 광역지방자치단체·제2차 지방자치단체 등으로 부르고 있다. 이러한 지방자치단체 간의 계층구조는 국가마다 다양한 모습을 보이고 있음은 물론, 동일 국가 내에서도 시대와 정권에 따라서 모습이 달라질 정도로 가변성을 보이고 있다.

5. 지방자치단체의 기관구성 형태

1) 기관통합형

기관통합형이란 지방자치단체의 의결기능과 집행기능을 모두 단일기관, 즉 지방의회에 귀속시키는 제도로서 지방의회는 의결기관인 동시에 집행기관이기 때문에 의회제 기관통합형 또는 권력통합형이라고도 한다. 대표적인 예로서는 영국의 지방의회형과 미국의 위원회형, 러시아의 지방의회형, 그리고 최근 프랑스의 의회-의장형 등이 있다. 이러한 유형들은 권력구조에 있어서 중앙정부의 의원내각제와 유사하며, 의회의 의장이 지방정부의 장의 지위를 겸하고 있으나 이것은 어디까지나 상징적 존재로서 지방정부를 대외적으로 대표할 뿐 실질적인 집행권은 의회에 통합되어 있다. 따라서 지방선거는 주민에 의한 지방의원선거만으로 끝난다.

2) 기관분리형

기관분리형은 지방자치단체의 의결기능과 집행기능을 서로 다른 기관에 부여하여 기관 상호 간에 견제와 균형을 통하여 업무를 수행하도록 하는 기관구성 형태이다. 즉 권력분립 및 기능분담의 자유주의사상에 근거하여 의결기관과 집행기관을 각각 분리하여 설치하고, 양 기관이 상호 견제와 균형에 의하여 지방정부를 운영하는 유형으로 권력분립주의에 입각한 제도이며, 중앙정부권력구조에 있어 대통령책임제와 유사한 제도이다. 그런데 이 유형은 집행기관선임형태에 따라 선거형과 임명형으로 나눌 수 있고 또한 선거형은 주민직선형과 의회에 의한 간선형으로 나뉜다. 주민에 의한 직선형이 전형적인 유형이나, 지방의회에 의해 간선할 경우도 있다. 그러나 이 경우는 결국 지방의회가 집행기관을 구성하게 되는 것이다.

6. 지방자치단체의 권한(지방자치권)

1) 지방자치권의 개념

지방자치권이란 지방자치단체가 자치사무를 자율적으로 처리할 수 있는 포괄적 권리와 능력을 의미한다. 한 나라의 행정사무는 국가와 지방자치단체가 분담하여 처리하고 있다. 국가의 존립 및 유지에 관한 사무나 전국적 이해관계에 관한 사무는 국가가 직접 자신의 기관(중앙정부 및 지방특별행정관청)으로 처리하고, 지방주민의 복리에 관한 사무나 지역적 이해관계에 관한 사무는 지방자치단체(지방정부)가 처리하게 되는 것이다. 이렇게 국가와는 별개의 법인격이 부여되고 그 독자적 사무가 인정되는 지방자치단체가 그 사무를 처리하고 존립하기 위해 가지는 권한을 지방자치권 혹은 자치권이라 한다.

즉 자치권이란 지방자치사무에 대해서는 그 지방자치단체가 개별적인 법률의 수권 없이도 자주적으로 규율하고 처리할 수 있는 권한이다. 법인격을 가진 통치단체로서의 지방자치단체가 그 지역과 주민을 통치하고 자치사무를 스스로의 의견과 책임하에 처리할 수 있는 법적인 능력을 말한다.

2) 지방자치권의 유형

(1) 자치입법권

헌법은 제117조 제1항에 "지방자치단체는 국민의 복리에 관한 사무를 처리하고 재산을 관리하며, 법령의 범위 안에서 자치에 관한 규정을 제정할 수 있다"고 규정하여 지방자치단체의 자치입법권을 보장하고 있다. 이와 같은 자치입법권의 내용에 대하여 지방자치법은 지방의회의 조례제정권과 지방자치단체장의 규칙제정권을 인정하고 있다. 자치입법권은 자치에 관하여 일반·추상적인 규정을 제정하는 권한 또는 지방자치단체가 지방자치에 필요한 법규를 스스로 정립하는 권능을 뜻한다. 이는 국가의 입법권에 대응하는 표현으로서 이 기능에 의하여 정립된 법을 자주법이라고 한다. 그리고 대내적으로 주민들은 지방자치단체가 스스로 정립한 자치법규를 통하여, 주민들 스스로 수립한 삶의 원리나 질서임을 확신하고 그러한 질서에 따르게 하는 중요한 의미가 있다.

(2) 자치조직권

자치조직권이란 지방자치단체가 자신에게 배분된 기능을 수행하기 위해 자기의 조직을 자주적으로 정하는 권능을 말한다. 그것은 자치행정을 실시하기 위한 행정조직을 국가의 관여로부터 벗어나 스스로 결정하는 권한으로서 자치권의 당연한 요소로 간주되고 있다. 그 이유는 이러한 자치조직이 제도적으로 보장되지 않을 때에는 지방자치단체는 자기의 기구를 신설하거나 개선함에 있어 국가의 통제와 감독을 받게 되며, 따라서 자치행정을 효과적으로 실시할 수 없을 것이기 때문이다. 최근 총액인건비제도[3]의 도입으로 지방자치단체의 자치조직권도 강화되고 있다.

(3) 자치행정권

자치행정권이란 지방자치단체가 자신에게 배분된 기능을 원칙적으로 국가의 감독이나 간여를 받지 않고 자주적으로 처리할 수 있는 권리능력을 의미한다. 즉 자치단체가 자신의 고유사무인 자치사무를 자주적으로 처리할 수 있는 권능을 뜻하며, 자치사무란 지방자치단체의 존립목적인 지역적 복리사무를 말한다. 현행법상 지방자치단체가 처리하는 사무는 별로 많지 않고 그 사무의 내용도 주로 지역주민의 공공복리를 증진하기 위한 것이 대부분이다. 예컨대 공기업 경영, 사경제적 사업의 경영, 공공시설의 설치·관리, 행정목적 달성 또는 공익상 필요에 의한 재산의 보유, 자산의 적립, 기금의 설치 등 비권력적 관리행정이다. 그러나 복리사업을 위하여 부수적으로 권력의 행사를 필요로 하는 경우가 많은 바, 그 범위 내에서는 권력작용을 담당하는 "권력단체·통치단체"이다. 권력

---

3 2007년 1월 전 행정기관을 대상으로 실시되었으며 총액인건비제는 중앙정부와 지방정부가 인건비 총액 안에서 조직정원 관리와 인건비 배분을 기관 특성에 맞게 운영하도록 각 기관에 조직·보수·예산상의 자율권을 부여하고 기관별 특성을 살려 성과 중심으로 조직을 운영한다는 취지에서 마련되었다. 그러나 최근 지방자치단체와 공공기관의 역할이 커짐에 따라 공공부문의 고용문제를 개선하기 위해 정부가 마련한 총액인건비제가 오히려 공공부문의 인력 고용 과정에서 여러 가지 부작용을 낳고 있다는 지적도 있다.

적 행정에는 소방권,[4] 공용부담특권, 조세권, 기타 공과금의 징수권 등이 있다.

(4) 자치재정권

자치재정권이란 지방자치단체가 자신에게 배분된 사무를 처리하는 데 필요한 경비를 충당하기 위하여 중앙정부로부터 상대적으로 독립하여 자주적으로 그 재원을 조달·관리하는 권리능력을 의미한다. 이러한 자치재정권은 자치단체가 필요한 재원을 스스로 확보하고 자유로운 판단과 결정에 의하여 사용할 수 있는 권한으로 지방자치의 실질을 보장하기 위한 핵심적 요건으로 간주되고 있다. 사실 아무리 자치제도가 완벽하게 보장되어 있다 할지라도 재정적 자주성이 확보되지 않으면 지방자치는 한낱 허구에 불과하다. 이러한 의미에서 자치재정권은 바로 지방자치단체가 독립적 경제주체로서의 지위와 권능을 가지고 있음을 의미하는 것이다.

7. 지방자치단체의 기관(지방정부)

1) 지방의회

(1) 지방의회의 개념

지방의회란 원칙적으로 주민에 의하여 선출된 의원을 그 구성원으로 하여 성립하는 합의제 의결기관을 말한다. 지방의회는 오늘날의 이른바 간접민주정치제도하에서는 지방의 필수적인 통치기관이다. 원래 지방자치는 법적으로 평등한 주민들의 총의에 의하여 지방자치단체의 의사가 결정·집행되는 이른바 직접민주제가 이상적이겠지만, 오늘날의 지방자치에 있어서는 그 지역의 면적과 주민의 수 등에 비추어 실제 기술상 그것이 불가능하기 때문에 주민총의를 대신할 수 있는 지방의회를 구성하여 주민의 의사를 자치행정에 간접적으로 반영하

---

4 소방사무는 본래 국가사무였으나, 서울특별시와 광역시에서는 1976년 1월 1일부터, 도에서는 1992년 1월 1일부터 당해 시·도의 자치사무로 이관되었다.

는 이른바 간접민주제(대의제)가 보편화되고 있다.

(2) 지방의회의 권한

① 의결권

지방의회의 의결권이란 지방자치단체의 의사형성행위로서 협의의 의결권과 결의권 내지 결정권을 포함한다. 협의의 의결권이란 지방의회의 의결사항과 기타 지방자치법의 각 조항에 규정되어 있는 지방의회의 의결사항으로 반드시 지방의회의 의결을 거쳐야 하는 필수적 의결사항에 대한 의결권을 말한다.[5] 지방의회의 의결권의 범위는 광범위한 권한을 부여하는 방식과 제한적으로 부여하는 방식의 두 가지로 나눌 수 있다. 우리나라는 제한적 열거주의를 취함으로써 그 범위를 줄이고 있다.

② 행정사무감사 및 조사권

지방의회는 집행기관의 행정사무에 대하여 감사 및 조사권을 갖는다. 이것은 지방의회의 결정을 집행기관이 얼마나 충실하게 반영하였는가를 감시·통제하는 것이다. 우리나라는 지방의회로 하여금 당해 지방자치단체의 사무를 감사하거나 그 사무 중 특정 사안에 관하여 지방의회의 의결로 조사할 수 있도록 하였으며, 감사 또는 조사를 위하여 필요한 때에는 현지 확인을 하거나 서류의 제출과, 지방자치단체의 장 또는 그 보조기관의 출석·증언이나 의견진술을 요구할 수 있게 하였다.

③ 선거권

지방의회는 법령이나 조례가 정하는 바에 의하여 일정한 기관 혹은 기관구성원의 선거권을 가진다. 지방의회의 선거권은 의회의 의사를 형성하는 행위이며, 다수결의 원리에 따라 이루어진다. 그러나 방법상에 있어 토론을 거치지 않는다거나, 결정의 대상이 사람이라는 점, 결정의 효력은 피결정자의 수락행위를 필요로 한다는 점 등 보통의결권과는 다른 특성이 있다. 일반적으로 지방의회의

---

5 지방자치법상의 의결권 이외에도 지방의회는 각종의 법령에 의한 의결권과 당해 자치단체의 조례가 정하는 바에 따라 의결권을 가진다.

선거권은 의회의 내부조직에 관한 것과, 자치단체의 집행기관에 관한 것으로 나누어 볼 수 있다. 전자의 경우, 지방의회의 의장 및 부의장 선출, 임시의장의 선출, 의회 내 각 분과위원회의 위원장 및 위원선임, 결산을 위한 검사위원의 선임 등이 있다. 그리고 후자의 경우, 집행기관 간선제하의 지방자치단체장 및 부단체장의 선거 등이 있다.

④ 청원의 수리 및 심사·처리권

지방의회는 주민들이 지방의원의 소개를 얻어 지방의회에 제출한 청원을 수리하고 이를 심사·처리할 수 있는 권한을 가진다. 지방의회에 청원을 하고자 하는 자는 지방의원의 소개를 얻어 청원서를 제출하여야 한다. 청원이란 지역주민이 지방자치단체에 대하여 불만 또는 희망을 진술하고 그것에 대한 시정 또는 해결을 요구하는 것을 말한다. 청원의 수리 및 심사·처리권은 이를 통하여 지역주민들의 권리를 보호하고 집행기관을 통제할 수 있는 제도적인 장치라는 점에서 앞으로 이는 점차 보강·확대시켜나가야 할 것이다.

⑤ 출석답변요구권

지방의회는 지방자치단체의 장 또는 관계공무원을 의회에 출석시켜 질문에 답변케 할 수 있다. 이 질문·답변요구권은 집행기관에 대한 지방의회의 행정사무감사 및 조사권을 충실하게 행사할 수 있도록 한 하나의 수단적 권한으로 볼 수도 있지만, 반드시 거기에만 한정되지 않으며, 어떤 문제가 발생했을 경우 평소에도 집행기관에 대해 질문과 답변을 요구할 수 있도록 한 것이라고 보아야 할 것이다. 그리하여 지방자치법은 "지방자치단체의 장 또는 관계공무원은 지방의회나 그 위원회의 요구가 있을 때에는 출석·답변하여야 한다"고 규정함으로써 이러한 권한을 법적으로 보장하고 있는 것이다.

⑥ 의견제출권

지방의회는 지역사회 주민의 대표기관으로서 지방자치단체의 집행기관이나 외부에 대하여 지방의회의 의견을 제시할 수 있다. 여기에는 집행기관에 대한 의견제출권과 지방정부 외부에 대한 의견제출권이 있다. 첫째, 집행기관에 대한 의견제출권이란 지방의회가 자치사무와 단체위임사무에 대하여 자치단체의 장 또는 그 보조기관으로부터 설명을 구하고 그것에 대해 의결하거나 의견을 제시할 수 있는 권한을 말한다.[6] 둘째, 외부에 대한 의견제출권이란 지방의회가 당해 자치단체의 공익에 관한 사업 등과 관련되는 기관이나 행정관청에 대해 자신의 의견서를 제출할 수 있는 권한을 말한다.

⑦ 지방의회 자율권

지방의회의 자율권이란 지방의회가 자신의 직무를 수행함에 있어, 의사와 조직 및 운영사항 등에 관해 집행기관, 유권자 등 외부세력의 간섭을 받지 않고 독자적으로의 결정·처리할 수 있는 권한을 말한다.

2) 지방자치단체장(집행기관)

(1) 자치단체장의 지위

지방자치단체장은 첫째, 지방자치단체를 대표하는 지위를 가지며, 지방자치단체의 행정수반으로서의 지위를 갖는다. 둘째, 우리나라 지방자치단체는 자신의 자치사무와 중앙정부의 위임사무를 동시에 수행하고 있기 때문에 지방자치단체장은 자치단체의 대표와 집행기관장의 지위와 함께 중앙정부의 일선기관장으로서의 지위도 지니게 된다. 셋째, 지방자치단체의 장은 그 구역 내의 종합행정책임자로서의 지위를 가진다. 즉 지방정부는 특정한 지역 내의 종합행정기관이다.

(2) 지방자치단체장의 권한

① 지방자치단체의 대표권

지방자치단체의 장은 당해 지방자치단체를 대표하는 권한을 가진다. 이 경우 지방자치단체장은 지방자치단체를 법률적으로 대표하는 데 그치지 않고 정치적으로도 대표하는 것으로 볼 수 있다. 법률적으로 대표한다는 것은 지방자치

---

6 지방자치단체의 장에게 위임된 사무인 기관위임사무에 대해서도 설명을 요구하고 의견을 제출할 수 있다(동법 제41조 제3항).

단체장이 행한 행위 그 차체가 법률상 바로 당해 지방자치단체의 행위가 되는 것을 의미하며, 이러한 지위에서 지방자치단체장은 지방자치단체를 대표하여 대외적으로 공법상 행위를 하거나 사법상의 행위를 행하며 소송상의 행위에 있어서 지방자치단체를 대표한다.

② 자치단체장의 행정에 관한 권한

첫째, 자치단체장은 당해 지방자치단체의 사무와 법령에 의하여 그 자치단체에게 위임된 사무를 관리하고 집행한다. 둘째, 지방자치단체장은 하부행정기관에 대한 지도·감독권을 가진다. 셋째, 자치단체장은 소속직원을 지휘감독하고 법령 및 조례·규칙이 정하는 바에 의하여 그 임면·교육훈련·복무·징계 등에 관한 사항을 처리한다. 넷째, 자치단체장은 국가기관으로서의 감독권을 가진다. 다섯째, 자치단체의 장은 결원 또는 사고로 인해 그 직무를 수행할 수 없을 경우, 법률에 미리 규정되어 있는 시·도의 부시장·부지사, 시의 부시장·군의 부군수·구의 부구청장이 당연히 그 직무를 대리한다. 여섯째, 자치단체장은 회계연도마다 예산을 편성하여 의회에 제출하여야 하며, 그 밖에 계속비, 추가경정예산, 예산 불성립시의 예산집행, 지방의회에서의 재정부담을 수반하는 조례나 안건의결에 대한 협의권 및 결산보고의무 등에 관해 재정상의 권한과 의무를 가진다.

③ 자치단체장의 입법에 관한 권한

첫째, 자치단체장은 지방의회에서 의결된 조례안이 이송되어 오면 지방자치단체의 장은 그날로부터 20일 이내에 공포하여야 한다. 조례안의 이의가 있을 때에는 이유를 붙여 환부하고 그 재의를 요구할 수 있다. 둘째, 자치단체장은 법령 또는 조례가 위임한 범위 안에서 그 권한에 속하는 사무에 관하여 규칙을 제정할 수 있다. 지방자치단체가 분합하여 새로운 지방자치단체가 설치되거나 지방자치단체의 격이 변경된 때에는 지방자치단체의 장은 필요한 사항에 관하여 새로운 조례 또는 규칙이 제정·시행될 때까지 종래 그 지역에 시행되던 조례·규칙을 계속 시행할 수 있다.

④ 자치단체장과 지방의회의 관계에 관한 권한

첫째, 자치단체장은 지방의회나 위원회에 출석하여 행정사무의 처리상황을 보고하거나 의견을 진술하고 질문에 응답할 수 있다. 둘째, 지방의회의 의결에 대한 재의요구권을 가진다. 재의요구는 지방의회의 조례제정·개정이나 예산에 관한 의결에 대하여 인정되는 지방자치단체장의 일반적 거부권이라 할 수 있다. 셋째, 지방자치단체의 장의 선결처분권을 가진다. 지방의회에서 의결·결정하여 야 할 사항 중 주민의 생명과 재산보호에 긴급하게 필요한 결정이 이루어지지 않은 때에 보충적 수단으로서 장에게 선결처분권을 인정하고 있다.

8. 지방자치단체의 주민

1) 주민의 개념

주민이란 "당해 자치단체의 구역 안에 주소를 가진자"를 말한다. 시, 군, 자 치구의 구역 내에 주소를 가진 자는 그 시, 군, 자치구의 주민이 되는 동시에 그 시, 군, 자치구를 포함하고 있는 특별시, 광역시, 도의 주민이 된다. 주민은 지방 자치단체의 인적 구성요소로서 당해 자치단체의 대표자를 선출하여 지방정부를 구성하는 주권자 내지 주인을 의미한다. 주민은 당해 자치단체의 구역 안에 주 소를 가지는 것만으로 법률상 당연히 주민의 자격을 가지며, 본인의 주거의사나 기타 행정상 요식행위를 필요로 하지 않는다.

그러므로 주민은 공민과는 다르다. 공민이란 주민 중에서 미성년의 주민과 법인이나 외국인 등은 제외되며, 법률상 공민권이 박탈된 자[7]도 제외된다. 공민 이란 선거를 통하여 지방자치단체의 기관, 즉 지방정부를 구성할 수 있는 유권 자로서의 주민을 의미한다. 주민의 자격요건인 주소는 당해 주민의 생활의 근거 가 되는 곳을 의미하며, 한 사람의 주민에게는 한 개의 주소를 원칙으로 한다.[8]

한편 주민과 시민의 개념구분이다. 주민은 어느 지역에 '거주하는 사람'이라

---

[7] 금치산 선고를 받은 자, 금고 이상의 형의 선고를 받고 그 집행이 종료되지 아니한 자나 그 집행을 받 지 않기로 확정되지 아니한 자 등을 의미한다.

[8] 자연인의 경우 생활의 근거가 되는 곳을 주소로 보며, 법인의 경우 주된 사무소의 소재지(민법 제36조) 또는 본점의 소재지를 주소로 본다.

는 의미로 제도적·법적인 개념이며, 시민이란 엄격히 따지면 '도시의 주민'을 의미하는 용어이다. 그러나 시민이라는 용어는 서구에서 왕권을 억제하고 시민들이 정치권력의 주체자가 되는 과정에서 나타난 정치적 의미를 담고 있는 용어이기도 하다. 그러나 지방자치분야에서는 주민과 시민을 동의어로 사용하고 있다.

2) 주민의 정치참여 유형

⑴ 직접참정제도

① 주민총회(Pular Assembly)

주민총회란 당해 지방자치단체의 유권자 전원으로 구성되는 합의제기관으로서 그 지방의 공동이해관계 사항에 대한 모든 결정권을 가지고 있다. 주민총회에 참가하는 주민의 직접적인 제안과 토의를 거쳐 당해 지역의 정치·행정에 관한 의사결정을 행하는 직접참정제도이다.

② 주민발안(Initiative)

주민발안은 일정한 수의 유권자의 서명에 의해서 자치단체의 헌장이나 조례의 제정, 개폐 등에 관하여 직접 발안하는 제도로서 미국의 다수 도시와 일본의 자치단체에서 채택하고 있다. 이것은 지방의회 또는 지방의원의 부작위(不作爲)에 대하여 간접적으로 책임을 추궁하는 제도이기도 하다.[9]

③ 주민투표(Referendum)

주민투표제도는 주민발안, 주민소환 등과 함께 3대 직접민주제도의 하나이다. 주민투표제도는 지방자치단체의 중요사항(예: 주민소환 등)이나 지방의회에서 의결된 입법 또는 중요한 안건을 다시 주민투표에 부쳐 그 채택여부에 대한 최종결정권을 주민에게 유보하는 것이다. 주민투표제도는 지방자치단체의 중요사항에 대하여 또는 주민들의 주민투표청구에 의하여 시행되는 제도로서 정당성

---

9 간접적 주민발안은 주민들의 청구에 따라 의회의 의결에 부쳐 의회가 이를 승인하게 되면 주민투표에 부치지 않고 발안이 성립하는 것과, 의회가 승인을 하지 않아야 비로소 주민투표에 회부하는 제도 등으로 구성된다.

부여기능, 견제기능, 불만해소와 소수자 이익보호기능 등을 수행한다.[10]

④ 주민소환(Recall)

주민소환이란 선거에 의해 공직에 취임한 자에 대해 그 해직을 요구하는 일정 수 이상의 유권자가 서명하여 청구하면, 해직여부를 주민투표에 부쳐 과반수의 찬성으로 해직시킬 수 있도록 하는 제도이다.[11] 주민소환은 주민투표, 주민발안과 더불어 직접참정제도의 3대 지주라고도 한다. 주민투표와 주민발안은 '정책'을 통제대상으로 하는 반면, 주민소환은 '대표', 즉 사람을 그 대상으로 한다.

⑤ 감사청구

감사청구는 주민이 지방정부의 행정에 이상이 있다고 판단하는 경우에 감사를 청구하는 제도이다. 감사청구는 시·도에 대한 것은 주무부장관에게, 시·군 및 자치구에 대한 것은 시·도지사에게 청구하며, 감사청구요건은 당해 지방자치단체와 그 장의 권한에 속하는 사무의 처리가 법령에 위반되거나 공익을 현저히 해한다고 인정되는 경우이다. 감사청구의 대상에는 지방자치단체의 사무뿐 아니라 기관위임사무도 포함된다.

⑥ 주민청원

주민청원은 주민이 지방자치단체에 대하여 불만이나 희망을 진술하고 시정이나 구현을 요구하는 제도이다. 주민은 피해규제, 비위공무원 처벌, 공공시설운영, 조례·규칙의 개폐, 기타 지방자치단체의 권한에 속하는 사항에 관하여 의원의 소개를 얻어 청원할 수 있다. 다만, 재판에 간섭하거나 법령에 위배되는 내용은 청원대상에서 제외된다.

---

10 첫째 주민투표의 결과에 따라 지방정부의 정책결정에 민주적인 정당성을 부여하며, 둘째 중앙 및 지방정부에 대한 시민통제적 기능을 수행하고 중앙정부에 대한 지방정부의 견제기능을 수행한다, 셋째 주민에 대한 정치교육적 기능을 수행하며, 넷째 선출된 대표들 간의 갈등을 중재·조정하는 기능을 수행한다. 다섯째 지방정부의 정책에 불만을 가진 집단들에게 반대와 저항의 기회를 제공함으로써 정치·사회적 갈등을 조정·해결하는 기능을 하고, 여섯째 때로는 선거에 의해 선출된 공직자들에 대한 신임투표기능도 수행한다.

11 주민소환은 "정해진 임기가 끝나기 전에 해당 공직자를 유권자의 고발이나 청원, 투표로써 해임하는 절차" 또는 "유권자가 공직자를 해임하고 교체하는 민주적 장치", 그리고 "지역의 유권자가 지방공직자를 임기 중에 청원과 투표로써 해임하는 정치적 절차" 등으로 정의되고 있다.

⑦ 주민소송제도

지방자치단체장 등의 위법한 재무상 행위에 대해 주민이 소송을 제기할 수 있도록 한 주민소송제도는 미국의 납세자 소송을 모델로 한 것이다. 현행 지방자치법은 "감사를 청구한 주민은 그 감사 청구한 사항과 관련 있는 위법한 행위나 해태한 사실에 대하여 당해 지방자치단체의 장을 상대방으로 소송을 제기할 수 있다"고 규정함으로써 주민소송제도를 도입하였다. 주민소송제도는 1명의 주민이라도 제기할 수 있다는 점에서 다수의 서명을 요건으로 하는 주민소환(해직청구)이나 주민발안과는 구분된다.

(2) 간접참정제도

현실 사회에서는 직접참여보다는 간접적인 참여가 훨씬 많다. 특히 현대의 대의민주주의 정치제도하에서는 대부분의 주민들이 직접 참여하지 않고, 대표자를 통해 간접적으로 참여하고 있기 때문이다.

지방자치에 대한 주민들의 간접참여는 지방선거를 통해 이루어지며, 지방선거는 지방자치에 대한 주민참여의 가장 핵심부문에 해당된다. 즉 지방자치는 일정한 지역의 주민들에게 당해 지역의 공공사무를 주민들의 자율적인 의사와 책임하에 처리하도록 하는 제도이며, 이때 주민들은 자신들이 직접 처리하지 않고 자신들의 대표인 지방의원과 자치단체장을 선출하여 지방정부를 구성하고 이들에게 그 처리를 맡기고 있다. 지방선거란 바로 지방주민들이 지방의 공공사무를 처리하기 위한 기관구성을 위하여 그 대표를 선출하는 간접참정제도이다.

9. 지방자치단체의 재정

1) 지방재정의 의의

재정이란 국가나 지방자치단체가 그 기능을 수행하기 위해 공권력에 의거하여 재원을 확보하고 이를 집행·관리하는 것을 말한다. 국가재정이란 국가를 운영하는 중앙정부의 재정을 의미하고[12] 지방재정이란 지방자치단체를 운영하는 기관인 지방정부의 재정을 의미한다. 따라서 지방재정(local public finance)이란 각급 지방정부가 자치재정권을 가지고 자신의 구역 내에서 지역주민의 공공욕구를 충족시키는 데 필요한 재화와 서비스를 공급하기 위해서 행하는 재원의 확보, 관리, 사용 등 일련의 공경제적 작용을 의미한다. 즉 지방재정은 지방자치단체의 수입·지출활동과 자산 및 부채를 관리·처분하는 활동을 말한다.

지방예산의 편성과 운영은 지방정부 재정활동의 구체적 표현으로 그 내용과 절차는 바로 지방정부의 수준과 국가발전에의 기여도를 가늠할 수 있는 척도가 된다. 지방재정은 국가재정과는 달리 단일의 것이 아닌 시·도 및 시·군·구 등의 복수의 지방정부재정을 총칭한다. 따라서 지방재정을 움직이는 것은 다수의 지방정부로서 이 중에는 건전한 재정을 이루고 있는 곳도 있고, 재정적자로 어려움을 겪고 있는 곳도 있다.

이러한 지방재정과 지방행정은 표리의 관계에 있으며, 자치조직권, 자치입법권, 자치재정권 중 자치재정권은 주민에게 제공되는 공공서비스 수준과 직결되는 요소이다. 자치재정권이 중요한 자치재정권이 지방자치의 핵심이고 지방자치단체의 재정자립도가 취약하면 지방정부운영에 소요되는 예산의 상당부분을 중앙정부에게 의존하여야 하고, 이는 결국 진정한 지방자치의 발전을 저해하기 때문이다.

---

12 그러나 국가재정이라고 하여 이를 중앙정부의 재정과 지방정부의 재정 두 부문을 총괄하여 의미하는 경우도 있다.

2) 지방자치단체의 세입구조

지방자치단체의 활동에 필요한 재원을 조달하고, 관리하고 사용하는 것이 지방재정활동이며, 지방자치단체의 재원은 크게 자주재원과 의존재원(지방재정조정제도에 의한 재원)으로 구분된다. 자주재원에는 지방세와 세외수입이 있고, 의존재원에는 중앙에서 교부되는 지방교부세, 국고보조금 및 광역자치단체에서 교부되는 재정보전금, 조정교부금 등이 있다. 한편 용도의 한정성을 기준으로 지출 용도에 제약이 없는 재원을 일반재원, 중앙정부 등이 지정한 용도에만 지출해야 하는 재원을 특정재원이라고 한다.

지방세란 지방자치단체가 공권력에 의하여 자치단체의 구성원으로부터 개별적인 보상관계 없이 강제적으로 징수하는 재화를 의미한다. 지방세는 지방자치단체가 그 존립목적을 달성하기 위하여 소요되는 재화획득의 기본수단이며, 자주재원의 주종을 이루고 있다. 지방세는 취득세, 등록세, 재산세, 자동차세, 도시계획세 등 다양하며, 이들은 광역자치단체 세목과 기초자치단체 세목으로 구분되어 있다. 최근에는 기초자치단체들 간의 재정불균형을 완화하기 위한 차원에서 광역과 기초자치단체 간 세목 교환 논의가 제기되기도 하였다.

지방세는 다음과 같은 특징을 지닌다. 첫째, 부과·징수의 강제성이다. 지방세는 지방자치단체가 과세권에 근거하여 부과·징수하는 것이 특징이다. 지방세는 강제성을 특징으로 하기 때문에 부과·징수에는 반드시 법률의 근거를 필요로 한다. 둘째, 부과·징수의 일반성이다. 지방세는 특정한 이익을 얻는 특정한 자가 그에 대한 보수로서 지급하는 것이 아니라 일반인이 그 경제력에 상응해서 부담한다. 셋째, 재정권에 의한 징수이다. 지방세는 지방자치단체의 일반적인 경비에 충당하기 위한 재정수입을 목적으로 그 재정권에 근거하여 징수한다. 넷째, 금전에 의한 납부이다. 지방세에 대한 주민의 납세의무는 금전으로 표시되고 금전으로 납부하는 것이 원칙이다.

한편 세외수입에는 사용료와 수수료, 분담금과 부담금, 재산수입 등이 있다. 그런데 이러한 자주재원의 규모는 일부 자치단체를 제외하고는 대부분 매우 열악한 실정이다.

그림 9-2 지방정부 유형별 지방세 세목

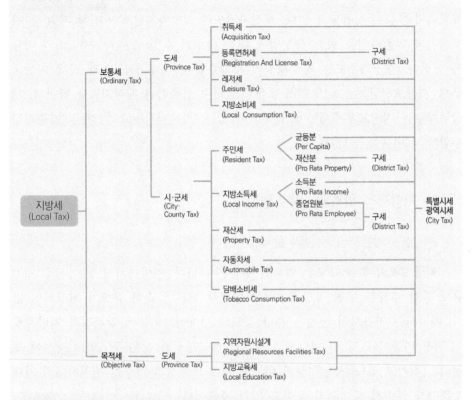

※ 광역시의 군지역은 도세와 시·군세로 세목 구분
※ 광역시의 구세는 주민세 재산분과 지방소득세 종업원분을 포함
※ 지방교육세가 부과되는 세목은 취득세, 등록면허세, 레저세, 주민세(균등분), 재산세, 자동차세,
　 담배소비세임
※ 농어촌특별세가 부과되는 세목은 취득세, 등록면허세(감면세액), 레저세임

　　중앙정부는 지방정부의 재원을 일정 부분 보장해 주면서 지방정부 간 재정
력의 불균형을 시정하고 공공서비스의 양과 질을 일정 수준 유지해야 할 의무가
있다. 이에 따라 중앙정부가 지방정부에 재원을 공여하고 지방정부 간 재정력의
불균형을 조정함으로써 지방정부의 역할 수행을 뒷받침하기 위한 제도가 '지방
재정조정제도'이다. 지방재정조정제도는 크게 지방정부에 재원사용의 자율성을
전적으로 부여하는 교부금(block grant)과 특정한 사업에 사용할 것을 조건으로 선

택적으로 지원하는 보조금(categorical grant)으로 구분할 수 있다.

이러한 지방재정의 현황을 판단하는 재정지표로 재정자립도, 재정자주도, 재정력지수 등이 사용되고 있다. 재정자립도란 지방자치단체의 전체 재원 중 자주재원과 의존재원을 합친 총수입에 대한 자주적 수입(지방세와 세외수입)의 비율을 말한다. 재정자주도는 자주재원에 자체수입(지방세와 세외수입)과 함께 지방교부세·재정보전금(혹은 조정교부금) 등을 포함하여 산출하는 재정지표를 말한다. 재정력지수는 지방교부세제도에 규정되어 있는 '기준재정수요액' 대비 '기준재정수입액'의 비율을 말한다.

3) 지방재정 확충의 기본 쟁점

(1) 높은 의존재원 비중의 문제

지방재정의 총량 규모는 영세한 수준은 아니다. 지방자치제 실시 이후 재정규모 증감 추세를 보면 중앙정부와 지방정부 모든 급속히 규모가 신장되어 왔다. 따라서 재정규모의 논쟁은 총량 규모의 영세성보다는 중앙재정과 지방재정의 적정 비중이나 지방자치단체별 상대적 불균형성과 같은 구조의 취약성에 초점이 맞춰지고 있다. 중앙재정과 비교할 때 지방재정의 비중이 분권시대의 기대 수준만큼 급속히 증대되지 못하고 있기 때문이다.

1990년 중반 이후 각종 사회경제적인 구조조정과 관련된 국가정책이 지속적으로 추진되었는데, 재정규모의 구조를 고려하면 이러한 정책은 분권체제가 아닌 중앙집권방식을 통해 지방자치단체보다는 중앙정부가 주도적으로 추진했다. 즉 지방단위에서 실천이 필요한 사업들은 지방교부세와 보조금을 중심으로 한 이전재정을 통해 추진되었다. 그 결과 지방자치단체는 지역혁신을 통한 지역경제 활성화 과제에 부합되는 지식기반 행정 및 재정운영 역량을 스스로 축적 혹은 학습하는 여건을 마련하지 못하고, 중앙정부의 표준화된 지침 중심이 단순 집행중심의 재정기능을 수행할 수밖에 없는 구조적인 취약성을 갖게 되었다.

한편 지난 10여 년 동안 사회복지분야의 재정지출이 급속히 증대되면서 지방재정 운용에 상당한 부담을 주게 되었다. 대부분의 복지사업들은 국고보조 형식으로 수행되는데 중앙정부의 지출이 증대되면서 지방이 의무적으로 부담해야 하는 지방비 부담분의 규모가 자동적으로 증대되었기 때문이다. 복지 분야의 지방비 부담은 특히 대도시 자치구의 재정을 압박하고 있다.

(2) 자주재원주의와 일반재원주의

지방자치 역량을 강화하기 위해서는 지방정부의 재정력 확충이 필요하다는 데 공감대가 형성되면서도 자주재원주의와 일반재원주의의 대립으로 인해 구체적인 정책방향에 대한 합의가 이루어지지 못하고 있다.

자주재원주의란 지방세나 세외수입 중심의 세입분권이 바람직하다는 것으로, 지방자치단체의 재정자율성이 확대되고 지역의 경제기반과 지방재정이 직접 연계될 수 있는 지방세입 구조를 강조한다. 지역사회에 대한 지방자치단체의 재정책임성 확보를 위해서는 지방교부세나 보조금 등과 같은 이전재정 장치를 통한 추가적인 재원 이양보다는 국세의 지방세 이양을 통해 재정이 확충되어야 한다는 것이다.

일반재원주의란 상대적으로 구조보다는 규모의 순증을 강조하고 세입 기반과 세수의 간접적 연계를 선호하는 접근이다. 또한 세원이 지역적으로 불균등하게 편재되어 있고, 경제성장 과정에서 불가피하게 발생한 지역 간 재정력 격차를 조정하면서 지방세입이 확충되어야 한다고 강조한다. 또한 지방재정의 자율성을 확대하기 위해 개별 보조보다는 지방교부세와 같은 일반재원의 확대를 선호한다. 여기에서는 세입의 분권구조보다는 세출 과정에서의 분권을 강조한다.

재정규모만 고려하면 자주재원인 지방세와 일반재원인 지방교부세는 상충성이 있다. 이에 따라 내국세의 규모와 법정 비율로 연계된 지방교부세의 규모가 줄어들게 된다. 이로 인해 지방세원이 풍부한 지역에서는 지방세 중심의 세입확충을 선호하겠지만 그렇지 않은 지역에서는 지방교부세를 선호하게 된다.

그런데 재정분권을 위해서 두 가지 접근방법은 대립적 관점이 아니라 서로의 기능을 달리하는 것으로 해석할 수도 있다. 재정규모가 아닌 세입분권의 구조와 세입원의 성격 혹은 기능을 고려하여 지방세와 지방교부세가 상충하는 것이 아니라 동시에 증가될 수 있도록 국가의 거시재정구조에서 중앙재정과 지방재정의 비중을 신중히 재검토해야 할 것이다.

제4절 정부간 관계론

1. 정부간 관계의 개념

정부간 관계라는 용어는 그것이 언제, 누구에 의해 사용되기 시작했는지는 분명치 않다. 그러나 일반적으로 정부간 관계(Inter-Governmental Relation: IGR)[13]란 중앙정부와 지방정부 간, 지방정부 상호 간의 관계를 의미한다. "정부간 관계"란 용어는 1930년대를 지나 1940년대에 접어들면서 미국의 연방정부와 주정부 간, 주정부와 지방정부 간의 상호작용을 지칭하는 말로서 일상적인 용어로 변천해 왔다. 그리고 1950년대에 들어와 미국 의회가 "정부간 관계"라는 용어를 법률 이름이나 의회에 의해 만들어진 위원회의 명칭으로 사용하면서 더욱 보편화되었다.

라이트(Wright)에 의하면, 정부간 관계란 1930년대의 미국 연방주의를 설명하는 하나의 용어로 개발되어 이후 광범위하게 사용되고 있는 개념이며, "정부의 숨겨진 부분", "제4부의 역할" 등을 통해 국민생활에 중대한 영향을 미친다고 주장하였다. 그리고 그는 "모든 유형과 수준의 정부단위들 간에 발생하는 중요한 활동이나 상호작용의 대부분"이라는 정부간 관계에 대한 앤더슨(Anderson)의 개념정의[14]를 가장 적절한 개념으로 제시하고 있다.

이처럼 정부간 관계라는 용어는 미국과 같은 연방제국가에서 생성·사용된 용어로서 우리나라와 같은 단일국가에서의 중앙정부와 지방자치단체 간에도 동

---

13 '정부간 관계'란 용어는 1940년대에 접어들면서 미국의 연방정부와 주정부 간, 주정부와 지방정부 간의 상호작용을 지칭하는 말로서 일상적인 용어로 변천해왔다. 그리고 1950년대에 들어와 미국 의회가 "정부간 관계"라는 용어를 법률 이름이나 의회에 의해 만들어진 위원회의 명칭으로 사용하면서 더욱 보편화되었다. 특히 정부간 관계는 1960년대에 들면서 연방제 국가인 미국을 통치하는 3가지 수준의 미국 정부를 이해하는 데 필요한 가장 핵심적인 용어의 하나로 발전되었다.

14 Anderson(1960)은 정부간 관계를 미국 연방체제 내에서 모든 계층과 모든 형태의 정부 간에 일어나는 상호작용과 행위의 총체로 보았다.

용어가 사용 가능한 것인가에 대해서 다소 간의 논란이 없었던 것은 아니다. 즉 1995년 6. 27 지방선거를 전후하여 대통령을 포함한 일부 정치지도자들이 미국에서와는 달리 우리나라에서는 지방정부라는 용어가 적절치 않다고 지적하여 적지 않은 파문을 불러일으킨 적이 있었다. 그러나 학계에서는 다음과 같은 두 가지 이유로 우리나라에서도 지방자치단체를 지방정부로 명명해도 큰 문제가 없다고 보고 있으며, 따라서 정부간 관계라는 용어를 사용할 수 있는 것으로 판단하고 있다. 첫째, 정부간 관계라는 용어 이외에 달리 사용할 적절한 용어가 없다는 점이며, 둘째, 다소 간의 논쟁의 여지는 있지만 지방정부는 지방자치단체의 통치기구로 볼 수 있기 때문이라는 것이다. 현실적으로 판단해 보아도 중앙정부가 국가전체의 통치를 담당하는 기구라고 한다면 지방정부는 지역사회를 통치하는 기구이므로 이를 지방정부라고 해도 무방하다고 판단된다.

이러한 관점에서 지방자치단체를 지방정부로 파악할 때, 정부간 관계의 개념은 이것을 광의로 해석하면 국회와 지방의회를 포함하여 국회와 중앙부처 간, 국회와 지방정부 간, 국회와 지방의회 간 등은 물론 현행법상 보통지방자치단체와 동등한 법인의 지위를 가진 특별지방자치단체(우리나라의 지방자치단체조합)와의 관계까지도 포함한다. 그러나 일반적으로는 정부간 관계란 협의로 해석하여 "중앙정부와 지방정부 간 및 지방정부 상호 간의 관계"를 의미하는 것으로 본다. 그리고 이들 정부간의 관계를 그 관계의 성격에 따라 수직적 통제관계와 수평적 경쟁관계, 그리고 상호의존적인 협력관계로 나누어 볼 수도 있다.

2. 정부간 관계의 유형

정부간 관계의 유형은 그것을 어떤 기준에서 파악하느냐에 따라 다양하게 분류할 수 있겠지만 여기서는 연방국가에서의 정부간 관계유형과 단일국가에서의 정부간 관계유형을 간략하게 검토해 보기로 한다.

1) 연방국가에서의 정부간 관계유형

라이트(wright)는 미국의 연방정부와 주정부 그리고 지방정부의 관계를 조정적 권위모형, 포괄적 권위모형 그리고 중첩적 권위모형으로 분류하여 설명하고 있다.

(1) 조정적 권위모형(The Coordinate-Authority Model)

이 모형은 연방정부, 주정부는 대등한 관계를 유지하지만 주정부와 지방정부의 관계는 포괄적 권위모형에 해당된다고 본다. 실제로도 미국의 주정부는 연방정부를 구성하기 전에는 개별적 국가였고, 현재도 각 주는 독자적인 헌법을 가지고 있는 준국가의 형태를 지니고 있다. 그러나 지방정부는 주정부에 의해 권한을 부여 받아 지역사회의 공공사무를 처리하는 지방정부의 창조물에 지나지 않는다. 이 모형에서는 주정부의 사무는 고유사무가 주종을 이루며 연방위임사무는 극히 적은 편이다. 인사권의 행사도 서로 완전히 독립적인 인사체제로 운영하고, 재정적인 측면에서도 연방정부와 주정부는 서로 다른 세원을 바탕으로 운영되어 연방과 주 간에 상호 원조와 협력이 원활하지 않다. 그러나 주정부와 지방정부 간에는 단일국가의 중앙정부와 지방정부 간 관계와 유사한 모습이 나타난다.

(2) 포괄적 권위모형(The Inclusive-Autority Model)

포괄적 권위모형이란 연방정부가 주정부와 지방정부를 수직적으로 내포하고 있는 것으로 보는 모형이다. 그리하여 주정부와 지방정부는 전적으로 연방정부에 의존하고 있기 때문에 주정부와 지방정부는 단지 연방정부에 종속된 기관에 지나지 않는다. 그리하여 사무도 주로 위임사무가 많고 그나마 기관위임사무가 대부분이며, 재정적으로도 주정부와 지방정부는 연방정부에 의존하고 있다고 보는 모형이다. 이러한 관계모형은 현대사회와 같이 행정기능이 고도로 전문화되고 복잡화됨에 따라 연방정부가 효과적인 통제를 통해 자원을 효율적으로 활용함으로써 국가 전체적인 행정능률을 제고하기 위해 필요하다는 주장으로 합리화되고 있다. 그러나 지역의 특성을 개발하여 주나 지방을 통한 국가발전을 추진하려는 세계화 시대에는 적절치 못한 형태라고 보아야 할 것이다.

(3) 중첩적 권위모형(The Overlapping-Authority Model)

이 유형은 중앙정부와 지방정부의 관계를 상호 의존적인 것으로 보고 있다. 즉 중첩권위형은 연방정부, 주정부 지방정부의 관계를 종속적인 관계로 보지 않고 각자 자기의 영역을 가지고 상호 협력하고 의존하는 관계, 즉 독립적인 실체이면서 상호 협력적 관계로 본다. 그리하여 이것은 첫째, 정부운영의 기본영역에는 연방정부, 주정부, 지방정부의 기관과 공직자들이 동시에 참여하고, 둘째, 한 정부의 자치권과 재량권의 영역은 상대적으로 제한되고 분산되어 있으며, 셋째, 한 정부나 관료에게 허용되는 권력이나 영향력 또한 상대적으로 제한되어 있어 상호 의존적이다. 넷째, 정부 간에는 협상과 교환관계를 형성하면서 재정적 상호 협력과 경쟁관계가 이루어진다. 이 모형의 가장 큰 장점은 연방정부, 주정부 그리고 지방정부가 단일 공동운명체임을 강조하고 상호 간 재정적 협력과 원조가 원활하게 이루어지고 있다는 점이다. 인사교류에 있어서도 상호 호혜제도를 채택하여 인사상 불합리나 피해가 없도록 하는 차원에서 활발하고 원활한 교류가 이루어지고 있다.

2) 단일국가의 정부간 관계유형

단일국가에서 정부간 관계의 유형은 학자들에 따라 다소 간 관점의 차이는 있으나 그 내용은 대동소이하다. 즉 엘코크(Elcock)는 대리인모형, 동반자모형, 지배인모형으로 분류하고 있고, 윌슨과 게임(Wilson & Game)은 대리인모형, 권력의 존모형, 지배인모형으로 분류했으며, 무라마쓰 미치오(村松岐夫, 1991)는 수직적 행정통제모형과 수평적 정치경쟁모형 등으로 분류했다. 그러나 이들 세 학자들이 분류하고 있는 모형의 내용은 거의 유사함을 알 수 있다. 따라서 여기서는 이를 엘코크(Elcock)의 분류에 따라 대리인모형, 동반자모형 그리고 지배인모형으로 분류하여 그 내용을 간략히 검토하기로 한다.

(1) 대리인모형(Agent Model)

이것은 지방정부를 중앙정부의 대리인으로 보는 모형이다. 즉 지방정부의 존재는 중앙정부의 정책이나 지시를 충실히 수행하는 것으로 보며, 지방정부의 행정이나 정책집행에 자율권을 인정하지 않는다. 무라마쓰의 수직적 통제모형에 해당된다.

(2) 동반자모형(Partnership Model)

이 모형은 중앙정부와 지방정부의 관계를 동반자적 관계, 즉 상호 평등한 파트너 관계로 본다. 이 모형에 의하면 중앙정부와 지방정부는 업무수행과정에서 상호 의존적이고 협상을 통해 처리해 나가는 것을 중시 여긴다. 윌슨과 게임의 권력의존모형과 무라마쓰의 수평적 정치경쟁모형이 여기에 해당된다.

(3) 지배인모형(Stewardship Model)

이것은 지방정부가 중앙정부의 통제하에 있다고 보지만 상대적인 자율성을 가지고 있다고 본다. 즉 지방정부는 일정한 범위 내에서 자율권을 가지고 지역사회의 공공사무를 처리한다고 본다. 물론 그 자율권의 정도에 따라 다시 자유방임형, 상대적 자율형, 규제중심형 등으로 나눌 수 있을 것이다.

1. 전자정부의 개념

전자정부(electronic government)라는 용어는 e-government, digital government, cyber government 등 다양한 용어로 혼용되지만 개념적으로는 유사하게 사용되고 있다. 미국의 NPR(1993) 보고서에서 단편적으로 언급되기 시작한 이래 전자정부의 개념은 점차적으로 정보통신기술과 행정과의 관계를 구체화하는 개념으로 변화하게 된다. 미국에서 처음으로 등장한 전자정부의 개념은 명확한 개념적 정의 없이 사용되어 왔다. 처음 이 용어는 은행이 고객에게 좀 더 편리한 서비스를 제공하기 위해 개발한 전자은행 서비스(electronic banking)의 개념에서 출발했다. 이후 전자정부는 정부가 정부의 고객인 국민들에게 더욱 편리한 정부 서비스를 제공해야 한다는 차원에서 오늘날 우리들이 이해하고 있는 전자정부의 개념으로 변화했다.

전자정부는 미국 클린턴 행정부에서 도입되어 확산된 개념으로 학문적 용어라기보다는 정책적 용어로 사용되기 시작했다. 즉 전자정부는 '정보기술을 활용하여 행정 내부적으로는 행정업무의 효율성을 제고하고 행정 외부적으로는 정부의 각종 정보 및 행정서비스를 제공하는 정부'라는 개념에서 출발하였다. 이후 정보기술을 통한 시민참여와 민주주의의 고양 등의 이슈들이 제기되면서 개념이 확장되어 지금은 일반적으로 '다양한 정부기능의 수행과 그 변화를 위한 정보기술의 광범위한 활용'으로 정의되고 있다.

지금까지 제시된 전자정부에 대한 개념들의 다양성은 정부의 다양한 기능들 중 어느 차원을 강조하는가에 따라 다음 세 가지 정의 중 하나로 구분된다. 첫째, 전자정부를 공공공서비스 전달의 관점에서 정의하는 것이다. 즉 '정보통신기술을 이용하여 시민에 대한 정부서비스 전달 방식을 변경하는 것'으로 정의할 수 있다. 이러한 개념은 전자정부가 주목받기 시작한 초기에 강조되었던 것으로 정보기술을 혁신인자로 하여 공공서비스 전달을 효율화하고 이를 통해 정부개혁을 도출하려는 전략적 구상을 내포한다.

둘째, 전자정부를 조직 내부의 관점에서 정의하는 것이다. 즉 '모든 정부 업무를 효율화하고 성과를 제고하기 위해 정보통신기술을 이용하는 방식'으로 정의할 수 있다. 이에 의하면 전자정부는 정부 내부의 각 요소들을 연계하고 이들이 보다 효율적으로 작동하도록 정보기술을 이용하는 정부를 의미한다. 이러한 관점에서 보면 전자정부는 조직과정 측면과 조직구조 측면의 변화로 이어지게 된다. 즉 정보기술이 업무효율화를 실현하고 이것이 조직 전반의 성과 제고로 이어지기 위해서는 업무과정재설계(BPR: Business Process Reengineering)와 같은 조직적·제도적 요소들의 재설계가 요구된다. 또한 정책문제의 다차원성과 복잡성을 고려할 때 조직 간·업무 간 경계를 뛰어넘는 네트워크 조직으로의 변화도 요구된다. 이때 전자정부는 인터넷이나 DB 기술의 활용을 통해 효율적인 정보교류와 의사소통을 가능하게 함으로써 네트워크 조직화를 촉진한다.

셋째, 전자정부를 거버넌스의 관점에서 정의하는 것이다. 이 경우 전자정부는 '전자적 수단 또는 정보통신기술을 이용하여 정부와 시민 간의 관계를 변화시키는 것'으로 정의된다. 즉 전자정부를 시민, 기업 등 다양한 민간행위자들이 정보통신기술을 이용하여 정부와 지속적으로 협의와 조정해 가면서 사회적 문제를 해결하는 과정 및 구조로 정의할 수 있다. 이 관점에 의하면 전자민주주의나 전자적 시민참여가 강조된다.

한편 정책과정에서 상호작용하는 행위자가 누구인가를 설정하고, 행위자 간의 상호작용과정을 정보화하는 것을 전자정부의 범위로 규정하는 경우가 있다. 정책과정에서의 중요 행위자는 크게 정부기관(G: Government), 일반국민(C: Customers 혹은 Citizen), 기업(B: Business)이다. 이 세 주체 간의 상호작용 과정에 정보기술이 활용되어 G2G, G2B, G4C, B2C, B2B, P2P 등의 상호작용의 정보화가 발생하는데 이 중 정부기관이 관여하는 G2G, G4C, G2B가 전자정부의 영역에 포함된다고 할 수 있다.

2. 전자정부 서비스의 유형

전자정부가 제공하는 전자적 서비스를 정부 내부 그리고 사회의 구성요소들 간의 관계라는 맥락에서 재구성해 볼 수 있다. 이와 같은 관계론적 분류와 그에 따른 전자정부 분석은 첫째, 전자정부가 제공하는 서비스와 정보시스템의 기능을 보다 세부적으로 파악할 수 있다는 점, 둘째, 각각의 관계 속에서 상대적으로 강조되는 이해관계자들과 전자정부의 요소들을 식별하는 데 도움을 줄 수 있다는 점에서 의의가 있다.

먼저 홈즈(Holmes)는 2001년에 '전자정부의 ABC'라는 개념하에 전자정부를 세 가지 차원에서 구분하였다. 첫째, 정부와 시민 간 관계(Administration to Citizen)로서 전자정부를 통해 정부는 시민들을 위한 더 나은 공공서비스와 행정정보를 제공한다. 둘째, 정부와 기업 간 관계(Administration to Business)로서 전자정부는 정부와 기업을 연결하는 매개체로서의 기능을 수행한다. 정부는 전자정부를 통해 기업을 위한 공공서비스를 제공하고, 기업으로부터 조세를 수취하거나 정부물품을 조달한다. 셋째, 정부와 정부 간 관계(Administration to Administration)로서 전자정부가 입법-행정-사법부 간, 중앙부처 간, 중앙정부와 지방정부 간의 관계를 개선하는 매개체로서의 기능을 수행한다.

다음으로 힐러와 벨랭거(Hiller & Belanger)는 여기에 세 가지 유형을 추가하였다. 첫째, 정치과정의 일부로서의 정부와 개인 간 관계(Government to Individuals)로 여기서 전자정부는 민주적 정치과정에서 개인의 정책과정 참여를 촉진하고 전자투표를 가능하게 한다. 전자정부를 통해 매개되는 정책과정에서의 정부와 개인 간 관계는 민간부문의 정보시스템이 매개하는 관계와는 전혀 성격이 다른 공공부문의 독특한 관계라고 할 수 있다. 둘째, 시장에서의 정부와 기업 간 관계 (Government to Companies)로서 이는 홈즈의 정부와 기업 간 관계를 보다 세분화한 것으로 정부가 시장에서 기업의 물품이나 서비스를 전자정부를 통해 구매함으로써 거래비용의 절감과 함께 더 나은 서비스를 구매하게 된다는 점을 강조하고 있다. 셋째, 정부와 공무원 간 관계(Government to Employees)로서 여기에서 정부는 전자정부를 통해 내부관리를 효율화 할 수 있음을 강조한다. 즉 민간기업과 같이 정부는 정보시스템을 통해 피고용인들과의 의사소통을 보다 원활히 할 수 있을 뿐 아니라 인적자원관리의 효율성과 효과성을 제고할 수 있게 된다.

이러한 논의를 볼 때 전자정부 서비스에 대한 관계론적 분류는 기본적으로 전자정부를 전자상거래의 확장이라는 관점에서 정의하며, 공무원이나 행정자원과 같은 정부 내부의 구성요소의 관리를 개선하거나, 정부와 기업 혹은 시민과 같은 사회적 구성요소들 간의 상호작용을 원활히 하는 매개체로 간주하였다. 그러나 이후 민간부문의 전자상거래에 대한 분석틀을 전자정부에 단순히 적용하던 수준을 넘어 정부부문에 고유한 관계적 특성, 즉 정치적 상호작용과 민주주의적 측면이 반영되는 방향으로 확대되어 왔다.

3. 전자정부의 발전단계

1) 전자정부의 발전단계에 관한 논의

전자정부가 추진됨에 따라 전자정부는 전자적 서비스 수준과 내부구성 측면에서 특징적인 단계를 거치면서 발전해 왔다.

먼저 레인과 리(Layne & Lee)는 ① 정보제공(cataloging), ② 거래(transaction), ③ 동일 기능영역 내에서 정부운영의 수직적 통합, ④ 수평적 통합(horizontal integration)

으로 구분하고 있다. 정보제공 단계에서는 단순하게 정부가 일방향으로 국민에게 정보를 제공하는 형태를 띤다. 다음 거래 단계에서는 온라인상으로 시민과 정부 간에 원스톱 쇼핑이 가능하며, 쌍방향적 의사소통이 가능하게 된다. 세 번째인 수직적 통합 단계에서는 동일한 기능을 수행하는 부처 간 온라인 업무통합이 가능하게 된다. 마지막 수평적 통합 단계는 서로 다른 기능을 수행하는 부처나 부서들이 정보시스템을 이용하여 업무를 통합하는 형태를 보이게 된다.

다음 UN과 미국행정학회(ASPA)도 이들이 제시한 모형과 유사하게 5단계의 전자정부 발전 단계를 제시하였으며, 이러한 모형에 따라 각국의 전자정부 수준을 평가하고 있다. 즉 전자정부는 '출현(emerging) → 도약(enhance) → 상호작용(interaction) → 거래(transaction) → 통합(seamless)'이라는 단계를 거쳐 발전하게 된다는 것이다. 출현 단계에서는 공식적인 정부 홈페이지가 인터넷상에서 구현되고, 도약 단계에서는 정부 홈페이지의 수가 증가하고 역동적인 기능들이 제고된다. 상호작용 단계에서는 사용자들이 서식을 다운로드 받을 수 있고, 인터넷을 통해 공무원들과 의사소통할 수 있다. 거래 단계에서는 사용자들이 서비스에 대한 요금 지불과 온라인 금전거래가 가능하게 되며, 마지막 통합 단계에서는 범정부 차원의 전자적 기능과 서비스가 완전히 통합되어 제공된다.

그러나 이러한 단계별 발전을 가정한 모형에 대한 비판도 제기되고 있다. 첫째, 이와 같은 발전모형이 과도하게 단순화되어 있다는 것이다. 전자정부의 발전 단계는 이러한 각 단계를 순차적 혹은 선형적으로 따르지 않는다는 것이다. 둘째, 최근 발전되고 있는 전자정부들은 초기 단계의 전자정부의 성공이나 실패요인들을 빠르게 학습함으로써 그 발전 단계를 건너뛸 뿐만 아니라 동시에 다양한 기술들을 채택함으로써 각 단계들의 특성이 혼재된 전자정부를 구현하고 있다는 것이다. 셋째, 이와 같은 발전모형이 전자적 시민참여나 전자민주주의나 개인정보의 유출이나 사생활 침해와 같은 정보화의 역기능과 같은 요소들을 담아내지 못하고 있다는 지적도 있다.

이러한 비판적 입장에서 웨스트(West)는 2005년에 전자정부의 발전 단계를 게시판 단계 → 부분적 서비스 제공 단계 → 통합서비스 제공을 위한 포털 구축 단계 → 상호작용적 민주주의 단계로 구분하였다. 한편 김성태는 2003년에 ① 전

| 표 10-1 | 전자정부의 발전단계와 특성 |

단 계	정향성	서비스	기 술	시민과의 관계
출현 (emerging)	행정 지향적	소수	Web만 활용	해당 사이트만 이용
도약 (enhance)	행정·정보 지향적	소수의 서식제공	Web, e-mail	소수의 기관 홈페이지와 연결
상호작용 (interaction)	정보·사용자· 행정 지향적	다수의 서식제공 및 온라인 제출가능	Web, e-mail portal	다수의 기관 홈페이지와 연결
상호거래 (transaction)	정보·사용자 지향적	다수의 서식제공 및 거래기능	Web, e-mail portal, 전자서명, PKI	다수의 기관 홈페이지와 연결
통합 (seamless)	사용자 지향적	개인별 맞춤 서비스 제공	Web, e-mail portal, 전자서명, PKI, 기타 기술	모든 수준의 정부부처 및 민간조직의 홈페이지와 연결

출처: Schein(2003: 129), 엄석진(2008: 12)에서 재인용.

자정부의 적용범위, ② 전자정부의 주요 행정이념, ③ 전자정부 서비스 과정에서 사회구성원의 참여 정도, ④ 환경으로서 시민사회 성숙도와 사회적 다원성을 바탕으로 전자정부 발전 단계를 관료모형 → 정보관리모형 → 시민참여모형 → 거버넌스모형으로 구분한 바 있다. 그럼에도 셸린(Schelin)은 위의 두 가지 발전모형에 따라 전자정부의 정향성, 서비스, 기술, 시민과의 관계를 〈표 10-1〉과 같이 제시하였다.

2) 전자정부의 고도화

이러한 단계적 발전모형에도 불구하고 전자정부에 대한 수사와 실제 간의 괴리가 발생하고 있다. 이로 인해 전자정부가 기대했던 효과를 거두지 못하는 문제가 발생하고 있다. 이로 인해 발전모형이 가정하듯이 정보기술의 채택에 따라 전자정부가 저절로 발전된다는 가정은 설득력을 상실하게 되었다. 현실적으로 전자정부의 기대효과가 실현되기 위해서는 다양한 기술적·관리적·제도적 조치들이 필요하다는 주장이 제기되었다. 이에 따라 전자정부의 효과성을 제고하고, 전자정부 서비스를 고도화 하기 위한 여러 장애요인들에 대한 분석이 제시되어 왔다.

프리센(Frissen)은 조직의 정보화가 성공하기 위해서는 ① 정보시스템의 성공적 도입, ② 정보의 흐름과 관계의 조정, ③ 정보정책 개발, ④ 전문인력 충원 및 정보화 관련 전문지식의 확산, ⑤ 조직구조의 조정 등이 필요하다고 주장하였다. UN과 미국행정학회(ASPA)는 전자정부 추진의 장애요인을 ① 제도적·운영적 측면, ② 관리적 측면, ③ 정책·기획적 측면으로 구분하였다.

거시적 관점에서 전자정부의 성공조건 또는 장애요인들도 논의되었다. 즉 전자정부 선진국들에 대한 비교분석을 통해, 첫째, 전자정부 추진에 대한 리더십, 둘째, 고객 지향적인 시스템 구축, 셋째, 사용자로부터 환류의 반영, 넷째, 민간부문과의 긴밀한 협조관계 등이 제시되었다. 특히 민간부문과의 긴밀한 협조체계가 중요한 것으로 지적되었는데, 이는 전자정부의 수요자로서의 국민과 기술공급자로서의 기업이 고려되어야 함을 의미한다.

이러한 장애요인들은 무엇보다 전자정부의 효과가 극대화되는 연계·통합 단계에서 더욱 강하게 작용한다. 즉 정보시스템을 통한 기관 간 업무연계와 데이터 통합에 이러한 장애요인들이 더 강하게 작용함으로써 전자정부의 효과를 제약한다는 것이다. 이에 따라 이러한 장애요인들을 극복하여 전자정부를 고도화하기 위해 전자정부 선도국들은 다양한 방안들을 활용하고 있다.

첫째, 기술적 측면에서는 데이터 및 정보시스템의 통합과 연계, 전자정부 시스템의 효과성을 제고하기 위한 새로운 기술들을 채택하고 있다. 예컨대, 미국의 경우 웹 2.0이나 블로그 서비스를 채택하여 정부와 국민 간의 상호작용을 제고하고자 노력하고 있다. 싱가포르나 벨기에는 전자주민카드를 도입하였으며, 휴대폰이나 전파식별(RFID: Radio Frequency Identification)기술, 개인휴대정보단말기(PDA: Personal Digital Assistant)와 같은 무선기를 활용한 서비스를 제공하고 있다.

둘째, 정부가 보유한 정보자원 및 전산자원에 대한 거시적·총체적 관리방안으로서 정보기술아키텍처(ITA: Information Technology Architecture)를 도입하여 정보자원의 통합적 활용과 정보시스템의 효과성 제고를 추구하고 있다. 범정부 차원의 ITA 구성을 통해 각 부처들이 정보자원의 도입과 활용과정에서 준수해야 할 기술적 표준을 제정하고, 나아가 정보시스템을 통해 통합적으로 서비스되어야 할 기능을 식별함으로써 효율적이고 효과적인 전자정부 구현을 추진하고 있다.

셋째, 부처 연계 전자정부 추진을 가속화하고, 이를 위한 기관들 간의 협력을 제고하기 위해 전자정부 추진체계를 변화시키고 있다. 부처 간 협력 수준과 정보시스템의 통합을 제고할 수 있도록 범정부 차원의 추진체계를 구성하고, 전자정부 전담부처를 개편함으로써 통합 단계의 전자정부로 발전시키고 있다. 또한 공식적 추진체계의 변화를 기하지 않더라도 부처 간 협력을 강화하기 위한 다양한 비공식 협의체나 포럼 등을 설치함으로써 부처 간 협력 수준을 제고하고 있다.[1]

4. 전자정부의 성공요인에 대한 이론

1) 기술요인 중심의 논의

전자정부 추진에 있어 기술적 요인을 강조하는 연구들은 초소형 전자기술에 바탕을 둔 컴퓨터와 데이터통신의 결합에 의한 디지털화와 네트워크화를 강조하며, 전자정부 구현을 정부혁신의 가장 중요한 원인변수로 인식한다. 이러한 관점은 정보시스템과 전자정부 성과의 영향요인으로서 기술적 요인인 데이터나 정보기술을 강조하며, 더 나아가 기술 결정론적 관점에서 전자정부가 가져올 효과에 주목하는 연구도 이루어지고 있다.

1 우리나라 정부는 민원업무를 위한 전자정부 단일창구인 인터넷사이트 'www.egov.go.kr'를 2002년 말에 완성해 인터넷을 통해 각종 민원서류를 발급해 주는 민원서비스혁신시스템(G4C)사업을 실시하였으며, 현재는 '정부민원포털 민원24(www.minwon.go.kr)'를 운영하고 있다. 이 사이트를 통해 국민 누구나 행정기관 방문 없이 집이나 사무실 등 어디서든, 24시간 인터넷으로 필요한 민원을 안내받고, 신청 및 발급·열람할 수 있다. 민원24 사이트로 신청할 수 있는 민원에는 토지·임야대장 열람·등본교부, 병적증명서발급, 부동산 거래신고, 사업자등록증명, 의료급여증 재발급, 주민등록표등본(초본)교부, 납세 사실증명, 주민등록증분실신고, 지방세납세증명, 개별공시지가 확인, 가족관계등록부 신청, 방문판매업 신고 등이 있다.

전자정부는 기본적으로 정보의 저장·활용·통합·공유·확산을 위한 정보기반기술로 정의될 수 있다. 이에 따라 많은 연구들이 전자정부 성과의 결정요인 중 하나로 데이터와 정보기술의 질적 수준과 정확성을 강조한다. 데이터의 질적 수준은 정확성, 일관성, 시의성, 완결성에 의해 좌우되며, 이는 다시 정보시스템의 전반적 질적 수준을 결정하게 된다.

그 동안 정보기술 요인은 공공부문이나 민간부문에 관계없이 정보시스템의 결과와 성과를 결정하는 주요한 요인으로 제시되어 왔다. 예컨대, 기술적 상호운용성이나 호환성은 정보기술 프로젝트의 성공을 결정하는 요인 중 하나로 제시되어 왔다. 또한 기술적 복잡성과 신기술의 출현이나 기술을 운용·관리하는 요원들의 기술적 숙련도 역시 중요한 요인으로 논의되어 왔다. 아울러 새로운 정보시스템이 기존의 기반시스템을 대체하거나 개선할 경우 기존의 기반시스템이 또 다른 제약요인으로 작용하기도 한다.

기술결정론은 기술이 개인과 사회, 제도에 대해 자율적인 영향을 미친다는 견해를 말한다. 즉 기술변화의 경로가 필연적이며 특정한 사회변화를 연구한다는 것으로 두 가지 내용을 내포하고 있다. 첫째, 기술의 성격과 변화의 방향은 기술의 내재적 논리나 경제적 합리성에 따라 미리 결정되어 있다. 둘째, 기술은 인간의 노동과 경제생활, 그리고 사회 전체에 필연적이고 결정적인 영향을 미치기 때문에 기술은 사회에 대해 외생적이고 자율적이며, 기술의 발전이 역사 발전의 주요 원동력이 된다.

기술결정론은 정보화와 전자정부 초기의 지배적인 시각으로 정보기술의 도입이 전자정부 구현의 가장 중요한 요인일 뿐 아니라 정부의 효율성·민주성·공평성·대응성을 제고하는 핵심요인이라고 주장한다. 나아가 전자정부는 정부의 미래상이자 공공부문이 갖는 모든 문제들을 치유할 수 있는 만병통치약이라는 유토피아적인 주장으로까지 이어졌다. 그러나 기술결정론에 대해 기술의 창출과정에 따라 기술의 효과가 달라진다는 점, 기술이 사용되는 제도와 조직적 맥락에 따라 효과가 달라진다는 점을 무시한 몰역사적이고 단선적이며 기계적인 해석에 불과하다는 비판이 제기되었다.

2) 환경요인 중심의 논의

환경요인 중심의 논의들은 전자정부와 정보시스템이 구축된 조직을 둘러싸고 있는 정치·경제·사회·문화·교육 등 제반 환경적 요인이 전자정부의 성과를 결정한다고 본다. 즉 사회경제적 환경변수들이 정보시스템의 성과에 유의미한 영향을 미친다는 것이다. 극단적인 경우에는 환경적 요인이 모든 것을 설명하며, 조직·구조적 요인이나 관리적 요인의 영향력조차 무력화된다는 환경결정론이 제시되기도 한다.

실제 세계적인 여론조사기관인 Taylor Nelson Sofres(2002)가 여러 국가를 대상으로 전자정부 활용에 대해 조사한 결과 전체 인구 중 전자정부 서비스를 활용하는 인구의 비중이 국가마다 차이가 있고, 시계열적으로도 완만한 증가추세를 보였다. 또한 교육수준·연령·성별과 같은 인구통계학적 변수에 따라 전자정부 서비스 및 인터넷 활용도에 차이를 보였다. 또한 웨스트(West)도 다년간 각국의 전자정부 홈페이지에 대한 내용분석을 통해 각국의 종교나 사회, 역사, 경제적 배경이 전자정부 서비스 구성과 내용에 영향을 미친다고 주장하였다.

환경적 요인 중 국가의 경제적 수준과 과학기술 수준이 가장 중요한 것으로 나타나고 있다. 즉 일반적 경제수준, 연구개발지 비중, 국가 간 자본흐름의 크기 등이 인터넷 보급률 같은 정보화 수준에 큰 영향을 미치며, 또한 과학기술 수준 역시 전자정부의 전반적 수준에 영향을 미친다는 것이다. 다만 민주주의와 같은 정치적 변수나 교육수준 등의 사회문화적 변수의 효과에 대해서는 논란이 있다.

한편 환경적 요인에 대한 연구 중 세계화로 인한 수렴화 가설을 제시하는 경우도 있다. 즉 세계화로 인해 각국의 행정체제나 행정행태가 동형화되고 이로 인해 전자정부 추진결과도 영향을 받는다는 것이다. 더욱이 전자정부 추진에 관여하는 국제기구들과 다국적 IT 기업들의 영향으로 인해 국제적으로 표준화된 전자정부시스템이 확산되고 있다는 것이다. 그러나 이에 대해 세계화로 인한 전자정부의 동형화 압력도 국가별 정치·사회·경제적 맥락에 의해 여과되거나 굴절됨으로써 완벽한 동형화가 진행되지 않는다는 비판도 있다.

3) 행위자 중심의 논의

이는 행위자 또는 집단의 속성이나 행태, 이들 간의 상호작용이 전자정부의 성과를 좌우한다고 본다. 조직 내 서로 다른 행위자들은 자신의 지위와 이해관계에 따라 정보시스템의 도입과 활용에 대해 서로 다른 입장과 견해를 갖게 된다. 따라서 성공적인 정보시스템의 구현과 활용에 필수적인 이해당사자 간 이해의 충돌과 갈등을 극복하기 위해서는 이와 같은 상반된 입장과 견해에 대한 관리가 필수적이라고 할 수 있다.

행위자 중심의 논의는 심리학과 커뮤니케이션 연구에서 활발히 진행되었는데 초기에는 두 가지 연구경향을 보였다. 첫째, 정보시스템이 행위자의 행태나 심리, 가령 피고용인의 직무만족, 작업성과, 재량 등에 미치는 영향을 연구하였다. 둘째, 개인의 특성변수가 새로운 정보시스템의 구축에 미치는 영향을 연구하였다. 가령 어떤 행위자가 정보시스템 구축과정에 어떻게 개입해야 정보시스템이 성공적으로 구축되는가에 대한 연구를 들 수 있다.

한편 관리자의 행위나 IT 리더십에 주목하는 연구도 있다. 이는 환경의 중요성을 무시하지는 않지만 관리자의 행위를 정보시스템의 변화와 성과에 가장 중요한 요인으로 제시한다. 물론 관리자가 조직 내 유일한 행위자는 아니며, 계층과 직무별로 다양한 관리자가 존재하지만, 일반적으로 조직의 관리자가 정보시스템의 활용과 그를 통한 성과와 조직의 변화에 가장 큰 영향을 미친다는 것이다.

행위자 중심 논의의 연장으로 집단중심적 설명은 전자정부 추진과정에 참여하는 다양한 집단들 사이의 상호작용에 주목하다. 즉 정책과정에 행정가, 정치인, IT 기업, 교수 및 전문가, 비영리조직, 심지어 국제기구들까지 다양한 집단이 참여하는데, 이들 간의 상호작용으로 전자정부의 성과가 달라지고, 정보화 정책과정에서 다양한 수준의 정책네트워크의 형성과 변화가 이루어지며, 조직 간 갈등과 경쟁이 이루어진다.

그러나 행위자 중심 논의의 문제로 첫째, 주요 변수들 간의 인과관계에 대한 연구결과가 일관성이 없다. 그 이유는 방법론적 문제뿐 아니라 변화가 발생하는 과정에 대한 개념화가 미약했기 때문이라고 할 수 있다. 둘째, 행위자들은 일정한 관계와 제도적 제약 속에서 행위를 한다는 점이 간과되고 있다. 정보기술을 행위자들의 의도적 선택과 상호작용에 의해 구성되는 것으로 간주하지만 특정 행위자들은 다른 행위자들과 형성된 구조적 관계나 제도에 제약을 받는다.

4) 제도요인 중심의 논의

제도요인 중심의 논의는 법령이 절차, 문화와 같은 공식적·비공식적 제도적 요인들이 전자정부 추진 결과나 성과에 영향을 미친다고 본다. 이러한 연구들은 크게 세 가지로 구분할 수 있다. 첫째, 공식적 제도와 절차의 효과에 주목하는 연구가 있다. 둘째, 문화나 가치체계가 정보시스템 활용이나 전자정부 구현에 미치는 영향을 분석하는 연구가 있다. 셋째, 거시적 관점에서 국가의 제도적 구성이 전자정부 혹은 정보화에 미치는 영향을 분석하는 연구가 있다.

첫째, 미시적 관점에서 볼 때 공식적 제도나 절차와 같은 제도적 요인들은 정책과정에서 행위자의 행위를 제약하거나, 행위자들이 자신의 선호체계를 발견하는 기준을 설정함으로써 정보시스템의 도입·구성·구축·활용에 영향을 미친다. 특히 정부는 구체적인 공식적 절차와 법률에 의해 구성되고 운영되므로 정부부문에 정보기술을 도입·관리·활용하는 과정에서도 수많은 법률과 절차가 고려되며, 이러한 법률과 절차들이 정보기술의 활용결과에 영향을 미친다.

둘째, 조직구성원들이 당연하게 간주하는 가치체계나 조직문화 역시 정보시스템의 활용과 결과에 영향을 미치는 구조적 요인으로 작용한다. 예를 들면, 미국 형사사법기관에서의 범죄관련 정보시스템이나 사회복지분야의 정보시스템 구축에 대한 분석을 통해 정보시스템의 도입은 주로 환경적 요인에 의해 영향을 받지만 그 운영이나 관리는 조직의 가치나 문화와 같은 제도적 요인에 의해서도 영향을 받는 것으로 분석되었다.

셋째, 국가의 거시적 제도 구성이나 정책영역의 제도적 특성도 전자정부 정책에 영향을 미친다. 가령 전자정부 성과에 영향을 미치는 국가와 시장 간의 제도적 관계에 주목하는 연구로서 던리비(Dunleavy)나 마케츠(Margetts)는 국가들의 정부−기업 간 관계가 전자정부 성과를 결정한다고 보았다.

1. 지식정보사회의 도래

정보통신기술이 만들어 가고 있는 인간생활 전반의 변화는 시간, 속도, 불확실성의 특성을 기반으로 일어나고 있으며, 이에 따라 행정의 영역에서도 다양성, 창의성을 토대로 신뢰와 성찰을 추구하는 이념이 새롭게 강조되고 있다. 개인의 관점에서는 디지털 불평등에 대한 해소를 토대로 개인의식의 실현을 추구하며, 정부와 국가의 관점에서는 전자정부의 구현을 통한 정부 생산성 향상과 전자민주주의의 열린 정부를 실현하며, 사회의 관점에서는 진정한 신뢰와 권한위임(empowerment)을 토대로 열린 의사소통의 담론 형성 및 활성화가 구현되는 진정한 신뢰사회와 성숙한 사회를 구현하는 것이 현대 정보체계론의 핵심과제이다.

2. 지식정보사회의 동인

1) 기술적 동인: Seeds(Supply, Push)

산업사회의 근간이 기계기술이었다면, 정보사회는 컴퓨터와 통신기술 등 정보기술을 근간으로 하고 있다. 정보기술의 핵심은 디지털기술인데, 이러한 디지털 압축 기술이나 전송기술들은 새로운 지식정보사회의 기술적 동인이 되었다.

2) 사회적 동인: Needs(Demand, Pull)

산업사회가 진전되고 물질적 충족이 어느 정도 갖추어지면서 현대인들은 생리적 욕구충족을 넘어서 더 고급욕구인 사회적 욕구와 자아실현의 욕구를 추구하는 사람들이 많아졌는데 이러한 새로운 욕구의 증대가 지식정보사회를 끌어당기는 사회적 동인이 되었다.

3. 지식정보사회의 실체: 산업사회와 정보사회의 관계

첫째, 전환론적 관점이다. 벨(Bell)과 토플러(Toffler)는 정보사회는 산업사회와는 본질적으로 구별되는 사회라고 주장하여 전환론적 관점을 취하였다. 그들은 정보사회가 인간의 사고·가치관·사회제도 등을 근본적으로 변혁시킬 수 있다고 본다.

둘째, 지속론적 관점이다. 사이몬(Simon)과 기든스(Giddens)는 정보사회는 표면적 변화이며, 그 기본적 성격은 산업사회와 다르지 않다고 주장하여 지속론적 관점을 취하였다. 정보기술의 발전은 단순히 사회기술 변동의 한 사례에 불과하며, 사회구조의 새로운 변혁을 기대할 수는 없다는 것이다.

셋째, 구조론적 관점이다. 구조론적 관점은 현대의 고도 정보기술이 혁명적이고 전환적이지만, 그 파장이 사회 전반의 구조적 변화를 초래할 정도가 되지는 않는다고 본다. 위 두 관점의 중립적 입장이다.

정보사회는 다층구조의 복합산물이므로 위의 견해처럼 단순한 패러다임적 비교는 적절하지 못하다. 정보사회의 핵심은 정보기술을 통한 사회변동의 의미나 산업구조의 변화라는 의미 이상의 의의를 지닌다. 즉 정보사회는 무엇보다도 사회적 연계망(social networking)과 관련된 정보의 역할증대이며, 정보가 미래의 정치, 경제, 사회, 교육, 문화 등 시민생활의 제 방면에 걸쳐서 새로운 사회관계를 규정하는 데 핵심적인 역할을 하는 사회이다.

4. 지식정보사회의 패러다임

지식정보사회는 특히 다음과 같이 산업사회와 구별되는 특성적 패러다임을 지닌다.

첫째, 정보사회는 시간적·공간적 소멸이 가능한 사회이다.

둘째, 정보사회는 시간적·공간적 거리의 소멸뿐만 아니라, 영역 간 경계의 소멸이 일어날 가능성도 예측되는 사회이다.

셋째, 정보사회는 열린사회인 동시에 경쟁사회이다.

넷째, 정보사회는 윤리적 문제가 더욱 심각하게 제기되는 사회이다. 자아와 인성의 실체, 익명성과 인간 신뢰성의 문제, 인간의 컴퓨터화 등 이러한 문제들은 개인의 정체성을 위협하고 있으며, 정보사회에서의 생명과 인간의 의미, 그리고 이와 관련된 윤리문제를 다시금 돌아보게 한다.

[제3절] 지식정보사회의 행정·정책논리

1. 정보사회의 행정학

1) 사회구조의 변화

지식정보사회를 몰고 온 정보화의 사회구조적 변화를 살펴보면 다음과 같다.

첫째, 정보통신혁명은 인간의 육체적 노동보다는 정신노동이 사회를 움직이는 힘이 되게 하였다.

둘째, 경제영역의 변화이다. 경제부문에서는 경제의 소프트화 현상이 가속되고 있으며, 이에 따라 산업구조는 제조업 중심에서 서비스업 중심으로 개편되고 있다.

셋째, 사회조직 원리의 변화이다. 산업사회의 전형적인 조직원리가 관료주의적, 중앙집권적, 권위주의적, 획일성이라 한다면, 정보사회에서는 분권주의적이고 평등주의적이며 다양성의 원리가 지배하고 있다. 지식정보사회에서는 인간의 자율성 신장을 기반으로 공동체적 삶의 진화가 중요해지고 있으며, 이에 따라 관료제적 원리는 점차 그 빛을 잃어가고 인간중심적 거버넌스 원리가 그 자리를 대신해 가고 있다.

2) 국가행정의 역할과 위상

정보통신기술의 혁신적 발전은 국가 간 관계를 크게 변화시키고 있다. 세계화의 진전은 국가 간 협력 체제를 변화시키고 있을 뿐 아니라, 국가운영체제와 제도 간 경쟁도 초래하고 있다. 시민사회의 분화와 비영리사회조직의 가치에 대한 새로운 인식은, 국가−사회관계를 수직적 관계에서 수평적 관계로 전환시키고 있으며, 유일한 권력기관으로서 국가의 독점적 지위를 변화시키고 있다.

지식정보사회에서 국가의 역할은 직접 개입자에서 간접 유도자로, 직권 해결자에서 중재자로 전환될 것을 요청하고 있으며, 산업사회에서 형성되었던 '정부−시장−시민사회' 간 역할분담 구도가 새롭게 정비되고 있다. 즉 지식정보사회에서의 새로운 국가역할의 변화 방향은 ① 시민정신의 촉진자로서의 국가, ② 거버넌스 관리자로서의 국가, ③ 정보화시대의 새로운 인프라구축 창도자로서의 국가, ④ 사회변동 관리자로서의 국가이다.

2. 행정학의 논의구조

1) 거시행정학

전통적 행정학의 논의구조는 조직, 인사, 재무, 정책, 비교행정, 도시행정 등 미시적 차원의 행정현상에 대한 분석에 치중되어 있었는 데 반해, 지식정보시대라고 불리는 현대의 소용돌이 체제에서는 미시적 차원의 분석틀로는 현대사회의 종합적 문제해결에 한계를 보이고 있다. 즉 현대행정학은 세계체제 및 사회권력 관계 속에서 행정의 구조적·제도적 맥락을 이해할 것을 요청하는 등 거시적 차원의 분석틀을 요청하고 있다.

2) 개방체제 모형

현대행정학은 개방체제라는 시각에서 정부의 문제해결 능력을 높여야 한다. 사회는 점점 다변화되고 그 속도도 빨라지고 있으므로 지금까지의 경직된 조직구조와 사고로는 이러한 빠른 사회변화에 적절히 대응하기 어렵다.

지식정보사회의 다원화·세계화·지방화의 추세에 행정이 제대로 대처하기 위해서는 변화에 효과적으로 대응할 수 있는 유연한 조직모형에 관한 연구가 필요하며, 뉴거버넌스 정부모형의 구현을 위한 다양한 참여 및 네트워크의 확대가 이루어져야 한다.

3) 인간중심의 행정학

전통적 행정학에서 보여준 관리·능률 중심의 경직된 계층제적인 조직구조와 명령하달식의 대민 행정이념은 한계를 보이고 있다. 지금까지의 베버-윌슨 (Weber-Wilson)식 전통적 행정학이 능률주의·기능주의적 패러다임이었다면, 새로운 현대행정학은 인간주의·가치지향적 패러다임이 되어야 한다. 사회과학으로서의 현대행정학은 생산수단으로서의 인간을 다룰 게 아니라, 생산의 주체로서 인간을 새롭게 발견해야 하는 당위론적인 요청에 직면해 있다.

4) 지식정보사회에서의 변혁적 리더십

20세기 후반 이후 불기 시작한 세계체제의 변화들은 개인들뿐만 아니라 인간조직에 있어서도 압도적으로 작용하고 있다. 예컨대, 자원의 빈곤, 기술의 발달, 시민들의 변화하는 역할, 세계체제의 변화와 같은 문제들은 국가 지도자들에게 변혁적 리더십을 요청하고 있다.

변혁적 리더의 출발점은 국가정책과 행정목표를 집합적으로 달성하기 위해 조직구성원들의 잠재력을 고양시키는 문제로부터 시작된다. 즉 변혁적 리더십은 잠재력과 자발성이 핵심이다.

변혁적 리더십은 조직 내적 과제와 조직 외적 과제에 직면한다. 조직 내적으로 지도자는 헌신과 신념을 통해 조직의 무기력을 타파하고, 비전과 목표의 제시를 통해 조직구성원들의 잠재력을 고양시켜야 한다.

조직 외적인 측면에서 보면 정부의 변혁적 리더들은 시민들의 자발성과 잠재력을 고양시킬 수 있어야 한다. 시민 혹은 지역사회와 함께 밀접하게 협력하여 일하는 뉴거버넌스 접근방법을 통해 시민들의 태도 변화를 자발적으로 이끌어 내고, 시민들의 잠재력을 개발할 수 있는 리더가 필요하다. 이러한 시민의 참여와 태도변화 그리고 덕성있는 시민의 성찰적 자아실현을 변혁적 리더는 실현시킬 수 있어야 한다.

3. 정보정책의 원칙

정보정책의 원칙은 ① 민간투자의 장려, ② 경쟁의 증진과 보호, ③ 소비자에 대한 공개적인 접근, ④ 정보사회에서 가진 자와 가지지 못한 자 사이의 간격을 줄일 수 있는 보편적 서비스의 유지 및 향상, ⑤ 새로운 규제구조가 빠른 기술과 시장의 변화에 대응할 수 있도록 유연성을 확보한다는 것으로 정리할 수 있는데, 이를 다시 요약하면 효율성(efficiency), 형평성(equity), 윤리성(ethics)의 조화 문제로 요약된다.

4. 정보정책의 논리

1) 사회적 활력의 진작: 효율성의 제고

정보기술은 기업과 기업 간, 산업과 산업 간의 경계를 제거하고, 부문별로 흩어져 존재하고 있는 자원들을 유기적으로 연결시켜 '국가사회 차원의 시너지(synergy) 효과'를 극대화시키는 역할을 하고 있다. 이를 더욱 증진시키기 위해 정부는 ① 정보기술의 개발 및 투자, ② 민간투자와 창의성의 제고, ③ 정부생산성의 제고에 더욱 더 박차를 가하여야 한다. 특히 과거의 경직된 계층제 조직과 정부운영체제로는 시장의 변화와 기술의 발달, 그리고 시민사회의 요구에 부응할 수 없는 바, 새로운 정부업무설계(BPR: Business Process Reengineering)를 통한 전자정부와 정부혁신 구현에 지속적인 노력을 기울여야 한다.

2) 사회적 형평성 제고: 형평성의 증진

인간중심의 정보사회는 단순히 기술적으로 뛰어나고 경제적으로 여유 있는 계층만이 아니라 모든 시민을 위해 열려 있어야 한다. 정보사회의 사회적 격차 문제를 위해 논의되는 중심개념이 보편적 서비스와 공개접속의 확대이다. 정보사회에서 정보는 언제 어디서라도 접근이 가능해야 하며, 정보접근이 용이하도록 접근하는 비용이 저렴해야 한다.

3) 사회적 윤리의 제고: 윤리성의 진작

정보윤리란 정보사회 시민들이 정보기기 활용과 관련하여 준수해야 할 규범적 기준을 의미하며, 정보문화란 정보사회 시민들이 가지는 신념·태도·가치관의 총체를 의미한다.

지식정보사회에서 정보윤리는 특히 다음의 세 가지 관점에서 제기되고 있다.

첫째, 정보사회에서의 절도나 파괴행위이다. 정보의 비가시성으로 인해 정보에 대한 절도행위를 하는 컴퓨터 해커들은, 기존의 가치관 속에 특별한 죄의식 없이 범죄를 저지르게 된다는 점이 특히 문제가 된다.

둘째, 음란정보 및 악성댓글 등 원하지 않은 정보의 무차별적인 전파로 인해 심각한 사회문제를 초래하고 있다.

셋째, 내용보안의 문제와 지적소유권의 문제이다. 정보의 범람과 정보화로 인하여 정보의 복제나 도용이 쉬워지고, 네트워크를 통해 중요정보에 대한 침입이 가능하게 되는 바, 이러한 문제점들은 정보사회를 모방사회(mimic society)로 전락시킬 수도 있다.

　　정보사회가 진정으로 문명화된 사회가 되기 위해서는 효율성, 형평성, 윤리성에 대한 조화문제가 잘 고려되어야 한다. 특히 정보사회의 핵심원칙들이 제대로 잘 지켜지기 위해서는 정보윤리의 확립과 이에 바탕을 둔 시민의식의 함양이 근본적이다. 정보화로 파생되는 부정적인 현상을 방지하고 정보화의 순기능을 유지하기 위해 건전한 정보윤리의 확립과 실행이 필수적이며, 이를 위해서는 정보교육의 강화와 함께 성찰적 시민이 되기 위한 스스로의 자율규제와 자정적 노력이 필요하다. 이는 또한 지식정보사회의 뉴거버넌스라는 새로운 가치를 실현하기 위해서도 꼭 필요한 항목이라고 할 것이다.

참고문헌

본 QR코드를 스캔하시면, 행정학개론의
참고문헌을 확인할 수 있습니다.

찾아보기

저자 약력

성 영 태

계명대학교(행정학 박사)
5 · 7 · 9급 공무원 공개경쟁채용시험 출제 및 검수위원
경찰간부 후보생 공개경쟁채용시험 출제위원 역임
(현) 한국정부학회 총무이사
(현) 대구지방환경청 보통징계위원회 위원
(현) 대구광역시 성별영향분석평가위원회 위원
(현) 대구지방식품의약품안전청 민 · 관청렴실천협의회 위원
(현) 대구지방식품의약품안전청 정보공개심의회 위원
(현) 대구광역시 수성구 양성평등정책위원회 위원
(현) 대구광역시 달서구 의정비심의위원회 위원장
(현) 대한지방자치학회 연구이사
(현) 계명대학교 사회과학대학 공공인재학부 행정학전공 교수

주요 저서 및 논문

신체계 경찰학개론(공저, 21세기사, 2006)
지방자치의 이해와 전략(공저, 법문사, 2015)
민원담당공무원의 감정노동이 자기효능감과 직무소진에 미치는 영향
변혁적 · 서번트 리더십이 조직몰입에 미치는 영향
기초자치단체장의 진정성 리더십이 조직효과성에 미치는 영향
새마을조직의 조직문화가 조직효과성에 미치는 영향 등 다수

제2판
행정학개론

초판발행   2016년 2월 25일
제2판발행   2018년 2월 25일
중판발행   2024년 8월 16일

지은이   성영태
펴낸이   안종만·안상준

편 집   한두희
기획/마케팅 장규식
표지디자인   권아린
제 작   고철민·김원표

펴낸곳   (주) 박영사
         서울특별시 금천구 가산디지털2로 53, 210호(가산동, 한라시그마밸리)
         등록 1959. 3. 11. 제300-1959-1호(倫)
전 화   02)733-6771
f a x   02)736-4818
e-mail   pys@pybook.co.kr
homepage   www.pybook.co.kr
ISBN   979-11-303-0557-8 93350

copyright©성영태, 2018, Printed in Korea

* 파본은 구입하신 곳에서 교환해 드립니다. 본서의 무단복제행위를 금합니다.

정 가   25,000원